普通高等教育应用创新系列规划教材·经管基础课程系列

创业与企业经营

主　编　周荣辅　王玖河
副主编　靖鲲鹏　尤振来

科学出版社
北　京

内 容 简 介

本教材的教学内容安排能体现创业与企业经营的最新研究成果，教材逻辑结构能体现创业与新创企业运营的基本规律。教材全面、系统地研究和讲解了创业与后续企业经营的基本原理和基本方法，注重对创业与企业经营涉及的基本概念和基本原理的把握与理解；注重对创业与企业经营理论和实践在当今最新发展的介绍与分析；并通过案例帮助学生理解创业与企业经营的基本理念、分析方法和实际运用；同时注重培养学生对创业的认知能力、注重培养学生创新意识，为今后创业或在企业中从事经营管理工作奠定坚实的基础。

本教材讲解全面、深入，资料详尽、实用，具有较强的操作性，可作为高校开设创业课程的核心教材，也可作为社会创业者开展各类创业培训的教材和 MBA（Master of Business Administration，工商管理硕士）自主学习的参考书。

图书在版编目（CIP）数据

创业与企业经营 / 周荣辅，王玖河主编. —北京：科学出版社，2018.8
普通高等教育应用创新系列规划教材・经管基础课程系列
ISBN 978-7-03-058097-9

Ⅰ. ①创…　Ⅱ. ①周…　②王…　Ⅲ. ①大学生-创业-高等学校-教材
Ⅳ. ①G647.38

中国版本图书馆 CIP 数据核字（2018）第 133324 号

责任编辑：方小丽 / 责任校对：贾娜娜
责任印制：徐晓晨 / 封面设计：蓝正设计

科 学 出 版 社 出版
北京东黄城根北街 16 号
邮政编码：100717
http://www.sciencep.com

北京中石油彩色印刷有限责任公司 印刷
科学出版社发行　各地新华书店经销

*

2018 年 8 月第　一　版　开本：787 × 1092　1/16
2021 年 7 月第四次印刷　印张：18
字数：423 000

定价：45.00 元
（如有印装质量问题，我社负责调换）

前　言

我们正处于一个“大众创业，万众创新”的新时代，“互联网＋”深刻地影响着社会和组织的方方面面。创业创新已经成为中国经济增长新常态下的新引擎。创业的核心是创业者。在国家实施创新驱动发展战略、促进经济提质增效升级的背景下，高校推进创新创业教育改革、着力提升人才培养质量和增强人才有效供给的重要举措，不仅是中国高校重要的历史使命和战略任务，更是高等院校对国家创新驱动发展战略的主动担当。

创新精神、创业意识和创业创新能力已经成为评价高校人才培养质量的重要指标。2015年，众多高校纷纷提出“让创业成为学生有远见的生活方式”，让每个有梦想的大学生都拥有人生出彩的机会，普遍把创业创新管理课程纳入新的人才培养课程体系中。

对于准备创业的大学生群体而言，创业不易，经营更难。不仅要懂专业技术，还应掌握创业与企业经营的知识。在经济转型的新常态下，不少学生选择了自主创业，他们对创业和企业管理的理论与方法的需求尤为迫切。经验表明：企业管理知识的掌握程度决定创业者管理素养的高度，创业者的战略视野和经营管理水平决定企业持续生存的长度。

依循教育部《普通本科学校创业教育教学基本要求（试行）》，基于科学的认知学习理论，围绕大学生创业所需的基础知识、基本理论、基本方法和基础管理素养，强调知识、理论和能力三位一体的创业系统建构。基于以上考虑，我们编写了《创业与企业经营》一书。为了使本书内容适用、理念引航、问题导向、能力达成，我们对国内外创业管理的教材进行了广泛的收集和分析，编写组成员经过多次讨论，确定了本书的编写大纲。

全书共8章，包括企业与创业概述、创业者与创业团队、创业机会识别、创业资源整合、成立新企业、企业运营管理、创业企业营销管理和企业投资项目财务评价与财务报表分析。本书力求理论性与可读性相结合，基础理论和应用技能相结合，知识体系完整性与针对性相结合。本书从问题出发，探究创业创新的商业模式和顾客需求的痛点，帮助学生建立发现问题、分析问题的思辨式学习习惯，集成创业管理实用理论和践行的典型案例。每章开篇首先明确“学习目标”；然后以“引导案例”做理论知识的前行铺垫，正文适度贯穿“阅读材料”和“管理案例”，章后辅以“本章小结”对章节内容进行概括提升，用“关键术语”确定学习的基本点；最后通过“阅读指南与课外学习”为学生进一步在创业领域深入学习提供参考资料和网络资源，部分章后增加创业典型案例来深化创业管理的思考。在附录 1 中，我们回顾了过去百年各个管理领域理论的发展与演进，这也是章节中各个不同领域管理理论在时间脉络上的汇整。高校教育改革中《创新与特长教育》的学分设定，极大地调动了全国各大高校学生参加“学校—省—全国”不同层次的创业计划大赛的热情。在附录 2 中，结合多年来指导经验，从专业评审的角度，在十个方面进行了问题式分析和论述。可以说，一个高水平创业计划书的完成，也是学生使用本书学习成果的最好体现。

本书力求为非经济管理类专业学生提供一本引领大学生创业和企业经营、深入浅出的创业管理读本。我们期望这是一本既能反映创业管理的基本理论及最新发展，又注重实践性与可读性的书；既便于教学，又可以自学；助力创业者培养优良的创新精神、创业意识和创业创新能力，为促进我国的商业文明贡献一份力量。

《创业与企业经营》课程的教学也应该成为大学教学方式创新的典范。我们建议：逐步推动 MDP（课前 MOOC、课上 discuss、课后 project）式教学改革，推进本科生导师制和小班化、个性化、强化问题导向、创新导向的师生互动，逐步实现从以“教”为中心向以“学”为中心的转型，以学习知识到能力达成的 OBE（Outcome-based Education，基于学习产出的教育模式）培养范式，努力培养具有国际视野、社会责任、天下情怀、颠覆性思维，强于实践又善于协作的一流创新创业商业人才。

本书分创业基础和企业核心职能管理两部分，共 8 章及两个附录。周荣辅、王玖河对教材整体内容体系和篇章结构进行了设计。具体分工如下：第 1 章由赫连志巍编写；第 2 章由马丽编写；第 3 章由苏艳林编写；第 4 章由王玖河编写；第 5 章由靖鲲鹏编写；第 6 章由周荣辅编写；第 7 章由尤振来编写；第 8 章由崔冬初编写。全书由周荣辅、王玖河、靖鲲鹏负责审阅、统稿和校对。在本书编写的过程中，我们参考了国内外众多的创业管理类的教材、专著、研究论文与部分网络资料等文献，汲取和借鉴了这些文献中的思想精华与研究成果。在此，对国内外同行的贡献表示深深的敬意和感谢！感谢对本书编写提供了宝贵的建议和部分案例素材的同事。同时，我们还得到了燕山大学国家大学科技园、燕山大学创客学院、秦皇岛金北众创空间、北岛博智孵化器和顶好众创空间以及 13 个燕山大学 MBA 创业团队的大力支持，在此一并表示衷心感谢。

本书以系统、专业、实用和创新为特色，做到内容系统、形式活泼、资料丰富、体例新颖和可操作性强，主要作为高校开设“创业与创新教育”课程板块的核心教材，也可作为社会创业者开展各类创业培训的教材和 MBA 自主学习的参考书。

在新的商业生态环境下，创业实践范式与企业管理理论发展很快，可谓是常学常新、常教常新，本书疏漏，在所难免，恳请专家同行和广大读者提出宝贵意见，以便今后及时完善。

周荣辅　王玖河

2018 年 3 月

目　　录

第1章

企业与创业概述

【学习目标】

通过学习本章的内容，学生要掌握企业的概念和类型，了解企业的发展过程；掌握创业的概念、基本特征、分类以及创业企业类型；了解企业经营活动的本质，了解创业中的各种风险和新创企业的财务评估的基本内容，了解初选创业项目时应注意的事项和选择的基本方法。

❑引导案例　创业是现实与理想的结合

某市工学院电子与计算机专业的大学生张同学，在大三期间，与同学合伙投资在学校附近租了一家小门店，取名为“合力”网页设计专业店。“合力”网页设计专业店以网页制作为主营业务，兼营花束、礼品等小商品销售，目的是充分利用店铺营业面积，扩大经营范围，增加营业收入。但是，小店开张之后，生意一直不太景气。小店的经营收入主要来自一些同学和朋友的捧场。尽管这样，一个多月之后，“合力”网页设计专业店还是不得不关门，张贴告示，转让店铺。

张同学在之后的总结中认为，由于所学技术专业的缘故，自己在创业之初就选择了与计算机专业有关的领域，但创业时的理想与现实创业运作是有较大差距的。创业之前，他想得过于简单，认为一切都会按照自己的计划和想法进行；在具体实施的时候，却发现创业过程遇到的问题太多。

由于缺乏资金，在营业之初投入的广告非常有限，不能使专业店的经营业务更广泛地传播，业务展开缓慢。市场调研不够充分，目标市场定位不清晰，难以吸引目标用户等，更是“合力”开张一个多月就停业的关键原因。张同学“感觉还没有怎么进入经营状态就结束了创业”。“合力”的这次小本投资不但没有赚到钱，还差点儿血本无归。尽管张同学和他的小伙伴第一次创业没有获得成功，但他们并未灰心。“毕竟我们的这次创业为自己积累了实践经验，也是一次有益的社会实践活动，赚钱是次要的。如果有机会的话还想再次尝试创业。但是，下次创业一定要做好创业计划，把各方面的事项考虑充分。”

对于想创业的大学生，张同学给出了一些中肯的建议：“创业之前一定要充分考虑创业过程中可能出现的情况，要充分做好市场调研。还要有乐观向上的创业态度和坚持不懈的努力精神，不能盲目地去投资创业，更不能仅凭一腔热情去创业。”经历这次创业失败之后，张同学对创业有了深刻的体会和更为理性的认识。

1.1 企业及其类型

1.1.1 什么是企业

企业一般是指运用各种生产要素（土地、劳动力、资本、技术和管理能力等），向市场提供产品或服务，以营利为目的，自主经营、自负盈亏、独立核算的法人或其他社会经济团体。

在市场经济范畴内，作为经营单元的多种模式之一，企业按照一定的组织规律，将有机联系的生产要素构成经济实体。一般来讲，企业是以营利为目的，通过向市场提供产品或服务换取收入，并以实现投资人、顾客、员工、社会大众的利益最大化为使命的。它是社会经济发展的必然产物，并且因社会分工的扩大和发展而不断成长壮大。在市场经济活动中，企业是市场中的主要参与者。在社会主义经济体制下，各种性质的企业并存，在经营中共同构成社会主义市场经济的微观基础。企业在经营过程中，存在三种基本的组织形式，即独资企业、合伙企业和公司制企业，公司制企业是现代企业中最主要的组织形式。

现代经济学理论认为，企业的本质是“一种资源配置的机制”。它能够实现整个社会经济资源的优化配置，降低整个社会的“交易成本”。

在现代汉语中，“企业”一词源自日语。与其他一些社会科学领域常用的基本词汇一样，它是在日本明治维新后，大规模引进西方文化与社会制度的过程中翻译而来的汉字词汇。在戊戌变法后，这些汉字词汇被大量引进到现代汉语之中。与“企业”一词在用法上相关和相似的还有“业务”这一词汇。

在我国计划经济时期，“企业”是与“事业单位”平行使用的常用词语。在《辞海》（1978 年版）中，关于“企业”的解释是，企业是指从事生产、流通或服务活动的独立核算经济单位；关于“事业单位”的解释是，事业单位是指受国家机关领导、不实行经济核算的单位。

关于“企业”一词的用法，较常见的是表示各种独立的、营利性的组织（它们可以是法人，也可以不是法人），并可进一步分为公司和非公司企业。非公司企业如合伙企业、个人独资企业等。还有一种特殊的称呼，就是在拍卖法当中描述的“拍卖人”，它指的是拍卖企业。例如，世界华商拍卖人指的是世界华商拍卖有限公司，而不是指某个具体的自然人。

1.1.2　企业发展过程

随着社会生产力的发展和社会的不断进步，企业形式也在不断地发展与完善。企业的演进主要分为三个时期。

1. 工场手工业时期

工场手工业时期是指从封建社会的家庭手工业到资本主义初期的工场手工业时期。16～17 世纪，一些西方国家的封建社会制度向资本主义制度转变，资本主义原始积累的速度不断加快，大规模地剥夺农民的土地，使家庭手工业快速瓦解，开始向资本主义工场制转变。可以说，工场手工业的组织形式的出现是企业的雏形。

2. 工厂制时期

到了 18 世纪，西方各国相继开展了工业革命，普遍使用大机器，为工厂制的建立奠定了坚实的基础。1771 年，英国人理查德·阿克赖特（Richard Arkwright，1732～1792）在克隆福特创立了第一家棉纱工厂。到了 19 世纪三四十年代，工厂制度在英、德等国家普遍建立。工厂制的主要特性是：实行大规模的集中劳动，采用大机器提高生产效率，实行雇佣工人制度，劳动分工进一步深化，生产开始走向社会化。

3. 现代企业时期

到了 19 世纪末 20 世纪初，自由资本主义向垄断资本主义过渡，工厂自身发生了复杂、深刻的变化。企业不断采用新技术，使生产迅速发展。企业的生产规模也不断扩大，市场竞争开始加剧。伴随着经济的发展，出现了大规模的垄断企业。从企业的组织体制角度看，开始出现经营权与所有权分离的经营体制，并且形成了职业化的管理阶层。在企业管理制度上，科学的管理制度被普遍建立，形成了一系列科学管理理论和方法，进一步推进企业走向成熟，现代企业经营模式开始出现。

1.1.3　企业类型

企业有以下几种分类形式。

（1）按投资人的出资方式和责任形式不同，企业可以分为个人独资企业、合伙企业和公司制企业。公司制企业又可以分为有限责任公司和股份有限责任公司。

（2）按投资者所在的地区不同，企业可以分为内资企业、外资企业和港、澳、台商投资企业。

（3）按所有制结构不同，企业可以分为全民所有制企业、集体所有制企业和私营企业以及外资企业。

（4）按股东对公司所负责任不同，企业可以分为无限责任公司、有限责任公司和股份有限责任公司。

（5）按信用等级不同，企业可以分为人合公司、资合公司和人合兼资合公司。

人合公司是指以股东个人条件作为公司信用基础而组成的公司。这种公司对外进行经济活动时，依据的主要不是公司本身的资本或资产状况如何，而是股东个人的信用状况。因为人合公司的股东对公司债务承担无限连带责任，公司资不抵债时，股东必须以个人的全部财产清偿公司债务。这种情况下，公司股东间应有相当的了解，因此，这种公司大多具有家族性的特点。无限责任公司就是典型的人合公司。

资合公司是指以公司资本和资产条件作为其信用基础的公司。这种公司对外进行经济活动时，依靠的不是股东个人的信用情况，而是公司本身资本和资产的雄厚程度。此种公司的股东对公司债务只负出资额范围内的责任，因此，公司股东间以出资相结合，无须相互了解，公司具有公众化的特点。前述有限公司具有资合公司的特点，而股份有限责任公司则是最典型的资合公司。

人合兼资合公司是指信用基础兼具股东个人信用及公司资本和资产信用的公司，公司既有人合性质又有资合性质。人合兼资合公司又称人合两合公司，两合的原因在于公司由有限责任股东和无限责任股东组成。

（6）按公司地位类型不同，企业可以分为母公司和子公司。

（7）按规模不同，企业可以分为特大型企业、大型企业、中型企业、小型企业和微型企业。

（8）按经济部门不同，企业可以分为农业企业、工业企业和服务企业等。

（9）按健康程度不同，企业可以分为相对比较健康的随机应变型企业、军队型企业、韧力调节型企业和相对不健康的消极进取型企业、时停时进型企业、过度膨胀型企业、过度管理型企业。

1.1.4 公司的组织结构

公司的组织结构是任何创业者必须思考的重要问题，因为任何组织的运行都离不开内部组织机构的建设和良好的运行机制。所以，公司组织机构的设计是非常重要的内容。即使是一个非常小的公司，创业者也应该清楚地阐明公司当前如何组织，并且还应当大致明确，当公司不断成长时，公司的组织框架应当如何搭建。创业者应确保公司的内部组织结构能够高效率地运转，信息交流通畅，各部门和岗位责任清晰，这些在组织建设过程中是需要考虑的重要内容。在公司的组织结构设计过程中，对这些内容能够清醒清晰地描述还会让阅读创业计划书的人对你的新创公司更有信心，让投资人知道你是如何将商业创意转变成能够正常运营的高效率的公司的。公司的组织结构涉及的是公司内部相互作用和影响的细节问题，然而它却是创业者必须认真对待的，是保证公司能够平稳运行的关键。

阐述一个创业企业如何组织及其权利与责任如何匹配的最有效方法是在创业计划中明确给出一个组织结构图。组织结构图（organizational chart）是公司内部的权力与责任分配状况的一个图解描述。组织结构图类似于管理学中给出的基本组织结构设计模式。

如果创业者不能绘制出组织结构图，那么创业者也应当提供新创企业的重要部门关系和相关岗位责任的文字描述。创业企业一般要按照部门职能、产品特性、地区市场规模等要素进行组织机构设计。如果创业者对这些组织特性不熟悉，就应当查阅组织行为学或管理学教科书，确保设计的组织结构图符合基本规范。组织结构图需要说明企业现在看起来是做什么用的，以及短期或中期将变成什么样子。因此，组织结构图中可能会有一些没有填写的框格，目的是为未来发展留有变化的余地。无论怎样，创业者都应该提供组织结构图的简要说明，并具体阐述其中最重要的关系。

如果新创企业的创始人不止一个，创业者应当对公司未来发展中每位创始人可能承担的具体职责做出基本的界定。如果新企业是由两个或更多的创始人合作创办的企业，那么发生矛盾时，其根源通常是不能清楚地描述他们各自应当承担的具体职责。解决好新创企业的组织结构设计问题，就意味着已经解决了可能导致阅读创业计划书的人产生不必要的疑虑的问题。

有些创业计划书还从领导、激励和公司文化等角度简要说明要解决的管理问题，以此作为公司组织结构的补充部分。如果创业者认为合适，创业计划书还应当包括这些方面的简要说明。

1.2　企业经营活动形成的商品流和现金流

1.2.1　企业经营活动形成的商品流

商品流是指商品的物质形式在地域上的移动。商品流是国际间或地区间经济协作和地域分工的物质表现形式。厄尔曼（E. L. Ullman）对商品流的地理研究进行了开创性的工作，他认为存在三种产生商品流的机制。

（1）互补性。互补性即两地区间贸易需求和供应模式的互补。它有三种互补形式：一是潜在互补性。根据比较利益法则，不同地区自然资源、文化景观和政治体制的差异可能会导致区域专业化和交换，导致商品流形成。二是可能互补性。生产能力在一个区域内出现剩余并在另一区域出现匮缺，导致商品流形成。三是实际互补性。一个区域通过专业化生产出现剩余产品而供应另一区域的需求，导致商品流形成。

在市场上存在商品流意味着在某一市场将会出现竞争，因为新的竞争者将会进入市场。同时，这也说明存在新的市场机会，吸引商品的流入。

（2）可传输性。可传输性包含商品本身的价值，决定商品能否支付长距离运输的成本；商品本身的特性，如易腐性、危险性、易毁性等，以及与地表相关的特性，如自然环境（地形、气候等）和人为环境（交通运输设施）等都是商品可传输性的内容。

上述商品的可传输性将影响物流的成本和效率。第一，商品的可传输性差，将导致物流成本增加。例如，对商品的运输方式有更高的要求会导致物流成本增加。第二，商品的可传输性差，将影响商品的物流运作效率。例如，易腐性、危险性、易毁性等商品在运输过程中要格外小心，否则会影响物流效率。

（3）进入机会。厄尔曼在定义商品流时更多地考虑了商品移动的距离的影响。现实中，商品流研究还包括商品流动的数量、种类、价值、流向等众多影响因素，特别是要研究当前国际国内经济中有重要影响的大宗原材料的商品流问题，如粮食、工业原料、煤炭、石油、重要矿物资源、主要工业产品等商品的国际或区际之间的流动机制和流动条件等相关因素。

对于大宗原材料的移动问题，要充分考虑流动方向、距离、数量和进入市场的时机等更多深层次问题，这些问题将影响供需双方的经济利益。例如，大宗原材料提供给用户的时间，将会影响用户的产品进入市场的时机，很可能影响用户的获利。如果按照用户的需求量考虑，供应商没能及时将订货交到用户手中，也会影响用户的获利。

在商品流研究中已运用了一系列数学分析方法，包括线性规划、区际投入产出分析、最大熵概念、马尔可夫链等量化研究方法，这些方法大大促进了商品流领域的研究，有助于提高商品流通的效率。

1.2.2 企业经营活动形成的现金流

现金流也称现金流量，它是现代理财学中的一个重要概念。现金流是指企业在一定会计期间按照现金收付实现制，通过一定经济活动（包括经营活动、投资活动、筹资活动和非经常性项目）而产生的现金流入、现金流出及其总量情况的总称，即企业一定时期的现金和现金等价物的流入和流出的数量。

现金流量管理水平往往是一个企业存亡的决定要素。

很多企业的营运危机都是现金流量管理不善造成的。

在对一项投资评审时，首先要考虑的就是投资对象的现金流量情况。

当发生经济危机时，往往会产生资金周转危机，这种情况也是企业破产的直接原因。

现金流量管理中的现金，通常不是我们日常所理解的手持现金，而是指企业的库存现金和银行存款，还包括现金等价物，即企业持有的期限短、流动性强、容易转换为已知金额现金、价值变动风险很小的投资等，也包括其他货币资金。

一项投资被确认为现金等价物必须同时具备四个条件：期限短、流动性强、易于转换为已知金额现金和价值改动风险小。

一般来说，企业经营活动所产生的现金流入项目主要有：销售商品、提供劳务收到的现金，收到的税费返还，收到的其他与经营活动有关的现金。企业经营活动所产生的现金流出项目主要有：购买商品（生产用原材料以及办公用品等）、接受劳务支付的现金，支付给职工以及为职工支付的现金（各项保险费等），支付的各项税费，支付的其他与经营活动有关的现金。

在现代企业的发展过程中，决定企业兴衰存亡的是现金流，最能反映企业本质的也是现金流。可以说，在评价企业经营状况的众多价值指标中，基于现金流的评价是最具权威性的。

现金流量概念比传统的利润指标概念更能反映企业的盈利质量水平。首先，针对利用增加投资收益等非营业活动操纵利润的缺陷，现金流量只计算营业利润而将非经常性收益剔除在外。其次，会计利润是按照权责发生制确定的，可以通过虚假销售、提前确认销售、扩大赊销范围或者关联交易调节利润，而现金流量是根据收付实现制确定的，上述传统的调节利润的方法无法取得现金，因而不能增加现金流量。可见，现金流量指标可以弥补利润指标在反映公司真实盈利能力上的缺陷。美国安然（Enron）公司破产以及新加坡上市的亚洲金光纸业（Asia Pulp and Paper Co.，Ltd，APP）沦为垃圾公司的一个重要原因就是现金流量恶化，只有那些能迅速转化为现金的收益才是货真价实的利润。对高收益、低现金流的公司，其收益有可能是通过一次性的方式取得的，而且只是通过会计科目的调整实现的，并没有收到现金，这样的公司很可能存在未来业绩急剧下滑的风险。

1.2.3　商品流与现金流的关系

在企业经营过程中，当商品流减少时，表明在企业支付现金购买商品后，现金流量将会减少。相反，当商品流加大时，表明企业销售商品量增加。如果是现金销售，那么现金流量就增加了。

商品的库存和现金流对零售企业的影响分别如下。

1. 零售企业商品库存

第一，零售企业商品库存积压严重，会导致企业资金严重占用，出现资金周转不灵的问题。如果这种情况长期得不到改善，将会直接导致企业经营陷入困境。

第二，零售企业商品库存不足，会使零售企业供给跟不上市场需求，将直接导致零售企业的盈利水平降低。同时，零售企业商品数量或品种不足，将直接反映为零售企业的柜台货品陈列不足，或缺货，导致顾客对零售企业认可度降低，市场份额下降，品牌认知下降，最终影响零售企业的盈利能力。

2. 零售企业现金流

第一，如果零售企业现金流过多，说明企业闲置资金过多，没有充分利用企业的有效资金资源。而且，大量资金闲置，会导致资金使用成本增加，影响获利。

第二，如果零售企业现金流过少，无法正常维持企业的经营。更重要的是，可能会错过很好的销售机会，失去提高市场占有率和提高零售企业声誉和品牌影响力的机会。

1.3 创业及其分类

1.3.1 创业的定义

从词义上看，创业通常被人们看作开创事业的活动。但是，作为一个科学名词，创业还有其特定的含义。创业具有创造、首创、开始、开拓、创新等前所未有的新含义。“创”有收获、积累、储藏的意味。而“业”一般是指事业、家业、职业等。“创”和“业”合起来组成的“创业”一词，可以理解为开创事业或积累财富的过程。

创业的精神实质就是开拓创新。在现实生活中，首先，创业被看作一种穷则思变的行动，创业者一般都是白手起家。《左传·宣公十二年》中就有记载，“筚路蓝缕，以启山林”。意思是，驾着柴车，穿着破衣，去开发荒山野林来描述楚人的祖先俭朴的创业生活。其次，创业被看作前人为后辈开创事业打下基础的创举。《孟子·梁惠王》记载：“君子创业垂统，为可继也。”意思是，有德者创立基业，为的是传给子孙，让后代继续干下去。最后，创业也被看作创新，是一种从头开始的事业。《贞观政要·论君道》记载：“太宗谓侍臣曰：‘帝王之业，草创与守成孰难？’”唐太宗所问的是：开创帝业与守住帝业哪一个比较困难？因此，创业可以解释为人们为了改变现状和造福子孙后代而进行的创造性活动。

从范围上讲，创业有广义和狭义之分。广义上的创业，泛指人类一切带有开拓意义的社会变革活动。它涉及的领域非常广阔，无论是政治、经济、军事，还是文化艺术事业，只要人们从事的是前无古人的事业，就都可称为创业。诸葛亮《前出师表》所讲“先帝创业未半，而中道崩殂”中的“创业”指的就是创帝王之业。柳青小说《创业史》中的主人公梁生宝创的是一个农村的合作化事业。新中国的科学家们研制出了“两弹一星”，使我国的原子弹、导弹、人造卫星从无到有，开创了新中国的国防科技事业。今天，我们党领导的具有中国特色的社会主义建设，更是前无古人的事业，是在创中华民族的千秋大业。而狭义上的创业是指社会上的个人或群体自己开展的以创造财富为目标的社会活动。这种活动对于整个人类来讲，也许是前有古人的，但对创业者本身来说，则是一种从未经历过的，也是从头开始的事业。例如，柳传志创办联想集团、张朝阳创建搜狐网站、丁祖怡创建西安翻译学院、刘永好创建新希望集团等，这些都属于狭义上的创业。而创业学研究的就是这种狭义的创业活动。因此，根据上述解释，可以给创业下一个明确的定义：创业是指社会上的个人或群体，为了改变现状、造福后人，依靠自己的力量去创造财富的艰苦奋斗的过程。

1.3.2 创业的基本特征

创业作为人类的社会行为，有以下几个方面的基本特征。

第一，开拓性。对于任何创业者来说，创业都是一项前所未有的事业，一旦拥有或继承前人的事业，就不能称之为创业。也许这项新创的事业对于人类是已经有过尝试和体验的，但对创业者本人仍是一项空前的未知事业。虽然他可以借鉴、模仿、学习前人的经验和方法，但自己还是必须从头做起。所以，创业的精神实质就是开拓创新的活动，从这个创新活动的意义讲，每一个创业者都是勇敢的开拓者、创造者。

第二，自主性。创业从来就是一种独立自主的行为。从创业的历史和特点看，几乎所有的创业者都是在困难环境中，没有其他力量可以依靠的情况下开始创业。这些创业者通常都不屈服于现实命运，也不受制于当下的困境。可以说，创业者都是自己命运的主宰者，他们独立自主、自力更生、奋发图强，完全依靠自己的力量，以坚定的意志开创出一个完全属于自己的事业，从而实现自己的人生理想。

第三，功利性。虽然创业追求创造财富，但是，创业不仅是一项充满功利性的活动，它也是一个追求梦想的过程。每一位创业者都是按照自己的人生观、价值观去追求自己梦想的，哪怕这一过程充满千辛万苦，甚至牺牲生命也会勇往直前，达到目标。

1.3.3　创业的分类

在人们的创业活动中，存在不同的创业动机和创业方式，因此，人们的创业行为也会表现出不同的特点和行为方式。

1. 按创业动机分类

创业动机是直接影响创业的成败和难易程度的重要因素。按照一般创业者的创业动机，可以把创业行为分为以下四种类型。

（1）被动型创业。这种类型的创业者最初并没有创业的想法，开始创业是环境所迫的一种选择，因此称为被动型创业。被动型创业者包括毕业后找不到工作的大学生、下岗人员、低收入人群、想改变现状的人群等。被动型创业者的社会关系一般不是很复杂，社交群体范围不广泛，社会资源非常有限，这类创业者大多是自力更生。对这类人群来说，最初的创业想法也许是一个痛苦无奈的选择。由于创业资源较少，被动型创业者一般都是从选择小项目投资起步，通过不断经营积累，逐步发展壮大。虽然创业者缺乏企业经营管理知识和经验，但是他们大多勤奋经营，成功的概率也是很高的。实际上，每个人都有经商的潜质，缺少的只是自信力、坚定的信念、勤于学习、潜心研究。

例如，2008 年美国的次贷金融危机导致的全球经济危机，使得我国的经济发展也受到了严重的影响，企业经营陷入困境，一些员工失去工作机会，这些人中有的决心尝试创业。被迫创业与小规模投资是这个时期创业的独有特色。我国台湾地区创业顾问、企业讲师协会秘书长桂世平认为，这个时期的创业是以加盟早餐店、冷饮店等谋生型创业为主流。

（2）主动型创业。有一种类型的创业者，他们创业就是因为天性喜欢冒险，他们有强烈的创业热情和获得自我成就的冲动，这种类型的创业属于主动型创业。主动型创业者甚至把创业作为一种生活方式，作为自己的职业选择。他们不怕创业失败，创业结果怎样不是他们首要考虑的问题。主动型创业者还可以分为三种类型：第一种是冷静型主动创业者，第二种是激情型主动创业者，第三种是盲目型主动创业者。冷静型主动创业者能清楚地意识到自己的优势有哪些，能够非常清晰地确定自己的人生目标，一旦确认创业选项，他们就会坚决地采取行动。这种创业者是创业人群中的佼佼者，他们创业成功的可能性非常大，成就事业的人也非常多。但是，在现实中，这类人群规模不大。

激情型主动创业者一般工作或生活阅历较为简单，对事物的特点缺乏深入观察的能力，感性认识比较多，大多数情况下对自己的人生目标、事业发展缺乏清晰的认识，对自己的优势和劣势认识也不是很清楚，或者对创业没有太多的思考，创业资源也非常有限。但是，他们有做事情的激情，克服困难有勇气，做事情敢于承担责任，对自己想好的事情敢于实践，在生活和工作中肯吃苦。这些优势弥补了他们创业资源匮乏、工作阅历经验不足、思维能力不足等缺陷，因此，这类创业者中有很多人能够获得成功。

盲目型主动创业者既没有对创业清醒的认识，又缺乏创业需要的胆识、魄力、坚定的信念和吃苦精神。从实践来看，这类创业人群中成功者寥寥无几。相比较而言，冷静型主动创业者是创业者中成功比例最高的，其特点是谋定而后动，对创业有充分的准备、详尽的思考、周密的创业计划。

20 世纪 90 年代，留学美国的徐曙光弃学从商。他利用自己在应用数学、计算机工程和金融等方面的知识与研究心得，加上对美国公司运作和社会发展的深刻理解，以及对每一阶段的经济走势的准确判断，最终成为美国著名的华裔商人。2004 年，徐曙光筹集 1.2 亿美元来到上海，开始创办格林豪泰商务连锁酒店，开启了独自在国内的创业历程。截至 2017 年 12 月 31 日，格林豪泰已经在全国开设了 2289 家开业酒店，成为“中国商务连锁酒店第一品牌”。

李开复为徐曙光的自传《我就是喜欢创业》作序时说道：“我开始了作为一个创业者的旅程，这让我很振奋。我说过我想用自己的主动性做一个掌控全局的工作，创业就是这样的一类工作。它可以激发你无限的潜能，是完全主动的。因为它使你产生一种想要掌控全局的欲望与激情。这对我个人来说也是一种创新，职业的创新、生命的创新，我相信创业对于每个人来说都意味着这样的创新，不管他选择的创业领域是新兴的还是传统的，创业是一种从无到有的激情。”

（3）资源型创业。资源型创业者大多有比较好的工作经历。例如，在政府部门、在重要的社会团体中任职等，有的甚至还在部门中掌握一定权力，有广泛的社会资源积累，或者他们在企业事业单位中有过较好的工作经历，在市场营销、项目管理、融资管理、信息获得以及人脉资源等方面有着广泛和深厚的积累，这类人群通常也会选择在适当的时机进行创业。资源型创业者由于起步较好、资源丰富，他们创业的成功率一般都会很高。

（4）随机型创业。随机型创业者自身或家庭有比较好的条件，创业对这类人群是一种快乐的生活方式，是一种兴趣使然。创业中的风险对他们来讲没有太大的压力，创业成功是一种快乐享受，创业失败也是自己能够承受的事情，创业对他们而言就是一种生活享受，一种经历的体验。随机型创业者不计较自己能做什么、会做什么，甚至可能今天在做这样一件事，明天又去做另外一件事，这些事情之间可以完全不相干。而且，他们中有一些人，甚至对赚钱都没有太大的兴趣，也没有过多考虑创业的成败得失。在现实的创业人群中，随机型创业者中成功人士也并不在少数。

2. 按创业方式分类

个人、组织、环境、过程等各方面的影响因素，形成了创业的不同方式。因此，根据创业方式的不同，可以把创业类型分成以下四种类型。

（1）模仿型创业。模仿型创业因其创新的内容相对略多一些，所以创业者的风险性也较大。模仿型创业过程具有一定的不确定性，而且模仿学习过程需要创业者有较强的能力和相应的资源，否则模仿学习是难以实现的。但是，如果创业者经过系统的创业管理培训，掌握正确的市场进入时机，具备一定的能力和素质，模仿型创业会有很大的成功概率。

上海有位成功的创业者，洗浴业和餐饮业的领军人物施有毅，上海云海实业股份有限公司董事长。施有毅具有过人的商业敏感性，他是运用市场比较和需求共性的比较方法，及时捕捉商业机会，大胆投资而发展起来的。施有毅讲述自己的创业经历时说道，1995年，他从美国夏威夷坐飞机到东京，朋友带他到一个浴场。通过洗这个澡，他茅塞顿开，觉得将这个搬到中国非常好。就是这样一个日本浴，后来洗出施有毅的成功。

（2）复制型创业。复制型创业是指复制原有公司的经营模式进行创业的一种方式。复制型创业在创新这个层面是非常低的，也就是说，几乎没有什么创新之处。例如，韩某原本在一家西餐厅里当厨师，离职后自行创立一家与原服务餐厅非常相似的西餐厅。

复制型创业因其复制的企业已经证明是成功的，所以复制过程非常简便，易于成功，复制型创业在新创企业中成功比例是非常高的。但是，复制型创业过程缺乏真正意义上的创新，缺乏创业精神的实践体现。因此，复制型创业在初期经营成功后，经营者应当积极探索特色化发展道路，否则，企业难以维持长久的竞争力，经营风险也会逐步增大。

（3）冒险型创业。冒险型创业将会给创业者本身带来极大的改变，创业过程不确定性也会很大。新企业抵御竞争压力的能力将是创业者面临的关键问题。因此，冒险型创业难度很高，但是，这种类型的创业一旦取得成功，其获利也会极为丰厚。那么，冒险型创业想要获得成功，必须充分考虑创业者的能力状况、创业时机的把握、创业的坚定意志、创业计划的周密制订、经营模式的比较与再设计以及创业过程的管理等各个方面。例如，史玉柱1984年从浙江大学数学系本科毕业，分配至安徽省怀远县统计局工作。1989年，他从深圳大学软件科学系（数学系）研究生毕业后，开始下海创业。史玉柱很快在深圳开发M-6401桌面版印刷系统，当时他身上只有4000元，但却向《计算机世界》定下一个8400元的广告版面。他提出的要求是，先刊广告后付款。他的期限只有15天，前12天分文未进，第13天他收到了3笔汇款，共计15 820元。两个月以后，他赚到了10万元，直接全部投入广告。4个月后，史玉柱成了百万富翁。

（4）安定型创业。安定型创业多数是组织内部创业。安定型创业的特点是资金由企业提供，资源有比较充分的保障，经营目标非常明确，经营环境有较好的保障，因此，安定型创业风险更小，收入稳定，是创业类型中比较稳妥的创业方式。安定型创业强调的是现有企业通过再创业寻求发展壮大，而不是创造新的企业。从实践看，许多大企业为了维持生存、继续发展，一般都会在企业内部推动员工创新，开发新产品，寻找新市场。对于创业者来讲，他们的企业员工身份没有改变，又能够获得企业的支持，所以他们的创业相对容易一些。

一个游客路过一个小镇，他走进一家旅馆给了店主1000元现金，挑了一个房间，他上楼之后，店主拿这1000元给了对门的屠夫支付了这个月的肉钱；屠夫去养猪的农夫家里把欠的买猪款付清了，农夫还了饲料钱，饲料商贩还清了赊欠经销商的钱，经销商赶紧去旅馆还了房钱，这1000元又回到旅馆店主手里，可就在此时，游客下楼说房间不合适，拿钱走了；但是，全镇的债务都还清了！看完这个故事，请问有谁亏了吗？一个也不亏，没有这1000元现金，大家都还在相互持续地追债，后果不堪设想，可外地游客带来的1000元现金流动了一下，大家的债务就全部解决了。这就是资金流动让经济社会焕发了生机。

1.3.4 创业者的创业企业类型

创业者一般在选择创业企业类型时，有四种选择，如表1-1所示。在实际创业中，创业者可以根据自己的需要选择任何一种企业类型，在这里并不存在判断哪种企业类型更好的问题。本书将主要集中讨论的是生活方式型企业、管理成长型企业、扩张成长型企业。并不是所有的企业都能够快速成长并赚取巨大的经济收益，有的企业可能只是提供所有者满意的生活保障和经济保证。本书除关注那些更具扩张性质的企业类型以外，同样也关注更适合普通大众的企业类型。

表1-1 创业企业类型

企业类型	解释	举例
生存型	仅仅只是为了满足购买餐桌上的食物所需费用而进行的创业活动	小修小补类杂活儿，房屋维修维护，兼职小孩护理、家庭钟点工等
生活方式型	满足个人投资者追求特定生活方式的创业行为，并以此为生的创业活动	以家庭为依托的电子商务、分店、独立的授权经销商、服装专卖店、私人培训等
管理成长型	雇用10多位员工，可能有多个批发、零售门店，也可能将新产品和服务推向市场的创业活动	授权多店经营的商业特许、地区性酒店连锁、网络零售商（中等规模）等
扩张成长型	将新产品和服务推向市场，并且拥有企业扩张成长计划方案的创业活动	计算机软件开发、医药设备制造、网络零售商(大规模)、全国性酒店连锁经营等

1.4 创业的一般过程

创业的一般过程是指创业者从产生创业想法到创建新企业或开创新事业的过程，可大致分为创业机会识别、整合资源和创建新企业三个阶段。

1.4.1　创业机会识别

当创业者有了创业动机之后，就会去寻找创业机会，也可能是某种机会出现后激发创业者去创业。但需要注意的是，并非每一个创业机会都适合去创业，创业者需要用科学的方法去识别该创业机会。识别创业机会是创业过程的核心，也是创业管理的关键环节。识别创业机会包含发现机会和评价机会两方面的活动。

1.4.2　整合资源

创业者对创业机会进行评价后，如果发现该创业机会值得去进一步把握，就会进行创业资源的整合。创业资源包括人、财、物、信息、技术等各种资源。创业资源整合是创业者开发机会的重要手段。虽然说创业不拘泥于资源的限制，但必要的人力资源、资金还是必需的。一个优秀的创业者除了具备获取这些资源的能力外，还应具备利用有限资源撬动更多资源的能力。

1.4.3　创建新企业

新企业的创建或新事业的诞生是衡量创业者创业行为的直接标志。完成企业注册意味着新企业创建完成，在此之前，要选择合适的经营场所，确定进入市场的途径，确定企业的法人结构。企业注册完成后进行运营之前，要确定企业的组织结构，设计企业相关规章制度，招聘员工。

1.5　新创企业发展阶段

1.5.1　培育阶段

在培育阶段，新创企业基本上处于研究与开发（research and development，R&D）技术、产品开发阶段，即试验与产业化的过程中，产品处于实验室成果、样品和专利申请状态，还没有形成可以产业化的产品生产状态。对于创业者来说，新创企业基本处于组建或筹建中，还没有形成完备的管理队伍。另外，对于进入服务领域的创业者来说，这一阶段基本包括选择要进入的服务领域、构思创业项目等，开始形成一个新的服务产品创意过程。

就实体产品研发来讲，这一阶段的投资成功率最低（一般平均成功率不到 10%）。但是，研发资金相对要求较少，一旦成功，其获利就会比较丰厚。在实验研发阶段，获得资金的路径有如下几种：政府专项拨款、科研机构和大学的科研基金、社会捐赠和被称作精灵投资者的个人创业投资家提供的股本金等。由于投资风险较大，规范的创业投资机构基本不涉足这一阶段。就服务产品构思来讲，这一阶段基本没有太多的资金投入，主要是对服务产品的特点的比较、各自的优劣势、潜在的发展机会等因素进行缜密的考虑。

1.5.2 创建阶段

在创建阶段，新创企业已经有了一个初级产品，有了一份比较成型的创业经营计划（business plan），组建了一个比较合理的管理人员队伍。在此阶段，新创企业没有任何收入，但会有一定的经费支出，如初期的市场调研费、相关咨询费等。据统计，新创企业在这一阶段一般要经历 1 年左右的时间，这段时间主要进行构思产品或创意、理清新创企业的经营思路、撰写商业计划书等准备工作。

在创建阶段，对于实体产品新创企业来讲，面临着研发产品的试验期，技术研发风险要比培育阶段的风险高，同时投资风险也较高，研发成功率平均不到 20%。这一阶段是产品创新的高风险阶段，也是创业高风险阶段之一。尽管该阶段的投资量较大，但成功后一般都能给新创企业带来较为丰厚的利益。对于服务领域的新创企业，这一阶段主要面临决策经营模式、设计新创企业的组织形式、选择经营场所等确定工作。无论是实体产品的创业研发，还是服务产品的经营决定，这一阶段的投资主要是创业投资，风险主要是投资风险。一般来说，创业投资从这一阶段才真正进入新创企业的发展路程。

1.5.3 成长阶段

在成长阶段，对于实体产品新创企业来讲，面临研发产品的中试期，也就是工厂化生产之前的时期。在这一阶段，研发产品的技术风险有所下降，但是，产业化风险仍然较大。这一阶段也是形成大量技术文件的阶段，这些技术文件将给后续的生产组织和管理提供重要的技术支撑，主要用于生产工艺规程的制定、岗位操作规程的制定、产品技术标准的制定以及相关管理制度的制定等。此时，产品或服务进入市场开发阶段，进入试用或试销阶段，开始有少量顾客购买试用，新创企业的经营费用开始增加，或有少量的销售收入。该阶段的末期，新创企业完成产品定型，着手实施市场开拓计划。此时，资金需求量快速增加，新创企业很难依靠自有资金实现市场的快速开发，通常都需要开展融资以满足新创企业对资金的大量需求，所以开发市场仍然是其主要的创业投资方式。

1.5.4 扩张阶段

在扩张阶段，实体产品新创企业面临研发产品的工业化生产阶段。新创企业开始规模化生产产品，并开展大规模销售工作。如果是服务产品经营，则新创企业开始面向市场销售服务产品。此时，新创企业的各项费用支出仍然大于产品销售收入。在最初的销售阶段获得成功之后，新创企业需要持续投资以提高企业的销售能力，加速扩大产品销售数量。在这一阶段，新创企业尤其要注意产品的生产、销售和服务的衔接，只有做好市场营销工作，才能确保产品打开市场，新产品研发才能成功。另一个需要注意的事情是，新创企业应当从长远考虑，建立自己的销售队伍，做到不断稳定和扩大市场占有率，增加企业的盈利能力，为后续扩大生产规模、增强研发经费、不断开发新产品提供支持和保障，还要通过持续的售后服务投入，提高企业的服务能力，以此达到提升品牌影响力的目的。在新创企业逐步形成规模经济，达到市场占有率目标时，新创企业已经基本接近成功，可以考虑进入证券市场的计划，为后续的持续发展打下基础。

1.5.5 获利阶段

在获利阶段，新创企业的销售收入会高于支出，形成创业的净收入，即新创企业开始盈利。在这一阶段，创业投资家开始考虑撤出自己的投资。对于新创企业来讲，在这一阶段筹集资金的最佳方法之一就是通过发行股票进入证券市场。如果新创企业能够在这一阶段成功上市，将会得到可观的融资。这一大笔融资，一方面为新创企业未来发展提供了扩展支持，能够扩大企业的运作范围，扩张新创企业的生产经营规模；另一方面也为创业投资家的资金撤出提供了条件。创业投资家通常通过公开上市而撤出投资资本，有时也可以通过并购兼并的方式撤出资本。

综上可以看出，通常情况下创业投资家主要投资于新创企业的创建阶段、成长阶段和扩张阶段。规模较小、运作较为灵活的创业投资机构主要投资于创建阶段和成长阶段。规模较大、相对保守的创业投资机构往往投资于扩张阶段。

1.6 创业风险

大多数创业者在创业初期都抱有非常乐观的想法，主观认为公司开张之后，几个月内就会有盈利、就会收回投资成本等。实际上，在创业投资过程中，投资人通常对风险缺乏足够的认识，在思想上缺少对风险发生的应对准备。

一位成功的创业者曾经说过，创业时要从最坏处打算，如公司能承担多大的损失，能够支撑多长的经营时间，如何应对创业过程中的困难时期，如何应对业务和财务风险等方面发生的问题。这才是创业者应当多考虑的事情，而不是一味地想着经营收获。具体地说，无论是创新企业还是已经开展经营的企业，都要对产品开发风险、市场竞争风险、资金回笼风险、材料供应风险等时时加以思考和分析，避免经营风险发生。所以，对于创业者来说，必须时刻保持清醒的头脑，对企业经营风险有足够的认识。

1.6.1 什么是风险

美国学者 A. H. 威雷特早在 1901 年就对风险进行了研究。他认为："风险是关于不愿发生的事件发生的不确定性的客观体现。"我们也可以通俗地理解为，风险是指在一定环境、一定时间段内，影响决策目标实现的不确定性，或是某种损失发生的可能性。风险的存在意味着创业经营目标实现的过程中可能会遇到预料之外的干扰事件，而使目标难以达成。

要创业就一定要对风险和收益进行抉择与权衡，既不能为了收益而不顾风险的大小，也不能因害怕风险而错失创业的良好机会。对于创业者来说，在明确认识了创业风险之后，就要认真地分析创业过程中可能会遇到哪些风险，这些可能的风险中哪些是可以控制的，哪些是不可以控制的，哪些风险又是需要极力避免的，以及这些风险一旦出现时，应该采取哪些办法应对。并且，创业者要特别注意，一定要对可能的最大风险有足够的判断，要分析可能的最大损失有多少，以及如果这些风险发生，创业者是否有能力承担并渡过难关。

1.6.2 如何正确看待风险

可以说，创业路上风险是无处不在、无时不有的。但是，不能因为创业存在风险就不去创业。创业者要有智慧和勇气在努力实现企业经营目标的前提下，积极管理风险，有效控制风险，并采取措施规避风险，这才是一个创业者对待风险应具备的正确态度。

如果创业者要致力于创建一家持续性发展的企业，如生产某种消费品的品牌企业，创业者就需要持续地投资，以使企业获得可持续发展的竞争优势。为此创业者就必须做好冒着经营风险，长期努力和不断克服困难的准备。创业者必须通过一系列市场营销活动，如大量的广告投入来培育和创建一个知名品牌，这样就需要支付大量的营销费用。创业者还必须规划出一部分利润进行扩大生产规模的再投资，或者接受股份合伙人或个人担保贷款。创业者为了培养企业所需要的人才，还必须授权、委托经验可能不足的员工来做重大决策或者重要而关键的工作等，这些事情的处理和工作的安排都存在很大的风险。

经营小型或生活方式型企业的创业者，其面临的风险和压力可能要较小一些。对有能力的员工来讲，他们是不会到这样没有认股权或个人发展机会的公司工作的。因此，创业者雇用员工可能会是比较难的一件事情，创业者可能要准备好长时间自己工作。而且，一旦创业者放弃经营，个人专营店是很难出售的。面对这种情况，创业者就不能脱身，很可能会被业务缠身，精疲力竭，并可能遇到经营问题。

如果创业者是把创办企业作为终生奋斗的事业，那么创业者就需要万分谨慎地经营自己创办的企业。创业者是拿自己的一生做抵押，期望通过不断的努力使自己得到最大的经济回报。因此，创业者要加倍用心对风险进行管理，尤其是在创业初期，不能急于求成、盲目扩大经营规模。另外，创业者对企业核心竞争力的培育，对关键资源的掌握也要格外用心，要在经营过程中不断提升企业的核心竞争力。同时，创业者还要合理控制企业的经营风险和发展速度，这是考验创业者驾驭企业的能力和磨炼其心智的关键环节。但是，一定要注意，创业者绝不能为了控制风险而放弃目标。创业者要想成功就必须审时度势，把握好目标与风险之间的平衡关系。

李先生一心想当老板。经过 6 年的努力工作，省吃俭用积累了 13 万元。其中 8 万元作为注册资金，5 万元作为流动资金。他觉得，自己创业必须有足够的工作经验。因此，在 6 年的工作中，总是分内分外的事抢着干，从不计较个人得失。尤其是经营方面的事，注意听，虚心学，目的就是积攒些创业的本事，为自己办公司做准备。他认为，创业一定要选一个好的项目。为此，李先生开了一家房地产租赁咨询公司。

李先生办理完注册等手续后，开始勤勤恳恳经营自己的公司。让他怎么也没想到的是，开始的 4 个月几乎没有生意可做，门庭零落。在不断做广告之后，第 6 个月才开始有业务。但是，经营很不稳定。半年多盘点之后，发现赔了 3 万多元。李先生开始动摇了！觉得自己在公司经营上已经毫无办法，无能为力。经过认真的思考，他认为做生意不是赌博，一定是自己的经营方式和方法有了问题。他想不能再这样干下去了，等到 13 万元都赔光了就什么都不能干了。于是，他想弄明白经营问题到底出在哪里。随即，李先生果断地关掉了自己刚刚创办的公司。

导致李先生失败的原因很复杂，但其中一个重要原因就在于没有一个详细完整的创业计划。小企业抗风险能力本来就弱，创业计划不考虑成熟，想当然抓住了机会，却没有详细的创业计划，自然潜伏经营危机。

1.6.3　机会风险

1. 创业机会的含义

创业机会主要是指具有较强吸引力的、较为持久的、有利于创业的商业机会。创业者据此可以为顾客提供有价值的产品或服务，并同时使创业者获益。

2. 市场时机

在选择创业项目时，市场可行性分析的最后一步是评估产品或服务进入市场的机会是否合适。通常人们称之为市场进入的“机会之窗”，它比喻创业者决定进入某一新市场并拟投入产品或服务的时机。这里有两个问题需重点考虑：第一，确定产品市场所处的生命周期阶段。一旦新产品市场确立，就意味着机会之窗已经开启了。随着市场的发展，新的投资者会不断进入，并加大力度实现各自利润最大化。当产品进入成熟期，市场处于饱和状态，市场竞争最为激烈，这时的市场“机会之窗”开始关闭。通过这一过程，我们可以认为，创业者要做出的市场进入时机的重要判断之一就是判断某商业创意的“机会之窗”是否开启，以及开启的程度。第二，要对创业者拟进入产业的发展前景和竞争结构加以分析，确定进入的时机和方式是否合适。例如，过去几年间，劳动密集型加工业发展比较好。但是，随着我国整体经济发展，劳动力成本上升，劳动密集型企业获利能力下降，竞争优势也在下降。再加上东南亚国家的迅速崛起，这些国家凭借低廉的劳动力价格，吸引了国际劳动密集型企业的大量投资，因此争夺了中国的一些产品市场。在这种情况下，创业者要想投资这些领域，就必须认真分析国内外市场的发展前景和市场竞争特点以及竞争趋势，充分考虑这类产业的经营风险和获利的稳定性。

创业者如果不进行深入细致的产业与目标市场分析，不了解该市场的规模和潜力，盲目进入市场，那么实际经营起来可能就会发现市场规模不够大，选择的目标市场不足以支持企业的发展，投资风险很快就会显露出来。

20 世纪 70 年代末，IBM 计划进入个人电脑市场，并在 1981 年正式推出了 IBM 个人电脑（personal computer，PC）。IBM 需要为自己的产品寻找合适的、基于英特尔 X86 系列处理器的操作系统。IBM 与另一家公司简短谈判后找到了美国微软公司。比尔·盖茨领导的微软自己并没有合适的操作系统，他知道西雅图电脑公司有这样的操作系统。经过商议，比尔·盖茨以 5 万美元的价格向该公司购买了这个操作系统（微软的支持者称，当时微软与 IBM 有协议，规定微软不得向外界透露谈判事宜）。微软之后再授权 IBM 使用该操作系统（已经更名为 MS-DOS），价格为 3 万美元，但是，每一台机器都要交装机费。IBM 因为和王安公司竞争而选择了个人电脑的操作系统的标准化争夺战，为了获取未来的竞争优势，IBM 采取了开放性设计并推动了大批的兼容机生产企业投资。微软知道这些企业在 IBM 操作系统标准的带动下也要使用这一操作系统，这样会增加与其他电脑生产商的谈判优势，将 MS-DOS 系统安装到所有兼容机的新电脑上。微软就在这样的不断复制中迅速成长起来。

现在按上述机会风险定义分析微软的市场机会。

第一，IBM 给微软提供的市场机会有吸引力吗？IBM 给微软开出的价格是 3 万美元，可是购买这个软件却需要 5 万美元。比尔·盖茨使用了隐瞒性的商业手段，这是后来的指控。但是，如果是你，能够做出这样的决策吗？你不怕这个差额会给你自己带来亏损吗？不怕西雅图电脑公司起诉吗？如果是你，会有这些犹豫吗？比尔·盖茨为什么没有？

第二，比尔·盖茨能够成为世界商业领袖，是他看到了这个机会的什么特征？如果是你，能够看到这个特征吗？用什么办法看到这个特征？

还有人将市场机会定义成可以为购买者或使用者创造或增加价值的产品或服务。它具有吸引力、持久性和适时性。或者市场机会是可以引入新产品、新服务、新原材料和新组织方式，并能以高出成本的价格出售。市场机会让创业者可以用新的方法或方式满足市场需求，通过为市场提供新产品实现为消费者创造价值，并为创业者赢得获利机会。

创业者选择创业也可能是放弃了自己所从事的职业。创业可能失败，也可能成功，但是原有的职业肯定是失去了，这就是选择市场机会的成本风险。例如，韩某和郑某是大学同学，毕业后两人同时进入一家大公司工作，他们是从一般员工做起的。韩某经过认真思考之后，决定自己创业，他辞去了公司的工作。郑某认为自己不适合创业，于是老老实实地继续做一名公司员工。两者在事业道路上的发展方式有了截然不同的方向，韩某将面临着机会成本风险。因为，如果不去创业，韩某尚有一个可以不愁温饱的职业。现在他辞去了公司的稳定工作，不仅失去了稳定的收入，而且还失去了医疗保险、退休金、住房福利等生活保障福利。如果韩某创业成功，他将比郑某拥有更美好的事业和生活。郑某尽管勤奋工作，即便当上公司总经理，他可能也只是为别人打工一辈子。但是，另一种可能是，韩某创业失败了，几年以后不得不到一家公司去做一名普通的员工。那么，与郑某相比，韩某不仅失去了几年的福利，而且也失去了在一家公司几年的工作资历，从未来的角度讲，其损失可能更多。另外，年龄的原因也会使韩某丧失一些更好的就业选择机会。这种机会成本风险是每个创业者都必须认真考虑的事情。如果创业者认为目前创业时机成熟，正好有一个绝佳的市场机会，那么就会狠下决心，立即着手创业。

如果创业者认为没有更好和较为稳妥的市场机会，并且对企业经营管理的运作方式知之甚少，就不应当轻易辞去当下的工作，而应该是边工作边寻找新的更好的市场机会。在这期间，创业者要用心观察所在企业的各级领导者和管理者是如何进行工作的，以积累学习体会，学习工作方法。另外，创业者还可以在企业工作期间有意识地建立良好的商业关系网，等待时机再开始创业。

1.6.4　市场风险

市场风险是指在市场中从事经济活动所面临的盈利或亏损的可能性和不确定性。

1. 市场需求量

市场需求量决定了产品的市场商业总价值。很多创业者在制订创业计划时，通常会根据调查的数据进行主观的推断，结果很可能乐观地高估了市场的需求总量，忽视了市场竞争的风险。如果为一项新产品投入大量资金，而产品的市场需求量较小或者短期内不能为市场所接受，那么，产品的市场价值就很难实现，收回投资的难度将会增加，经营风险也会增大。

2. 市场接受时间

一个全新的产品打开市场需要一定的时间和过程。如果创业者缺乏雄厚的财力，在产品广告宣传上的投入就会受到限制，投入强度也会减弱，产品为市场接受的过程就会更长，并会导致产品销售不畅，销量和销售速度都会受到影响，造成产品积压等经营问题，给新创企业的资金周转造成困难。例如，世界著名的贝尔实验室在 20 世纪 50 年代就推出了图像电话；但是，直到 20 年后，贝尔实验室才开始图像电话的商业应用。1959 年，IBM 公司预测施乐 914 复印机在 10 年内仅能销售 5000 台，从而拒绝了与研制该产品的哈罗德公司的技术合作；然而，复印技术被人们迅速采用，已改名为施乐公司的哈罗德公司 10 年内销售了 20 万台施乐 914 复印机，成为一个拥有 10 亿美元资产的大公司。

3. 市场价格

一项新产品的研制成本一般都较高，为了实现高收益，产品定价一般也比较高，其原因是不仅要收回研发新产品的投资，还要增加企业的获利。但是，产品价格超出了市场的承受力就很难为市场所接受，产品的商业化、产业化就无法实现，投资也无法收回。例如，国外已有人在特定条件下人工合成了金刚石，但是，其制造成本比天然金刚石的价格高很多。因此，目前人工合成金刚石还难以实现商业化。当某种新产品逐渐被市场所接受时，其高额的利润会吸引来众多的竞争者，市场也会很快出现供大于求的局面，导致价格竞争，从而影响新产品的获利水平，这就是市场竞争的基本规律。

4. 市场战略

一项好的新产品，如果没有好的市场战略，那么，创业者在价格定位、用户选择、上市时机、市场区域划分等方面就很容易出现经营失误，影响市场开发，甚至使企业经营陷入困境。所以，创业者一定要对未来经营有一个全面的战略发展方案，以此指导创业企业由小到大、由弱到强地发展下去。

1.6.5 投资风险与风险投资

1. 投资风险

投资风险是指对未来投资收益的不确定性，即投资人在投资中可能会遭受收益损失甚至本金损失的风险。例如，股票可能会被套牢、债券可能不能按期还本付息、房地产价格可能会下跌等都存在投资风险问题。投资者需要根据自己的投资目标与风险偏好选择金融工具。例如，分散投资是有效的、比较科学的、控制投资风险的方法，也是投资人普遍选择的投资方式。将债券、股票、银行存款等各类投资工具进行适当的比例分配，一方面可以降低投资风险，另一方面还可以提高投资回报率。由于分散投资和资产配置要涉及多种投资行业与金融工具，所以，建议投资者最好在咨询金融理财师后再进行投资选择和投资组合。

投资风险是风险现象在投资过程中的表现。具体讲，投资风险就是从做出投资决策开始到投资周期结束期间内，由于不可控因素或随机因素的影响，实际投资收益与预期收益出现偏离。实际投资收益与预期收益的偏离，既有前者高于后者的可能，也有前者低于后者的可能；或者说，既有蒙受经济损失的可能，也有获得额外收益的可能，它们都是投资风险的可能结果。

在现实中，投资总是伴随着风险。投资的不同阶段有不同的风险，投资风险也会随着投资活动的进展而变化，投资不同阶段的风险性质，风险后果也是不一样的。投资风险一般具有可预测性差、可补偿性差，风险存在周期长，造成的损失和影响比较大，不同项目的风险差异也是很大的，而且多种风险因素可能并存，具有相互交叉、互相组合作用的特点。

2. 风险投资

在中国，风险投资（venture capital，VC）是一个约定俗成的具有特定内涵的概念。其有广义和狭义之分。广义的风险投资是指一切具有高风险、高潜在收益的投资。狭义的风险投资是指以高新技术为基础，生产与经营技术密集型产品的投资。根据美国全美风险投资协会的定义，风险投资是由职业金融家投入到新兴的、迅速发展的、具有巨大竞争潜力的企业中的一种权益资本。

从投资行为的角度看，风险投资是把资本投向蕴藏着失败风险的高新技术及其产品的研究开发领域，旨在促使高新技术成果尽快商品化、产业化，以取得高资本收益的一种投资过程。

从运作方式看，风险投资是指由专业化人才管理下的投资中介向特别具有潜能的高新技术企业投入风险资本的过程，也是协调风险投资家、技术专家、投资者的关系，实现利益共享、风险共担的一种投资经营方式。

1.6.6 技术风险

技术风险是指在企业产品创新过程中，因技术因素导致创新失败的可能性。如果创业者是以新产品开发并以进入市场的方式进行的创业，那么就面临着技术风险。

1. 新技术开发的不确定性

创新技术从研究开发到实现产品化、产业化的过程中，任何一个环节的技术问题和障碍，都可能导致产品创新前功尽弃。很多创业者在创新技术产业化实施过程中，便遇到技术问题，有的经过屡次尝试，最终可能仍然是失败的结果。

2. 新技术应用前景的不确定性

新技术在诞生之初，从使用者的视角看都是不完善的、粗糙的。况且，在现有技术设备的条件下，对于能否很快使其完善起来，工程师和创业者都不会有十足的把握。一些在实验室看起来很好的创新技术，到了生产加工环节，按照实验室的工艺条件，要么很难实现，要么就是实现不了。为什么？因为工业化生产与实验室是两个相差很大的，甚至是完全不相同的环境条件。例如，实验室的实验过程相对简单，试验物质非常少量，实验环境非常单一，等等。而工厂生产是在规模化、批量生产，生产工具是按工艺流程设计的不同装备的组合，而且还要实现机械化、自动化、智能化生产与检测等。这些必然需要对实验室成果进行复杂的生产方式转换，其难度是难以想象的，创业者必须有充分的思想准备。

3. 新技术功能效果的不确定性

一项新产品的技术研发即使能成功地开发、生产出来，开发者也难以确定其技术的功能效果会是怎样的。例如，有的技术有副作用，会造成环境污染，或者耗能较高，或者运行效果不如期望，等等，这项新产品就有可能受到相关政策法规的限制而无法进入市场，或者该新产品达不到创业前所预期的效果，产品难以赢得用户的认可，市场无法打开而导致新产品开发失败。

4. 新技术使用寿命的不确定性

新产品面临的另一个重要问题就是寿命周期的长短。新产品进入市场可能面临新技术、新产品的替代威胁，也可能面临用户改变需求的威胁。因此，这两个方面的问题将导致新技术产品的寿命周期越来越短，对依赖新产品进入市场的创业者来说，如果不能在新技术寿命周期内迅速实现产业化，收回研发投资并取得持久利润，那么，新产品、新技术将要面临巨大的损失。

1.6.7 融资风险

融资风险包括筹措资金的成本问题和筹措资金的风险问题。

1. 筹措资金的成本问题

创业者筹措资金是要根据进入行业的特点、企业规模大小和差异化竞争程度以及企业在不同发展阶段所需资金的数量来确定。创业者要做到科学合理地筹措资金，加快资金周转，提高资金的使用效率。

创业者在筹措资金时要注意，筹措资金不是越多越好。企业经营的好坏，关键不在于资金数量的多少，创业者应当把资金用活用好，要有驾驭资金的本领，提高资金的使用效率。

创业者要考虑资金的成本问题。资金的筹措有资金的筹措成本和资金的使用成本。这就意味着，任何资金的使用都要付出代价，都是有资金成本的。这是因为，投资人要从创业者那里获得红利，债权人要求从创业者的经营中获得利息。因此，筹措资金时一定要考虑资金的成本问题。

2. 筹措资金的风险问题

在筹措资金的过程中同样存在风险。例如，筹措资金失败、债务到期无力还本付息等。这些因素都会导致企业无法继续经营下去，甚至导致新创企业破产倒闭。因此，在进行筹措资金决策时，应充分考虑各种筹措资金方式的风险特点，尽力避免筹措资金的风险。

选择筹措资金方式，确定最优筹措资金的方案，是创业者应当重点考虑的事项。运用有关筹资决策的方法或借助专门的咨询公司，分析资金的成本、投资与回报、投资回收周期以及经营中可能会存在的风险问题。评价各种筹措资金方案，就是要拿出一个把资金成本降到最低、把筹措资金的风险降到最小、把企业价值最大化的筹措资金方案。

在筹措资金的风险中，有一个不可忽视的因素就是通货膨胀问题。当一个国家的经济出现通货膨胀的时候，政府一般会采取紧缩银根的金融政策，以抑制通货膨胀。具体做法就是提高存贷款利率，使得投资人贷款成本增加，或难以得到贷款，导致“转化”资金紧张甚至中断。同时，通货膨胀出现后，会拉动“转化”过程中所使用的原材料、设备等购买成本上升，导致资金流恶化。如果资金来源是国内外的风险投资公司，由通货膨胀引起的股市和汇率的波动，也会使投资者承担一定的资金风险。

1.6.8　技术创新风险

技术创新风险是指由外部环境的不确定性、技术创新项目本身的难度和复杂性、创新者自身能力与实力的有限性，而导致技术创新活动达不到预期目标的可能性。技术创新风险具有如下特征。

（1）技术创新风险属于投机风险。创新主体希望通过成功的技术创新获取期望的利益。但是，技术创新系统在外部因素和内部因素的作用下，导致创新活动有以下三种可能的结果。

第一，创新成功，实现了预期的目标。

第二，创新失败，未能实现预期目标，甚至无法收回前期投入的资金。

第三，技术创新没有达到理想的效果，投入与收益基本持平。因此，在风险类型上，技术创新风险属于投机风险。

（2）技术创新风险是一种动态风险，具有复杂性。技术创新系统的外部因素和内部因素具有动态特点，而且，有很多因素是不可预测的，如经济、社会、技术、政策、市场等因素的变动，研究开发、市场调研、市场营销等方面的管理不到位，均可能导致风险的发生。

（3）技术创新风险在某种程度上是可以防范和控制的。技术创新活动是一种有目的、有组织的技术管理活动。通过对技术创新系统的组织管理，尤其是树立风险意识、完善风险管理办法和控制体系，是能够在一定程度上防范和控制风险发生，使技术创新活动向着预期的目标发展的。

（4）技术创新风险导致的失败结果，在某些条件下是可以改变的。例如，电视机、电子表在美国公司经历失败之后，却在日本企业手中经过完善和市场开发，最终获得了成功。事实上，影响技术创新的风险因素有一些是可以控制的。在改变某些可控因素之后，能够改变原来失败的结果。

（5）技术创新风险是可管理风险。虽然技术创新风险不可能完全消除和得到必然的控制，但是，总体来讲，技术创新已经形成了比较完善的管理体系，管理方法也比较可行，能够有效地防范和控制某些风险因素，其成功的可能性相对得到了提高。因此，要取得技术创新的成功，必须在完善技术创新管理体系和管理方法的同时，加强技术创新的风险预判和管理。美国著名管理学家彼得 • 杜拉克曾经说过："许许多多成功的创新者和企业家，他们之中没有一个有'冒险癖'。……他们之所以成功，恰恰是因为他们能确定有什么风险并把风险限制在一定范围内，恰恰是因为他们能系统地分析创新机会的来源，然后准确地找出机会在哪里并加以利用，他们不是专注风险，而是专注机会。"

1.6.9 管理风险

创业者在创业过程和企业经营管理中都会面对风险，这些风险的大小主要由下列因素决定。

1. 管理者素质

一个优秀的创业者可以不具备精深的技术知识，但是，他必须具有强烈的创新精神与创业意识，不墨守成规，不人云亦云。他必须具有追求成就的强烈欲望，富于冒险精神、献身精神和忍耐力。他必须具有敏锐的机会意识和高超的决策水平，善于发现机会、把握机会并利用机会。他必须具有强烈的责任感和自信心，敢于在困境中奋斗，在低谷中崛起。

发达国家的高技术产品创新的成功经验之一就是，创业团队或决策团队是由技术专家、管理专家、财务专家和营销专家的合理组合，形成专家型团队的整体优势，从而为高技术产品创新奠定坚实的组织基础。那种由新技术所有者包揽一切、集权于一身的家长式管理，往往由于管理能力有限、管理方式不够完善等方面的问题而导致创业失败。

2. 决策风险

经济学家西蒙曾说："管理就是决策。"决策失误造成失败的事例实在太多了，无论是政治、经济、军事还是商业决策。对于创业者来说，绝不可以根据自己的喜怒哀乐或不切实际的个人偏好进行决策。不进行科学分析，仅凭个人经验或碰运气的决策方式都可能导致创业失败。孙子曾认为："主不可以怒而兴师，将不可以愠而致战……怒可以复喜，愠可以复悦，亡国不可以复存，死者不可以复生。""夫未战而庙算胜者，得算多也；未战而庙算不胜者，得算少也。多算胜，少算不胜，而况于无算乎？"

3. 组织风险

组织风险是指创业企业的组织结构不合理所产生的风险。创业企业在迅速发展中如果不能及时调整组织结构，往往会出现潜在的危险因素。组织风险中，管理体制不畅是其主要因素之一。因此，对于新创企业来讲，创业者从一开始就应当重视组织结构的设计、调整，注重人力资源的甄选、考评和薪酬体系的设计以及员工的学习与培训等方面的管理，从创业初始就需要建立健全各项规章制度，强化企业文化的建设。

1.7 新创企业财务状况评估

财务可行性分析是综合可行性分析的最后一步。对于一项创业项目的可行性分析来说，通常进行初步的财务分析就可以。经过财务可行性分析之后，自然会发现一些细节问题。因此，不必花大量时间准备详细的财务报表。当然，进行财务可行性分析时也不可草率，以下问题必须分析清楚：初创现金需求、同类企业财务业绩和拟创建企业整体财务吸引力。

1.7.1 初创现金需求

这个问题是要说明新创企业开张需要多少现金。预算中应该列出新创企业开张需要的所有运营费用和资本购买（capital purchases）费用。得出资金需求总数后，还应当解释资金来源。像“我可以借钱”或者“我计划找权益投资人参股”等类似的说辞一定不要出现。虽然，你可能最后的确借钱投资，或者找了投资人，但是，在做初创现金需求分析时要考虑周全和稳妥。如果资金来源于亲朋好友或其他渠道（如信用卡贷款或住宅权益信用额度贷款等），那么创业者就应当制订一个合理的还款计划。创业成本的产生，如何还款是非常重要的问题。许多新创企业看上去很有发展前景，却筹措不到启动资金，或者很难回本。从创业经验看，创业者宁可高估启动资金，也不要低估启动资金。墨菲定律在创业中同样适用——凡事只要有可能出错，那就一定会出错。创业时不可能不发生意外事件，因此超支的问题很容易发生。

1.7.2 同类企业财务业绩

通过比较行业中已经存在的企业的财务状况，可以估算新创企业的可能财务业绩。当然，估算出的只能是大致情况。收集、获取这方面的数据有以下几种方式。

对于上市公司，可直接去公司官网查看，上市公司都有披露公司经营状况的义务，所以官网基本每个季度都会发布上季度的经营状况，这通常是公司的第一手资料，是最好的了解渠道。也可以浏览各种股票交流投资网站，主流的财经门户网站都会有相应公司的财务分析。再就是相应的交易所官网。例如，上海证券交易所所有的上市公司都必须定期提交报告。该渠道获取的信息相对比较准确。

对于中小型企业的财务业绩，可以通过其他一些方法来查询。一些行业协会公布本行业企业销售额与利润率数据。如果不好找这些数据，可以电话或电邮咨询行业协会。如果创业者发现一家与拟创建企业类似的企业，而且双方又不太可能成为直接竞争对手，那么，可以直接找到这家企业询问其销售和盈利情况。即使业主或管理者只愿意泛泛而谈（如“我们的年销售额在 20 万元以内，净利润在 15 万～20 万元”），也比什么都不了解要好。

简单的网络搜索同样有用。如果你对健身产业有兴趣，只要在谷歌等搜索引擎输入搜索关键词“健身产业销售额”和“健身产业利润率”，就能查到很多与此有关的信息。还可以通过观察和勤跑腿来获取类似企业的销售数据。例如，你打算开一家饮品店，可以估算有多少人会进店，平均每人能消费多少，当地有哪些人会光顾类似的饮品店，通过这种估算大致预测销售情况。最基本的预测方法就是到其他饮品店，数数在一天不同的时间段内有多少顾客进店购买。当然，这种方法并不总是有效。

1.7.3 拟创建企业整体财务吸引力

有多种要素与拟创建企业财务吸引力有关联。判断各要素是否有利，是基于预测，而非基于实际业绩。这些要素包括：企业前几年的预期销售增长额度、预期重复购买率（服务于少量忠诚消费者的成本低于不断寻找新顾客的成本）、两年内企业自有盈余支持企业增长的可能性、投资者的退出机会（如与企业情况相符）。

总之，可行性分析是确定与完善商业创意的关键步骤。尽管讲述的步骤不能给出创业可行性的最终结论，但是，这些内容能使问题明朗化，也能使创业者深入了解创业项目评价和计划的大致内容。本步骤的最终目的是保证只有经过认真调查、仔细分析，有潜在可行性的创业项目才能够进入计划环节。

1.8 初选创业项目时应注意的事项

创业者面对社会上各种各样的创业项目的诱惑，必须做出选择，到底哪个项目才是最适合自己的？如何知道哪个项目最容易获得成功？这个市场还有什么需求没有满足？

1.8.1 在初选项目前首先要正确认识自己

在这个世界上，没有完全相同的两片树叶，同样也没有完全相同的两个人。作为独立的创业者，一定要有自己独立的想法和能力。创业者首先需要认知自己，找到自己的优势是什么，这个优势最适合自己从事哪类创业项目。

1.8.2 根据自身特点，借鉴他人模式，进行新的设计

有资料表明：在德国的创业者中，只有5%的创业项目是真正独出心裁的创意。在这5%中，还有50%的创业设想来自美国。可见，并不是说创业项目一定都是独创的。即便项目是独创的，也并不意味着就可以经营成功。创业者可以考虑：有哪些现成的经营项目可以改进得更好？有哪些经营项目适合自己的特长？还存在什么缺陷？如何改进它？

“他山之石，可以攻玉。”这是我们老祖宗的认识。而“取其精华，去其糟粕”也是我们耳熟能详的，可见“古为今用，洋为中用”也是创业者选择项目的一种思路。

在互联网上，全球用户最多的即时通信系统就是腾讯QQ了。其实，ICQ和MSN都要比QQ出现得早。马化腾在ICQ的缺陷和MSN的不普及中找到了生存的夹缝，“取其精华，去其糟粕”地开发了新业务。并且，新业务用层出不穷的服务功能吸引了年轻一代的网民，迅速登上了互联网即时通信用户量第一的宝座，成为一个真正“后来者居

上”的典型。

拍拍网是在 eBuy 和淘宝网熏陶下的产物。也许正是淘宝的成功，使马化腾有了把 eBuy 也“拿来”用用的想法，于是新的竞争格局形成了。

企业家提示

借鉴别人的经验并不是什么可耻的事情，关键是不要抄袭别人的知识产权或者仅仅是拙劣地模仿。考虑创业项目时主要有以下三种思路。

第一，全新设计，发现市场空缺。

第二，现成业态，但市场还未饱和。

第三，改造或更新现有业态，使其更加完善。

这三种思路对于创业者来讲都是可以考虑的，没有最好的，只有最合适的。选择一个最适合你的就是最好的选择。

1.8.3　初选创业项目时的几种方法

1. 做你最擅长的事

俗话说：“万事开头难。”西方也有一句谚语：“良好的开端等于成功的一半。”比尔·盖茨曾经说过：“做你自己最擅长的事。”人们在做自己擅长的事情时，自信心和勇气最强，因此成功率最高。

创业者最擅长的事，也就是最有可能干好的事。擅长，就是自己的独特性，就是跟别人竞争时能体现出来的优势。只有加大自己的专长，成为专家，才能在竞争中脱颖而出。比尔·盖茨就是一个典型的代表人物。

企业家提示

你需要认真地分析自己的特点，找出你最擅长的。然后，决定你从哪里开始，筹划一下如何入手。

2. 做你最喜欢的事

只有在做自己最喜欢的事时，人们才会废寝忘食、不知疲倦。这种乐在其中的感觉，是创业者最珍贵的热情和执着。爱迪生一天平均有 18 个小时待在实验室里，当他的家人劝他休息时，他说：“我没有在工作，我一直在玩。”爱迪生的成功是因为他做了自己最喜欢的事。

企业家提示

选择你最喜欢的事开始创业是成功率最高的选择。做自己最喜欢的事，才最有可能坚持到底，而不至于遇到困难时半途而废。

3. 做你最熟悉的事

在做同样生意的人群里，如果只有一个人赚钱，那么一定是那个最熟悉该生意的人。同样，在这个群体里，如果只有一个人赔钱，那么一定是那个最不谙此道的人。这就是民间商人常说的“不熟不做”的道理。

企业家提示

各行各业都有它自己的规律，只要你具备相当的职业经验，就会在机遇来临时比别人先看到，在行业发展不利时，第一个意识到风险的存在。这些直觉往往就是依靠经验的积累形成的。

4. 做你最有人脉关系的事

（1）合伙创业，团队作战。俗话说，“一个好汉三个帮”“孤木不成林”，创业成功也同样离不开他人的帮助。卡耐基说过：“成功依靠的是 15%的专业知识和 85%的人际关系。”如果说，一个人在他最喜欢、最擅长、最熟悉的行业里，朋友也最多，那么就会得到志同道合朋友的支持，对创业成功是最为有利的。

（2）善于用人，增加助力。“登高而招，臂非加长也，而见者远；顺风而呼，声非加疾也，而闻者彰；圣人性非异也，善假于物也。”善假于物，就是善于利用其他人和物来整合现有的资源。合作就像一部机器，机器需要不同的零件。一个优秀的合作团队，不仅能为创业者的能力发挥创造良好的条件，而且还会形成合作各方彼此都不曾拥有的新力量。

《山海经》里的故事

长臂国的长臂人和长腿国的长腿人各有各的长处，同时也各有各的短处。当他们下海捕鱼的时候，一个涉不深，一个却够不着。可是当长臂人骑在长腿人肩上时，就能既涉得深又够得着了。取长补短，优势互补，就可以实现个体做不成的事情。

企业家提示

《三国演义》里的刘备不善用刀，但他可以用关云长。《西游记》里的唐僧不会捉妖，但他可以用孙悟空。就是说，即便创业项目不是创业者最熟悉的，但在创业团队里，一定要有最熟悉、最擅长此道的人才。一个高明的领导者一定要会识人、善用人。

（3）整合资源，寻求共赢。现代企业管理中的领头人，已经不再是以前的个人英雄，而是一个团队合作的协调者。创业成功既需要个人的努力，也需要搭建一个资源整合平台，在这个协调整合过程中，需要把市场信息、人际关系和个人职业技能综合起来，才能有利于创业成功。

❑本章小结

本章主要介绍了企业的概念和类型，创业的基本概念、类型和选择创业企业的类型。讲述了创业过程中存在的各种风险，介绍了企业经营活动形成的商品流和现金流的概念，以及两者之间的关系，介绍了新创企业财务状况评估的基本内容，阐述了初选创业项目时应注意的事项和选择项目的基本方法。

❑关键术语

企业，企业类型，组织结构，商品流，现金流，创业类型，创业过程，创业风险，财务状况评估。

❑阅读指南与课外学习

1. 阅读指南：要了解更多有关创业的基础知识，请阅读《从零开始：大学生创业基础教程》（徐迅，现代教育出版社，2013）、《创业管理》（张玉利，机械工业出版社，2008）。

2. 网上资源：登录 http://chuangye.com（创业网）、http://www.etchina.com.cn（中国大学生创业培训网）。

❑复习思考题

1. 企业的概念是什么？企业有哪些类型？
2. 创业的概念及其内涵是什么？创业的基本特征有哪些？创业者的企业类型选择有哪些？
3. 风险的概念是什么？创业风险有哪些类型？什么是机会？
4. 为什么要对新创企业财务状况进行评估？
5. 初选创业项目时应注意的事项有哪些？
6. 初选创业项目时应遵循的基本方式有哪些？

第2章

创业者与创业团队

【学习目标】

了解创业者素质、能力、创业精神；了解创业团队的基本概念；了解创业团队组建、管理和退出的过程与关键；了解新创企业人力资源管理。

❑引导案例　张宏的管理困惑

站在30楼自家大落地窗边的张宏，望着街头的霓虹灯，想着公司不断增长的业务和人员，这几年来企业在自己努力经营下迅速发展的历程，心中不禁充满了兴奋和激动。但想到公司上上下下缺少可以信任和依托的员工，他又不禁一筹莫展，不知所措。

很多民营企业都有像张宏这样的困惑：班子不好带，员工不好管，听话的不能干，能干的不听话。一言以蔽之，就是在管好人、用好人这个问题上没有好的解决办法。

相信很多公司都有像张宏这样的情况：老板工作非常辛苦，成天忙着跑业务、抓单子，公司里的员工则坐在环境舒适的办公室里，把公司当网吧，反正上班事也不多。每当老板从外面风尘仆仆地归来，全体员工均热情地招呼：老板好！老板脸上喜笑颜开，仿佛一切的疲惫都在一声声热情而毕恭毕敬的话语中烟消云散了。

张宏总是这样形容他跟员工的关系：他就像司机，既是目标和路线的制定者，也是执行者。他不仅要看清车上的各种仪器，了解车子本身的各种状况，还要看清道路和方向，了解路况以及交通状况，了解各种交通法规，看清红绿灯，还要为车子本身及全车人的生命安全捏一把汗。员工就像是乘客，一上车就找个座位舒舒服服地坐下，有时还要抱怨车子不太好，路也不太平直，有点儿颠簸，甚至还吵着要听音乐。

张宏说自己太累。大的业务要自己联系，大客户要自己去跑，自己成了为公司创效益最多的人。内部管理只能交给自己信任的人去做，但他们往往又大事小事都要请示，即使做了主自己也不敢或不愿承担责任。

公司看起来是在盈利，但张宏深入考察，却发现有很大的危机。原因在于张宏往往亲自跑关系、抓业务、抓管理，成了个全才，自己一琢磨却发现不仅后继无人，而且还找不着合适的人来分担责任。他自己个人能力很强，社会关系很广，但下属忠诚度不够，更担心下属成长起来后另立门户，成为自己的竞争对手。

张宏有这样那样的烦恼，却难以下决心改变现状，也不知道从何入手。相对于员工的贡献，给员工开出的工资已经不少了，但员工还是普遍缺乏安全感，忠诚度也不够，员工流失很严重。

在员工眼里，不仅公司管理很不正规，而且自己的能力也不会有多大的发挥，更谈不上有多少提高。很多员工往往工作一段时间后，感觉自己再也学不到新东西了，升迁的希望也很渺茫，于是便选择离开。

以上这些问题，都深深折磨着刚刚 30 岁的张宏。18 岁从技校毕业的他，从一人创业到现在成为拥有 100 多人的从事设备贸易及改造的公司的老板，真是不可谓不聪明，技术不可谓不过硬，为人也八面玲珑，还能吃苦耐劳，但怎么管理他现在的公司，真的难点太多了。张宏深深地吸了一口烟，浓眉紧锁，陷入思索当中……

资料来源：http://www.zhaotonghang.com/forum//viewthread.php?tid=1040&fid=38

2.1　创业者

创业者改变了我们的世界。著名管理学家彼得·德鲁克曾经强调指出，顾客不是上帝创造的，而是企业创造的。如果说顾客是由企业创造的，那么，企业又是谁创造的呢？答案是创业者。

2.1.1　创业者的概念

“创业者”一词由法国经济学家坎蒂隆（Cantillon）于 1755 年首次引入经济学，英文“entrepreneur”和企业家为同一词，认为企业家使经济资源的效率由低到高，但并未给出确切定义。1880 年，法国经济学家萨伊（Say）将创业者描述为将经济资源从生产率较低的区域转移到生产率较高区域的人，并认为创业者是经济活动过程中的代理人，首次给“创业者”做出定义。著名学者熊彼特和彼得·德鲁克认为创业者必须体现创新精神。熊彼特认为，创业者应该是创新者，必须以与现在不同的方式运用现有的生产方法，具有发现和引入更好的能赚钱的产品、服务和过程的能力。彼得·德鲁克给创业者下的定义是：创业者就是赋予资源以生产财富的人，创业者善于创造或发现机会，然后抓住机会，并创办起有高度发展潜力的企业，其思想和行为与众不同。

一般来说，创业者有广义和狭义之分。广义的创业者是指那些自己去开办新的小型企业的人和所有独立开创属于自己事业的人。他们都在力图改变自己的命运，可以被称为“创业者”。狭义的创业者是指参与创业活动的核心人员，该定义避免采用领导者或组织者的概念。因为在当今的创业活动中，技术的含量越来越大，离开了核心的技术专家，很多创业都无法进行，核心的技术专家理应成为创业者。

在企业界，创业者通常被定义为组织、管理一个生意或企业并承担起风险的人，其有两个基本含义：一是指企业家，即在现有企业中负责经营和决策的领导人；二是指创始人，通常理解为即将创办企业或者是刚刚创办企业的领导人。

2.1.2 创业者应具备的能力

能力是顺利完成某一项活动所必需的主观条件，能直接影响活动效率。尽管不同时代、不同领域对创业者的素质要求是有一定差别的，但是总体而言，成功的创业者具有相对共性的人格特征、组织领导能力和业务能力。

1. 相对共性的人格特征

创业者应具备的人格特征包括以下几点。

（1）风险意识。创业者在创业过程中都要在很多方面承担风险。创业者的风险意识是保证新创企业顺利度过创业过程并且实现迅速成长，进而走向成功的基础条件。只有具有风险意识，创业者才能够在创业过程中合理地规避风险，并且善于在创业过程中大胆尝试，积极进取，坚信成功来自努力，乐于冒险并且善于冒险。也只有敢于大胆尝试，具有创新精神，创业者才能使新产品、新技术、新服务顺利走向实际化运作，他们绝不会因为风险故步自封，也绝不会因为创业而不管不顾。作为真正的实干家，创业者锐意进取的风险意识是企业在创业过程中实现风险转化的前提。

（2）强烈的成功欲望。强烈的成功欲望源自内心，是一种不可磨灭的追求。创业者自己如果没有成功的欲望，是不可能说服追随者并带动其前进的。创业者的欲望往往超出他们的现实，需要打破现有立足点才能实现，因此创业者需具有强烈的成功欲望。强烈的成功欲望导致行动，也积累起冲劲，是创业成功必不可少的助燃剂。创业者只有具备并保持旺盛的斗志、充沛的精力去克服自身的惰性，才能管理好新创企业并推动其成长。

（3）吃苦耐劳精神。在创业这一创造性活动中，不仅需要创业的构想，还需要创造性的实践。面对创业过程中可能会遇到的各种各样的困难，创业者只有敢于吃苦、坚持不懈，才能在不确定的环境中获得成功。同时，吃苦耐劳的精神会催生出顽强的斗志，提升创业者承受市场挫败的耐力。尤其对于新创企业而言，在企业创立之初，创业者个人的意志将转化为企业的意志，而初始阶段也是创业最艰难的阶段，因此，创业者坚忍不拔的吃苦精神，就成了企业在竞争中取胜并生存的重要条件之一。

（4）自信机敏。自信对于创业者至关重要。特别是创业初期，困难重重，此时创业者不仅要对自己充满信心，而且要对所追求的事业充满信心，能够将这种信心转变为整个创业团队的信心。但是在创业的过程中只有自信是不够的，尤其是在信息不足、时间紧迫的前提下，要想在面对风险和不确定因素的情况下做出最优决策，就要求创业者头脑机敏、反应灵活。

（5）良好的商业道德。能够开创一番事业的创业者首要的一点就是立德——树立良好的商业道德。尽管现在有很多所谓的“无奸不商”的论调，但事实上，只有真正以诚信为本的创业者才能最终在激烈的竞争中获得成功。良好的商业道德表现在对自己、对员工、对合作伙伴以及对社会具有责任心。成功创业者的最大成功在于依靠自我纪律与诚信，使自己在人际关系中保持吸引力，建立广泛而良好的社会、人际关系，从而吸引、保留创业过程中所需要的各种优秀人才。

2. 组织领导能力

组织领导能力包括领导能力、战略管理能力与沟通协调能力。

（1）领导能力。创业者首先必须是领导者，要具备很强的领导能力。领导能力就是能够带领、引导和激发一帮有本事的人跟随自己一起工作，以实现共同目标的能力。领导力可以被形容为一系列行为的组合，这些行为将会激励人们追随领导者的步伐，一起努力达到目标。这就要求创业者首先具有巨大的个人能量，能够激励和激发他人、员工的能力，能够活跃周围的人，同时又干劲十足，积极挑战新事物，善于表达和沟通自己的构想与主意，能够将构想和结果联系起来，将构想变成切实可行的行动计划并能够直接参与和领导计划的实施。

（2）战略管理能力。战略管理能力是指对一个企业或组织在一定时期的、全局的、长远的发展方向、目标、任务和政策，以及资源调配做出决策，进行管理的能力。在今天这样一个新生事物层出不穷的时代，创业环境总是复杂的，其中，政治的、经济的、文化的各种要素相互联系、错综复杂，任何方案都不是完备的和确定的，这就需要在创业过程中找准方向，进而做出战略决策。只有正确认识知识经济的发展规律、敏锐地分析市场的发展变化、准确地把握国家的法律法规，才能够正确地评估创业机会和创业方案。同时，创业者必须具有远大的眼光、全局战略意识，才能推动创业的实施。

（3）沟通协调能力。良好的协调沟通能力是经营管理的桥梁，对于创业者而言非常重要，在加强相互理解和利益共享等方面有着切实的好处。创业者与竞争者之间、创业者与顾客之间总是会存在这样或那样的摩擦，这时就需要进行沟通协调来化解矛盾，为合作打好基础。沟通协调能力既可以融洽相关主体间的感情，增加合作的愿望和机会，又可以凝聚创业团队核心成员，增强团队成员的参与感和认同感，促使团队积极、高效地开展工作，在开发新顾客、拓展新市场等方面发挥重要作用。

3. 业务能力

业务能力包括专业知识与技能、学习能力和创新能力。

（1）专业知识与技能。牛顿说，他的成功是因为站在巨人的肩膀上。创业者要想实现成功创业，需要多年的知识和技能的积累。因为，创业者在创业过程中需要运用专业知识与技能进行研发、生产。专业技术能力的形成具有很强的实践性。许多专业知识和技巧要在实践中摸索，逐步提高、发展和完善。创业者要重视创业过程中的知识积累和专业技术方面的经验与职业技能的训练，对于已有的知识和经验在加深理解的基础上予以提高、拓宽；对于没有掌握的知识和技能要积极探索、认真分析、进行总结，形成自己的经验特色，只有专业知识和技术能力不断提高，才能保证创业走向成功之路。

（2）学习能力。成功的创业者一般都具有优异的学习能力，对新事物具有积极学习，快速接纳、消化和吸收能力。相当数量的创业者所从事的是非程序化的创新工作，需要以新的知识来解决新的问题。同时创业者现在所面临的知识爆炸和技术更新速度加快的社会环境，使企业处于一个残酷的竞争环境中。只有具备高度学习能力的创业者，才能实现成功的创业。学习能力是现代社会里任何组织、任何人都必须努力具备的东西，只不过是新企业和创业者在企业的孕育期对这种能力的要求更为强烈。学习能力不只是学习已存在的知识的能力，更重要的是收集外部信息并进行总结、提高、创新的能力。所以说，学习能力是实现创业者不断自我完善，进而实现成功的关键条件。

（3）创新能力。创新是创业的核心，勇于创新是创业成功的保证。创新是指通过科学研究、生产活动和管理实践，创造新的理念、产品或服务成果，以促进社会经济的发展。创新的主体是人，创新的成果要靠人来完成。创新能力是创业者实现成功创业的核心。创业者凭借创新能力，往往能够抓住容易被忽视的市场机会，避开别人容易犯的错误，从而赢得相对优势。在创业者的创业过程中，无论是发现新的创意、捕捉新的机遇、寻找新的市场，还是撰写一份有潜质的创业计划书，以至于创业融资、创办公司和企业运作、管理和控制，都包含着创新的内容。所以，作为一个创业者或创业团队，应该具有不断追求创新的精神，要有推陈出新的意识，不断培养自己在市场、技术、管理和控制等各方面的创新能力，乐于全面创新和持续创新。

相关链接

SEI 型人才

中国的发展起步于对发达国家单元技术的学习和模仿，但中国的腾飞则必须依赖于创新驱动的原始技术积累，需要一群有战略眼光、视国家崛起为己任的创业者共同努力。纵观我国的创业者，65%以上热衷于在“互联网＋传统服务业”领域扎堆，特别热衷于低技术含量的“O2O”板块。不是说中国的发展不需要这样的创业者，而是说，我们这个时代、这个国家更需要能够具有战略创新思维、核心技术导向，能够推动经济发展、改变产业结构的创业人才，这类人才就是所谓的 SEI 型人才。

所谓 SEI 型人才，首先是要有长远的创业战略视野（strategy），我们需要战略导向的公司创业型人才，去改变现有企业的产业结构和发展模式，摈弃当小老板的短视眼光，有志向通过高端创业来服务于国家和地区的创新驱动发展战略。

其次，要有企业家精神（entrepreneurship）。entrepreneurship 这个词原意更应该是企业家精神，而不是狭义的就业型创业、生存型创业，它要求创业者既有把握市场机遇的眼光，又有风险承担的意识。大学生的企业家精神培养首要是有使命和情怀。创业是“九死一生”的活动，创业者不能只去追求短期的快速利润，而是要有改变产业经济周期的勇气。

最后，要有颠覆性创新的追求（innovation）。创业者需要有创新精神，要具备充分的科学素养，能够通过创新来颠覆传统的产业，来引领技术的发展，改变人们的生活方式，从而推动中国成为世界的创新高地。

2.2　创业团队概述

2.2.1　创业团队的概念

1. 团队与群体

团队由两个或两个以上的人组成，通过彼此协调各自的活动来最终实现共同的目标。群体是两个以上相互作用又相互依赖的个体，为了实现某些特定目标而结合在一起。群体成员共享信息，做出决策，帮助每个成员更好地担负起自己的责任。团队和群体经常容易被混为一谈，但它们之间有根本性的区别，总结为以下六点。

（1）领导方面。群体应该有明确的领导人；而团队可能就不一样，尤其是团队发展到成熟阶段时，成员共享决策权。

（2）目标方面。群体的目标必须跟组织保持一致；但团队中除了这点之外，还可以产生自己的目标。

（3）协作方面。协作性是群体和团队最根本的差异，群体的协作性可能是中等程度的，有时成员还有些消极或者对立；但团队中有一种齐心协力的气氛。

（4）责任方面。群体的领导者要负很大责任；而团队中除了领导者要负责之外，每一个成员也要负责，甚至要相互作用、共同负责。

（5）技能方面。群体成员的技能可能是不同的，也可能是相同的；而团队成员的技能是相互补充的，把不同知识、技能和经验的人综合在一起，形成角色互补，从而达到整个团队的有效组合。

（6）结果方面。群体的绩效是每一个个体的绩效相加之和；而团队的结果或绩效是由大家共同合作完成的产品。

【阅读资料 2-1】

熟悉家电行业的人都知道，空调市场的竞争早已不能用“激烈”来形容，或许用“残酷”会更贴切一些。这些年来，每年都会有新的企业进入这个领域，希望分到一块蛋糕，但同时，每年也都会有企业在残酷的竞争中折戟沉沙，黯然退场。

1996 年的空调市场可谓是硝烟弥漫、战火不断，各厂家均不惜代价，建立起庞大的销售队伍，以期获得更大的市场份额。可就在这些庞大的销售队伍之中，有一家企业却反其道而行之，仅仅组建了一个只有 23 人的销售小团队，凭着这支“小团队”，这家企业在空调市场上南征北战，打败了众多强大的对手，缔造了一个销售奇迹。这家企业就是格力电器，而这支“小团队”的负责人就是有“营销凤凰”之称的格力电器总裁董明珠。就在 1996 年，董明珠带领着她的营销员迎战春兰和华宝上千人的营销队伍，最终打败对手，取得了辉煌的胜利。

可见，人多不一定力量就大，“三个和尚没水吃”的现象在现实生活中也并不少见。要想让一群人在一起发挥出 1+1>2 的效果，还必须用灵活的手段把他们凝聚起来，让他们心往一处想，力往一处使。否则，人再多，也不过是一群乌合之众，说不定只是内耗就已经把自己的力量用尽了。

有一个现象也许值得我们深思，为什么有着上百人、上千人甚至上万人的劳动密集型企业创造的利润比例比不上只有几十个人团队的高科技公司？答案就在于，劳动密集型企业虽然人数众多，但他们仅仅属于群体，没能形成团队。团队与群体最大的差距就在于，团队具有创造性。通过团队成员间的合作互补，每个人同时具备了自己的优势和别人的优势，因此能产生“核裂变”式的爆发性力量。而群体却只有制造性，最好也只能达到 1+1=2 的效果。即使群体中有个别人具备创造性，但由于无法和其他人合作互补，也就无法产生 1+1>2 的效果。通过更深入的研究，我们发现，出现以上现象的原因就出在群体与团队的性质差异上。

资料来源：http://read.dangdang.com/content_770965

2. 创业团队

创业离不开团队，建设一个高效的创业团队对创业的成功有着非常重要的作用。创业团队可以理解为由两个或两个以上具有一定利益关系的、彼此间通过分享认知和合作行动以共同承担创建新企业责任、处在新创企业高层主管位置的人共同组建形成的有效工作群体。创业团队有狭义和广义之分。狭义的创业团队是有着共同目的、共享创业收益、共担创业风险的一群创建新企业的人，即初始合伙人团队；广义的创业团队还包括与创业过程有关的各种利益相关者，如风险投资家、专家顾问等。

总体上，对创业团队的内涵把握可以从以下几点来进行。

首先，创业团队是一种特殊群体。创业团队首先是一种群体，创业团队成员在创业初期把创建新企业作为他们共同努力的目标。他们在一个共同认同的、能使彼此担负责任的程序规范下，为达成高品质的创业结果而共同努力，相互依赖、协作、共同担当。他们在集体创新、分享认知、共担风险、协作进取的过程中，形成了特殊的情感，创造出了高效的工作流程。

其次，创业团队工作绩效大于所有成员独立工作绩效之和。虽然各个创业团队成员可能具有不同的特质，但他们相互配合、技能互补、贡献互补，通过坦诚的意见沟通形成团队协作的行为风格，能够共同对拟创建的新企业负责，具有一定的凝聚力。

再次，创业团队对创业成功具有重要的价值。创业团队可以调动团队成员所有的资源和才智，使知识、技能和人力资本多样化，资金和社会网络等创业资源更充足，使新企业有能力完成各项复杂的创业任务，有助于企业的生存与成长。

最后，创业团队是高层管理团队的基础和最初组织形式。创业团队处在创建新企业的初期或企业成长早期，现实中往往被人们称为“元老”，而高层管理团队则是创业团队组织形式的继续。虽然高层管理团队中既可能依然存在部分创业时期的元老，也可能所有的创业元老都不再存在，但高层管理团队的管理风格在很长一个时期内是很难彻底改变的。

2.2.2　创业团队的构成要素

团队有几个重要的构成要素，总结为 5P。

1. 目标

团队应该有一个既定的目标（purpose），为团队成员导航，使其知道要向何处去，没有目标，这个团队就没有存在的价值。因此，团队目标表明了团队存在的理由，可以使成员精神振奋，并与企业的政策和行动协调配合，为团队运行过程中的决策提供参照物，充分发挥团队的力量。

【阅读资料 2-2】

自然界中有一种昆虫很喜欢吃三叶草（鸡公叶），这种昆虫在吃食物的时候都是成群结队的，第一个趴在第二个的身上，第二个趴在第三个的身上，由一只昆虫带队去寻找食物，这些昆虫连接起来就像一节一节的火车车厢。管理学家做了一个试验，把这些像火车车厢一样的昆虫连在一起，组成一个圆圈，然后在圆圈中放上它们喜欢吃的三叶草。结果，它们爬得精疲力竭也吃不到这些草。

这个例子说明在团队中失去目标后，团队成员就不知道往何处去，最后的结果可能是饿死，这个团队存在的价值可能就要打折扣。团队的目标必须跟组织的目标一致，此外还可以把大目标分成小目标，并具体分到各个团队成员身上，大家合力实现这个共同的目标。同时，目标还应该有效地向大众传播，让团队内外的成员都知道这些目标，有时甚至可以把目标贴在团队成员的办公桌上、会议室里，以此激励所有的成员都为这个目标去奋斗。

2. 人

人（people）是构成团队最核心的力量，两个以上（包含两个）的人就可以构成团队。目标是通过人员具体实现的，所以人员的选择是团队中非常重要的一个部分。在一个团队中可能需要有人出主意，有人订计划，有人实施，有人协调不同的人一起去工作，还有人去监督团队工作的进展，评价团队最终的贡献。不同的人通过分工来共同完成团队的目标，在人员选择方面要考虑人员的能力如何，技能是否互补，人员的经验如何。有一点需要注意的是，如果一个团队里面精英太多，互相能力差不多，那么很容易出现互不服气的现象。这个时候，很难会产生合作，团队成员甚至会连正常的能力都发挥不出来，因为他们会内耗。

【阅读资料 2-3】

"联想教父"柳传志的答案

杨元庆与郭为原来都是柳传志手下的"大将"，两个人的能力差不多，都非常优秀。20 世纪 90 年代中晚期，柳传志原本设计以杨元庆为主，郭为积极配合，杨元庆好好对待郭为，但执行下来两个人的不和谐占据主导地位。在柳传志心中，杨元庆、郭为都是"宝贝"。"有这样一个人，就能开这样一块业务，没有，就不能开。所以，我把他们看成不可比的资产，比什么都重要。"

柳传志绝对不能允许自己退下来之后，杨元庆和郭为一起合作出现 1＋1<2 的现象。柳传志不是没有想过一个联想的方案，但是他试了一下，发现杨元庆、郭为身上各自所带的文化还有很多的不同。

柳传志不忍伤了两人中的任何一个，于是在 2000 年，他把神州数码与联想集团分拆，杨元庆领导的联想集团得到了最重要的 PC 业务，而郭为领导的神州数码从此与"联想"品牌挥别，获得了分销、系统集成和 IT 服务业务。正如马云所认为的，一个团队里面不能都是孙悟空，也不能都是沙僧或者猪八戒，要是那样的话，大家就形成不了互动状态，1＋1>2 的效果也就无法实现。从柳传志与马云的身上我们也可以看到，能力互补在一个团队里面是何等的重要。

资料来源：http://read.dangdang.com/content_770966?ref=read-3-C&book_id=4131

3. 定位

团队的定位（place）包含两层意思：团队的定位，即团队在企业中处于什么位置，由谁选择和决定团队的成员，团队最终应对谁负责，团队采取什么方式激励下属。个体的定位，即个体作为成员在团队中扮演什么角色，是订计划还是具体实施或评估。

4. 权限

团队当中领导人的权限（power）跟团队的发展阶段相关，一般来说，团队越成熟，领导者所拥有的权力相应越小，在团队发展的初期阶段，领导权相对比较集中。团队权限关系分以下两个方面。

（1）整个团队在组织中拥有的决定权，如财务决定权、人事决定权、信息决定权。

（2）组织的基本特征，如组织的规模多大，团队的数量是否足够多，组织对于团队的授权有多大，它的业务是什么类型。

5. 计划

计划（plan）有以下两层面含义。

（1）目标最终的实现，需要一系列具体的行动方案，可以把计划理解成目标的具体工作的程序。

（2）只有在计划的操作下团队才会一步一步地贴近目标，从而最终实现目标。

相关链接

长期计划与阶段性计划

一个长期计划的实现过程总是很枯燥的，没人敢保证在实现长期计划的过程中不会有人因为感觉不到成功的快乐而出现精神的松懈。从心理学的角度来讲，如果一个人总是感觉到离成功还有很远的距离，那么他的精神与行动力就会大大减弱。这无疑会在一定程度上降低团队的战斗力。

而如果把长期计划分割成众多短期计划，人们很容易就能够实现这些短期计划，这就会在他们心理上产生一种成就感。而成功往往是鼓励士气的最佳手段，团队的战斗力也就可以因此继续保持下去。

阶段性计划可以让人们很好地检验过去一段工作的成绩。通过对工作进行阶段性的检查总结，人们可以发现工作中的失误与漏洞。而且，团队选择的路线有时候并不一定是达到目标的最佳路线，甚至是一条完全错误的路线。通过阶段性计划，这种错误可以被及时发现并被纠正。

【阅读资料 2-4】

离海岸只有半英里——明确目标的重要性

1952 年 7 月 4 日清晨，加利福尼亚州海岸笼罩在浓雾中。在海岸以西 21 英里的卡塔林纳岛上，一个 34 岁的女人涉水进入太平洋中，开始向加州海岸游去。要是成功了，她就是第一个游过这个海峡的女人。这个女人叫费罗伦斯•柯德威克。在此之前，她是从英法两边海岸游过英吉利海峡的第一个女人。那天早晨，海水冻得她身体发麻，雾很大，她连护送她的船都看不到。途中，鲨鱼有几次靠近了她，之后被人开枪吓跑。15 个小时之后，她又冷又累，就叫人拉她上船，她的母亲和教练在另一条船上。他们告诉她海岸很近了，叫她不要放弃。但她朝加州海岸望去，除了浓雾什么也看不到。她感到船上的人肯定在骗她，海岸肯定还在很远的地方。尽管别人一再保证很快就要到对岸了，但是费罗伦斯已经因为看不到胜利而放弃了努力。

入水 15 个小时 55 分钟后，她被拉上船，而此地离加州海岸只有半英里！费罗伦斯后悔万分，“说实在的，我不是为自己找借口，如果当时我看见陆地，也许就能坚持下来。”

两个月之后，她再次横渡海峡。这次她采取了全新的策略：把整个过程分成 8 个小过程，设置标志物。每到一个标志物，她就会告诉自己：我已经完成多少了，我还剩下多远就要完成了。这次横渡海峡每一步都有了目标，所以，费罗伦斯顺利地完成了横渡海峡的壮举——她不但是第一位游过卡塔林纳海峡的女性，而且比男子的纪录还快了大约两个小时。

大多数人都对无法判断的过去和无法预知的未来有一种恐惧感，这就是一个没被分割的长期计划会给人们带来压力的原因。虽然你已经付出了很多，但由于没有参照物，没有比较，所以你不知道过去所做的一切是否有效，当你对过去的表现没有底气的时候，你就会对未来更感恐惧，更没有信心。

资料来源：http://mt.sohu.com/20170717/n502225480.shtml

2.2.3 创业团队的类型

一般说来，创业团队大体上可以分为三种，即星状创业团队（star team）、网状创业团队（net team）和从网状创业团队中演化来的虚拟星状创业团队（virtual star team）。这和网络拓扑结构极其相似。

1. 星状创业团队

一般在团队中有一个核心主导人物（core leader），充当了领军的角色。这种团队在形成之前，一般是核心主导人物有了创业的想法，然后根据自己的设想进行创业团队的组织。因此，在团队形成之前，核心主导人物已经就团队组成进行过仔细思考，根据自己的想法选择相应人物加入团队，这些加入创业团队的成员也许是核心主导人物以前熟悉的人，也有可能是不熟悉的人，但其他的团队成员在企业中更多时候是支持者（supporter），如图 2-1 所示。

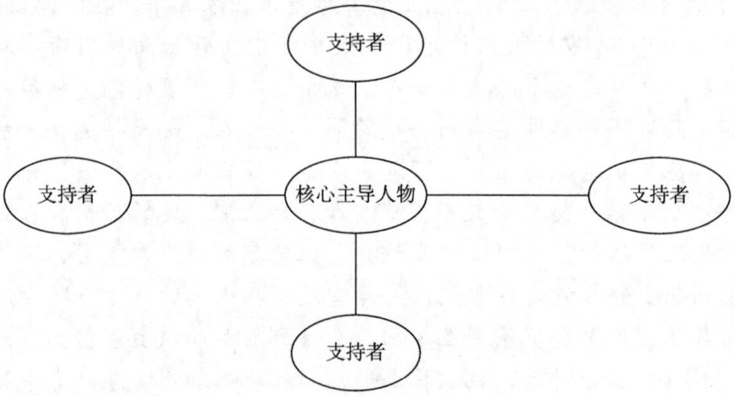

图 2-1 星状创业团队

星状创业团队有以下几个明显的特点。

（1）组织结构紧密，向心力强，核心主导人物在组织中的行为对其他个体影响巨大。

（2）决策程序相对简单，组织效率较高。

（3）容易形成权力过分集中的局面，从而使决策失误的风险加大。

（4）当其他团队成员和核心主导人物发生冲突时，因为核心主导人物的特殊权威，其他团队成员往往处于被动地位，在冲突较严重时，一般都会选择离开团队，因而对组织的影响较大。

星状创业团队的典型例子如太阳微系统公司（Sun Microsystem），创业当初就是由维诺德·科尔斯勒（Vinod KhMla）确立了多用途开放工作站的概念，接着他找到 Joy 和 Bechtolsheim 两位软件和硬件方面的专家，和一位具有实际制造经验与人际技巧的麦克尼里（Mc Neary），于是，组成了 SUN 的创业团队。

2. 网状创业团队

网状创业团队的成员一般在创业之前都有密切的关系，如同学、亲友、同事、朋友等。一般都是在交往过程中，共同认可某一创业想法，并就创业达成共识以后，开始共同进行创业。在创业团队组成时，没有明确的核心人物，大家根据各自的特点进行自发的组织角色定位。因此，在企业初创时期，各位成员基本上扮演的是协作者或者伙伴（partner）角色，如图 2-2 所示。

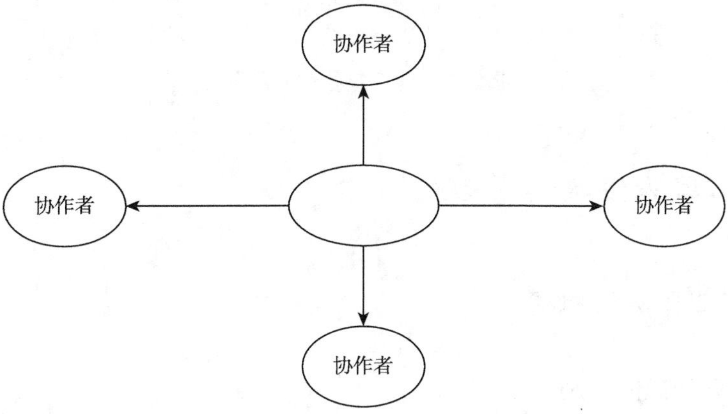

图 2-2　网状创业团队

网状创业团队有以下几个明显的特点。

（1）团队没有明显的核心，整体结构较为松散。

（2）组织决策时，一般采取集体决策的方式，通过大量的沟通和讨论达成一致意见，因此组织的决策效率相对较低。

（3）团队成员在团队中的地位相似，所以容易在组织中形成多头领导的局面。

（4）当团队成员之间发生冲突时，一般都采取平等协商、积极解决的态度消除冲突。团队成员不会轻易离开。但是一旦团队成员间的冲突升级，使某些成员撤出团队，就容易导致整个团队的涣散。

网状创业团队的典型例子：微软的比尔·盖茨和童年玩伴保罗·艾伦，HP 的戴维·帕卡德和他在斯坦福大学的同学比尔·体利特等多家知名企业的创业团队多是先由于关系和结识，基于一些互动激发出创业点子，然后合伙创业，这种例子比比皆是。

3. 虚拟星状创业团队

虚拟星状创业团队是由网状创业团队演化而来的，基本上是前两种创业团队的中间形态。在团队中，有一个核心人物，但是该核心人物地位的确立是团队成员协商的结果，因此核心人物在某种意义上说是整个团队的代言人，而不是主导型人物，其在团队中的行为必须充分考虑其他团队成员的意见，不像星状创业团队中的核心主导人物那样有权威，如图 2-3 所示。

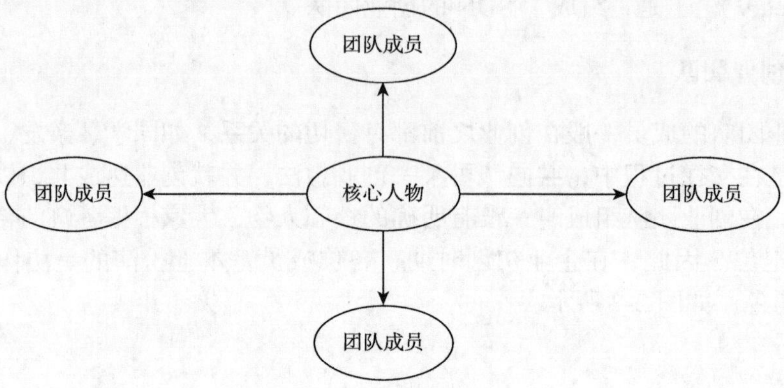

图 2-3 虚拟星状创业团队

2.3 创业团队组建与管理

2.3.1 创业团队的组建

1. 创业团队组建的原则

创业团队组建的原则包括目标明确合理原则、互补原则、动态开放原则和利益原则。

（1）目标明确合理原则。目标是一种有效的激励元素，明确的目标使成员能够清楚地知道团队对自己的期望，明确自己的奋斗方向。同时，目标也必须是合理的、切实可行的，这样才能真正达到激励的目的。

（2）互补原则。创业者寻求团队合作，是为了弥补当前创业者知识、资源、能力和心理等方面的不足，通过团队的形式，发挥各个成员的优势，弥补自己的不足，通过相互协作发挥出 1＋1>2 的协同效应，从而形成一个优秀的创业团队。

（3）动态开放原则。创业团队往往是在创业过程中逐渐走向成熟的。创业过程充满了不确定性，这就导致部分成员由于资源、想法或能力等各种原因而离开，同时也会有其他人的加入，为团队注入新鲜血液。因此，在组建创业团队时，应遵循动态开放原则，让不合适的人离开，使真正完美匹配的人员能被吸纳到创业团队中来。

（4）利益原则。利益原则主要包括两方面，一是指团队成员之间应在创业之初形成明确合理的利益分配机制；二是指应该在初始创业团队成员与其他成员之间制定一种明确的利益均衡的机制。

2. 创业团队组建的程序

如何把创业团队组建起来？显然，这一问题没有任何现成的神奇公式。创业团队成员能够走到一起，取决于人与人之间的协调和投缘。尽管如此，为了打造一个有向心力的良好团队，创业者可以适当遵循一些通行的步骤。创业团队的组建过程如图 2-4 所示。

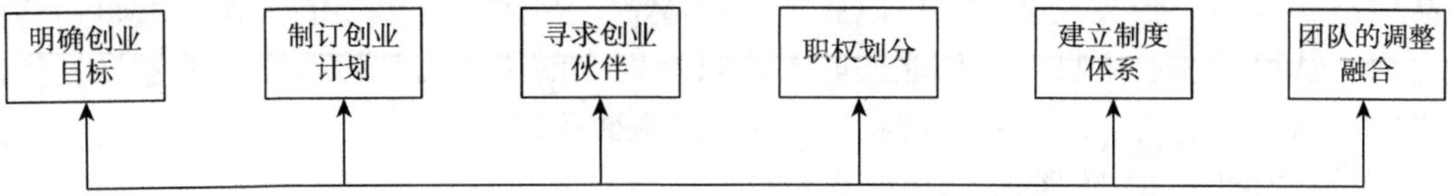

图 2-4　创业团队的组建过程

（1）明确创业目标。目标是一种有效的激励因素，可以激励团队成员为实现组织的共同愿望而奉献全部的精力，完成共同的任务、事业或使命。明确的创业目标是创业团队克服困难、取得胜利的动力。

（2）制订创业计划。创业计划是在对创业目标进行具体分解的基础上，以团队为整体来考虑的计划，创业计划确定了在不同的创业阶段需要完成的阶段性任务，通过逐步实现阶段性子目标来最终实现创业的总目标。创业计划还有助于创业者捋清思路，也为后来寻找更为合适的合作伙伴奠定基础。

（3）寻求创业伙伴。建立优势互补的创业团队是保持创业团队稳定性的关键。在创建初期，成员不宜过多，以满足基本需求为宜。一般认为，创业团队的规模控制在 2～12 人最佳。适度的团队规模是保证团队高效运转的重要条件。团队成员太少则无法全部实现团队的功能和优势，而过多又可能会产生沟通协调方面的障碍，使团队产生分歧，大大削弱团队的凝聚力。所以，在成员的选择上，创业者可以根据自己的情况，寻找那些能够与自己形成优势互补的创业合作者，弥补彼此的不足，从而形成一个知识、能力、性格、人际关系资源等方面全面具备的优秀创业团队。

（4）职权划分。创业团队的职权划分，是在组建创业团队时，考虑到创业计划的目标和需要，具体确定每个团队成员所要担负的职责以及应该享有的权限。创业团队成员间职权的划分必须明确，做到权责对等，既要保证事事有人做，避免无人承担造成工作上的疏漏，又要保证事事都能正确地做好，充分利用团队的人、财、物等资源。

（5）建立制度体系。创业团队的制度体系主要包括团队的各种约束和激励制度。一方面，创业团队通过约束制度对团队成员的行为进行一定的约束，保证团队的稳定秩序；另一方面，创业团队通过激励制度，激发团队成员的积极性和创造性，充分发挥他们的聪明才智，为新创企业持续发展奠定良好的基础。

（6）团队的调整融合。团队成员在价值观、目标、拥有多少股份等方面会有很大的不同，如果在这些方面产生分歧而不能很好地解决，将直接影响新企业的生存和发展。创业团队在发现问题以后应该积极协调沟通，如果仍然无法解决，则应果断换人，从而使整个团队的思想行为保持一致。

2.3.2 创业团队的发展

1. 带头人的领导

在创业团队中，带头人的作用尤为重要。带头人就像掌握航向的舵手，指引着创业团队的奋斗方向。带头人必须是可以胜任的领导者，是大家在多年的合作、共事过程中发自内心认可的核心人物，在创业团队中，具有巨大的影响力和号召力，能够激发团队成员的热情和创造力、维系团队的稳定。带头人应该做到以下几点。

1）树立正确的团队理念

树立正确的团队理念包括凝聚力、诚实正直、为长远着想和承诺价值创造。

（1）凝聚力。团队凝聚力是团队对其成员的吸引力和成员之间的互相吸引力。团队带头人的个人魅力是形成团队凝聚力的一个重要途径。拥有很强凝聚力的创业团队相信他们处在一个命运共同体中，共享收益，共担风险。团队工作，即所有人作为一个团队工作而不是靠个别的“英雄”工作，每个人的工作相互依赖和支持，依靠事业成功来激励每个人。

（2）诚实正直。诚实正直是一个新企业生存和发展的根基，组建创业团队，获取创业资源，取得创业成功都需要创业者具备诚实正直的品格。管理大师德鲁克指出“管理者的新任务要求未来管理者的每一项行动和决策都要根植于原则上，管理者不只通过知识、能力和技巧来领导部属，同时也通过愿景、勇气、责任感和诚实正直的品格来领导”。

（3）为长远着想。拥有正确团队理念的成员相信他们正在为企业的长远利益工作，正在成就一番事业，而不是把企业当作一个快速致富的工具。没有人打算现在加入进来，而在困境出现之前或出现时退出而获利，他们追求的是最终的资本回报及带来的成就感，而不是当前的收入水平、地位和待遇。

（4）承诺价值创造。拥有正确团队理念的成员承诺为了每个人而使“蛋糕”更大，包括为顾客增加价值，使供应商随着团队成功而获益，为团队的所有支持者和各种利益相关者谋利。当团队的每一个成员都致力于价值创造时，大家都会想方设法解决遇到的各种问题，坚决执行解决方案，从而保证整个团队有很强的执行力，能够使1＋1>2，从而为社会和团队创造更多的价值。

2）明确团队目标

目标在团队组建过程中具有特殊的价值，共同而明确的团队目标可以激发团队成员最大的潜能。如果团队每一个成员都看清了团队的未来发展目标，并认为随着团队目标的实现，自己可以从中分享到很多的利益，那么他就会把这个目标当成自己的目标，并为实现这个目标而奋斗。从这个意义上讲，共同的未来目标是创业团队克服困难、取得胜利的动力。同时，明确的创业目标也可以充当润滑剂，使得团队成员在个性、能力有所不同的情况下能够步调一致，淡化个人利益冲突，形成一种巨大的凝聚力。孙子曰：“上下同欲者，胜。”只有真正目标一致、齐心协力的创业团队才会得到最终的胜利与成功。

3）建立责、权、利统一的团队管理机制

建立责、权、利统一的团队管理机制包括以下两点。

（1）妥善处理各种权力和利益关系。妥善处理创业团队内部的权力关系。在创业团队运行过程中，团队要明确每个团队成员的岗位职责和权力，以使能力和责任的重复最小化。

妥善处理创业团队内部的利益关系。一个新创企业的报酬体系不仅包括诸如股权、工资、奖金等金钱报酬，而且包括个人成长机会和提高相关技能等方面的因素。由于新创企业的报酬体系十分重要，而且在创业早期阶段财力有限，所以要认真研究和设计整个企业生命周期的报酬体系，使之具有吸引力，在能够保证按贡献付酬的同时也不会因人员增加而导致报酬水平的降低。

（2）制定创业团队的管理规则。要处理好团队成员之间的权力和利益关系，创业团队必须制定相关的管理规则。团队创业管理规则的制定，要有前瞻性和可操作性，要遵循先粗后细、由近及远、逐步细化、逐次到位的原则。这样有利于维持管理规则的相对稳定，而规则的稳定有利于团队的稳定。

企业的管理规则大致可以分为以下三个方面。

治理层面的规则，主要解决剩余索取权和剩余控制权问题。治理层面的规则大致可以分为合伙关系与雇佣关系。在合伙关系下大家都是老板，大家说了算；而在雇佣关系下只有一个老板，一个人说了算。除了利益分配机制和争端解决机制，还必须建立进入机制和退出机制。没有出入口的游戏规则是不完整的，因此要约定以后创业者退出的条件和约束，以及股权的转让、增股等问题。

文化层面的规则，主要解决企业的价值认同问题。一个好的、有活力的创业团队的维系仅靠友情、亲情是远远不够的，必须实现团队的价值管理。创业核心人物的价值观必须得到团队认可，深入所有团队成员的内心，并上升为创业团队的价值观，才能保证创业企业战略性的优势。

管理层面的规则，主要解决指挥管理权问题。管理层面的规则最基本的有三条：平等原则，制度面前人人平等，不能有例外现象；服从原则，下级服从上级，行动要听指挥；等级原则，不能随意越级指挥，也不能随意越级请示。当然，仅有这三条原则是不够的，但它们是最基本的，是建立其他管理制度的基础。

2. 核心成员所有权分配

俗话说，“亲兄弟，明算账”。利益关系明晰是化解创业团队分歧、防止团队解体的主要机制。因此，在创业之初，就应把最基本的权、责、利界定清楚，确定团队的所有权分配方案，并以公司章程的形式写入法律文件。

在实际操作过程中，首先要在公平和激励之间做出良好的权衡。一方面，所有权分配要在团队成员内部体现出公平性，遵循贡献决定权力的原则；另一方面，要让所有权分配对成员有一定的激励作用，让每个成员都感到所分配的股权比例超出自己的预期。其次在资金和技术之间做出合理的权衡，既要考虑投入的资金比例，又要考虑某些团队成员所掌握的关键技术的商业价值。最后，还应注意在创业初期，更需要集权和统一指挥，因此有必要将控制权与决策权统一。但如果创业者太贪婪，过分强调控制权，而不与其他创业伙伴共同创造并分享一块大蛋糕，那一切都可能成为泡影。蒙牛的牛根生就深谙此道，在多个场合反复强调过“财聚人散，财散人聚”的道理。在公司经营过程中，他也始终注重与初始创业团队共分利益，甚至到了公司的快速成长阶段，将利益分享从核心创业团队扩展到了高层管理团队，乃至普通员工。

2.3.3 创业团队冲突与沟通

1. 团队内部的冲突

有人的地方就会有冲突，而美国管理学家罗宾斯指出“团队是由两个或者两个以上，相互作用、相互依赖的个体为了特定目标而按照一定规则结合在一起的组织”，因此，团队成员之间出现冲突是不可避免的。冲突是由于某种差异而引起的抵触、争执或争斗的对立状态，而团队成员之间在利益、观点、掌握的信息和对事件的理解上都可能存在差异，有差异就会引起冲突。有些学者把团队内的冲突分为两大类，即认知性冲突和情感性冲突。

（1）认知性冲突。认知性冲突是指团队成员对企业生产经营管理过程中出现的问题，因意见、观点和看法的差异而形成的不一致性。通俗地讲，认知性冲突是论事不论人。

从本质上讲，只要是有效的团队，这种团队成员之间就生产经营管理过程的相关问题存在分歧是一种正常现象。而且，一般情况下，这种认知性冲突将有助于改善团队决策质量和提高组织绩效，还能提高决策本身在团队成员中的接受程度。

【阅读资料 2-5】

宏道陈丕宏

分析那些曾经辉煌过，后来则破裂的团队就会发现，真正因为权力斗争而分手的不多，大多数都是因为战略分歧而选择了分手。被称为“电子商务盈利大师”的陈丕宏在这方面也有过亲身体会：陈丕宏在1993年创办宏道时，主要是开发互动式软件。他们一开始先设定以宽频电视为发展平台，并和香港电讯合作开发互动电视。但陈丕宏很快发现互联网里蕴藏着巨大商机，他预言，在电子商务网站热火之后，将会是电子商务系统的天下，但那是在1994年，当时的背景下，这个预言还是存在很大风险的。由于不相信网络会商业化，当时与陈丕宏一起创业的三位副总裁反对陈丕宏的决定，使他的计划难以顺利实施，并造成很大的危机。在做了几个月的沟通努力之后，陈丕宏不得不忍痛割爱，将三位副总裁统统裁掉。

资料来源：http://read.dangdang.com/content_770981

（2）情感性冲突。基于人格化、关系到个人导向的不一致性往往会破坏团队绩效，冲突理论研究者共同将这类不一致性称为“情感性冲突”。通俗地讲，情感性冲突是论人不论事。

情感性冲突会阻止人参与影响团队有效性的关键性活动，团队成员普遍不愿意就问题背后的假设进行探讨，从而降低了团队绩效。情感性冲突培养起了冷嘲热讽、不信任和回避的风气，因此，将会阻碍开放的沟通和联合程度。当它发生时，不只是方案质量在下降，团队本身的义务也在不断地受到侵蚀，因为团队成员不再将自己与团队活动相联系起来。

2. 创业团队内部的冲突管理

创业团队内部的冲突管理包括以下几个方面。

（1）建立鼓励适当水平的认知性冲突的组织文化。在组织文化中，对适当水平的认知性冲突给予接纳，将有助于整个创业团队思维的碰撞，使团队成员敢于挑战现状、倡议革新观念，勇于提出不同的看法。但在冲突管理的过程中应注意对冲突行为加以处理和控制，真正做到对事不对人。

（2）利用信息沟通渠道的形式减少情感性冲突。情感性冲突导致团队成员普遍不愿进行交流沟通和探讨，这就需要建立一种信息沟通渠道，通过沟通的方式让团队成员对各自在背景、态度、价值观和管理风格等方面的差异进行了解，使不同的思想、看法和做法碰撞、互动，促进团队成员的相互了解，从而真正实现求同存异。

（3）实行全面的冲突管理。传统的冲突管理把管理的重点放在冲突后的控制和处理上。实际上冲突的形成、发展和影响是一个系统的过程，对冲突的控制和管理也应从冲突产生、发展、变化、结果的全过程和影响因素进行全面管理，尽量减少情感性冲突，将认知性冲突控制在适当水平，充分发挥冲突的积极作用，提高创业团队的活力。

3. 创业团队的沟通

在艰苦的创业过程中，创业团队成员大多致力于业务发展和市场开拓，相互交流与沟通的机会大大减少，一旦出了问题就会产生不信任甚至互相猜忌，导致创业团队成员丧失信心，偏离创业目标。因此，创业团队的信息沟通必不可少。信息沟通是把团队成员联系起来以实现共同目标的手段。创业团队可从以下几方面加强团队成员的沟通。

1）组织创业团队的头脑风暴会议

头脑风暴是一种激发集体智慧产生和提出创新设想的思维方法。它鼓励每一个人畅所欲言，产生尽可能多的想法，即使有些方法不被完全采纳。在创业过程中，团队成员之间不可避免地会产生意见分歧，这时候可以通过头脑风暴的方法，鼓励每个成员表明自己的想法，使大家互相了解具体情况后再选择一个最好的解决方案。

2）建立正式沟通渠道

正式沟通渠道包括定期的团队会议、论坛交流会、公告和拓展训练。

（1）定期的团队会议。创业团队可定期举行团队会议，为团队成员进行及时沟通提供平台，团队成员可在会议上说明自己的阶段性工作成果、遇到的问题和需要的帮助。通过团队会议，大家可对每一个人的工作进度及效果进行了解，从而可以更好地明确成员下一阶段的方向和任务。

（2）论坛交流会。通过论坛交流会，大家可以相互借鉴学习每个成员擅长领域的知识和经验，更新自己的知识和技能，弥补自身在其他专业方面的不足。

（3）公告。对于创业过程中团队的一些公共信息，可以通过网站或者企业公告栏进行发布，便于每个团队成员及时方便地得到自己需要的信息。

（4）拓展训练。可以适时举行一些拓展训练，在拓展训练中，增强团队成员的凝聚力、信任感和团队荣誉感，增加成员的交流、沟通，培养团队的合作精神。

3）利用非正式沟通渠道

除了正式沟通外，还存在着非正式沟通，非正式沟通可传播团队成员所关心的问题，反映成员的个人兴趣和利益。因此，非正式沟通信息交流速度较快。同时，出于员工的愿望和需要，非正式沟通常常是积极的、卓有成效的。因此创业团队可实行随时的非正式沟通，如聚餐、散步、节日贺卡等，形成畅所欲言、信息流畅的沟通渠道。

2.3.4 创业团队退出

在组建团队时就应该考虑好成员的退出机制，以保障团队成员更安心、积极地为企业工作，更好地保障所创立企业的长久发展，不至于因为有关成员退出而元气大伤，并使团队成员有公平的回报，为其实现当初创业时的梦想提供保障。

退出创业团队，最为直接的方法就是转让其股权。股东转让股权，既可以向公司其他股东转让，也可以向股东以外的人转让。股东之间相互转让股权，只需签订股权转让协议并进行交割即可，无须征得任何人的同意。当然，作为同为公司股东的转让双方，应当尽可能先就转让意向与其他股东充分沟通，以免因股权转让而导致公司股权结构变化，使得公司原有的平衡被打破，引发新的股东矛盾。

有限责任公司不仅是个资合体，同时也很强调人和，只有拥有共同的理念和理想才能共同创业，因此，《中华人民共和国公司法》（以下简称《公司法》）规定，股东向股东以外的人转让股权，应当经其他股东过半数同意，而且其他股东在同等条件下有优先购买权。这一规定的意义就在于维持创业团队的稳定。但这一规定也不会成为阻挠股东转让其股权的障碍，《公司法》同时设计了相应的程序，以保障股东可以转让其股权。具体规则如下：拟转让股权的股东应就其股权转让事项书面通知其他股东征求同意，其他股东自接到书面通知之日起满 30 日未答复的，视为同意转让。其他股东半数以上不同意转让的，不同意的股东应当购买该转让的股权；不购买的，视为同意转让。经股东同意转让的股权，两个以上股东主张行使优先购买权的，协商确定各自的购买比例；协商不成的，按照转让时各自的出资比例行使优先购买权。

退出创业团队的另一方法是要求公司回购股权。《公司法》规定，公司成立后，股东不得抽逃出资。这就是所谓的资本维持原则，因此，股东不能随意要求公司回购股权。《公司法》规定，有下列情形之一的，对股东会该项决议投反对票的股东可以请求公司按照合理的价格收购其股权：①公司连续 5 年不向股东分配利润，而公司该 5 年连续盈利，并且符合该法规定的分配利润条件的；②公司合并、分立、转让主要财产的；③公司章程规定的营业期限届满或者章程规定的其他解散事由出现，股东会会议通过决议修改章程使公司存续的。股东提出回购要求后，如果股东与公司不能自股东会会议决议通过之日起 60 日内达成股权收购协议，股东可以自股东会会议决议通过之日起 90 日内向人民法院提起诉讼。此外，股东也可以与其他股东充分协商，推动通过减少注册资本的决议，由公司回购其股权。

退出创业团队的最后保障方式是请求解散公司。在公司经营管理发生严重困难时，股东若想转让股权可能难以做到，因为没有其他股东或者股东以外的其他人愿意受让其股权，如果股东也无法促使其他股东同意减资，此时，股东可以请求解散公司以实现退出目的。《公司法》规定，公司经营管理发生严重困难，继续存续会使股东利益受到重大损失，通过其他途径不能解决时，持有公司全部股东表决权 10% 以上的股东，可以请求人民法院解散公司。

2.4　新创企业人力资源管理

人力资源是所有资源中最宝贵的，加强人力资源管理，有利于新创企业对其他资源的合理、科学配置和使用。对新创企业来说，为实施创业战略，完成新创企业的生产经营目标，把握和开发人力资源这种关键资源，对其人力资源的管理提出了更高的要求。创业者需要根据创业环境和条件的变化，运用科学的方法对创业人力资源的需求与供给进行预测，招聘企业所需的各种人才，重视人才的培养和开发，在激烈的竞争中保持自身的竞争优势。

2.4.1　新创企业人力资源管理概述

1. 新创企业人力资源管理的目标

近年来，随着人力资源管理和创业管理的发展，创业领域的人力资源管理也逐渐引起了学者的关注。由于新创企业是新进入某一行业，且规模较小，所以既有的人力资源管理在很多方面不适合新创企业。在这一背景下，学者开始关注企业生命周期前端的人力资源管理活动。综合国内外学者的观点，新创企业人力资源管理的目标可概括为：企业在创立初期，通过各种政策、制度和管理活动，来吸引、开发、激励和留住员工，把适当的人安排在适当的工作岗位上，最大限度地发挥人的主观能动性，提高工作效率和效果，以促进企业目标的实现。

2. 新创企业人力资源管理的特点

新创企业人力资源管理有以下几个特点。

（1）人力资源管理不规范。新创企业由于规模小、资金薄弱，一般情况下不单独设立正式的人力资源管理部门，基本没有正式进行工作分析等基础性人力资源管理活动，岗位划分多根据传统或自己的经验，而且由于相应人员缺乏，可能出现一人多岗的情况。决策权往往集中在创业者手中，决策与执行程序相对简单，这使得新创企业可以高效决策快速执行，有利于其迅速进行调整适应市场的变化，但也导致新创企业人力资源管理不规范的问题。

（2）依赖少数关键人才。企业在创立之初分工不明确，企业中的重要部门主要依靠部门的关键人物，其他多数员工往往充当的是助手的角色，这就导致了新创企业急需人才，却又有很多人力资源闲置的情况。当企业对少数员工太过倚重时，就会造成人员发展不匹配、不平衡，不利于企业的人才储备。

（3）家族制管理占主导。新创企业制度不完善，个人主义管理色彩比较浓，创业者与骨干员工之间多存在血缘、乡缘、学缘等关系，使企业带有浓厚的"家族"色彩，人情味较重，感情管理大于制度管理。由于是新创企业，在创业者的个人魅力、创业精神以及创业团队成员的自我管理模式的影响下，规章制度可能根本就不需要，企业也没有意识到规章制度的重要性。同时，大家都充满干劲，又相互了解，信息沟通顺畅，协调与合作都比较容易。这就使得创业者比较容易忽视人力资源管理工作，从而影响企业的后期发展。

3. 新创企业人力资源管理的任务

企业中各项工作的实施都必须借助于人力资源，同时，由于人力资源的能动性，它还会影响各项工作的最终效果。因此，为充分利用人力资源达到上述各项目标，针对新创企业人力资源管理的特点，需要新创企业的人力资源管理做好以下工作：创业者应制定明确的人力资源管理策略，对企业的工作进行妥善规划，明确每个岗位的职责和权限，以便据此进行招聘，获得有能力的人；创业者应该充分了解新员工具备的知识、技术及其他有助于工作完成的能力，并据此将新员工放到合适的岗位中去，发挥每一位员工的特长；同时为了能够让企业的员工紧跟时代步伐，掌握最先进的知识，创业者要为其提供必要的培训机会，使招聘进入企业的人能够有更好的发展前景。

4. 新创企业人力资源管理活动的重点

新创企业人力资源管理活动的重点有以下几个。

（1）建设人力资源管理队伍。世界 500 强之一的美国通用电器公司前总裁韦尔奇说，他常常把 70% 以上的时间用来研究公司中人力资源的使用配置状况，以形成高效率的经营团队。由此可见，人力资源的管理对于每一家企业来讲都是至关重要的。同时，人力资源管理中的选人、留人、育人等环节都必须与企业战略保持一致，才能为实现企业目标发挥最大作用。所以，新创企业需要建立一支具有较高综合素质的人力资源管理队伍，来帮助企业实现对人力资源的高效配置。

（2）培育企业文化。企业文化能营造出良好的企业内部环境和团队精神，使员工在工作的过程中完成自身发展的定位。良好的企业文化，在薪酬留人和契约留人双保险的基础上，加上了文化留人的第三重保险。

（3）明确岗位职责。新创企业的规模较小，可能会出现一人身兼数职的现象，因此有必要明确界定每个员工的工作职责和权限，使每一个员工都知道自己承担的责任和应做出的贡献，从而将企业目标和任务分解落实到每一个人。

（4）考核激励。根据职位要求制定合理的考核标准，可以达到将工作量化的目的，还对员工的个人目标进行了正确的引导，使之与企业整体目标相契合。绩效考核结果还可以与薪酬、职务晋升、福利待遇等方面紧密挂钩，为企业员工提供一个公平竞争的平台。同时，可以将考核结果与激励体系相结合，采用物质激励、目标激励、工作激励和荣誉激励等方法，激发全体员工的工作积极性。因此，必须建立健全科学的绩效考核机制，使德才兼备的员工得到与之相匹配的待遇，激活员工队伍的能动性和创造性。

2.4.2　岗位分析与设计

岗位分析与设计是企业开展人力资源管理工作的起点和基础，与其他业务模块具有紧密的联系。岗位分析，又称工作分析，是指对企业各岗位的工作内容、职责做出说明，并确定完成这项工作所需的知识技能、工作环境以及该岗位与其他岗位关系的过程。一般从六个方面开展岗位分析：工作内容（what）、责任者（who）、工作岗位（where）、工作时间（when）、怎样操作（how）以及为什么这样做（why）。新创企业资金有限，讲究精打细算，在人力资源上亦如此，因此应根据节约高效的原则设计岗位分工。

1. 岗位分析的内容

岗位分析主要从岗位任务与职责、岗位人员任职条件、与其他岗位的关系三个方面入手。岗位任务与职责主要是指任职某项任务的员工具有多大的权限和责任。分析人员应注意对工作岗位的职责情况进行量化；岗位人员任职条件主要包括对任职人员的智力、工作知识与技能、熟练及精确度以及工作经验等方面的要求；与其他岗位的关系一方面需要说明所受监督与所施监督，另一方面还应明确该岗位与本部门其他岗位的协调配合关系以及与其他部门的合作关系。

2. 岗位分析的方法

岗位分析的方法有很多，最常使用的包括以下几种：访谈法、观察法、问卷调查法和档案法。

（1）访谈法。访谈法是访谈人员就某一岗位与访谈对象就该岗位的工作内容和要求等方面进行沟通与讨论。

（2）观察法。观察法是对工作活动进行观察，并对结果进行记录的一种岗位分析的方法。观察法一般适用于标准化的、周期短的、以体力活动为主的工作。

（3）问卷调查法。问卷调查法是通过让员工填写问卷获取所需要的信息，以实现工作分析的方法。其优点是快捷、经济，适用于大规模的职位调查。

（4）档案法。档案法是通过对员工的工作文档、工作日志等档案进行分析，获得所需信息的方法。

新创企业规模较小，人、财、物等各方面的资源有限，因此一般可以根据企业情况选择岗位分析的方法。如选用问卷调查法，并辅以对管理者的访谈和一般员工的工作日志及文档等档案的分析。

2.4.3 人力资源招聘

人力资源招聘应根据新创企业的工作及发展需要，通过一定的程序和方法，从应聘人员中选出适宜人员予以任用，为组织持续发展提供人才保障。人员招聘主要包括以下几步。

1. 制订招聘计划

创业者在开始招聘工作之前需要根据企业的人力资源规划和岗位分析编制工作说明书，在明确招聘职位各方面要求的基础上，制订招聘计划，包括招聘规模、招聘范围、招聘渠道和招聘经费预算等。

2. 发布招聘信息

在确定招聘计划之后，需要选择合适的招聘途径发布招聘信息。创业者应在了解不同招聘渠道的基础上，根据招聘对象的不同选择最有效的发布媒体或渠道发布招聘信息，鼓励和吸引应聘者。一般来说，常用的招聘渠道有外部招聘、内部招聘和网络招聘。

1）外部招聘

（1）公开招聘。根据招聘计划中不同的岗位层次，公开招聘可分别通过不同性质、不同地域范围的报纸、杂志、广播电视等广告媒介发布招聘广告。

（2）校园招聘。企业可通过开招聘会、毕业实习和学习就业办公室推荐等途径直接到高校招聘所需人才。

2）内部招聘

（1）职位公告。企业可以通过公告栏或公司网页等多种途径告知员工现有空缺职位，让员工进行岗位竞聘。

（2）内部员工推荐。同行推荐，企业现有员工的熟人、朋友等是应聘者的可靠来源。推荐人了解应聘人员，因而招聘成本较低，离职率也较低，是一种低成本而且简便实用的招聘途径，企业可以利用内部员工推荐的方法使新员工尽快获得认可。

3）网络招聘

在求职网站和专业网站等互联网渠道中列出需要招聘的职位。在互联网时代，网络招聘为企业和求职者提供了非常便利的条件，使招聘不受地点和时间的限制，并且拥有广泛的选择范围。

新创企业的资本有限，通过内部员工推荐、网络招聘或选择适当的广告进行招聘，是比较理想的招聘方式。

3. 员工甄选与录用

创业者在收到应聘信息之后就可以运用恰当的方法对应聘者进行审查选用。例如，可以通过笔试、心理测验等方式对应聘者的知识技能、心理等方面进行考察，并且初步筛选，然后进一步通过面谈的方式直接接触了解应聘者，考察其接受的教育、工作经验、能力、爱好和兴趣等是否适合本企业，同时让应聘者对应聘的职位有进一步的了解。

2.4.4　培训与开发

培训与开发是指企业通过多种方式，不仅使员工具备当前工作所需的知识和能力，还对员工发展有更长期性的关注，从而改善员工工作能力和态度，以改善员工现在或将来的工作业绩，并最终增强企业整体绩效的一种计划性和连续性的活动。同时，组织中人员的聘用、选拔、晋升等工作，都离不开培训与开发，所以说，培训与开发是人力资源管理的一项最基本的任务。

新创企业要以承受能力为基础，从长远发展需要出发，建立全程性、全面性、全员性的培训体系，即培训应贯穿员工职业生涯的全过程，涵盖从业技能和综合素质的各方面，覆盖到从高层领导到一线员工的每个人。

1. 要营造良好的学习氛围

创业者要带头转变观念，纠正对员工培训的认识偏差，营造员工愿意学、主动学、坚持学的良好氛围，改变部分员工对培训持有的逃避或无所谓的心态。

2. 制订培训计划

结合企业战略和员工个人职业生涯的发展，通过组织层次、工作层次和个人层次的培训需求分析，对不同层次的员工各有侧重地制订针对性的培训计划。在培训内容的选择上，对创业者的培训着重于企业家才能，对中层管理者的培训集中于共同愿景的形成和执行力的提高，对一线基层员工进行自我管理团队精神以及从业技能等方面的培训。在培训制度上，使考核制度与激励制度相结合，使培训能发挥它最大的效用。同时，培训计划还应做到阶段性计划和长期计划相结合，对重要的培训要未雨绸缪，对急迫的培训要快速启动，从而建立一个动态的培训管理系统。

3. 科学衡量培训效果

对于员工培训可以从针对性和及时性两个角度加以考察。针对性是指培训要有目的，根据新创企业的发展规划，对员工欠缺的知识和能力进行培训，消除现实工作需要和员工知识能力之间存在的差距。及时性是指培训的内容能马上运用到工作中，让员工在实践中进行消化和检验，让培训转化为现实生产力，以人力资源的发展，带动新创企业突破发展“瓶颈”。

【阅读资料 2-6】

阿里巴巴创业初期的人力资源管理

创业初期的企业对人才的需求要有清晰的自我定位，要研究恰当的招聘渠道。企业的管理者不仅要将自己的决策贯彻到企业经营管理的各个环节，而且要让员工自己的发展和切身利益与企业发展捆绑在一起，让每个员工都知道经营管理者在想什么、最希望什么。

阿里巴巴的管理层绝对可以算得上超豪华阵容。孙正义和前世贸组织总干事萨瑟兰是它的顾问，这里聚集了来自16个国家和地区的网络精英，而且，越来越多的哈佛大学、斯坦福大学、耶鲁大学的优秀人才正涌向阿里巴巴。而尤为令人惊讶的是，创业以来，阿里巴巴从来没有人提出来要走，公司最初的18个创业者，现在一个都不少。别的公司出3倍的工资，员工也不动心。马云还说“风凉话”：“同志们，3倍我看算了，如果5倍还可以考虑一下。”对其中的奥妙，马云说得很简单：“在‘阿里巴巴’工作3年就等于上了3年研究生，他将要带走的是脑袋而不是口袋。”

资料来源：http://blog.sina.com.cn/s/blog_676afb320100p2xl.html

2.4.5 绩效管理

绩效管理是一个目标导向的过程，它以绩效考核为依据使员工、团队以及整个组织的生产率最大化，从而推动企业目标的达成。绩效管理是实现企业战略目标、培养企业核心竞争力的重要手段。新创企业的绩效管理应做到以下几点。

1. 设定合理的绩效目标

设定绩效目标是绩效管理的第一步，目标设定得合理与否直接影响绩效评价结果。绩效目标是根据公司目标或上一级部门目标，围绕本部门业务重点和岗位职责所制订的。绩效目标的设置应该是具体的、可衡量的、可达成、可实现的，同时还应与企业战略相关。上司和下属要当面沟通，认可一致，书面约定员工个人的绩效目标。

【阅读资料 2-7】

唐僧师徒的故事

话说，唐僧师徒乘坐飞机去旅游，途中，飞机出现故障，需要跳伞。不巧的是，4个人只有3把降落伞，为了做到公平，师父唐僧对各个徒弟进行了考核，考核过关就可以得到一把降落伞，考核失败，就自由落体，自己跳下去。

于是，师父问孙悟空："悟空，天上有几个太阳？"悟空不假思索地答道："一个。"师父说："好，答对了，给你一把伞。"接着又问沙僧："天上有几个月亮？"沙僧答道："一个。"师父说："好，也对了，给你一把伞。"八戒一看，心里暗喜："啊哈，这么简单，我也行。"于是，摩拳擦掌，等待师父出题，师父的题目出来，八戒却跳下去了，大家知道为什么吗？师父的问题是："天上有多少星星？"八戒当时就傻掉了，直接就跳下去了。这是第一次旅游。

过了些日子，师徒四人又乘坐飞机旅游，结果途中，飞机又出现了故障，同样只有 3 把降落伞，师父如法炮制，再次出题考大家，先问悟空："中华人民共和国哪一天成立的？"悟空答道："1949 年 10 月 1 日。"师父说："好，给你一把。"又问沙僧："中国的人口有多少亿？"沙僧说是 13 亿，师父说："好的，答对了。"沙僧也得到了一把伞，轮到八戒，师父的问题是："13 亿人口的名字分别叫什么？"八戒当时晕倒，又一次以自由落体结束旅行。

第三次旅游的时候，飞机再一次出现故障，这时候八戒说，"师父，你别问了，我跳。"然后纵身一跳。师父双手合十，说："阿弥陀佛，殊不知这次有 4 把降落伞。"

启示：绩效考核指标值的设定要在员工的能力范围之内，让员工跳一跳可以够得着，如果员工一直跳，却永远也够不着，那么员工的信心就丧失了，考核指标也就失去了本来的意义。

资料来源：http://www.kkgkk.com/jiqiao/NEWCQZDBY398J860.html

2. 确定绩效考核指标

对绩效进行考核时，指标的设计要体现企业现阶段的主要导向。根据新创企业的特点，业务类"硬"指标的权重设置可以相对较大，综合素质类"软"指标的权重可以相对较小。

3. 绩效跟进与考核

新创企业市场拓展能力较弱，风险防御能力较低，业绩受市场变化的影响较大，因此，不应只看重员工的结果绩效。对员工进行绩效考核时，可从潜在绩效、行为绩效和结果绩效三个层面进行，根据公司实际情况，设定不同的权重。潜在绩效主要指员工的知识和技能等层面对企业的潜在贡献能力；行为绩效可以考核员工个人的工作方式与方法、团队成员之间的协作程度等方面；结果绩效则可从员工个人产出的质量与数量、顾客满意度、市场份额等方面进行考核。

绩效考核的结果应与企业的激励机制挂钩，在工资调整、晋升调配、公费培训教育等方面进行应用，从而更好地激励员工完成工作目标。

4. 绩效沟通和反馈

为防止对员工考核的片面化，持续的沟通和反馈应贯穿绩效考核的全过程。在制定考核指标时，需要上司与员工进行双向沟通，就目标设定达成共识。在考核实施中，绩效沟通与反馈有利于员工更好地解决实际工作中遇到的问题，从而达到工作目标。流畅的沟通渠道还可以保障员工享有申诉的权利，有利于纠正考核偏差，使考核结果获得员工的认同。动态的沟通能促使上司和员工就如何改进不足、怎样提升绩效以及下一个绩效目标达成共识。

2.4.6 薪酬管理

企业的薪酬管理就是企业在战略思维的基础上，根据员工提供的劳动或服务，对公司的薪酬标准、奖金及利润分成等薪酬要素的确定和调整过程。完整的薪酬管理体系包括三部分：一是企业薪酬策略和战略，二是企业的薪酬制度，三是全面实施薪酬管理。企业应从其总体战略规划出发，根据发展阶段、企业文化和市场地位等方面来确定薪酬策略。新创企业具有不同于成熟企业的企业战略，也应当具有符合自己战略的薪酬策略。企业的薪酬制度主要包括确定员工的薪酬标准，设计薪酬结构和形式。一方面，薪酬是对员工所做努力的认可，既体现了员工的价值，又兼具满足员工需求的功能；另一方面，薪酬在吸引、激励和留住员工上具有重要的作用。因此，企业应全面实施薪酬管理。

1. 企业薪酬策略和战略

首先，基于新创企业的聚焦战略及其特点，制订合适的薪酬目标。制订的薪酬目标要公平，公平对于提高员工满意度的意义很大，制订薪酬目标时应鼓励企业员工的参与，允许并接受员工的投诉，保证薪酬目标公平合理。同时，制订的薪酬目标要符合法律法规的要求，并保证薪酬目标的合法性。新创企业的薪酬策略要以企业的整体性作为基础，考虑到企业所在的行业特征、企业的有限资源、员工的能力等，应有利于企业的长远发展，可根据环境的变化随时做出调整并符合企业发展。

2. 企业的薪酬制度

企业的薪酬制度包括制定薪酬标准和分配政策以及薪酬结构。

（1）制定薪酬标准和分配政策。企业薪酬制度的设计是否合理，对于企业能否取得长远发展至关重要，因此企业薪酬制度要与企业的战略和发展阶段相适应。新创企业在确立薪酬标准之前，应当调查企业所在行业及地区的平均薪酬水平，由于新创企业的资金资源有限，为了保证企业的经营有较多的资金支持，并且企业后续发展还应为员工薪酬的提高留有空间，所以薪酬水平不应该过高于所在行业及地区的平均水平。但是由于企业处于起步时期，人员是企业发展之本，所以为了吸引和留住有才能的关键人员，对于新创企业来说，可以根据企业自身的情况适当提高关键人员的薪酬水平。

（2）薪酬结构。新创企业一般处于企业发展初期，具有人员较少、企业制度不完善、管理方式不成熟等特点，因此新创企业的薪酬组成应该比较简单和灵活，实行等级较少、变动能力较强的宽带薪酬。新创企业使用宽带薪酬可增加员工工作的积极性，无论职位高低，只要业绩突出，就可以拿到较高的薪酬，不仅员工乐意积极提高自己的岗位技能和综合素质，还有助于增强员工的创新意识、全局意识与团结协作意识，从而促进企业的发展。同时，单纯使用现金激励肯定不可行，一方面企业没有过多的资金支持；另一方面现金激励的作用是有限的，因此应考虑实施内在激励（如对员工进行培训、提供良好的晋升通道、提供有挑战性的工作等）和长期激励（如股票期权和利润分享计划等）。

3. 全面实施薪酬管理

对于新创企业来说，资金紧张是主要问题，管理者在薪酬管理的过程中，要善于做薪酬预算，提出合理的薪酬计划，包括对人力成本的控制，保证企业有足够的资金用于主要产品或服务的生产或营销。同时，新创企业还不够成熟，要想吸引和留住员工，就必须知道员工需要什么，因此管理者可以通过与员工的薪酬沟通，了解员工的真正需求，提供满足员工需求的薪酬组合，不仅可以提高员工的满意度和参与度，还可以有效地节约人力成本，发挥薪酬的激励作用。

2.4.7 培育良好的企业文化

企业文化是指在企业自身的发展过程中逐步形成的意识形态、价值取向和行为方式。良好的企业文化，为企业留住人才提供了保障。而文化管理正是以企业文化为基础，强调人的能动作用，强调团队精神和情感管理。

1. 营造积极向上的文化氛围

优秀的企业文化对于人才具有强大的吸引力，积极进取、团结合作的文化氛围可以促使员工更好地提升自我，从而更好地促进工作目标的实现。整个团队的充分融入、和谐相处可以营造一种愉悦的工作生活环境，使人与环境相匹配，从而可以减少新创企业由于待遇较低所带来的负面影响，对员工产生长期的吸引力和内驱力。

2. 坚持以人为本

始终坚持以人为本，将员工看作企业的主体，强调员工对管理的参与，从感情上与员工建立心理契约，最大限度地关心人、依靠人、培养人和造就人。企业还应为员工提供和创造发展的空间，让员工充分实现自我价值，使之从内心深处产生对企业强烈的归属感和责任感，并真正把个人的前途和企业的命运联系在一起。

3. 将团队精神作为凝聚员工的动力

团队精神使员工产生归属感，愿意把自己的命运和荣辱与团队的发展前途联系在一起，团队成员之间相互信任、共同进步，融洽的工作氛围和强烈的责任感，使员工对企业产生较高的忠诚度。

❑本章小结

本章在对创业者的概念及其应具备的能力进行简要介绍的基础上，阐述了什么是创业团队，创业团队的构成要素和类型，分析了创业团队的组建与管理，并介绍了新创企业人力资源管理的相关内容。

❑关键术语

创业者，群体，团队，创业团队，互补性与相似性，认知性冲突，情感性冲突，人力资源管理，岗位分析，招聘，培训与开发，绩效管理，薪酬管理，企业文化。

❑阅读指南与课外学习

1. 阅读指南：要了解更多有关创业者与创业团队的知识，请阅读《创业管理（第3版）》（张玉利，机械工业出版社，2013）。

2. 网上资源：http://www.cyzone.cn/（创业邦）；http://www.ceconline.com/?refer=baiducpc（世界经理人）；http://www.iheima.com/（I黑马）。

❑复习思考题

1. 什么是创业者？
2. 创业者应该具有什么能力？
3. 团队和群体的关系是什么？
4. 什么是创业团队？
5. 组建创业团队应该注意什么？
6. 你觉得创业团队领导者应该具备哪些素质？
7. 创业团队有哪些构成要素？
8. 创业团队有哪些类型？
9. 创业团队如何处理冲突？
10. 创业团队有何退出机制？
11. 新创企业人力资源管理应该注意什么？
12. 如何进行新创企业岗位分析与设计？
13. 新创企业如何补充人力资源？
14. 新创企业如何进行绩效考核？
15. 新创企业如何进行薪酬管理？

❑案例分析　万通六君子：江湖方式进入，商人方式退出

在商业意识远未成熟的20世纪90年代，很多民营企业的组织演变和江湖上的帮派没什么区别。万通六君子“江湖方式进入，商人方式退出”的方式成了那个时代的永恒经典，并为后来人留下了一个处理创始人关系的绝佳案例。

“淘金”海南岛

1988 年，冯仑受国务院体制改革委员会下属中国经济体制改革研究所委派，去海南筹建海南改革发展研究所。开办之初，海南省委给了研究所 5 万块钱、一辆车和一台电脑。有意思的是，海南省委还给了 1 万台彩电的批文，让研究所用倒批文的钱作为开办经费。最终，研究所的业务被分为三部分：一部分做研究，一部分做经营，一部分办杂志。冯仑负责招人，组织研究队伍并管理《新世纪（002280）》杂志（《新世纪周刊》的前身），另外一个人负责经营，招来的人里就有潘石屹。

在当时，冯仑提出，招聘的人至少要学过两个专业，单一专业背景的人知识面和能力比较狭隘，不大有发展。在冯仑招聘的过程中，王启富和易小迪先后加入了研究所。王启富毕业于哈尔滨工业大学，之后又到中国政法大学学了法律，当时在一家国有的秀港工业房地产公司（以下简称“秀港公司”）做办公室主任，后来跳槽到研究所。易小迪是北京师范大学地理系毕业生、中国人民大学区域经济专业研究生，在中央党校第一次见到冯仑并有过交流后，就跟着冯仑去了研究所。

来到研究所后，王启富告诉冯仑，他的原领导、秀港公司总经理叫王功权，是一个非常有理想的热血青年，一定要介绍给冯仑。于是，通过王启富，冯仑认识了王功权并成了非常好的朋友。

王功权毕业于吉林大学管理系，被分配到省委宣传部，是宣传部培养的年轻后备干部。王功权的孩子刚出生 1 个星期，他就利用照顾老婆生孩子的机会偷偷跑到海南，并在从广州到海南的汽车上认识了刘军。刘军毕业于北京理工大学（16 岁就开始上大学），被分配在成都一个国有企业，听说海南有机会，没跟单位打招呼就来到了广州。在汽车上，王功权和刘军聊了一路，他们约定，到了海南谁先找到工作就来“救”另一个人。王功权在秀港公司先是做办公室主任，不久又当上了总经理，便把刘军叫了过来。

1989 年夏天，王功权因故被迫离开秀港公司。海南改革发展研究所被解散，冯仑回到北京，加入了后来因“罐头换飞机”而名震四海的南德经济集团。易小迪在当地开了一家印刷厂，据说当时什么都印，包括结婚证，但一年也赚不了多少钱。潘石屹也待在海南，勉强维持着自己开的一家公司。

冯仑到南德后，王启富、王功权和刘军也先后加入了南德。在当时如日中天的南德，冯仑担任总办公室主任兼西北办主任，王启富担任法律室副主任，王功权担任天津投资公司副总经理兼东南办主任，刘军担任西北办副主任。因为四人聚在一起，关系也更加密切。他们经常在一起畅谈人生和理想，在思想上形成了很成熟的合作基础。在当时，冯仑等就讨论过创业，计划办一个万通代理事务所，“万通”即路路通之意，计划帮人出书、写文章、开会，积累一些钱后再谋发展。

1991 年，冯仑等离开了南德，再次来到海南，易小迪的印刷厂成了他们的落脚点。在准备创业期间，冯仑和刘军跟王功权商议，必须由王功权当老总他们才做，因为只有王功权做过生意。王功权答应了，冯仑等便开始筹钱。

1991 年 9 月 13 日，海南农业高技术联合开发投资公司（以下简称“农高投”）在海南正式成立，创始人为冯仑、王功权、刘军、王启富、易小迪和李宏。为创办公司，6

个人一共凑了3万多块钱，这些钱大都用在注册公司等前期费用上，拿到执照后只剩几百块钱，是一个典型的"皮包公司"。冯仑等就此开始了在海南的"淘金"之旅。

半年后，易小迪找来了潘石屹，负责第一单房地产业务的销售，冯仑在日后回忆："他的销售才能在那个时候就显现了。"

从"梁山泊模式"到常务董事会

虽然在1988年4月，中国评选出了第一批"全国优秀企业家"。但1991年，普通大众还不知道"公司"为何物。冯仑在《野蛮生长》一书中写道："没法说最初的钱哪个算股本，后来算股份的时候也没有办法分清楚。别说没法算，那时我们连懂都不懂，又没有《公司法》。大家说事连个依据都没有。所以说，我们这些合伙人一开始合作的基础不是钱，而是大家共同的理想、信念和追求。"

在第一次界定合伙人利益关系时，冯仑等采用的是水泊梁山的模式——"座有序，利无别"。大家虽然职务有差别，但利益是平均分配的。在当时，董事长的位置并不重要，大家关注的焦点是法人代表和总经理。大家一致认为，王功权当法人代表和总经理比较合适，于是，法人代表和总经理就由王功权担任。冯仑则担任副董事长（当时董事长职务必须由投资主管单位的人担任），王启富、易小迪和刘军担任副总。1992年初，潘石屹加入了公司，最初担任总经理助理兼财务部经理，后来也变成副总。

虽然都是副总，但权力并没有办法详细规定，所有事情都要6个人在场讨论。冯仑曾回忆："这时情况变得比较微妙，最后谁说了算呢？名片、职务不同，但心理是平等的。后来功权说他是法人代表，要承担责任，得他定，但如果大家不开心，以后可能就没责任负了，所以多数时候他会妥协。"

1992年，通过运作海口"九都别墅"项目，"农高投"赚得了"第一桶金"。此后，"农高投"用这笔钱去操作"莲怡庐"等项目，不断在海口、三亚炒房炒地。公司经济条件宽裕后，很多老员工都拥有了"四个一"，即一套房子、一万块钱存款、一部电话和一部摩托车。

在"农高投"成立之初，人员并不多，除去王功权、冯仑等6个"高层"外，只有两个员工，一个是王功权的老婆，一个是王启富的哥哥，大家一起干活儿、一起吃饭，谁也没把自己当"干部"。完成原始积累后，公司开始招聘新人，这才有了真正意义上的上下级关系。王功权、冯仑等的座次排得很模糊，导致6个人权力均等，因而产生了一个问题：下面的员工自觉不自觉地会"站队"，形成各式各样的派系，导致组织运行效率低下。

1993年1月18日，"农高投"增资扩股，改制为有限责任公司形式的企业集团，即万通集团，主要股东除冯仑、王功权、刘军、王启富、易小迪外，还有后来加入的潘石屹以及中国华诚财务公司、海南省证券公司等法人股东，由冯仑担任董事长和法人代表。

在之前，冯仑等的合伙人关系是虚拟的，没有股权基础。通过这次改制，冯仑等开始建立了财产基础上的合伙人关系。冯仑提出一个观点：按照历史的过程来看，缺了谁都不行，每个人的作用都是百分之百——他在，就是百分之百；不在，就是零。

从这个角度出发，万通六君子在确定股权时采取了平均分配的办法。由于是平均分配，大家说话的权力是一样的，万通成立了一个常务董事会，重大的决策都由 6 个人来定。

1993 年 6 月，由万通集团投资并以定向募集方式发起组建了北京万通实业股份有限公司，公司实收资本金 8 亿元人民币，成为北京最早成立的以民营资本为主体的大型股份制企业。同年，万通在北京开发了“新世界（600628）广场”项目。通过和香港利达行主席邓智仁的合作，万通新世界广场大获成功，卖到了当时市价的 3 倍。万通新世界广场的成功，让大众和业界开始关注万通，同时，也奠定了两个地产大佬冯仑和潘石屹的“江湖地位”。

“志同道不合”的烦恼

万通六兄弟从相识到共同创业，有偶然因素，也有大家都具备相同价值观的必然因素。六人都受过高等教育，不甘于在传统体制中发展，有着实现人生价值和社会价值的梦想与抱负。在创业之初，冯仑等就提出“以天下为己任，以企业为本位，创造财富，完善自我”的原则和理想。1992 年，他们以冯仑为首写了一篇文章，名为《披荆斩棘，共赴未来》，将自己描写为立志实业报国的青年知识分子，特别指明做企业不是为了赚钱，而是为当代中国知识青年探寻报国道路，并探寻如何有效地重整资源。文章相继被《海南开发报》和《中国青年报》转载，引起了很大反响。

中国新兴民营企业完成原始积累后，往往会选择快速扩张，进行盲目的多元化，万通也不例外。1994 年起，万通开始了全国性的多元化投资和盲目扩张，进入地产、金融、商贸等多个领域。

1995 年之前，六兄弟配合得很好，也协调得很好。当时，6 个人以海南为中心，分散在广西、广东附近等，经常见面。1995 年起，万通的业务开始分布到北京、上海、长春等地，六兄弟分布在不同省份，负责各地的业务。由于当时沟通不便，信息往往不对称。再加上 6 个人性格不同、地域和管理企业的情况不同，不可避免地，大家在一些事情上形成了分歧，相互之间越来越不容易协调。

虽然资源和结构发生了变化，但 6 个人仍然保持个人收益上的平均主义。当时他们确定了三条土规则：第一，不许有第二经济来源；第二，不转移资产，不办外国身份；第三，凡是在公司生意上拿到的灰色收入统统交回公司，6 个人共同控制这笔钱。

在经济上 6 个人都没有计较，但大家对生意的看法和理解却出现了分歧。首先是资源分配的问题，同样做房地产，有的人说深圳好，有的人说西安好，有的人说北京好，但资源是有限的。开常务董事会时，大家会互相认为对方的项目不好，由于实行的是一票否决制，大家很难达成统一。当时潘石屹在北京担任万通实业总经理，北京的资源配置最多，慢慢地，各地开始绕过常务董事会，直接向潘石屹借钱，导致万通集团公司几乎成了一个虚拟的总部，主要的业务和个人都在外地，谁拿到各地的具体项目，谁就是老板。

另外，6 个人对公司的发展战略也产生了分歧。有的人比较激进，主张进行多元化，有的人比较保守，认为应该做好核心业务；有的人不愿意做金融；有的人不愿意做商贸。有的项目在某几个人强力主导下，会做，但做得顺利还好，一旦不顺利就会导致怨言。

例如，1994 年收购东北华联，6 个人的意见并不统一，在冯仑和王功权的主导下，万通用 7000 万元收购了，但之后的整合一直不顺利，成了一个费时、费力、费钱的乱摊子，最后赔了 4000 万元，冯仑和王功权的权威受到了挑战。

和其他民营企业不同的是，6 个人并不是在金钱上产生了矛盾，而是在公司战略和企业管理上发生了不可调和的冲突。但 6 个人拥有共同的价值观，因为共同理想走到一起，又经历了重重考验，彼此间有着深厚的感情，都不想分开。冯仑曾回忆："1994～1996 年，几年里 6 个人没事就凑在一起讨论究竟应该怎么走，有的人难受得哭了。外人很难想象我们当时痛苦到什么程度。"潘石屹也曾回忆道："我非常珍惜和怀念我们曾经一起创业的那段历史，但每一个人都太有自己的主见了。"

江湖方式进入，商人方式退出

面对进退维谷的形势，冯仑试图通过学习来解决。冯仑让大家读罗尔纲的《太平天国史》，告诉大家要有耐心，在没有想出办法之前不能演变成"天京之变"。

冯仑还找来鲁迅的一些文章，如《韧性的战斗》，鼓励大家要坚持。为了搞明白组织应该如何进化，冯仑甚至研究了土匪史，看英国人贝思飞写的《民国时期的土匪》，专门研究土匪的组织架构，还看过一本山西出版社出版的《水浒的组织结构》。在《野蛮生长》一书中，冯仑写道：那时我住在保利大厦 1401 房间，潘石屹住在楼下，我们很痛苦地讨论着、等待着，就像一家人哪个孩子都不敢先说分家，谁先说谁就大逆不道。

就在 6 个人都很痛苦、都很矛盾的时候，两个契机让事情有了戏剧性的转变。一是 1995 年，王功权去了美国管理分公司，在美国吸收了很多商务、财务安排的方法以及产权划分的理论。二是 1992 年，张维迎把《披荆斩棘，共赴未来》这篇文章带到了英国，张欣看到这篇文章后很兴奋，决定回国，张维迎就把张欣介绍给了冯仑。通过冯仑，张欣又认识了潘石屹，两人开始谈恋爱。张欣对问题的看法完全是西式的，认为不行分开就可以了——她把西方商业社会成熟的合伙人之间处理纠纷的商业规则带给了万通。

王功权和潘石屹都接受了西方的思想，开始劝说冯仑。冯仑开始不同意，但后来去了一趟美国，见到了著名经济学家周其仁。两人聊得很投机，冯仑讲了困扰自己已久的问题，周其仁讲了"退出机制"和"出价原则"，给冯仑以很大启发。于是，6 个人中的 3 个人接受了新的游戏规则。

回国后，冯仑提出"以江湖方式进入，以商人方式退出"。虽然是商人方式，但冯仑等只是对资产进行了大致的分割，并没有锱铢必较，还是保留了传统的兄弟情义。走的人把股份卖给没走的人，没走的人股份平均增加，把手中的某些资产支付给走的人。

1995 年 3 月，六兄弟进行了第一次分手，王启富、潘石屹和易小迪选择离开；1998 年，刘军选择离开；2003 年，王功权选择离开。至此，万通完成了从 6 个人到 1 个人（冯仑）的转变。

从第一次分手到最后王功权离开，冯仑等也越来越接受和认可了这种退出机制。冯仑回忆道："最早潘石屹发给我们律师函，指出不同意就起诉时，我和功权特别别扭，像传统中国人一样认为那叫'忒不给面子'。但越往后越成熟，最后我和功权分开时只请了田宇一个人，连律师费都省了，一手交支票，一手签字。"

分手后，万通六君子都实现了各自的精彩。冯仑、潘石屹和易小迪成了地产界的大鳄，王功权成了知名的风险投资家，王启富和刘军也在其他领域开创了一番事业。在中国改革开放后的商业史上，万通六君子“以江湖方式进入，以商人方式退出”的事件则成了一段佳话。

思考题：

1. 万通六君子是一个创业团队吗？为什么？

2. 结合本章团队成员角色描述，这六君子在团队中分别扮演着什么角色？他们的角色有什么变化？

3. 这个团队中有没有核心成员？若有，核心成员是谁？

4. 互补性和冲突是创业团队在组建时一般要考虑的两个基本问题，结合课程所学知识，对万通六君子这个团队的互补性和冲突进行认真分析，并提供客观的证据支持你的观点。

5. 万通六君子这个团队是如何处理和解决冲突的？他们的方法有效吗？为什么？如果改进，那么你认为可以从哪些方面入手或者说要注意什么？

6. “江湖方式进入，商人方式退出”是对此案例非常好的概括。创业团队必然有动态演化甚至解散的过程。如果说把进入方式转变为“商人方式进入，江湖方式退出”或“商人方式进入，商人方式退出”，你觉得哪种方式更好？为什么？有没有其他进入和退出方式？

第3章

创业机会识别

【学习目标】

了解创业机会的含义、特点及分类；掌握创业机会识别的影响因素及方法；掌握创业机会的评估模型；了解商业模式的内涵及逻辑；掌握商业模式画布，了解该如何进行商业模式设计。

❑引导案例　季琦是如何识别快捷酒店创业机会的

如家酒店的创始人季琦先生，被业内人士尊称为“创业教父”，把自己经营的携程网、如家酒店、汉庭酒店，都在美国纳斯达克成功上市。在如家酒店创建之时，我国城市居民已处于大规模休闲度假旅游消费阶段，同时中小型企业商务人士也日益增多，因此对酒店业的发展提出了新需求；就中国当时的酒店行业来说，中国星级酒店当时据不完全统计有1.1万家，其中三星级以上酒店有5000多家，但这些中高档酒店显然不太适宜上述消费人口的要求，而一般的招待所或宾馆，尤其是招待所，由于条件简陋、卫生环境不佳，也无法满足以上消费群体的要求，总之豪华的不经济，经济的不实用，故而，酒店行业出现真空地带——经济型酒店，尤其是连锁性质的。

季琦考虑到以上因素，在酒店行业关键要素的基础上进行了有所为有所不为的加减法，对顾客看重的要素进行加法，如床的质量、房间的卫生条件，对顾客不太敏感的要素进行减法，如大厅的设计、餐饮的提供等。找到价格和住宿要素的合适平衡点，能提升酒店服务的性价比，更好地满足客户的需求。如家酒店把目标顾客定位为中小企业客户，并为其提供质优价廉的服务。房价为159～299元，远低于星级酒店，同时为了保证高质量、低价格的服务，剔除了豪华酒店当中的桑拿、KTV、酒吧等设施，装修风格简单温馨，不追求奢华。其所倡导的“五星服务，四星大堂，三星品质，二星价格”深深吸引了大批的消费者。

3.1 创业机会概述

创业机会识别一半是艺术、一半是科学。创业者必须依靠直觉，这使它成为一门艺术；也必须依靠有目的的行动和分析技能，这使它成为一门科学。

3.1.1 创业机会的含义及特点

本书采用纽约大学柯兹纳先生的定义：创业机会是未明确市场需求或未充分使用的资源或能力，其特点是发现甚至创造新的方法——目的关系来实现创业租金。借助于价值创造流程中的目的——手段关系可以更好地理解创业机会的独特性。所谓目的，指的是计划服务的市场或要满足的需求，表现为最终产品或服务；所谓手段，指的是服务市场或满足需求的方式，表现为用来提供最终产品或服务的价值创造活动的流程和体系。目的与手段之间需要很好地匹配才能确保企业良性运转并获得利润。在商业实践中，无论目的还是手段都并非一成不变的，可以通过市场调查发现新的需求，从而形成新的目的，也可以通过新生产技术的应用来改进价值创造流程，从而形成新的手段。

一般来讲，创业机会包含如下要素：第一，某个细分市场存在或形成了某种持续性需求；第二，拟创业者开发或持有有助于满足市场需求的创意；第三，创业者有能力、有资源实施所持有的创业项目。从上述论述可以看出，创业机会的特征包括以下四个方面。

（1）吸引力。创业者所选择的行业，即创业者所要提供的产品和服务，对于顾客来说应该是具有吸引力的，顾客愿意消费该产品和服务。

（2）持久性。创业机会应该具有持久性，能够得到进一步的发展。具体来说，市场能够提供足够的时间使创业者对创业机会进行开发。创业者进行创业机会分析时，应把握创业机会的这一特征，以免造成对资源和精力的浪费。

（3）适时性。适时性与持久性相对。创业机会存在于某个时间段，在这个时间段进入该产业是最佳时机，这样一个时间段被称作“机会窗口”。换句话说，创业机会具有易逝性或时效性，它存在于一定的空间和时间范围内，随着市场及其他创业环境的变化，创业机会很可能会消失和流失。

（4）创造顾客价值。创业机会来源于创意，创意是创业机会的最初状态。创意是一种新思维或者新方法，是一种模糊的机会。如果这种模糊的机会能为企业和顾客带来价值，那么它就有可能转化为创业机会。

但是必须指出的是，创业者发现与把握的机会不同，创业活动也随之不同，创业结果也存在差异，因此有必要进一步了解创业机会的不同类型。

3.1.2 创业机会的分类

根据不同的标准，对创业机会可以有不同的分类。

1. 根据创业机会来源的分类

根据创业机会的来源，可以将创业机会划分为问题型机会、趋势型机会和组合型机会三种类型。

问题型机会，指的是由现实中存在的未被解决的问题所产生的一类机会。问题型机会在人们的日常生活中和企业实践中大量存在。例如，消费者的不便、顾客的抱怨、大量的退货、质量差的服务等。在这些问题的解决中，会存在价值或大或小的创业机会，需要用心发掘。好利来投资有限公司董事长罗红先生就是因为当年买不到表达自己对母亲挚爱的生日蛋糕，而创建了自己的糕点店。

趋势型机会，就是在变化中看到未来的发展方向，预测到将来的潜力和机会。这种机会一般容易产生在时代变迁、环境动荡的时期。在这种环境下，各种新的变革不断出现，但往往不被多数人认可和接受，一般处于萌发阶段。一旦能够及早地发现并把握，就有可能成为未来趋势的先行者和领导者。趋势型机会一般出现在经济变革、政治变革、人口变化、社会制度变革、文化习俗变革等多个方面，一旦被人们认可，它产生的影响将是持久的，带来的利益也是巨大的。美国米勒啤酒公司开发生产淡啤就是一个很好的例子。

组合型机会，就是将现有的两项以上的技术、产品、服务等因素组合起来，实现新的用途和价值而获得的创业机会。这种机会类型好比“嫁接”，对已经存在的多种因素重新组合，往往能实现与过去功能大不相同或者效果倍增的局面。

2. 根据目的—手段关系明确程度的分类

根据目的—手段关系的明确程度，可以将创业机会划分为识别型（目的—手段关系明确）、发现型（目的—手段关系有一方不明确）和创造型（目的—手段不明确）三种类型，具体如表 3-1 所示。

表 3-1　根据目的—手段关系明确程度的机会分类

目标	明确	不明确
明确	识别型机会	发现型机会
不明确	发现型机会	创造型机会

识别型机会是指当市场中的目的—手段关系十分明显时，创业者可通过目的—手段关系的连接来辨别机会。例如，当供求之间出现矛盾或冲突，供给不能有效地满足需求或者根本无法实现这一要求时辨别出新的机会。常见的问题型机会大都属于这一类型。

发现型机会指目的或手段任意一方的状况未知，等待创业者去发掘机会。例如，一项技术被开发出来，但尚未有具体的商业化产品出现，因此需要通过不断尝试来挖掘出市场机会。

创造型机会指的是目的和手段皆不明朗，因此创业者要比他人更具先见之明，才能创造出有价值的市场机会。在目的和手段都不明朗的状况下，创业者想要建立起来连接关系的难度非常高，但这种机会通常可以创造出新的目的—手段关系，为创业者带来巨大的利润。

在商业实践中，识别型、发现型和创造型三种类型的创业机会可能同时存在。一般来说，识别型机会多半处于供需尚未均衡的市场，创新程度较低，这类机会并不需要太繁杂的辨别过程，只需拥有较多的资源，就可以较快进入市场获利。但把握创造型机会非常困难，它依赖于新的目的—手段关系，更需要创业者的创造性资源整合能力和敏锐的洞察力，同时还必须承担巨大的风险，而创业者拥有的专业技术、信息、资源规模往往都相当有限。而发现型机会则最为常见，也是目前大多数创业研究的对象。

3.2 创业机会的识别

创业机会的识别，一是要从大量的“貌似创业机会”中，发现真正的创业机会；二是要从数个真正的创业机会中，发现对于特定创业团队最具价值的创业机会。本节将从创业机会识别的特性、创业机会识别的主要环节、创业机会识别的影响因素以及创业机会的识别方法进行阐述。

3.2.1 创业机会识别的特性

1. 创业机会识别是为了应对并化解机会的不确定性

创业机会是四类要素的有机组合，每个要素自身都有不确定性，这就使得创业机会也有一定程度的不确定性。

第一，客观上，特定商机具有不确定性。商品市场的不确定性是司空见惯的现象。典型的是，原本市场上需要某种商品，但“半路杀出个程咬金”，某种替代品的出现，可能导致原本有需求的商品这时就没有需求了。于是，前面出现的商机就消失了。可见，商机的不确定性是常见的现象。

第二，特定创意与商机的匹配关系具有不确定性。创意与商机的匹配，客观上是一个动态的过程。创业者主观上期望自己的创意与客观上存在的商机相匹配，但创意是创业者创造性的智力成果，创意的客观效果与主观期望往往存在差异，这就可能使特定创意与商机的匹配关系处于不确定的状态。

第三，创业者是否有能力实施相应的创业，也具有一定的不确定性。创业者利用特定商机与创意的匹配关系实施自己的创业，多数都会认为自己有能力将相应的创业推向前进。但即便是经验丰富的创业者，也只有真正步入创业之后，才会证实自己的能力是否真的与客观需要是一致的。

第四，创业者能否获得创业所需要的资源，更具有不确定性。创业者不可能起步之初即拥有创业所需要的所有资源，而是需要从核心团队之外的个人或机构中去获取。但是，资源是需要通过市场交易才可能获得的。创业者需要的某些资源，可能在创业者可触及的范围内，根本就不存在相应的供给者。也可能存在创业者需要的各种资源的潜在供给者，但在潜在供给者认为将相关资源提供给创业者也可能伤害自己的利益时，他们不会将相关资源提供给创业者。

既然前述四种要素都具有不确定性，那么创业机会必然也具有不确定性。创业机会识别的动因之一，就是为了应对并化解机会的不确定性。凡事预则立。为规避或减少创业机会的不确定性，创业者需要进行创业机会的辨别，且理性识别机会有助于规避或化解创业的风险。

2. 创业机会识别的特殊性

创业机会的识别具有一定程度的特殊性。这主要表现在以下两方面。

首先，创业机会不同于一般性商机。最为基本的是，创业机会有四个要素，即适当的商机、有价值的创意、可得的资源和团队的能力。创业机会与一般性商机有三个差别：一是创业机会要求特定商机是可持续的，蕴含着可持续增长的需求。而一般性的商机，可以是昙花一现的。二是创业机会要求创业者有创意，进而通过实施相应的创业为顾客创造价值。而一般性商机多数要求商家有现成的产品，用既有产品去满足顾客的需求。三是创业机会要求商家（新创企业）拥有小团队（对应能力）、轻资产（对应资源），即可从事相应商业活动。而一般性商机的利用，往往要求商家是大团队、重资产。创业机会与一般性商机的这三个差别，使得创业机会的识别需要一套有别于一般性商机识别的知识体系。

其次，创业机会的识别是一个反复探索的过程。由于创业机会不同于一般性商机，创业机会的内在结构复杂于一般性商机，这就使得创业机会的识别难于一般性商业机会的识别。一般性商机多数是显在的，而创业机会多数是潜在的。这更加使得创业机会的识别远难于一般性商业机会的识别，进而使得创业机会识别成为一个需要反复探索的过程。创业者一是需要深入调研、甄别细分市场商机，并精细构思、设计自己的创业；二是要反复考察、论证创意、商机二者的匹配程度；三是需要反复调查、分析能够在恰当的时间获得实施相应创意所需要的资源和能力。

在此，创业机会识别是将“创业的冲动”变为“理性的创业”的关键环节。理性的创业者如果没有发现适当的创业机会，多数绝不会茫然创业。而那些简单地将一般性商机理解为创业机会的人，多数会陷入盲目的创业冲动之中。因为还没有发现适当的创业机会，即从一般性商机出发而创业，很有可能遇到潜在的竞争者，特别是既有企业的竞争，如果创业者发现的一般性商机是昙花一现的，则创业还没有实质性起步，可能商机就已经消失了，新创企业要么需要重新去发现真正的创业机会，要么只能被淘汰出局。由此不难看出，创业机会识别是将“创业的冲动”变为“理性的创业”的关键环节。

3.2.2 创业机会识别的主要环节

无论是商机诱发型的创业，还是创意推动型的创业，创业机会的识别都需要经历如下识别环节。

1. 环节 1：价值性分析——商业价值

分析创业机会的价值，就是分析特定创业机会所对应的市场需求规模与结构，特别是该机会刚刚形成时的需求规模与结构，可能的顾客群，顾客群的人文特征，以及哪些顾客有可能成为新创企业的“目标顾客”，哪些顾客有可能成为目标顾客中的“领先顾客”。领先顾客是新创企业未来应该首先开发的顾客，并需要借助领先顾客的“示范效应”进一步去开发其他目标顾客。同时，创业者要明白，但凡成长性行业中的商机，未来都会有较大的商业价值。而萎缩性行业中的商机，不管该行业是“相对萎缩”还是“绝对萎缩”，对创业者而言，这样的行业中的商机多数不是可取的商机。因为既然行业在萎缩，具体商机对应的市场需求也不会有多大的价值。

2. 环节 2：机会的时效性分析——机会持续时间与市场成长性

适合创业的商机，一定要有持续性和成长性。机会的时效性分析，也就是分析特定商机的持续时间与市场需求的成长性。所谓商机的持续时间，即特定商机所对应的市场需求有可能持续多长时间。无疑，相应的市场需求持续越久，这样的商机就越是值得新创企业去追逐。所谓商机的成长性，实际上是指特定商机所对应的市场需求的成长性。仅当创业者所面对的市场需求从长期趋势上看，会持续成长的情况下，市场上才可能容纳较多的企业，从而新创企业也才会有较大的成长空间。一般而论，新创企业在市场需求成长最快的时间段向市场推出自己的产品或服务，才有可能尽快在市场中立足，进而为未来的成长奠定基础。

3. 环节 3：机会要素的匹配性分析——商机、创意、资源、能力的匹配程度

创业机会是适当的商机、有价值的创意、可得的资源、团队的能力四者的有机组合；当且仅当这四种要素处于匹配的状态时，对特定的创业团队而言，相应的商机才能够被称为“创业机会”。基于此，创业机会的识别，还需要进行四种要素的匹配性分析。在这里，商机与创意之间的匹配是最基本的，如果这二者不匹配，此时的商机自然不能被视为创业机会，且其他要素之间的匹配性就毋须分析了。如果商机与创意之间是匹配的，接下来就需要分析创业者的能力是否与自己的创意相匹配，即创业者是否有能力实施相应的创意，以及创业者是否能掌握实施该创意所需的资源。如果自己的能力、掌控的资源不足以实施相应的创意，则这时的商机也不构成创业机会。

4. 环节 4：机会的风险收益性分析

多数机会都伴随着风险。因为有风险，也会有收益。故如前述三个环节的考察、分析，创业者都得出了“是”的判断，这时就需要进行机会的风险收益分析，以判断“固然是适合自己的创业机会，但该机会是否好到值得自己冒险而为”的问题。当且仅当机会的风险收益达到某种程度，诸如创业者“满意”的程度时，创业者才值得放心地冒险起步、启动创业。否则，就得回到环节 1，以寻找、发现更具价值、更为恰当的创业机会。

3.2.3 创业机会识别的影响因素

创业机会是客观存在的，但创业者能否恰当地发现、认识和把握创业机会，更多是一种主观的结果。相应地，创业者能否恰当地把握创业机会，主要受到以下四种因素的影响。

1. 创业者对于创业机会基本特征的认识

机会识别可能是一项先天技能或一种认知过程。有些人认为，创业者有“第六感”，使他们能看到别人看不到的机会。首先会影响创业机会识别的，是创业者对于创业机会基本特征的理解是否到位，特别是对于具体商机的价值性、时效性、四要素的匹配性，以及对四要素匹配的风险收益性的认识是否恰如其分。

【阅读资料 3-1】

2013 年 9 月 3 日，腾讯（00700，HK）以 421.2 港元/股收盘，总市值达 7799 亿港元，中国互联网公司市场首次突破 1000 亿美元。按当天的汇率牌价折算，在全球互联网公司中，腾讯的总市值仅次于谷歌的 3000 亿美元和亚马逊的 1360 亿美元，一个傲然在东方的腾讯帝国已然升起。这一切都要归功于腾讯的创业五兄弟不经意间的一个创意，这个创意造就了中国互联网的一个商业传奇。1998 年，马化腾、张志东、曾李青通过模仿当时风靡的以色列即时通信软件 ICQ，开发了中文版的 OICQ，他们凑了 50 万元，其中马化腾占了 47.5% 的股份，张志东占了 20% 的股份，曾李青占了 12.5%的股份，其他两人各占 10%。

腾讯五位创始人：CAO陈一丹，CIO许晨晔，CEO马化腾，CTO张志东，COO曾李青(从左至右)

2. 先前经验对于创业机会识别的影响

先前经验，即创业者以往的创业实践和其他商业实践，即便是所谓打工，也会给创业者沉淀一些商业经验，这对创业者识别创业机会会形成一些影响。一般而论，创业者的商业实践越是丰富，则越会从四要素的匹配上理解、考察和认识创业机会；反之，创业者的商业实践越是粗浅，越是会片面地理解、考察和认识创业机会；特别是，此前创业者在商业实践中的位置高低，也会影响创业者对于创业机会认识的全面程度和深度程度。

另外，创业者此前的“成功实践”和“受挫实践”，也会影响创业者的机会识别。如果创业者先前的商业实践中有诸多的“成功实践”，这通常有助于他恰当地分析和认识新的商机，则面对新的创业机会，创业者会抱有积极的心态，在理性分析的基础上，选择适合自己的创业机会。如果创业者先前的商业实践中有诸多的“受挫实践”，这通常会使他看不到新的商机，甚至面对很恰当的创业机会时，也多会抱有难以作为的心态，进而很可能放弃原本适合自己的创业机会。在后一种情况下，有诸多“受挫实践”的创业者，可能更适合加入他人的创业团队。

3. 社会关系网络

个人社会关系网络的深度和广度影响着机会识别。建立了大量社会与专家联系网络的人，比那些拥有少量网络的人容易得到更多的机会和创意。一项研究考察了独立创业者（独自识别出商业创意的创业者）与网络型创业者（通过社会联系识别创意的创业者）之间的差别，研究人员发现，网络型创业者能比单独创业者识别出更多的机会，但他们不太可能将自己描述为特别警觉或有创造性的人。

在社会关系网络中，按照关系的亲疏远近，我们可以大致将各种关系划分为强关系与弱关系。强关系以频繁相互作用为特色，形成于亲戚、密友和配偶之间；弱关系以不频繁相互作用为特色，形成于同事、同学和一般朋友之间。研究显示，创业者通过弱关系比通过强关系更可能获得新的商业创意，因为强关系主要形成于具有相似意识的个人之间，从而倾向于强化个人已有的见识与观念。而在弱关系中，个人之间的意识往往存在着较大差异，因此某个人可能会对其他人说一些能激发其全新创意的事情。

4. 创造性

创造性是产生新奇或有用创意的过程。从某种程度上讲，机会识别是一个创造过程，是不断反复的创造性思维过程。对个人来说，创造过程可分为准备、孵化、洞察、评价和阐述五个阶段。

准备是指创业者带入机会识别过程中的背景、经验和知识。正如运动员必须通过练习才能变得优秀一样，创业者需要利用经验来识别机会。研究表明，50%～90%的初创企业创意，来自个人的先前工作经验。

孵化是个人仔细考虑创意或思考问题的阶段，也是对事情进行深思熟虑的时期。有时，孵化是有意识的行为，有时，它是无意识的行为，并出现在人们从事其他活动的时候。

洞察是识别闪现，此时问题的解决办法被发现或创意得以产生。有时，它被称为“灵感”体验，在商务环境中，这是创业者识别出机会的时刻。有时候，这种经验推动过程向前发展，有时候，它促使个人返回到准备阶段。例如，创业者可能意识到机会的潜力，但认为在追求机会之前需要更多的知识和考虑。

评价是创造过程中仔细审查创意并分析其可行性的阶段。许多创业者错误地跳过这个阶段。他们在确定创意可行之前就去设法实现它。评价是创造过程中特别具有挑战性的阶段，因为它要求创业者对创业的可行性采取一种公正的看法。

阐述是创造性创意变为最终形式的过程，详细情节已构思出来，创意如何变为有价值的东西，诸如新产品、新服务或新商业概念等。在创业活动中，这个环节体现为撰写商业计划书。

3.2.4 创业机会的识别方法

创业者要想赢得创业机会，就必须掌握创业机会的识别方法。一般来讲，创业机会的识别方法可从以下三个方面着手：一是趋势观察法，二是问题解决法，三是市场研究法。

1. 趋势观察法

如何观察趋势？美国凯斯西储大学谢恩教授提出了产生创业机会的四种变革因素，分别为社会经济结构的变革、产业结构的变革、技术的变革、政策和管制环境的变革，创业者需要观察这些变革因素中变化的地方，并且分析这些变化，哪些是有规律的，哪些是没有规律的，从中找到有规律的地方就可以发现趋势的征兆。同时，这些变革将会打破原有生态系统的平衡，并构建新的平衡。在偏离原有结构的过程中会出现新的创业机会。

（1）社会经济结构的变革。随着经济结构的变化，居民可支配收入增长带来人们消费结构的变化。通俗地讲，消费结构就是把钱花在了什么方面。人们对高水平的物质文化生活的需求越来越强烈，因此影院、剧院、咖啡厅、旅游等休闲娱乐产品变得越来越丰富。这些现象的背后，就是经济发展水平的变化带来的新的创业机会。社会经济结构的变迁还包括人口结构的变化。例如，中国老龄化逐渐成为一个社会问题，伴随着老龄化，老年人的医疗保健、健康咨询、生活服务等各个方面都出现了巨大需求，因此在服务业中就出现了大量商业机会，如智能养老社区、家政服务公司等。

（2）产业结构的变革。以前中国是“二一三”产业结构格局，随着经济发展以及产业结构升级，会逐渐向“三二一”产业格局转化，这样的转移会产生很多机会。随着旅游业蓬勃发展，借助旅游业发展的东风，如家等快捷酒店的崛起和成功就是非常典型的例子。产业结构的变化中还有新型工业化，由原来大规模的重工业化逐步走向与信息技术相结合的新型工业化，如机器人技术的推广应用等。

（3）技术的变革。在第一波创业浪潮中，像柳传志这样的创业者就是抓住了计算机技术的进步所带来的家用电脑的普及这一技术机会。包括联想、方正、TCL 在内的计算机厂商当时都是基于这一机会获得了快速发展。除了新兴技术外，新技术和传统产业结构、原有生活方式的结合也有可能会产生广泛的影响。最典型的就是 O2O（online to offline，在线离线/线上到线下）。它运用移动互联技术在传统餐饮、医疗、物流等行业建立了新的机会。

（4）政策和管制环境的变革。任何一个消费者、社群或产业都存在于整个社会的管制环境中。政治制度、法律制度、产业政策等的任何改变都可能释放出新的机会。例如，随着我们对环境的日益关注，环境保护的相关监控政策越来越严，实施起来也越来越到位。这为那些有环境保护技术和环境监测技术的人提供了很多的新机会。再如在大众创业的宏观环境下，各个领域的创业活动都在蓬勃开展，这对于那些帮助创业者进行工商登记和注册域名的公司提供了更多机会。还随着新的生育制度的放开，未来保姆和育婴市场需求将大幅增加，这也为一些创业者带来了新的机会。

总之，深入到经济结构层面、产业层面、技术层面以及政策和管制层面的社会变迁，每个重要变化都有可能打破原来社会结构的平衡。不平衡状态的出现就会出现产品或者服务的新空缺，可能使原来没有商业价值的机会变得有价值，机会窗口就会被打开。

2. 问题解决法

识别机会的另一种方法就是寻找问题，“每个问题都是一个被精巧掩饰的机会”，创业者要学会从问题中找到解决方法。大多数真正推动创业成功的问题都是创业者亲身经历中遇到的具体问题，感同身受才会有一种创造性的解决问题的冲动。而具有商业意识的人解决这个问题的同时会将其商业化，让更多的人享受解决方案得到的好处，同时也可以为创业者自己带来更多的利益。有些商业创意明显是在新兴趋势的问题识别中收集出来的，如由于互联网的发展，网络病毒开始泛滥，特别是恶意插件不知不觉就被安装，而且很难卸载，所以 360 抓住了这一趋势开发 360 安全卫士清除恶意软件，很快切入市场。

解决生活中的问题往往很容易获得用户的认可。一般人也能发现那些存在的问题，但无非就是忍受。而创业者是看到机会后能千方百计地解决问题。如果做个生活中的有心人，就可以发现社会上类似的未被解决的问题还有很多，如看病难、读书难等，每个难题背后都孕育着给未来有雄心的创业者的一些商业机会，让创业者通过解决社会的痛点成就自己的事业。

3. 市场研究法

创业者必须做市场研究。在创业的早期阶段，信息对创业者来说非常重要。创业者有必要考虑进行一定层次的市场研究，从市场缺口中找到创业机会。

（1）市场供与需的不匹配。例如，市场某个时点的需求非常大，但是供给不足，这样就会出现很大的机会。改革开放初期，产品供给受国家管控导致供应不足。做电视起家的长虹就是基于市场中未被满足的需求引进生产线来满足供需缺口的。

（2）特定人群被忽视的需要。例如，出国留学咨询很早就开始有机构做了，俞敏洪、徐小平都做得非常成熟了，有人就发现出国留学咨询机构都是针对普通的学生，还有一群特殊的留学生是学艺术的，他们的特殊需求是没有被照顾到的，于是就发现了一个新的创业机会——艺术留学咨询服务。市场中用户的需求千差万别，能够识别出一部分真实而未被满足的需求也将获得发展机会。

（3）产品的跨界流动需求。还有一类市场缺口是原本本国没有，但已经在其他国家或地区存在，而创业者促进了它的跨界区域流动。例如，随着中国经济的发展，家用轿车走进寻常百姓家。家长的安全意识也在加强，因此儿童安全座椅就有了市场。在国外，儿童安全座椅已经是家家户户必备的日用品，但在中国才刚刚兴起，是个具有巨大需求潜力的市场。因此，有些创业者开始做起了海外代购，促成产品从国外向国内流动。

【阅读资料 3-2】

市场永远存在盲点，存在需求的空档——市场的“盲点”就是卖点，就是盈利点。

美国有一家生产“即拍得”照相机的公司，在准备打开日本市场时，别人都认为这简直是不可想象的。因为日本已有佳能、美能达等各种非常优秀的照相机存在，而且性能和质量也很好，不仅在日本国内拥有雄厚的市场实力，同时在国际市场上也占有很大的份额。美国的这家公司却不这么看，它们认为，“即拍得”是一种与上述产品有区别的新型产品，并非把一种普通照相机推销到日本市场，而是把一种“只要 10 秒钟就可洗出照片来的喜悦”提供给日本人，使日本人觉得这是一种人生的享受和乐趣。正是靠着日本相机没有的该项功能，“即拍得”打入了日本市场。

“即拍得”的成功启示人们，市场并非铁板一块，它是可以细分的，只要在细分中找准适合自己的缝隙，就能找准市场突破口。对后进企业来说，善找市场缝隙，是超越先进、实现后来居上的捷径。尽管竞争对手很多，也很强大，但是精明的经营者都明白，市场的缝隙总是存在的，市场是可以突破的。

3.3 创业机会的评估

3.3.1 创业机会的评估准则

所有的创业行为都来自绝佳的创业机会，创业团队与投资者均对于创业前景寄予极高期望，创业家更是对创业机会在未来所能带来的丰厚利润满怀信心。但是，时常有悲剧的发生。为了尽可能地避免这样的情况，创业者应该先以比较客观的方式进行评估，评估的准则有以下两种。

第一，市场评估准则。市场评估准则包括以下六个方面。

（1）市场定位。评估创业机会的时候，可由市场定位是否明确、顾客需求分析是否清晰、顾客接触通道是否流畅、产品是否持续衍生等，来判断创业机会可能创造的市场价值，创业带给顾客的价值越高，创业成功的机会也越大。

（2）市场结构。对创业机会的市场结构进行如下分析：进入障碍，供货商，顾客，经销商的谈判力量，替代性产品的威胁和市场内部竞争的激烈程度，由此可知该企业在未来市场中的地位，以及可能遭遇竞争对手反击的程度。

（3）市场规模。市场规模大者，进入障碍相对较低，市场竞争激烈程度也会略为下降。若要进入的是一个十分成熟的市场，那么利润空间就会很小，不值得再进入；若是一个成长中的市场，只要时机正确，必然会有获利的空间。

（4）市场渗透力。对于一个具有巨大市场潜力的创业机会，市场渗透力评估将会是非常重要的。创业者应该知道选择在最佳的时机进入市场，也就是市场需求正要大幅增长之际。

（5）市场占有率。一般而言，要成为市场的领导者，最少需要拥有 20% 的市场占有率，若低于 5% 的市场占有率，则这个新创企业的市场竞争力显然不高，自然也会影响未来企业上市的价值。尤其是处在具有赢家通吃特点的高科技产业，新创企业必须拥有成为市场前几名的能力，才比较有投资价值。

（6）产品的成本结构。竞争优势的来源之一就是成本，较低的成本会给新创企业带来较大的竞争优势，使得该创业机会的价值较高。新创企业靠规模达到低成本是比较可行的，低成本的优势大多来自技术和工业的改进以及管理的优化，创业机会如果有这方面的特质，对于创业者来说是非常有利的。

第二，效益评估准则。效益评估准则包括以下四个方面。

（1）合理的税后净利。一般而言，具有吸引力的创业机会，至少需要能够创造 15% 的税后净利。如果创业预期的税后净利是在 5% 之下，那么这就不是个很好的投资机会。

（2）达到损益平衡所需的时间。有价值的创业机会可能是项目在两年内盈亏平衡或者取得正现金流。合理的损益平衡时间应该在两年之内达到，如果 3 年还达不到，恐怕就不是个值得投入的创业机会。当然，有的创业机会确实需要经过比较长的耕耘时间，通过前期投入，创造进入障碍，保证后期的持续获利，这样的情况可将前期投入视为投资，才能容忍较长时间的损益平衡时间。

（3）投资回报率。考虑到创业面临的各种风险，合理的投资回报率应该在 25% 以上，而 15%以下的投资回报率是不值得考虑的创业机会。

（4）资本需求。大多数有较大潜力的创业机会需要相当大的资金来启动，只需少量或者不需要资金的创业机会是极其罕见的。资本需求量较低的创业机会，投资者一般会比较欢迎，资本额过高其实并不利于创业成功，甚至还会带来稀释投资回报率的负面效果。通常，知识越密集的创业机会，对资金的需求量越低，投资回报反而会越高。因此在创业开始的时候，不要募集太多资金，最好通过盈余积累的方式来创造资金，而比较低的资本额，将有利于提高每股盈余，并且还可以进一步提高未来上市的价格。

3.3.2　创业机会的评估模型

市场中的机会包罗万象，但并不是每一个机会都值得花时间和金钱去追寻。由于市场需求的限制、技术水平的限制，这些潜在的机会中还有一部分需要剔除，剩下的是可行的机会。如果再加上资源条件的限制和团队的特质，这个可行的创业机会又会变小一圈，成为可实现的机会。创业机会的评估就是要概括性地扫描可实现创业机会下的产品好不好、市场对不对、团队配不配和财务赚不赚。

（1）产品好不好。评估产品好不好的目的是测试产品在目标市场上是不是有可行性，它既要评估产品本身对单一的顾客有没有可行性，换句话说单个顾客是不是觉得产品值得购买，又要预测整个市场中像这样热切的顾客是否够一定的规模。产品本身可行性的核心是看你为潜在顾客带去的真正价值高低，是不是超预期产品。同时要思考产品是不是合适进入，有没有明显的漏洞。对于创新的产品，一定要追问为什么以前没有人做？是都不如你聪明没有想到，还是在以前某些方面的条件不够成熟做不出来。评估完产品本身，还需要评估客户规模、购买频次，看看是否值得当作事业去耕耘。

（2）市场对不对。市场对不对的核心是你的产品所在的行业和市场对各方资源的吸引力是否足够大。行业和市场从两个不同的角度描述你的产业状况，行业是由一系列的供给商构成的，市场是由一系列需求或者消费者构成的。你要做的是将某个产品引入一个行业，瞄准你的目标市场，需要考量这两方面是不是都有吸引力。你想进入哪个行业相当于选择哪些人做你的竞争对手。你在选择目标市场时往往面临两难境地：选择的市场范围太大，你的产品会被淹没，或者遭到竞争对手的攻击；选择的市场范围太小，客户数量又太少，不容易做出规模来。一般而言，适合创业公司生存和发展的行业都有这样的特征：第一，整个行业处于发展的早期阶段，行业中玩家不多，规模也不大。第二，市场需求是刚性的。在这样的领域，客户无非是需要你的产品还是竞争对手的产品。

一旦进入一个行业，你就需要选定一个目标市场。在创业初期，创业者不需要试图让自己的产品适应所有人，而应该选择一个细分的市场满足他们的需求。实际上，市场选择也面临两难的困境：如果选择的市场太宽，你的产品容易没有特色，并招致竞争对手各个角度的攻击；如果选择的市场太窄，又不容易形成规模效应，发展空间有限。对于那些全新的产品，更是不能指望通过通常的调查方法找到一个可供参考的市场范围。乔布斯推出 iPod 的时候，没有人会想到这个音乐播放器能重写整个唱片市场，这就是创业者的远见创造了一个新的市场，不再是从现有市场中分得一杯羹。

（3）团队配不配。即使产品好、市场对，你还得思考你的团队具不具备做成这个事业的能力。首先要看团队的核心成员对于创业的领域是否有足够的兴趣、激情和经验。兴趣和激情是一个创业团队不断遭遇困难与挑战时还能继续奋斗的内生动力，而经验并不特指从事相关领域工作的年限，而是对所创业的领域有深刻的见解和洞见。其次要看团队成员的社会网络能不能整合一些重要的资源，尤其是非财务资源。例如，生产汽车安全带，最后产品检验需要做防撞测试。你是否能找到防撞实验室这样的资源来完成测试？再次要看团队的关键人力资源的获取难度。例如，你想开发一个 APP（application，应用程序）软件或者做电子商务，如果你所在的城市是个三、四线城市，那么你能不能找到开发高质量软件的工程师，这将是面临的现实问题。最后还要看关键员工是否愿意加入。当年携程网如果没有范敏的加入，机票和酒店的业务很难开展，这也是季琦三顾茅庐邀请范敏加盟的原因。

（4）财务赚不赚。商业的目的是盈利，如果财务上不具备可行性，不能赚钱，那么就不是一个合适的创业机会。第一方面要考量启动资金需要多少，它是从你公司开始注册一直到把产品卖给顾客获得第一笔销售收入时所花的全部资金；第二方面要计算何时能达到盈亏平衡，你需要参考市面上类似业务模式的财务状况，计算每个阶段所需要花费的资金规模；第三方面要评估总体财务前景，整个项目收回投资需要多长时间，是不是经过一段时间的运营能有自我造血的功能，在未来的 5～7 年里是不是能够有稳定的销售收入增长，预期能给投资人带来多丰厚的投资回报。

如果这四方面的问题你都胸有成竹，那么自然是最好的结果。如果其中有些方面并不十分完美，创业者最好重新去凝练产品概念，或者重新定位机会。创业机会评估模型如图 3-1 所示。

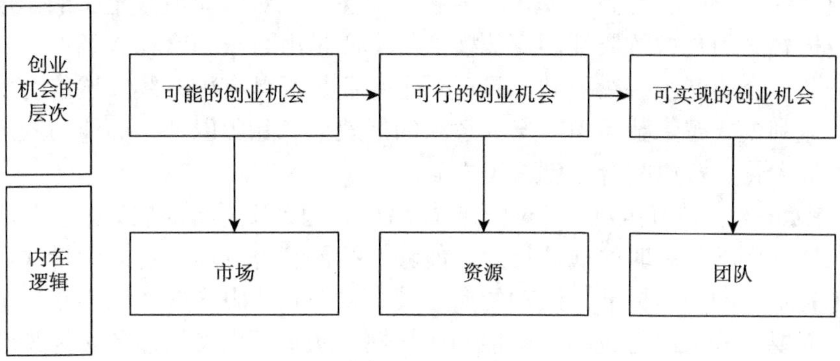

图 3-1　创业机会评估模型

3.4　商业模式设计

管理学大师彼得·德鲁克说过：“当今企业之间的竞争，不是产品之间的竞争，而是商业模式之间的竞争。”商业模式是每一位创业者都要面对的决定事业成败的关键问题，它凝聚着创业者对企业自身盈利模式的思考和运营机制的设计，反映了创业者对于宏观行业和微观企业发展方向的思考。

3.4.1　商业模式的定义

商业模式是一种包含一系列要素及其关系的概念性工具，用以阐明某个特定实体的商业逻辑。它描述了公司所能为顾客提供的价值以及公司的内部结构、合作伙伴网络和关系资本等用以实现（创造、推销和交付）这一价值并产生可持续盈利收入的要素。

泰莫斯定义商业模式是指一个完整的产品、服务和信息流体系，包括每一个参与者和其在其中起到的作用，以及每一个参与者的潜在利益、相应的收益和来源与方式。在分析商业模式过程中，主要关注一类企业在市场中与用户、供应商、其他合作方的关系，尤其是彼此间的物流、信息流和资金流。

因此，商业模式在学术上的定义是：为了实现客户价值最大化，能把使企业运行的内外各要素整合起来，形成高效率的、具有独特核心竞争力的运行系统，并通过提供产品和服务，达成持续盈利目标而组织设计的整体解决方案。其中，“整合”“高效率”“系统”是基础或先决条件，“核心竞争力”是手段，“顾客价值最大化”是主观目的，“持续盈利”是客观结果，也是检验一个商业模式是否成功的唯一外在标准。

3.4.2 商业模式的本质

商业模式的本质指的是商业模式的内涵、特性，是对商业模式定义的延展和丰富，是成功商业模式必须具备的属性。商业模式的本质是由若干因素构成的一组具有盈利逻辑关系的链条。企业能否持续盈利，是对一个企业是否具有可持续发展能力的最有效的考量标准。盈利模式越隐蔽，越有出人意料的好效果。除此以外，商业模式的本质还包括顾客价值最大化、资源整合、创新等方面。

（1）持续盈利。持续盈利指企业既要能赢得利润，又要有发展后劲。盈利具有可持续性、长久性，而不是一时的偶然行为。能够持续盈利是判断企业商业模式成功的最基本要求，也是唯一的外在标准。成功的商业模式要做到放眼未来，而不是追求短期的利润。企业也需要充分认识行业的扩展性和成长性，从实际出发，以务实为盈利模式的主基调。

（2）顾客价值最大化。一个商业模式能否使企业持续盈利，是与该模式能否使顾客价值最大化有必然关系的。一个不能满足顾客价值的商业模式，即使盈利也一定是暂时的、偶然的，是不具有持续性的。反之，一个能使顾客价值最大化的商业模式，即使暂时不盈利，终究也会盈利。所以应该把对顾客价值的实现再实现、满足再满足当作企业始终追求的主观目标。

（3）资源整合。资源整合就是要优化资源配置，有进有退、有取有舍，获得整体的最优。

在战略思维的层面上，资源整合是系统论的思维方式，是通过组织协调，把企业内部彼此相关但彼此分离的职能，把企业外部既拥有共同的使命、又拥有独立经济利益的合作伙伴整合成一个为客户服务的系统，取得 1＋1>2 的效果。

在战术选择的层面上，资源整合是优化资源配置的决策，是根据企业的发展战略和市场需求对有关的资源进行重新配置，以突显企业的核心竞争力，并寻求资源配置与顾客需求的最佳结合点。其目的是要通过组织制度安排和管理运作协调来增强企业的竞争优势、提高顾客服务水平。

（4）创新。时代华纳前首席执行官迈克尔·恩说：“在经营企业的过程中，商业模式比高技术更重要，因为前者是企业能够立足的先决条件。”一个成功的商业模式不一定是在技术上的突破，而可能是对某一个环节的改造，或是对原有模式的重组、创新，甚至是对整个游戏规则的颠覆。商业模式的创新形式贯穿企业经营的整个过程，贯穿企业资源开发研发模式、制造方式、营销体系、市场流通等各个环节。也就是说，在企业经营的每一个环节上的创新都可能变成一种成功的商业模式。

【阅读资料 3-3】

案例：苹果公司的商业模式创新

iTunes 出现之前，苹果只是一家产品公司，虽然这些产品非常优秀，但在若干同样优秀的产品面前，苹果的产品是可以替代的。iTunes 改变了这一切。随着 iTunes 的出现，苹果公司得以进入音乐市场，它不仅仅是靠卖产品赚钱，还可以通过卖音乐来赚钱。短短 3 年内，iPod＋iTunes 组合为苹果公司创收近 100 亿美元，几乎占到公司总收入的一半。

iTunes 受到了来自用户、合作伙伴的广泛支持。因为 iTunes 的存在，能够让更多人更方便地下载和整理音乐，从而大大促进了 iPod 的销售，并让 iPod 和其他音乐播放器区分开来，短时间之内占领了近 90%的市场。那些唱片公司也欢迎 iTunes 的出现，在 iTunes 出现之前，唱片公司对于泛滥成灾的音乐盗版无能为力，iTunes 让它们看到了盈利的可能性。当然最高兴的是苹果公司，它通过卖 iPod 赚硬件的钱，再通过 iTunes 赚音乐的钱。

2007 年，苹果公司发布 iPhone，掀起了一场手机革命。除了产品设计本身的创新之外，苹果公司还沿用了 iTunes 在 iPod 上的引用，在 2008 年推出了 APP Store，并和 iTunes 无缝对接。iPhone＋APP Store 的组合，为苹果赋予了主导地位，引领了手机革命。迄今为止，苹果已经出售了超过 5000 万部 iPhone，而 APP Store 的程序总量也已经超过 20 万款，总下载量约为 30 亿次。和 iPod 颠覆了音乐产业一样，iPhone 也成功地颠覆了手机产业。

2010 年初，苹果又推出了 iPad。这款新产品采用了和 iPhone 同样的操作系统，外观也像一个放大版的 iPhone，在应用软件方面也沿用了 iPhone＋APP Store 的模式。虽然这款产品存在很多争议，但无疑受到了“苹果粉”的狂热拥护，每周的销售量超过 20 万部，并被公认为会颠覆未来的出版行业。在 2017 年发布的第三财季财报中，苹果表示，该公司共计售出了 1142.4 万台 iPad、4102.6 万部 iPhone 以及 429.2 万台 Mac 电脑。

正是因为在商业模式上的创新，才会有苹果最近 7 年来脱胎换骨的变化，商业模式的创新远远超越了其在产品创新方面的意义。

在明确商业模式的内涵、本质之后，创业者对于企业如何通过这些创新产品或技术实现新企业的盈利，依然模糊不清，而盈利是市场经济中企业生存的根本。因此，创业者必须明确以下几个基本问题。

第一，如何为顾客创造价值?

为顾客创造价值，即在一个既定价格上企业向其顾客提供能够帮助其完成任务的产品或服务。例如，iPod 的商业模式，iPod 的背后是苹果建立的网上音像商店 iTunes，购买一个 iPod，等于买下一家奇大无比的音像商店。因为乔布斯深知，顾客购买播放器的真正目的是听音乐和看电影，而其他公司以为顾客买的是播放器本身。一种购买行为的背后，隐藏着另一种购买需求，甚至这种隐藏的购买需求背后还潜藏着一种或多种更隐秘的需求。卓越的企业之所以卓越，在于它们具有对顾客需求的还原能力，这种充分被还原的需求就是“顾客价值主张”。没有它，任何商业模式都无法成立。

第二，如何为企业创造价值？

收益模式：营业收入=价格×数量。

成本结构：成本是如何分配的，主要包括工资的成本、直接成本与间接成本和规模经济等。成本结构主要取决于商业模式所需要的关键资源的成本。

利润模式：为实现预期利润，每笔交易所应产生的净利。

利用资源的速度：为了完成目标数量，利用企业资源的速度。

第三，如何将价值在企业和顾客之间传递？

从逻辑上讲，只有拥有了独特的顾客价值主张和企业价值主张，才可能去谋求实现这种价值主张的资源和能力。例如，美国电影院的主要盈利来源是在影院出售的食品（冰淇淋、爆米花等），从观众看电影时携带零食，甚至先在电影院附近的餐厅吃完饭再来看电影可识别出顾客的需求。若电影院提供这样的产品和服务还具有排他性，即顾客不能中途出去吃饭或者购买零食，观众爱在这个时候吃冰淇淋和爆米花，但是很容易化掉的冰淇淋和凉了不好吃的爆米花不大可能从外面携带进来。如果提供这样的产品，就意味着电影院拥有一个别的产品不太可能进入的销售渠道，而渠道的排他性意味着这些产品可以以相当高的价格出售。从这个例子我们可以看出，顾客的价值主张和企业的价值主张如果没有相应的资源与能力作为支撑，就难以形成商业模式，尤其是难以实现可持续、可盈利的收入流。

以上都是属于商业模式的问题。有的学者指出，商业模式就是一个企业如何赚钱的故事，一个好的商业模式必须充分展示新产品和服务如何为顾客带来价值与利益，同时又如何为企业创造利润。如果把通过可行性分析确定的创新产品或服务看成一种技术投入，那么商业模式是使其进行价值创造的转换器，从而把技术投入与社会产出连接起来，如图 3-2 所示。可以这样理解，创新技术或者创新产品能否为顾客、合作伙伴、企业创造价值，取决于它对商业模式的选择，而不仅仅取决于技术本身的内在特征。许多创业企业的成功，并不是因为技术创新性有多强，而是因为开发出了一套切实可行的商业模式。

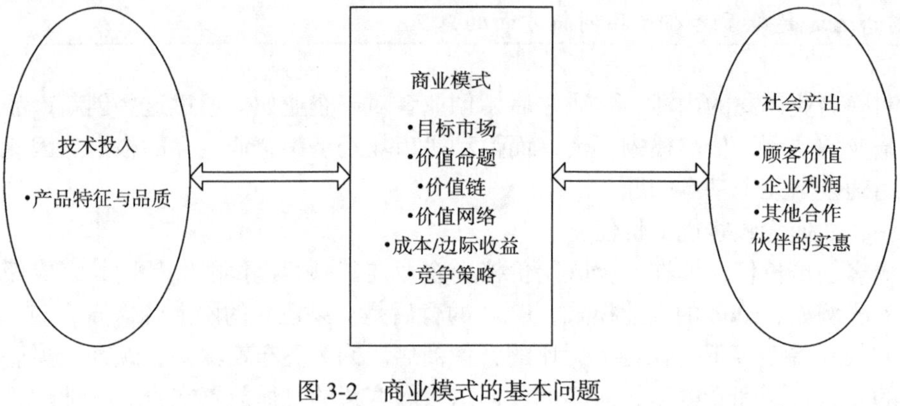

图 3-2 商业模式的基本问题

商业模式是新企业开发有效创意的重要环节。一方面，它是新企业技术（产品特征与品质）创业的必要条件，有效创意包括如何同时为顾客、合作伙伴以及企业创造价值；另一方面，它是新企业得以启动筹集资金、雇用高素质员工、整合优秀合作伙伴等实际工作的前提。商业模式是新企业盈利的核心逻辑，新企业只有开发出有效的商业模式，才能激发足够多的顾客、供应商等参与合作，创建成功的新企业才真正可行。

3.4.3 商业模式的逻辑

商业模式是企业创造价值的核心逻辑。商业模式的这一逻辑性主要表现在层层递进的三个方面，如图 3-3 所示。

图 3-3 商业模式的逻辑

1. 价值发现：明确价值创造的来源

明确价值创造的来源，这是对机会识别的延伸。通过可行性分析，创业者所认定的创新性产品和技术只是创建新企业的手段，企业最终的盈利与否取决于它是否拥有顾客。创业者在对创新产品和技术识别的基础上，进一步明确和细化顾客价值的所在，确定价值命题，是商业模式开放的重要环节。

绕过价值发现的思维过程，创业者容易陷入“如果我们生产出产品，顾客就会来买”的错误逻辑，这是许多创业实践失败的重要原因之一。

相反，许多创业实践成功的重要原因在于发现了具有潜力的顾客需求。它们为了在最大程度上开发和满足这些顾客需求，往往改变了创新产品或技术的发展路径，而使其更加接近顾客的需求。如果创业企业不能较好地理解并满足顾客需求，那么产品就会不被顾客接受和认可，企业的市场就会销售乏力，企业就会损失惨重。例如，摩托罗拉开发铱星手机就是较为典型的注重技术而没有抓住顾客需求的失败案例。

【阅读资料 3-4】

1991 年，摩托罗拉为开发卫星电话成立了独立的铱星公司。它生产的卫星电话叫铱星手机。铱星手机的价格是 3000 美元，每分钟通话费是 3～8 美元。如此高的服务价格肯定竞争不过传统的蜂窝电话服务。于是，铱星公司把目标市场定为传统网络无法覆盖的地区的人们，主要包括国际商务旅行者、边远地区的建筑工人、海上船只、世界各地的军队和近海石油钻塔的工作人员等，但是，到 1999 年 7 月，公司仅有 2 万用户，而公司至少需要 5.2 万用户才能达到贷款合约的要求。结果当年 8 月，铱星公司拖欠了 15 亿美元贷款而申请破产。

从铱星公司惨败的教训中可以看到，铱星公司花费了如此高昂的财务成本和 11 年的时间开发出来的铱星手机，并没有为顾客带来真正的便利和实惠。由于铱星电话技术依靠电话天线和在轨卫星间的视距传输，所以电话功能非常有限，没有吸引足够多的顾客成为它的用户。

2. 价值匹配：明确合作伙伴，实现价值创造

新企业不可能拥有满足顾客需要的所有资源和能力，即便新企业愿意亲自去打造和构建所需要的所有能力，也常常面临着很大的成本和风险。为了在机会窗口内取得先发优势，并最大限度地控制机会开发的风险，几乎所有的新企业都要与其他企业形成合作关系，以使其商业模式有效运作。例如，丰田汽车公司与供应商、顾客以及其他商业伙伴的合作，促进了丰田汽车公司商业模式的形成。假如丰田汽车公司的供应商不愿意在即时原则基础上向它供应新式零部件，丰田公司就要付出很高的库存成本，就不可能向顾客供应高品质产品或进行价格竞争。丰田公司与供应商密切合作，不断激励他们参与进来，通过与丰田公司的合作，这种方式更有助于供应商获利，因为丰田汽车的订单规模占了供应商很大部分的生产份额。

3. 价值获取：制定竞争策略，占有创新价值

价值获取是价值创造的目标，是新企业能够生存下来并获取竞争优势的关键。价值获取的途径有两个：一是为新企业选择价值链中的核心角色，二是对自己的商业模式细节最大可能地保密。对第一个途径来说，价值链中每项活动的增值空间是不同的，哪一个企业占有了增值空间较大的活动，也就占有了整个价值链价值创造的较大比例，这直接影响到创新价值的获取。对第二个途径来说，有效商业模式的模仿在一定程度上将会侵蚀企业已有利润，因此创业企业越能保护自己的创意不泄露，越能较长时间地占有创新效益。

例如，Google 公司通过以下几种方式赚取收入：第一，巧妙地安排随同搜索结果一起出现的广告；第二，向门户网站许可搜索技术；第三，向企业许可搜索技术，已建立企业内部搜索引擎；第四，即使有见识的观察者也难以觉察的其他获利途径。Google 公司严格保守其商业模式秘密，避免其他企业成功复制其运作方式。Google 对有效商业模式的细节保密的时间越长，就越能长时间地获得巨额投资回报。

总起来看，价值发现、价值匹配和价值获取是有效商业模式的三个逻辑性原则，在其开发过程中，每一项思维过程都不能忽略。新企业只有认真遵循这一原则，才能真正开发出同时为顾客、企业以及合作伙伴都创造经济价值的商业模式。

3.4.4 商业模式画布

商业模式描述了企业创造价值、传递价值和获取价值的基本原理，在现实中，商业模式像一幅战略蓝图，可以通过企业组织结构、流程和系统来实现它。商业模式画布如图 3-4 所示。

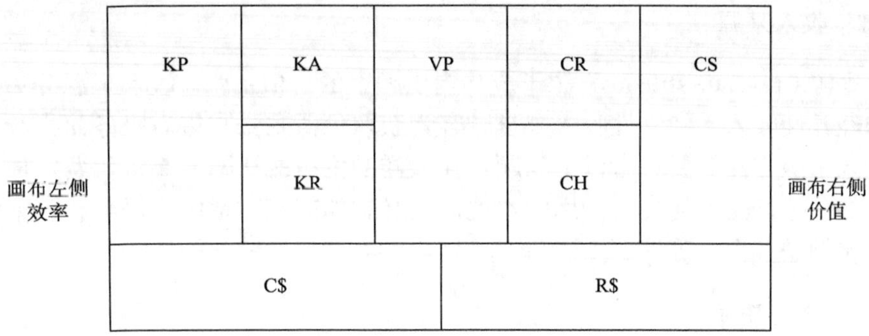

图 3-4 商业模式画布

一般来讲，商业模式画布的九个构造块包括内容如下。

1. CS：顾客细分

顾客细分（customer segments）是企业或机构所服务的一个或多个顾客分类群体。在顾客细分方面需要思考以下问题：我们正在为谁创造价值？谁是我们最重要的顾客？等等。

2. VP：价值主张

价值主张（value propositions）用来描述为特定顾客细分创造价值的系列产品与服务，通过价值主张来解决顾客难题和满足顾客要求。有些价值主张是创新，表现为一个全新的或破坏性的提供物（产品或服务），也有些可能与现存市场提供物类似，只是增加了功能与特性。在价值主张方面需要思考以下问题：我们该向顾客传递什么样的价值？我们正在帮助顾客解决哪一类难题？我们正在满足哪些顾客需求？我们正在提供给顾客细分群体哪些系列的产品和服务？等等。

3. CH：渠道通路

渠道通路（channels）的功能归结为以下几方面：提升公司产品和服务在顾客中的认知；帮助顾客评估公司价值主张；协助顾客购买特定的产品与服务；向顾客传递价值主张；提供售后顾客支持。在渠道通路方面需要思考以下问题：通过哪些渠道可以接触我们的顾客细分群体？我们现在如何接触他们？我们的渠道如何整合？哪些渠道最有效？哪些渠道成本效益最好？如何把我们的渠道与顾客的例行程序进行整合？等等。

4. CR：顾客关系

顾客关系（customer relationships）深刻地影响着全面的顾客体验，企业应在每一个顾客细分市场建立和维系顾客关系。在顾客关系方面需要思考以下问题：我们每个顾客细分群体希望我们与之建立和保持何种关系？哪些关系我们已经建立了？这些关系成本如何？如何把他们与商业模式的其余部分进行整合？等等。

5. R$：收入来源

收入来源（revenue streams）源于成功提供顾客的价值主张。收入来源分为一次性交易收入和经常性收入。经常性收入来自顾客为获取价值主张与售后服务而持续支付的费用。在收入来源方面需要思考以下问题：什么样的价值能让顾客愿意付费？他们现在付费买了什么？他们是如何支付费用的？他们更愿意如何支付费用？每个收入来源占总收入来源的比例是多少？等等。

6. KR：核心资源

核心资源（key resources）是提供和交付先前描述要素所必备的重要资产。核心资源可以是实体资产、金融资产、知识资产或人力资源。在核心资源方面需要思考以下问题：我们的价值主张需要什么样的核心资源？我们的渠道通路需要什么样的核心资源？我们的顾客关系需要什么样的核心资源？收入来源需要什么样的核心资源？等等。

7. KA：关键业务

企业可通过执行一些关键的业务活动，运转商业模式。在关键业务（key activities）方面需要思考以下问题：我们的渠道通路需要哪些关键业务？我们的顾客关系需要哪些关键业务？收入来源需要哪些关键业务？等等。

8. KP：重要合作

企业的有些业务要外包，而另外一些资源需要从企业外部获得。企业在经营过程中可以考虑和非竞争者建立战略联盟关系，与竞争者建立战略合作关系，与供应商建立战略合作关系等。在与外界进行重要合作（key partnerships）时，企业需要考虑以下问题：谁是我们的重要伙伴？谁是我们的重要供应商？我们正在从伙伴那里获取哪些核心资源？合作伙伴都执行哪些关键业务？如何降低合作风险？等等。

9. C$：成本结构

成本结构（cost structure）是指商业模式中上述要素所引发的成本构成。总结起来包括创建价值、提供价值、维系顾客关系以及产生收入等引发的成本。企业需要思考：什么是我们商业模式中最重要的固有成本？哪些核心资源花费最多？哪些关键业务花费最多？等等。

3.4.5 商业模式设计

独到的商业模式是每个企业苦苦追寻的，无数新创企业都会在创立之初冥思苦想，希望能设计出卓越的、合理的商业模式。下面介绍三种较有代表性的商业模式。

1. 以顾客为中心的商业模式

商业模式涉及的要素不止一个，因此商业模式的创新一定是丰富而多维的。每个企业在价值链的不同环节都有所在环节的特点和商业模式的特点。常见的商业模式特色类型之一是围绕顾客价值的创新。它要求你的产品具有强烈的独特性，能在竞争中脱颖而出，才能在盈利模式上大做文章。

熟悉男性剃须刀的人都知道有一个品牌叫吉列。在电动剃须刀还不普及的年代，剃须刀由一个刀头（刀杆）和一枚刀片构成。吉列当时也做了一件类似施乐模式的事。它将刀头很便宜地卖给顾客，通过顾客对刀头的喜爱产生对配套刀片的重复购买，利用刀片盈利。刀片虽然单价低，但顾客购买频次高，属于易耗品。这种通过刀头吸引顾客、刀片赚钱的模式被人们称为“刀头刀片”模式。它的核心是你的主设备必须为顾客提供优质的价值，才有可能撬动耗材的出售。

那有没有刀片是噱头、刀头是肥肉的相反情形呢？还真有高明的公司把刀头刀片做了变形，依靠提供配套产品的丰富性和完善性，使顾客愿意花费高价购买主设备。典型产品之一莫过于苹果的音乐播放器 iPod。早年，人们听音乐时，哪怕只喜欢专辑里的某一首歌，都需要购买整张 CD 唱片，并且还不知道附近的音像店有没有货。而苹果开创性地做了一件事，它在自己的 iTunes 平台上将唱片的曲目拆开来一首一首地卖，通过和唱片公司的合作打造了一个极其丰富和庞大的音乐库，顾客可以完全根据自己的喜好购买单曲，同时音乐下载的方式比实体店购买唱片更加方便快捷。正是由于这样的配套产品的独特性和丰富性，人们才愿意为苹果的 iPod 设备付出高价。

之所以刀头刀片模式或者反刀片模式会弱化其一些盈利来源，主要还是竞争的需要、阶段性营销策略的结果。像苹果公司随着拥有主设备顾客数的骤增，原来盈利空间小的“刀片”甚至会超越“刀头”，挣得盆满钵满。

那如果有些产品既没有“刀头”又没有“刀片”，自打一出生就是免费的苦命，如何获取利润呢？那就在向全体顾客提供价值的同时为一小撮顾客再提供点儿独特的价值，使其愿意为之埋单，如最初腾讯 QQ 起死回生的抉择。

当年腾讯推出 QQ 后很快获得用户的青睐，下载量迅速突破两亿，但彼时即时通信软件都是免费的，腾讯找不到盈利的切入点，还不得不支付成本购买流量。腾讯的创始人马化腾一度想把 QQ 卖掉。后来中国移动推出了移动梦网，马化腾就琢磨能不能借机向用户收取会员费。可还是老问题，其他同类即时通信软件都是免费的，并且 QQ 的用户绝大部分是没有收入来源的年轻人，理论上收费是不可行的。后来腾讯换了一种思路，它们建立了所谓的高级会员服务制度，为那些愿意付钱的 VIP 会员多提供几个功能。这样即使只有 0.1%的顾客愿意为此贡献 20 元，也将是一笔可观的收入。实际上后来的用户数据远比设想的理想，腾讯靠提供给顾客不同的版本既留住了顾客，又获得了赖以存活的资金。事实上，大部分软件企业都会采取类似的策略。例如，微软的办公软件有个人版和专业版之分，优酷视频有免费会员和付费会员之分，这种因为版本差异而形成的商业模式也被称为版本模式。

2. 以上下游资源为中心的商业模式

商业模式的另一类突破是围绕上下游资源整合的创新。随着互联网的发展，砍掉产业链中间环节的模式被演绎到了极致，很多传统行业也因此被倒逼着转型、触“网”。原先一本书的出版都是经历几道发行渠道，才能在书店跟读者见面。而网上书店的出现直接一端连接出版社，一端连接读者，中间不再有任何其他环节，把原来的分销渠道都跨越了。这样，在整个产业价值链的环节上，网上书店就掌握了极大的话语权。这种整合上下游资源的模式极大地提高了效率，削减了成本，它被形象地称为“跨越式商业模式”。

还有一种模式在不改变现有产业链的情形下，通过在资金或者时间上的错位产生新的盈利空间，即贯通式商业模式。诸如国美、苏宁等电器零售大鳄彼此之间常打价格战，低买高卖的差价形成的利润空间已经被压得很薄，那它们靠什么支撑全国数百家连锁店的运营？其实它们的盈利主要有两大块：一部分来源于向进店的厂商收取推广费、活动费等名目繁多的收费项目；另外很大一部分来源于资金的收益。国美、苏宁等对于电器厂商是极具话语权的，它们要求与上游供应商的结算周期至少 3 个月。这意味着大量零售客户在门店消费贡献了大额现金，而国美、苏宁将这部分销售额沉淀在自己的资金池里至少 3 个月。资金本身是能通过投资或者储蓄产生收益的，它们通过资金时间的错位获取资金的投资价值。

另外常用的是联合产业链上游或者下游，根据各自的优劣势有机结合，形成“凹凸”型的错位搭配，像瞎子背瘸子般共同前进。这在新兴市场尤为常见。中国最早进入手机市场行业的厂商极度缺乏设计和生产能力，但它们深谙中国市场，熟悉中国市场消费者的需求。相反，具备技术实力的国外手机厂商又缺乏中国市场的商业运营经验。因此这两类厂商恰好互补，一拍即合。当年“手机中的战斗机”波导就找到了拥有优秀无线通信技术的法国军工企业萨基姆，利用萨基姆提供的技术、零配件体系，波导进行组装贴牌在国内销售。两种合作层创造了辉煌的战绩，一度在市场中引领群雄。

由于中国有全世界厂商都觊觎的肥沃的消费市场，而国外企业往往在技术研发上具有优势，于是这种错位式商业模式常被中国企业采用来跨越自己能力上的障碍，创造一个共赢的商业结构。

3. 平台型商业模式

近年来，商业模式类型中还有一种交易结构的创新，即将利益相关的群体卷入进来，并且群体间相互依存并深度影响，如 Facebook、京东。这种公司是投资人眼中的香饽饽，这是为什么呢？就凭它们搭建的平台型商业模式。这种商业模式的玄妙之处在于前期投资期限长，投入资金巨大，但一旦突破一定的规模，平台方就有多处赚钱渠道并且很难被超越。

平台型商业模式的雏形其实是自由市场，或者称为农贸市场。每一位进入市场的菜贩相当于一个供应商，每一位买菜的家庭主妇相当于一个顾客，自由市场的管理方为交易的达成提供了一个场地，并且可以设置相关门槛和规则。互联网的出现不过是把这样的场地虚拟化了，并将影响力由局限的数公里扩展到全国甚至全球。于是“平台”这个原本用于信息技术领域的词语逐渐被引用来表述互动性和关联性很强的舞台。

平台商业模式最重要的特征是处于中心的平台扮演着中介的角色，连接不同的但又相互依赖的参与群体。其中最简单的式样是连接两类顾客群体，即双头模式。

搜索网站如百度就是一个例子。它一边是使用百度搜索信息的用户，一边是通过百度竞价排名或推广的顾客。它的核心关键是两类客户群体，如果一类不来，另一类也不会来；一类数量增长，另一类数量也会相应地增长。正是这种正反馈循环导致强者越强、弱者越弱，也就是业界常说的，“老大和老二打，死了老三”。苹果 APP Store 就是典型的平台。因为苹果产品的吸引力，聚合了数量可观的消费者，所以 APP 应用软件开发者乐于将软件放至平台上被更多的消费者使用；随着平台上五花八门的应用软件越来越丰富，也会吸引更多的消费者使用苹果手机。苹果公司作为中间平台靠收费应用软件的提成坐收渔利。滴滴出行也是同样的道理。平台商业模式有正反馈的机能，一旦超出了规模经济的点，就会朝正向循环往复了。这也是为什么滴滴出行初期为了培育乘客群体赠送了天量打车券，而为了吸引驾驶员群体又赠送了天量补贴，目的都是培育双边客户群体规模。

当平台连接体不止两个时，就出现了所谓的多头模式。例如，有的企业瞄准了盒饭配送市场，虽然盒饭的单价很低，但重复频次很高。盒饭订购平台一端连接消费者，一端连接供应商。理论上应该靠价差获取利润，但它们为了迅速扩张用户规模，严格控制价差。等用户积累到一定规模后，它们引入了广告商在每份盒饭上张贴广告，广告费成了它们的主要收入来源。当然还有更复杂的形式，如马云的阿里巴巴生态系统，就不仅仅是双头或者三头了。但无论平台参与者多寡，万变不离其宗的是平台方必须从某一类顾客的强需求出发，迅速形成规模才能吸引其他利益相关方进入。但因为各方群体相互影响和促进，究竟应该从哪一类顾客着手，无异于“鸡生蛋还是蛋生鸡”的选择难题。

独到的商业模式是每个企业苦苦追寻的，无数新创企业都会在创业之初冥思苦想，希望能设计出卓越的、合理的商业模式。但是，事实证明新创企业进入市场就是一个根据市场变化不断试错、不断调整和修正商业模式的过程。一个小型新创企业只有在商业模式经过市场的实验反复修正后，达到可复制和升级的状态，才能在赢得顾客、创造利润、吸引资本上形成良性循环。

❑本章小结

本章界定了创业机会的内涵及分类，在此基础上，重点介绍了创业机会识别的影响因素及识别方法；并对如何进行创业机会评估进行了解释；界定了商业模式的定义并阐述了其本质，分析了商业模式的逻辑，介绍了商业模式画布，并对如何进行商业模式设计进行了阐述。

❑关键术语

创业机会，社会网络，机会识别，机会评估，商业模式，商业模式逻辑，商业模式画布，商业模式设计。

❑阅读指南与课外学习

1. 世界创业实验室（http://elab.icxo.com/）。
2. 大学生创业网络平台（http://cxcy.ecust.edu.cn/）。
3. 青年创业网（http://www.qncye.com/）。

❑复习思考题

1. 创业机会的特征有哪些？
2. 创业机会识别受哪些因素的影响？
3. 创业机会识别的方法有哪些？
4. 如何评价创业机会？
5. 商业模式的逻辑性是什么？
6. 如何设计商业模式？

❑案例分析　复印机的商业模式

新型复印机的崛起

20 世纪 50 年代中期，美国商业复印市场上有两种成熟的复印技术：一种叫光影湿法，另一种叫热干法。这两种复印方法产生的复印品的质量都很差，如总是把复印品弄得很脏，平均每台复印机每天只能复印 15～20 张复印件，复印件也不能持久保存，等等。当时复印机厂家盛行的做法是采用“剃须刀—刀片”模式：对复印机设备用成本加上一个适当的价格卖出，目的是吸引更多的顾客购买，而对配件和耗材则是单独收费，并且通常会在配件和耗材成本之上加很高的溢价以获取高额利润。当时典型的办公用复印机的售价为 300 美元。而且市场上 90% 的复印机每个月的复印量都少于 100 张。

后来有一个叫切斯特·卡尔森（Chester Carlson）的人发明出了一项在当时可以称得上是令人惊奇的复印新技术，这项被叫作“静电复印术”的新技术的基本原理就是利用静电把色粉印在纸上。用这种技术复印出来的复印件是干的，并且页面既干净又整洁，复印的速度也非常快，每天可以达到数千张，远远高于当时采用前两种技术的复印机。卡尔森找到了当时 Haloid 公司的总裁乔·威尔逊（Joe Wilson），希望他能够将这项技术商业化。威尔逊认为这项新技术在办公复印市场上具有极大的价值和远大的发展前景。于是两人一起发明了一台利用静电复印技术复印的样机。但后来两人发现虽然每张复印件的可变成本与其他技术生产的复印件的可变成本（配件成本、耗材成本等）可以保持相同，但每台复印机的生产成本却高达 2000 美元！如何才能让顾客为这种全新却又是高质量的技术支付这么贵的复印机价格呢？

经过一番思考，威尔逊决定为这台被命名为 914 型号的复印机寻找强有力的市场合作伙伴。其条件相当优惠：如果合作伙伴提供制造和营销服务，那么它们将提供这种新的技术作为回报。遗憾的是，它们向包括柯达、GE、IBM在内的大公司发出邀请，却被回绝了。有趣的是，IBM公司还为此专门委托了一家享有盛誉的咨询公司——ADL公司进行了认真负责并且具有高度专业精神的市场分析。其基本结论是：尽管静电复印技术在很多方面都很先进，但是“以更高的成本获得更好的质量”并不是一个可以取胜的诉求；“因为914型号复印机具有很多种功能，所以与其他同类设备相比，要想判断出它通常最适合的用途是非常困难的……也许缺乏特定用途是914型号复印机最大的缺陷，也是唯一的缺陷。”前两家公司也都彼此独立做出了相似的结论。这三家领导型公司都认为静电复印技术没有多大的商业价值，于是回绝了该邀请。

但威尔逊凭感觉认为这几家公司的判断是完全错误的，经过努力他最终设计出了一种全新的模式来开发914型号复印机的价值。

为了克服复印机高昂的价格问题，Haloid公司于1959年9月26日开始以提供租赁服务的方式自己把914号复印机推向了市场。消费者每个月只需支付95美元就能租到一台复印机，在每个月内如果复印的张数不超过2000张，则不需要再支付任何其他费用，超过2000张以后，每张再支付4美分。Haloid公司（后来不久就改名为施乐公司）则同时提供所有必需的服务和技术支持，如果顾客希望中止租约，则只需提前15天通知公司即可。

令人难以置信的事情发生了：用户的办公室一旦安装914型号复印机后，由于复印质量很高而且使用方便（不像湿法复印技术那样会在复印品上弄上脏手印，也不像热干法那样使用的热敏只会慢慢变黄甚至卷曲起来），用户每天——而不是每个月——要复印2000张！同时这种用量还意味着从月租的第二天起，绝大多数复印机每多复印一张，就可以为Haloid公司带来额外的收入。在随后的十几年里，这种模式使公司的收入增长率一直保持在41%左右，其股权回报率（return on equity，ROE）也一直长期稳定在20%左右。到了1972年，原本一家资本规模仅有3000万美元的小公司已经变成年收入高达25亿美元的商业巨头——施乐公司！

有意思的是后来柯达和IBM公司也开始进入这一领域，采用的也是自己生产的高复印数量、高复印速度的复印机，使用的模式也跟施乐类似，但都没有取得很好的成效。例如，IBM在20世纪70年代向市场推出了它的第一个型号——IBM复印机Ⅰ型，其矛头直指中等容量和大容量的细分市场，并通过IBM的销售队伍以出租的方式推销。类似地，柯达公司在1975年将它的Ektaprint100复印机推向市场，也是瞄准了高容量市场端作为施乐机器的物美价廉的替代品。但是，所有这些商业巨头在复印机业务上都没有取得什么进展。复印机市场一直被施乐占据到20世纪80年代日本复印机制造商佳能等进入为止。

佳能的攻击

佳能是在1967年打算将产品线从照相机延伸到办公设备领域的。然而，当时美国施乐公司的“静电复印专利技术”是阻碍佳能进军办公设备领域的“大山”。从1959年发明世界上第一台复印机开始，施乐在整个20世纪60年代和70年代初，就一直保持着在世界复印机市场的垄断地位，其市场占有率也一度高达 82%，施乐几乎成了“复印”的代名词。为了阻止竞争公司的加入，施乐先后为其研发的复印机申请了 500 多项专利，几乎囊括了复印机的全部部件和所有关键技术环节。当时美国的专利保护有效期为 10 年，施乐复印机关键技术的专利保护期限截至 1976 年。

面对施乐公司强大的实力和几乎无懈可击的专利保护壁垒，一方面，佳能努力在相应的技术基础上有所创新和突破。例如，1968 年，佳能发表了复印机开发的提案后，向施乐提出了“希望在缔结秘密条约的基础上，派遣技术者参观复印机生产工厂”的请求。请求被接受后，很多佳能的技术人员来到了施乐。同时，施乐也向佳能的考察队伍了解信息，计划将佳能准备申请的专利项目全部提前申请。但是，当时佳能已经拥有大量的专利权，由于害怕佳能会用这些专利权对自己发起反攻，施乐最后放弃了原来的打算，提出了希望和佳能签订“相互供给条约”。另一方面，佳能又广泛展开对施乐复印机用户的调查，终于发现了一些现有顾客对施乐复印机的抱怨，诸如价格昂贵、操作复杂、体积太大、保密性不强等。最后，佳能决定抢先占领小型复印机市场领域。佳能花了 3 年时间开发出了自己的复印技术，又用 3 年时间生产出了第一款小型办公和家用复印机产品，并联合理光等公司同时杀进了复印机市场，这才总算绕过了施乐设置的进入壁垒。

有趣的是当佳能和理光等日本公司在 1976 年开始生产小型桌面复印机的时候，它们的技术甚至遭到了施乐公司的嘲笑。因为这种小型、廉价的复印机每分钟所能复印的张数不够多，而且，这种复印机不能自动送纸、装订、扩大或缩小复印影像的大小。

但是，为了攻占小型复印机市场，佳能公司采用了与施乐公司完全不同的做法：与施乐紧盯大公司和政府机关并向其提供“高复印质量、高复印数量和较低的月租金水平”不同，佳能主要面向的顾客是小企业和个人用户，向其提供的是价格低廉、使用方便、少量复印、保密性好的复印机；施乐自己传送配置完全的复印机系统，通过自己的直销队伍出租复印机并提供融资服务，而佳能则利用经销商和批发商网络卖复印机，并通过这个网络提供销售服务和可能的融资安排。施乐注重机器的速度，由机械师提供全面的维修服务，佳能则突出自己产品的质量和价格，它设计的产品不需要公司提供专业技师就可以使用。通过把复印机设备中最经常出毛病的零部件都装入一个可更换的模块盒中，佳能公司实现了不需要专业技师经常修理的目的。事实上，佳能公司又重新采用了该行业十几年前曾经有效的“剃须刀—刀片”模式，而不是目前复印机行业内流行的“施乐模式”!

从 1976 年到 1981 年，施乐在复印机市场的份额从 82%直线下降到 35%。后来施乐公司花了 10 余年来应付佳能公司进入家庭办公室和小企业市场所带来的威胁。在其后的市场份额争夺当中，施乐也曾经成功地从佳能手中夺取过部分市场份额，但却再也没有动摇过佳能在这个市场中领导者的地位。

施乐中国的突破

1962 年 2 月，富士胶卷株式会社和美国施乐公司各出资 50%，创建了富士施乐株式会社；2000 年，施乐公司由于激烈竞争陷入低谷，进而将富士施乐的一部分股份转让，富士的出资比率变成了 75%，美国施乐则变成了 25%。美国施乐和富士施乐在市场范围方面有一个界定，美国施乐负责北美和欧洲市场，富士施乐则负责亚太市场的销售，但是在产品制造和开发方面，富士施乐跟美国施乐是合作伙伴，富士施乐向美国施乐提供全球范围的产品开发和生产。同时美国施乐则定位为高端产品。富士施乐还进一步和美国施乐合作，共同开发研制适合亚太地区市场的产品，并和美国施乐成立了一家合资企业。富士施乐（中国）有限公司于 1995 年 1 月 3 日成立，注册资本为 3900 万美元。这是美国施乐公司在华设立的一家投资性公司，成立时的名称为施乐（中国）有限公司。2000 年 12 月，美国施乐公司以 5.5 亿美元的价格将中国市场转让给富士施乐。翌年 5 月，公司正式更名为富士施乐（中国）有限公司。

在数码复印机市场上，富士施乐是捷足先登者，早在 2001 年就成功推出了融合国际最先进计算机、图像处理和网络技术的 WorkCentrePro 系列数码打印/复印机，成为中国市场上唯一一家能够全面生产数码复印机的生产企业。此后，富士施乐便停止模拟复印机的新品研发，大力促进模拟复印机用户向数码化转变，据此上可守高端市场，下可攻低端市场。在彩色复印产品方面，富士施乐有非常丰富的产品线——从低端到高端，从办公领域到印艺业，全球还没有哪一家有这么丰富。在中国市场上，富士施乐的市场份额已达到 75%左右，在数码打印和数码印刷设备领域一直处于垄断地位，颇为春风得意。

虽然目前家庭打印越来越普及，但是富士施乐一直坚持自己“文件处理专家”的定位，仍然主要是面向办公市场。富士施乐对市场份额的理解与其他企业的理解也稍有不同。复印市场的市场份额一般可以从三个角度来计算：一是营业额上的市场份额，二是在文件印量，三是销售机器的台数。对富士施乐来讲，市场份额的第一位，主要指的是在营业额、打印和复印量占有率，而销售机器的台数并不是其最主要的指标。

富士施乐的彩色数码印刷复印产品在中国采取的做法是以类似发展加盟连锁的办法在中国各地将大量原来做打字和复印业务的公司发展为自己的合作伙伴——数码快印店。合作的主要内容是由富士施乐将其数码印刷产品以租赁方式交给这些合作伙伴使用，租赁的时间也非常灵活，可以是 1 年、3 年甚至 5 年。设备价格从几十万元到 200 万元不等，最近又在中国推出了总价 400 多万元的产品。这些数码快印店除了要每年支付相当于产品价格 20%以上的本金和利息外，还要根据印制的张数支付维修服务、配件、耗材等费用。例如，复印一张彩色纸需要交给施乐 0.7～0.8 元的服务费。一台数码快印设备前几年每个月的印张数可以达到 2 万～3 万张，现在随着需求的迅速扩张，一台设备平均每个月的印制量已经增加了近 1 倍。此外，富士施乐还为这些快印店提供自己生产的高档彩色复印纸，由于其质量极高，所以价格也是同类产品的 3～5 倍。一般复印纸快印店可以选择富士施乐指定厂家的产品。

这些数码快印店都是通过富士施乐的直销人员开发的，融资租赁服务则是通过两家专业的租赁公司提供。随着大中型公司和政府办公用彩色打印需求的迅速增加，富士施乐已开始将数码彩印设备租赁给这些大客户直接使用。

富士施乐的优势是在直销方面的经验和能力，尤其是对大顾客的服务，另外是产品的质量和可靠性。在日本市场，富士施乐的产品已连续几年获得顾客满意度第一名的好成绩。

第4章

创业资源整合

【学习目标】

了解创业企业的创业资源的内涵和分类；掌握创业资源整合的原则和如何进行创业资源整合；了解创业企业融资的渠道。

❑引导案例　新零售先行者：缤果盒子

2017年6月初，一家叫“缤果盒子”（BingoBox）的无人收银便利店登陆上海，号称全球第一款真正意义上的可规模化复制的24小时无人值守便利店。

7月3日，“缤果盒子”宣布完成超过1亿元人民币的A轮融资，领投方为GGV纪源资本，启明创投、源码资本、银泰资本等机构跟投。创始团队随后放话，称已做好大规模量产的准备，“预计1年内完成5000个网点的铺设”。

目前，“缤果盒子”在全国有8个网点。2016年8月在广东中山地区设立第一个网点。2017年6月，“缤果盒子”首次走出广东，落户上海。7月6日，“缤果盒子”方面给澎湃新闻发来的数据显示，该公司的无人值守便利店在中山等地投放运营10个多月以来，已累计接待顾客数万人，未发生一起偷盗和破坏事件，用户复购率接近80%。

据“缤果盒子”方面介绍，目前该品牌的无人便利门店有大号和中号两种型号，面积分别为15.6平方米和12.48平方米，分别可容纳800个和500个库存单位（SKU）。在上海位于杨浦区欧尚超市总部停车场门口，以及大润发闸北总部门口的两家门店，都为15.6平方米的大号店。

进门需验证身份

在无人光顾时，“缤果盒子”无人便利店呈封闭状态，顾客进店前需首先扫描门旁的二维码。通常锁住的门分为自动门和手拉门两类——上海大润发总部的为全自动门，扫描二维码后会自动开门，无须顾客动手；欧尚总部的则为半自动门，扫描二维码提示已开门后需再手动将门打开。

上海市杨浦区欧尚超市总部停车场门口的“缤果盒子”

进门前须先扫描二维码

如果顾客是首次进入“缤果盒子”，扫描二维码后就会被带到“立即进行身份验证”的操作界面，绑定手机号码后，才可体验自助购物。如果是注册之后再进入“缤果盒子”，则只需扫描门口的二维码就可直接解锁进入店内，并且微信客户端还会出现用户手册，具体介绍使用“缤果盒子”的相关信息。

进入店内后，澎湃新闻记者发现，“缤果盒子”主营便利性应急品，包括饼干、薯片、方便面等速食食品，乳制品、酒水饮料、应急快消品等，可以满足消费者对于普通便利店的基本需求。

价格比超市贵、比便利店便宜

通过比较，“缤果盒子”商品的价格介于超市卖场和普通便利店之间，略高于前者，但低于后者。例如，一听可乐在普通便利店通常卖 2.5 元，无人值守便利店的价格是 2.2 元；康师傅冰红茶在普通便利店卖到 3 元，无人值守便利店的售价为 2.7 元。对于这种价格差，“缤果盒子”方面的解释是，其成本相比普通便利店要少 80%以上。

“缤果盒子”在供应链上有全球十大零售商之一欧尚的战略支持。同时，“缤果盒子”自身拥有供应链品牌“倍便利”，可与欧尚互补。

顾客扫码支付

“缤果盒子”主要支持 APP 端、支付宝以及微信三种支付方式。支付完成后，语音提示“已支付”会自动开门。如果没有购物或遇到紧急情况需要离开时，顾客可以手动触动开门按钮自行离店，有时无须触动按钮站在安检区，系统也可自动辨别后开门。

公开资料显示，“缤果盒子”母公司缤果水果成立于 2013 年 11 月，是一家 O2O 模式的水果类垂直电商，其自建物流业务覆盖了 5 座城市，有 22 个线下网点，自称年销售额达数千万元。

据介绍，“缤果盒子”采取的是直营模式，也就是由“缤果盒子”来完成整体的管理和运营。与欧尚的合作，是公司整合资源的重要体现，就是由欧尚集团来负责无人值守便利店的运营和管理供应链系统。未来会开放加盟，届时将会提供自运营和代运营两种模式。像欧尚这种有零售管理经验的合作者，可以采取自运营方式；只能提供产地和其他资源的合作者，将由缤果盒子进行代运营。

无人便利店，“缤果盒子”并不是首家。美国零售巨头亚马逊就曾在2016年推出过无人便利店 AmazonGo，但仍局限在亚马逊西雅图总部供员工测试使用，不对外开放。在“缤果盒子”之前，创新工场宣布完成对F5未来商店的3000万元A+轮融资。除此之外，阿里无人超市“淘咖啡”在2017年7月推出。娃哈哈也宣布要打造无人便利店。

资料来源：澎湃新闻

思考题：

作为一家创业公司，“缤果盒子”整合了哪些资源？

创业活动是在资源高度约束条件的情况下开展的商业活动。大多数创业者在启动创业项目之初资源相当匮乏，因此，资源的整合和管理能力就必然成为创业者开展创业活动的必修课程。优秀的创业者在创业过程中所展现的卓越的创业技能之一就是创造性地整合资源。

4.1 创业资源的内涵和作用

4.1.1 创业资源的内涵

创业是在资源条件的高度约束下，追逐机会、整合资源并创造价值的过程。资源短缺会贯穿创业始终。有效吸引、获取和整合资源为自己所用，是创业团队整个创业生涯的基本功。

对创业企业而言，一切有价值的要素和支撑条件都属于资源。生产产品需要顾客的订单拉动，顾客是资源；产品需要由销售渠道传递到顾客处，无论是线上还是线下的渠道，都是资源；制造产品需要原材料、外购件、外协件，供应商是资源；互联网领域等新兴行业需要强大的技术支持，技术是资源；企业运营需要各类人才支持，人才是资源；对新创建的企业来说，创业者是其独特的资源，也是无法用钱买到的资源；当然，最重要的资金，更是任何一个创业项目的必备资源。创业资源不在于拥有，而在于整合。

4.1.2 创业资源在创业过程中的作用

在此，我们将创业过程分为创立之前的机会识别和创业企业成长过程两个阶段，分别考察创业资源在每个阶段发挥的作用。

（1）机会识别过程。机会识别与创业资源密不可分。机会识别是要分析、考察、评价可能的潜在创业机会。创业机会本质上是部分创业者发现所拥有特定资源价值的过程。

（2）企业成长过程。企业创立之后，一方面，创业者仍需要积极从外部获取创业资源；另一方面，创业者需要对已经获取的创业资源逐步进行整合和利用。资源整合对于创业过程的促进作用是通过创业战略的制定和实施实现的。丰富的创业资源是创业企业战略制定和实施的基础，并可以适当校正企业的战略方向，帮助新创企业选择正确的创业战略。

需要提出的是，新创企业的资源必须有效整合，才能形成企业的核心竞争力。资源整合的目的是把企业所拥有的自然资源、信息资源和时间资源在时间与空间上加以合理配置、重新组合，以实现资源效用的最大化。资源整合离不开有力的商业规划，创造独特的核心竞争力，实现企业在市场上的竞争优势。

4.2 创业资源的分类

目前，学术界创业资源类别的划分有多种。创业资源按来源可以分为内部资源和外部资源；按存在的形态可以分为有形资源和无形资源；还有按资源对生产过程和创业过程的作用来分类的。本节主要介绍按创业资源的性质来分类。创业资源当中最基本的资源是人员、资金和创业项目，根据资源的性质可以将创业资源分为六种，即政策资源、人力资源、财务资源、物质资源、技术资源和市场资源。

（1）政策资源。在国家“大众创业，万众创新”的背景下，从我国的创业环境看，国家和地方政府为创业活动出台了各种相应的政策扶持，在政策允许和鼓励的条件下，创业企业获得了更多的扶持政策、优惠贷款和各种服务等。善用好政策资源是企业起步阶段创业者的主要工作之一。

（2）人力资源。人力资源包括创业者及创业团队的知识、训练、经验，也包括团队成员的专业智慧、格局、视野和判断力，甚至是创业者、创业团队的人际关系网络（圈子）。创业者是新创企业中最重要的人力资源，因为创业者能识别市场机会。创业者的价值观和信念，是新创企业的基石。认真负责和管理有效的员工是新创企业重要的财富，高素质人才的获取和开发，是现代企业可持续发展的关键，特别是高科技创业企业，因为其更大的知识比重，人才资源则更为重要。一些新创企业的管理者大多是科技人员出身，他们本身具备较强的科研能力，但是对于企业管理知识往往有所欠缺，很多企业都失败于管理不善，这意味着一套完整而高效的管理制度和优秀的管理人才是新创企业宝贵的资源。

苹果公司的创立人乔布斯曾经说过：刚创业时，最先录用的 10 个人将决定公司的成败，而每一个人都是这家公司的 1/10。如果 10 个人中有 3 个人不是那么好，那你为什么要让你公司 30%的人不够好呢？一旦企业成立，创业者团队的经营管理能力以及经验就至关重要了。

一些大学教授、培训教师、记者、演员、作家，他们绝大部分都是从自己的知识圈子资源走向创业成功的，成龙、周星驰、吴京等都是从自己大半生的演艺生涯成功地步入导演的创业道路；有一些大学教授、培训师是根据自己在专业知识行业里的地位和影响力成功地走向了职业培训业的创业道路，陈安之就是个很好的例子；类似的创业成功的案例还很多，当然也有很多人的创业走向失败，在演艺圈子里有不少人依仗自己充裕的资金开创了餐饮公司，虽然在很大程度上名气起到了招揽顾客的作用，但因为与自己的知识圈跨越太大不能有效管理而导致血本无归的大有人在。

（3）财务资源。新创企业的所有资源中，财务资源最为特殊。财务是新创企业的"源头活水"，是贯穿创业每个阶段的一个关键性问题。财务资源是支持新创企业的可持续发展的基础，如同企业的"血液"，没有血液的流动遍布企业运营的方方面面，企业必将无法生存。财务资源还具有通用性，可以购买其他资源，但其他资源不一定都能换成钱。正因为它的特殊性，财务资源的吸引和整合，进行企业融资十分重要。

对于起步阶段的新创企业来说，无论是进行产品研发还是生产销售，都需要大量的资金，如何有效地吸收资金资源，是每个创业者都极为关注的问题。对于创业者来说，资金资源主要来自个人、家庭和朋友。近几年，因"只锦上添花而不雪中送炭"，银行业广受诟病；虽然有银行等机构可以贷款，但由于缺少抵押物等原因，从银行等金融机构贷款比较困难。还有就是需要依赖风险投资（天使基金），这需要商业说服力极强的创业计划书来支持。

（4）物质资源。物质资源指创业和经营活动所需要的有形资产，如厂房、办公室、土地、设备、科研机构的实验室等。

（5）技术资源。技术决定着创业的发展走势以及核心竞争力。技术本身决定着创业的发展走势以及自身核心竞争力。新创企业的技术分别来自自有的技术、团队的技术或购买的技术。技术在创业中可谓相当重要，技术的重要，主要体现在人的重要，而不单单是技术本身。一般而言，创业团队不仅拥有商业计划书中一整套的商业解决方案，还拥有可商业化的原创技术；对于新创企业来说，积极引进寻找有商机价值的科技成果，加强和高校科研院所的产学研合作，将有助于加快产品研发速度，为企业在市场竞争中提供有力的支持。

20世纪90年代初，国家大力鼓励个人创业刚刚开始，一大批专业技术人员从稳定的技术岗位走向创业的道路，尤其在沿海一带这样的例子举不胜举。一时间，很多建筑人才创办了装潢公司、建筑设计公司；律师创办了律师事务所；财务人就创办财务事务所；服装师就开服装店；下岗警察就创办私人侦探社；厨师就开餐饮店；甚至一些下岗工人做保姆时间做长了也做出经验了，干脆就开个家政公司；等等。这也是创业的基础圈子，一般新型的技术人员创业成功率比较高，技术越是发展到普及程度，创业的成功率就越低。在90年代初开广告公司的基本个个成功，就是因为那时候广告业技术刚刚兴起，而市场的需求却是远远高于市场的供应。而现在步入广告行业创业的新企业成功率还不到20%。类似的行业如房产行业、建筑行业、网络行业、餐饮行业、服装行业、职业中介行业等。

其实，还有相当多的有技术背景的创始人主导或者参与创业并获得成功，如百度的创始人李彦宏、腾讯的创始人马化腾、新浪的创始人王志东、奇虎 360 的创始人周鸿祎等，都有很深的技术背景。由此可见，对于一个创业团队中，拥有一个靠谱的有技术背景的创始人，是很重要的。

（6）市场资源。市场资源包括营销网络与顾客资源、行业经验资源、人脉等，使新创企业在第一时间内了解到入行资格、行业特点、盈利模式、商业人脉、市场和客户、销售途径等。对于新创企业来说，由于竞争十分激烈，就更加需要丰富、及时、准确的信息，以争取到更多的生产要素资源。由专业机构提供的信息资源可以为创业者制定研发、采购、生产和销售的决策提供指导与参考。

总体看来，现有的创业类型，反映出不同的创业目的、创业项目、创新程度、创业起点、创业方向与风险、创新内容等，这些因素决定了新创企业在初创期的创业资源有不同的需求，获取方式也不尽相同，而获得天使基金的投资是获取资源的重中之重。

4.3　创业资源整合的原则

创业资源整合的原则包括以下几点。

（1）不求所有，但求所用。创业公司刚起步时，资金实力弱，不大可能像大公司一样什么都拥有。充分利用拥有的资源，轻资产外包是其战略选择；为了降低运营成本，创业者常常采取外包策略，让其他公司承担运营开支，减少固定成本的投资，防止沉没成本过高，利用外包伙伴已经形成的规模效益和剩余能力的低成本优势，为自己降低成本。例如，生产车间或办公地点可选择在城市开发区、科技园或众创空间采用租赁、借用形式；设备也可以采取融资租赁形式减轻资金的压力；外贸公司通过报关行而不必一定由自己的报关员来处理业务；制造型企业和服务型公司所需资源支持不同。

（2）针对机会，资源拼凑。bricolage 意为“修补”或“拼凑”，被运用于社会学、生物学、教育学和文化人类学等多个领域，描述在各个领域中创新概念或行为的实现过程。例如，生物学家认为，基因的形成就是拼凑的结果，在进化过程中产生了新物种和新功能。优秀的创业者让各种优势资源重新拼凑组合，发现并创造出新的价值，如山东潍坊的创业者利用大葱基地废弃不用的小葱开发应用于方便面的调料包；被鸟啄过的苹果已经成熟，甜度高，因品相不好，只能用于喂猪或丢掉，而被果汁厂发现并收购，收购价格很低。

（3）步步为营，稳步发展。步步为营的策略表现为节俭，设法降低资源的使用量和降低管理成本。例如，设备租赁在公司发展初期是不错的资源共享手段，但随着企业的发展不可能总靠租用过日子，毕竟租用还是对公司的正常运营产生影响。当你的公司发展需要你购置这个设备时，理想化的创业者总有冲动一步到位。但市场变幻莫测，公司没有完全稳定，大量的成本支出会给公司现金流量造成很大压力，所以，资源的配置要针对每个阶段的目标，去寻找和整合相应的资源，使得公司逐步、滚动式地发展。

为了降低管理费用，创业者选择创业中心或孵化器，享受那里低廉的办公场所和物业服务，结交更多的创业者，租借员工或使用实习生。为了实现创业目标，创业者可以想出各种有效的办法。步步为营还表现为自力更生，减少对外部资源的依赖，目的是降低经营风险，加强对所创事业的控制。这也是为什么创业公司融资都会有好几轮，目的是不至于稀释太多股份。但过分强调降低成本，会影响产品质量，甚至会制约企业发展。

4.4 如何进行创业资源整合

创业者能否成功地开发出机会，进而推动创业活动向前发展，通常取决于他们掌握和能整合到的资源，以及对资源的利用能力。许多创业者早期所能获取与利用的资源都相当匮乏，而优秀的创业者在创业过程中所体现出的卓越创业技能之一，就是创造性地整合和运用资源，尤其是那种能够创造竞争优势，并带来持续竞争优势的战略资源。

第一步：必须具备的资源

未来民营企业无论如何发展，都只有三条道路：第一是整合别人、做大做强；第二是被人整合、退休养老；第三则是淘汰倒闭、遗憾终生。企业的核心竞争力就是对资源的整合能力，对资源的整合能力越强，核心竞争力越强。因此，企业如何走出狭隘的发展空间，做大做强，与领导者的思维有着不可分割的关系，这就需要领导者必须具备一定的整合能力。

第二步：分析已有资源

资源整合的前提是要善于发现资源，培养一双善于发现资源的眼睛，及时捕捉到所需的财富资源，就能比竞争对手多走一步。将自己的资源列出一张清单，包括资金、团队、渠道、顾客、品牌、专业、人脉等方面，对这些资源进行精确分析，给自己的资源定性。这样，我们才知道该如何运用资源：一方面让自己的资源升值，实现资源价值的最大化；另一方面询问自己需要哪些资源，并为如何获取这些资源制定策略。

第三步：明确目标

美国哈佛大学曾对1953届毕业生做过一次追踪研究，在这个研究中询问当时那些毕业生是否对未来有清楚明确的目标以及达成目标的书面计划，结果只有不到 3%的学生有肯定的答复。而在 20 年后，1973 年时，哈佛大学再次访问了当年接受调查的毕业生，结果发现那些有明确目标及计划的 3%的学生，在 20 年后不论在事业成就还是在快乐及幸福程度上都高于其他的人。尤有甚者，这 3%的人的财富总和居然大于另外 97%的所有学生的财富总和，而这就是设定目标的力量。

设定目标后接下来就必须拟订一个执行的计划。一个计划是否有效时常影响目标是否能如期完成，但你知道如何才能拟订出一个完整且有效的计划吗？答案是你得先知道要达成这个目标的原因，一旦你对目的和原因了然于胸，一旦你知道为何去做，自然就会找出去做的方法和步骤了。而你也自动地会产生强大且持续的推动力，并努力不懈地去完成这个目标。

第四步：还缺哪些资源类型，明白你缺的资源

在资源整合的过程中，你会发现，你所有的资源都掌握在别人的手里，你要从别人那里拿到你想要的资源，就必须配合别人的价值观，给他所想要的，别人才会给你想要的。

如何判断你缺的资源？

方法一，在微笑曲线上找出我们所需要的上下游方面的资源：假如我们是制造企业，那么上游我们需要产品研发、原辅材料等资源，下游我们需要顾客、品牌、物流等资源。这些上下游配套资源就是我们想要的资源。

方法二，列出资源表，将资源分门别类，看看需要什么。

一个人在知道自己想要的资源以后，整合思维是以对方为中心，研究对方想要什么，然后给对方想要的，获得对方的信任和认可，对方自愿给你想要的。

归纳起来，知道自己想要的资源，了解别人想要的资源，给别人他所想要的资源，他就给你想要的资源，这就是整合思维。

第五步：缺少的资源在谁手里

资源短缺是每个企业都会面临的问题。在资源整合中，你缺什么并不重要，重要的是你知道缺少的资源在谁手里。对于中小企业来说，要解决当前各种资源短缺的困境，就要及时出击，找到自己需要的资源，再对症下药：或强强联手，或引进外来的设备、人才，或向银行贷款，或借助政策支持，等等。

第六步：如何将缺少的资源整合过来

如何将别人的资源整合过来？这就涉及一个“舍得”的思维，中国的中小企业经营者往往碍于传统观念，重“得”轻“舍”，导致企业在遇到困境时故步自封，最后只能以倒闭收场。其实，“舍”与“得”就像一个完整的圆圈，只要你愿意为更多人服务，首先奉上自己的资源，别人也能给你回报对等甚至更多的资源。所以，整合的关键是互补，只有资源互补，才能实现资源的整合，达到共赢的状态。一旦了解了对方拥有的资源和缺少的资源，就能够有针对性地进行资源整合。但是，如果不与对方建立良好的信任关系，就不能顺利地进一步整合。从这里，我们就可以看到“诚信”在整合中的重要性。如果你的诚信记录非常良好，必然会大大增加整合的成功率，相反，就会大大降低整合的成功率。

第七步：资源整合方式

资源整合有以下几种方式。

（1）学会拼凑。很多创业者都是拼凑高手，通过加入一些新元素，与已有的元素重新组合，形成在资源利用方面的创新行为，进而可能带来意想不到的惊喜。创业者通常利用身边能够找到的一切资源进行创业活动，有些资源对他人来说也许是无用的、废弃的，但创业者可以通过自己独有的经验和技巧，加以整合创造。

（2）整合已有的资源，快速应对新情况。拼凑者善于用发现的眼光，洞悉身边各种资源的属性，将它们创造性地整合起来。这种整合很多时候甚至不是事前仔细计划好

的，而往往是具体情况具体分析、"摸着石头过河" 的产物。

（3）发挥资源杠杆效应。成功的创业者善于利用关键资源的杠杆效应，利用他人或者别的企业的资源来完成自己创业的目的：用一种资源补足另一种资源，产生更高的复合价值；或者利用一种资源撬动和获得其他资源。其实，大公司也不只是一味地积累资源，它们更擅长于资源互换，进行资源结构更新和调整，积累战略性资源，这是创业者需要学习的经验。

对创业者来说，容易产生杠杆效应的资源，主要包括人力资本和社会资本等非物质资源。创业者的人力资本由一般人力资本与特殊人力资本构成，一般人力资本包括受教育背景、以往的工作经验及个性品质特征等。特殊人力资本主要指创业者以前的相关知识，特别是对消费者的了解、对市场的认识、机会识别能力等。

4.5 创业融资

【阅读资料 4-1】

摩拜单车的融资历程

摩拜单车（mobike）于 2015 年 1 月成立，是由北京摩拜科技有限公司研发的互联网短途出行解决方案，是无桩借还车模式的智能硬件。人们通过智能手机就能快速租用和归还一辆摩拜单车，用可负担的价格来完成一次几公里的市内骑行。2016 年 4 月，摩拜单车在上海上线，在 APP 上实名注册，并缴纳 299 元保障金，即可租用。摩拜单车已先后进入上海、北京、广州、深圳、成都等 80 多个国内城市和海外城市新加坡、意大利佛罗伦萨和米兰投放超过 400 万辆，日均订单量稳超 2000 万单。

2015 年 10 月 30 日，完成 A 轮融资，金额数百万美元，投资方为愉悦资本。

2016 年 8 月 19 日，完成 B 轮融资，金额数千万美元，由熊猫资本领投，愉悦资本和创新工场跟投。

2016 年 8 月 30 日，完成 B+轮融资，金额数千万美元，由祥峰投资领投，创新工场跟投。

2016 年 9 月 30 日，完成 C 轮融资，金额超过 1 亿美元，投资方包括高瓴资本、红杉资本中国。

2016 年 10 月 13 日，完成 C 轮追加融资，金额为 5500 万美元，投资方包括高瓴资本、华平投资、腾讯、红杉资本中国、启明创投和贝塔斯曼亚洲投资基金。

2017 年 1 月 4 日，完成 D 轮融资，金额达到 2 亿美元，投资方包括腾讯、华平投资、携程、华住酒店集团、德太资本、红杉资本中国、启明创投、愉悦资本、贝塔斯曼亚洲投资基金、熊猫资本、祥峰投资、创新工场、鸿海集团和永柏资本。

2017 年 1 月 23 日，获得富士康战略投资。

2017 年 2 月 20 日，完成 E 轮上亿美元融资，投资方为淡马锡和高瓴资本。

2017 年 6 月 16 日，完成新一轮融资，金额超过 6 亿美元，由腾讯领投，新引入的战略和财务投资者包括工银国际、交银国际、Farallon Capital 等重磅投资人；TPG、红杉中国、高瓴资本等多家现有股东继续增持跟投。

4.5.1 创业融资的概念

融资，是指资金的融通。狭义的融资，主要是指资金的融入，也就是通常意义的资金来源，具体是指通过一定的渠道，采用一定的方法，以一定的经济利益付出为代价，从资金持有者手中筹集资金。

本书中，创业融资是指创业者为了将某种创意转化为商业现实，通过不同渠道、采用不同方式筹集资金以建立企业的过程。创业者应该根据新创业在不同发展阶段的资本需求特征，结合创业计划以及企业发展战略，合理确定资本结构以及资本需求数量。

4.5.2 创业融资的重要性

任何企业的生产经营活动都需要资金的支撑。尤其是对于新创企业来说，在企业的销售活动能够产生现金流之前，企业需要为购买和生产存货支付资金，需要进行广告宣传，需要支付员工薪酬，还可能需要对员工进行培训；另外，要实现规模经济效应，企业需要持续地进行资本投资；加上产品或服务的开发周期一般比较漫长，就使得创业企业在生命早期需要筹集大量资金。

对创业者来说，融资的重要性主要表现在以下三个方面。

第一，资金是企业的血液。资金不仅是企业生产经营过程的起点，更是企业生存发展的基础。资金链的断裂是企业致命的威胁。

第二，合理融资有利于降低企业创业风险。创业企业使用的资金，是从各种渠道借来的资金，都具有一定的资金成本。因此，合理选择融资渠道和融资方式，有利于降低资金成本，将创业企业的财务风险控制在一定范围内。

第三，科学的融资决策有利于企业可持续发展，为创业企业植入“健康的基因”，保证企业的可持续发展。

4.5.3 创业融资的渠道

融资渠道是指企业筹集资本来源的方向与通道，体现资本的源泉和流量。融资渠道主要由社会资本的提供者及数量分布决定。了解融资渠道的种类、特点和适用性，有利于创业者充分地利用和开拓融资渠道，实现各种融资渠道的合理组合，有效筹集所需资金。具体分析，目前我国创业融资渠道主要包括私人资本融资、机构融资、风险投资、政府扶持基金和知识产权融资。

1. 私人资本融资

私人资本包括创业者个人积蓄、亲友资金、天使投资等。

据世界银行所属国际金融公司（International Finance Center，IFC）对北京、成都、顺德和温州4个地区的私营企业的调查，我国私营中小企业在初始创业阶段几乎完全依靠自筹资金。其中，90%以上的初始资金是由主要的业主、创业团队成员及家庭提供的，银行和其他金融机构贷款所占的比例很小，私人资本在创业融资中具有不可替代的作用。《2018年中国大学生就业报告（就业蓝皮书）》的撰写方麦可思研究院2018年6月11日发布的调查报告显示：2017届本科毕业生自主创业的资金主要依靠父母/亲友投资或借贷和个人积累（76%），而来自政府资助（4%）、商业性风险投资（3%）的比例均较小。

（1）创业者个人积蓄。尽管有些创业者没有动用个人资金就办起了新企业，但这种情况非常少见。这不仅因为从资金成本或企业控制权的角度说，个人资金成本最为低廉，而且因为创业者在试图引入外部资金时，外部投资者一般都要求企业必须有创业者的个人资金投入其中。所以，个人积蓄是创业融资最根本的渠道，几乎所有的创业者都向他们新创办的企业投入了个人积蓄。

对于创业者来说，个人积蓄的投入虽然是新企业融资的一种途径，但并不是根本性的解决方案。一般来说，创业者的个人积蓄对于新创企业而言，总是十分有限的，特别是对于新创办的大规模企业或资本密集型的企业来说，几乎是杯水车薪。

（2）亲友资金。对于新创企业来说，除了个人积蓄之外，身边亲朋好友的资金是最常见的资金来源。亲朋好友由于与创业者个人的关系而愿意向创业企业投入资金，因此，亲友资金是创业者经常采用的融资方式之一。

在向亲友融资时，创业者必须用现代市场经济的游戏规则、契约原则和法律形式来规范融资行为，保障各方利益，减少不必要的纠纷。第一，创业者一定要明确所融集资金的性质，据此确定彼此的权利和义务。若融集的资金属于亲友对企业的投资，则属于股权融资的范畴；若融集的资金属于亲友借给创业者或创业企业的，则属于债权融资。由于股权资本自身的特性，创业者对于亲友投入的资金可以不用承诺日后的分红比例和具体分红时间；但对于从亲友处借入的款项，一定要明确约定借款的利率和具体的还款时间。第二，无论是借款还是投资款项，创业者最好能够通过书面的方式将事情确定下来，以避免将来可能的矛盾。

除此之外，创业者还要在向亲友融资之前，仔细考虑这一行为对亲友关系的影响，尤其是创业失败后的艰难困苦。要将日后可能产生的有利和不利方面告诉亲友，尤其是创业风险，以便将来出现问题时把对亲友的不利影响降到最低。

（3）天使投资。天使投资（angle investor）指个人出资协助具有专门技术或独特概念而缺少资金的创业家进行创业，并承担创业中高风险和高收益；或者自由投资人或非正式风险投资机构对原创项目的前期投资，是一种非组织化的创业投资形式。

天使资本主要有三个来源：曾经的创业者、传统意义上的富翁、大型高科技公司或跨国公司的高管。在部分经济发展良好的国家，政府也扮演着天使投资人的角色。

在美国，有25万个以上的天使投资人，其中有10万人在积极投资。这些人主要是自主创业的富翁，有扎实的商务和财务经验，年龄 40～50 岁，受过良好教育，95%本科毕业，51%获得硕士学位。每年在 2 万～3 万家公司投资 50 亿～100 亿美元。每次投资 2 万～5 万美元，36%不到 1 万美元，24%超过 5 万美元。

2. 机构融资

和私人资金相比，机构资金较大，挑选被投资对象的程序比较正规，获得机构融资一般会提升企业的社会地位，给人以企业很正规的印象。

机构融资的途径有银行贷款、非银行金融机构贷款、交易信贷和租赁等。

（1）银行贷款。我国很多商业银行推出支持个人创业的贷款产品，主要有抵押贷款、担保贷款和信用卡透支贷款。除此之外，还有部分城市如上海、青岛、南昌、合肥等为应届自主创业的大学毕业生提供额度最高为 100 万元的政府无偿贷款担保；再有就是中小企业间互助机构贷款等。

（2）非银行金融机构贷款。非银行金融机构包括中国银监会批准设立的信托公司、企业集团财务公司、金融租赁公司、农村信用社、典当行、保险公司和小额贷款公司等机构。主要提供保单质押贷款和实物质押典当贷款等。小额贷款公司当天申请当天放款，可以快速解决新创企业的资金需求，是缓解小微企业融资难的新渠道。

（3）交易信贷和租赁。交易信贷是指企业在正常经营活动中由于延期付款或预收货款所形成的企业间的信贷关系。企业在筹办期及经营过程中，可以通过商业信用筹集部分资金。例如，在购置设备和原材料时，可以通过延期付款方式，免费使用供应商提供的部分资金；在销售环节通过预收账款的方式，免费使用顾客资金。创业者还可以通过融资租赁方式取得急需设备所需要的资金而获得使用权。

3. 风险投资

风险投资是指职业的金融家投入到新兴的、迅速发展的、有巨大竞争潜力的创业企业并参与其管理的股权资本。中国的风险投资不仅投资高科技项目，也对教育、医疗保健、文旅产业感兴趣。

风险投资家在进行项目选择时，选择的常常是项目群，长期进行市场运作；十分看重创业者“人”的因素，投资项目，本质是投票给创业人。一般而言，创业项目成功率为 5%～10%，但成功的创业企业投资回报率在 45%左右。

4. 政府扶持基金

创业者还可以利用政府扶持政策，从政府方面获得融资支持。综合世界各国情况，政府资金支持一般占到中小企业外来资金的 10%。资金支持方式主要包括税收优惠、财政补贴、贷款援助和开辟直接融资渠道等。政府扶持基金有对下岗自主创业人员提供的再就业小额担保贷款；对科技型中小企业提供的技术创新基金；为中小企业提供的国际市场开拓资金；天使基金和国家科学技术部“863”计划、火炬计划等提供的创新基金。

5. 知识产权融资

知识产权融资是值得创业者关注的融资方式，可以采用知识产权作价入股、知识产权抵押贷款、知识产权信托、知识产权资产证券化等方式。这部分内容不再赘述。

创业融资需求具有阶段性的特征，不同生命周期阶段具有不同的风险特征和资金需求，同时，不同融资渠道能够提供的资金数量和风险程度也不同，因此，创业者在融资时需要将不同阶段的融资需求和融资渠道进行匹配，提高融资工作效率，以获得创业所需资金，化解企业融资难题。

在种子期，企业处于高度的不确定性当中，很难从外部筹集债务资金，创业者个人积蓄、亲友款项、天使投资以及合作伙伴的投资可能是采用较多的融资渠道；进入启动期之后，创业者还可以使用抵押贷款的方式筹集负债资金。

企业进入成长期以后，已经有了前期的经验基础，发展潜力逐渐显现，资金需求量较以前有所增加，融资渠道上也有了更多的选择。在早期成长阶段，企业常规获得的现金流用来满足生产经营之前，创业者更多采用股权融资的方式筹集资金，战略伙伴投资、创业投资等是常用的融资方式，此时也可以采用抵押贷款、租赁以及商业信用的方式筹集部分生产经营所需资金；成长期后期，企业的成长性得到充分展现，资产规模不断扩大，产生现金流的能力进一步提高，有能力偿还负债的本息，此时，创业者更多采用各种负债的方式筹集资金，获得经营杠杆收益。

综上，企业生命周期阶段和融资渠道的对应关系如表 4-1 所示。

表 4-1　企业生命周期阶段和融资渠道的对应关系

融资渠道	种子开发期	启动期	早期成长期	成长后期
个人储蓄				
亲友款项				
天使投资				
合作伙伴				
创业投资				
抵押贷款				
融资租赁				
商业信用				

注：表中深色区域为对应于该阶段采用较多的融资渠道，浅色区域为该阶段也可能会采用的融资渠道。

❑本章小结

本章介绍了创业企业的创业资源的基本内涵和主要典型分类；分析了创业资源整合的三大原则，分析了进行创业资源整合的步骤和方法；了解创业企业融资的几种主要渠道。

❑关键术语

私人融资，机构融资，政府基金，风险投资。

❑复习思考题

1. 讨论分析新创企业为什么融资难。
2. 如果你现在进行创业，可以通过哪些渠道融资？
3. 资源整合的原则是什么？
4. 为什么新创企业要步步为营？

❑课堂讨论

1. 主题：请讨论亚朵酒店创业资源开发包括哪些。
2. 任务分解

团队任务：

任务 1：选择一个熟悉的创业案例。

任务 2：分析创业案例的创业资源具备情况及其资源获取的可能途径。

任务 3：分组讨论，该案例中创业初期所需资金的测算。

任务 4：如果你是案例的主人公，你打算选择何种融资方式，在融资前应做哪些准备工作？

个体任务：

任务 1：明确创业资源的概念、类型和获取途径。

任务 2：清楚了解创业项目的资源需求及融资准备。

任务 3：作为创业团队，要清楚融资需求及融资准备。

任务 4：了解创业资源的创造性利用的方法。

❑扩展阅读 1　张向宁："一带一路"倡议下的天使投资

感谢世界天使投资人大会主办方的邀请，我站在一个天使投资人的角度，来谈一谈"天使投资"这个产业，共同探讨"一带一路"倡议下的天使投资。今天现场有很多国内外嘉宾，坐在后面的嘉宾很可能是潜在的天使投资人，我先谈一谈我的天使投资经历。

20 年前，我还是个 20 岁出头的青年，那时我刚刚创业，中国只有很少的天使投资，或者叫风险投资，只有 IDG，实际上 IDG 是美国的一个公司，叫 International Data Group，IDG 在美国并不是一个很大的公司，它的董事长麦戈文 McGovern 先生很早就来到中国，那时中国几乎没有其他的风险投资。McGovern 先生和中国的科技部、北京市政府、上海市政府、电子产业部一起合作，他做了中国最早的《计算机世界》这个合资的电子媒体。IDG 几乎投资了 2000 年中国所有的互联网项目，包括我们耳熟能详的百度、腾讯、携程，只要你能想起来的都是IDG投资的项目，IDG也投资了我的公司。

当时找风险投资非常不容易。我从事互联网已经20年了，中国发生了翻天覆地的变化。后来我把公司卖掉了，卖给了阿里巴巴，就是现在的“阿里云”。我的公司“万网”就是“阿里云”的前身。

现在回想起来，我上高中时，我国还在争论公有制还是私有制，虽然那时我们国家改革开放了，但刚刚起步没多久。20年过去，中国的资本市场早已变化，甚至从某些角度上讲，比国外资本市场还要活跃。有时候我们开玩笑说，中国的风险投资，中国的创业，比美国还要好。创业在中国更容易，为什么呢？因为在美国你找的风险投资机构都比较专业，在中国你有一个项目，就算不是特别好，你也可能找到风险投资，因为很多煤老板在做投资，各种各样的项目都能拿到投资。所以中国的创业环境，是不是比美国的还要好？当然，这是开玩笑的。

我国过去30多年改革开放成果是非常显著的。我们现在倡导“一带一路”，中国的企业走出中国，走向世界。那么过去30多年，中国的改革成果到底来源于哪里呢？据我观察，首先是来源于产权制度的改革。过去我们讨论过公有制和私有制，现在已经没有人讨论这个问题了。这是一个巨大的转变，应该说这是30多年改革开放成果最关键的一个来源。实际上很多海外学者都在研究中国，但我觉得海外学者真正懂中国的还是太少了。中国改革开放的成果，主要源自产权制度的改革，这个角度实际上研究并不够，往前发展，我们到底会有一个什么样的前景？现在国家提出“双创”，“大众创业，万众创新”，很多人提出了不同的看法，主要包括两方面：第一个反对声音是，我们所有人都在创业创新，这些钱实际上很多都浪费了，最后并没有获得很好的经济回报。另一个反对声音是，创业实际上是少数人的事情，怎么能让全民都创业呢？

我听到这两种不同的声音，但我的看法并非如此。创业不是一个人创业，实际上所有创业公司的员工都在创业，只要加入一个创业公司，他就加入了一个创业历程，所以并非是少数人在创业。另外，创业整体发展不能用一个角度来短期观察。例如，航空航天工业，我们中国发射一颗卫星到月球上，结果是什么呢？我们拍下月球背面的照片，这个照片比美国的照片多了一个坑。那么，我们说一个航天工程，最后的成果难道就是一个照片多了一个坑吗？那么这张多了坑的照片对我们有什么实际的价值呢？我们不能这么去看待这个问题，因为我们的航天事业带动了整个航天工业产业链的发展。如果没有拍月球背面照片的这个工程，整个航天工业都没有办法往前发展。

美国在基础科研方面非常领先，并做过很多这方面的研究。基础科研在投入的若干年后，会很有效地转化成这个国家的竞争力和生产力。所以创业投资、全民创业角度也是同样的，投资创业本身也是一种消费行为。现在中国人有钱了，好像所有身边的人都有钱了，但如果你去赌场，你会知道一个人赚钱了，另外一个人就是亏钱了，所以在中国如果所有的人都赚钱了，那么谁亏钱了呢？这个钱从哪儿来？实际上这个钱就是中国人民银行把印出来的钞票发给了你。经济的发展，钱的多少，实际上都是虚无的，都是一种表面的现象，关键它是经济的效率问题。我们中国在30多年间改变了什么呢？实际上我们主要是改变了效率，我们整个经济效率提升了，我们自己也可以去做美国人会干的事儿、德国人会干的事儿、日本人会干的事儿。原则上讲，大家会干的事儿我们都可以干，我们可以盖自己的楼，我们可以造自己的汽车，我们可以修自己的公路。我们为什么能够开着日本的汽车、德国的汽车呢？那是因为我们中国也出口了很多中国的商品到国外去，我们换回来了国外的商品，所以整个的经济的关键点实际上就是效率问题。

如今，创业投资是一个提升我国效率的关键性因素。实际上生产效率、经济效率来源于对新科技、新商业模式、新方法的掌握和创造，这些新方法都需要有相应资金的配合，所以在一个经济体中，如果你能够迅速把这些资源进行配置，你的效率就是最高的。10年前、20年前，在我创业初期的时候，我们想要让资源迅速配置，有这么容易吗？当然没有这么容易，银行给你贷款有很多要求。一个民营企业家，如果你不是国家体制内的一个企业，你想获得一些资金上的支持是多么的困难。但是现在呢，我们资本市场这么活跃，对国家经济效率的提升相当关键。我们中国人喜欢足球，但是我们的足球踢得非常差，原因在哪儿呢？我们不是全民运动，不是全民培养足球运动员，不像阿根廷，不像南美，在足球上我们落后了。但是如果我们在创业投资上，我国现在难道不是在培养全民的创业者、全民的投资人吗？

如果足球的逻辑是正确的，那么中国将会在未来拥有全世界最有经验的创业者，最活跃的创业和投资的市场，我相信这个也会成为中国未来30年经济效率提升、经济进一步迅速发展的源泉、动力。谢谢大家！

资料来源：2017 世界天使投资人大会的主旨讲话，张向宁：万网创始人、天下互联科技集团董事长

❑扩展阅读2 滴滴快的合并

没有永远的对手，只有永远的利益。

在2016年情人节这天，国内两家打车公司巨头滴滴和快的“喜结连理”，多少有些出人意料。尽管之前就曾盛传两家公司在密谋合并，但对于打车大战激战正酣来说，如此戏剧性的结果，只能用文章开头的话来形容了。

不管官方如何美化，终究无法摆脱资本做局

在此之前，滴滴和快的都已经经历了四轮融资。其中滴滴方面最新的一轮融资是在2015年12月获得的由淡马锡、DST、腾讯主导的7亿美元。而快的方面则是2016年1月获得的由软银领投，阿里巴巴以及老虎环球基金跟投的6亿美元。

巨额融资之后，暂时都不缺钱，分属阿里系和腾讯系的两家公司走到一起，一定也只能是背后的各方资本在角力。资本的推动才可能让两家正面竞争的公司大跌眼镜地快速走到一起。即便创始团队，甚至是阿里或者腾讯方不乐意，但因多次巨额融资，已经使得创始团队、阿里方或腾讯方面没有足够的话语权，即使不乐意，但也只能尊重资本逐利，希望快速获利的事实。

互联网行业标榜唯快不破，但烧钱补贴培养起来的市场份额，多少有些像温室里的花，很难经得起风吹雨打。尤其是烧钱并没能分出胜负，双方都标榜自己市场占有率超过60%。如此下去，何时能分出胜负？在伯仲之间要谁出局似乎遥遥无期。阿里和腾讯

这两家BAT领域的竞争对手显然有足够的耐心，毕竟对于它们来说，不仅仅是打车之争，更是移动支付和移动入口之争，两项都是持久战。但阿里和腾讯之外的资本方则显然没有如此耐心，正是没有足够耐心的资本方的推动并最终占据话语权，才成就了此次旷世组合。

在滴滴和快的涉及的专车领域，一直还有易到用车、神州租车、Uber等也在加速布局，很多时候往往时不我待，尤其是当BAT的百度战略入股Uber之后，竞争更加惨烈，而且Uber还一度和易到传出绯闻。如此以往，滴滴和快的背后的股东显然是坐不住的，必须选择更利己的资本运作手段。于是，两家对手的合并也就不足为奇了。

两家合在一起，增值，上市就是理所当然的下一步了。毕竟只有上市，前期的巨额投资才可以换得回报。

精心准备的“上头条”之作

实际上滴滴和快的合作已经运作多时。1月21日双方启动合并项目，代号“情人节项目”，显然是精心准备的、蓄谋已久的上情人节头条的大事件。而且时间节点和事项推进都已经成竹在胸，以至于敢1个月前就确定将在情人节放大招，预算好1个月之后的“头条”。

还可以推算的是，在1月21日之前，双方的主要股东就已经达成共识，并开始推进合并工作。双方高管团队也肯定已经在你来我往间达成了“君子协定”。

某种程度上说，最惊讶的，是作为局外人的用户。毕竟在利益层面用户其实真的不那么重要，因为两家公司根本没考虑用户的惊讶和诧异，合谋来了一出“逗你玩”的好戏，就等着用户惊诧和奔走相告呢。如此一来，合并事件不仅可以不费吹灰之力登上各大媒体头条，还能借用户之口和用户之手，传遍大江南北，让路人皆知。

可以预见的是，以滴滴、快的合并上头条作为标志性事件，后续很多公司的合并甚至是投资，都会择日宣布，蓄意为之谋头条。但如果各行各业的企业都这么玩，那抢头条就将变成一件苦恼的事。毕竟时间和头条资源都是有限的，考验公关团队的事项又多了一项。

前车之鉴，整合不是易事

牵涉团队融合，或者公司合并如此大事，如何实现1＋1>2就是件棘手的事情。当年轰动一时的优酷、土豆，合并后仍旧没能改变亏损的事实，尽管合并后巩固了市场第一的地位，股价也得到提升，对于要套现离场的投资者来说，确实是划算的买卖，但对于优酷土豆当时双方的员工来说，就不一定是什么好事了，尤其是土豆网的员工，伴随其高管团队的出走，不少员工也只能跳槽，最终的结果是双方人才的整合并不理想。

而滴滴和快的双方人才的整合只会比优酷、土豆复杂，毕竟除了两家之前在市面上公开竞争外，要从当初的你死我活转换到秀恩爱谈协作，是需要时间调整的。更为复杂的是，快的和滴滴其实还是阿里系与腾讯系的代表性公司。阿里和腾讯的文化差异与竞争一直维系，短时间内也不可能分出胜负，关键是双方的企业文化迥异，也成了滴滴和快的融合的难点。可以预测的是，滴滴和快的看似美好的情人节之约，接踵而至的也将是原高管团队的离职和一方员工的大量流失。在合并中取得股票份额主导权的滴滴很可能也会在人事布局方面取得主导权，而快的方的高管团队则会在维稳时间过去之后离职创业或者加盟其他公司。而作为基层的员工，也是时候提高警惕，做好两手准备了，有合适的下家时不妨认真考虑考虑。

打车软件局部战争的结束对阿里腾讯是意外

据传，在合并过程中，阿里方是一直反对的，一直竭力反对。但奈若何，阿里也有抵不过其他资本方的时候。阿里的反对可以理解，一方面从传闻来看，阿里系的快的在合并后的新公司中占股不敌腾讯系的滴滴；另一方面快的和滴滴的打车之争，只是表象，更重要的其实是抢占移动入口和布局移动支付。

快的和滴滴合并后，对于阿里和腾讯而言，打车软件的局部战争已经结束，但是并不意味着双方就真的握手言欢、举杯相庆。某种程度上说，打车软件局部战争的结束是一场非阿里方策划的意外。但双方在更激烈的战场上已然打响战役，如而今大家玩得正酣的红包大战。

第5章

成立新企业

【学习目标】

通过学习本章内容，学生要掌握创业企业开办的程序和注册流程，了解注册时间、新的政策、注意事项等；还需了解创建新企业时所要面对的法律、法规和常见法律问题。

❑引导案例　李一男和他的港湾

李一男和他创办的港湾公司曾经被人们当作快速成长的高科技创业的典范。但当2006年6月6日港湾与华为就港湾转让部分资产、业务及部分人员达成意向协议并签署《合作谅解备忘录》后，这一切似乎不复存在了。

“天时地利人和，我们缺人和。”一位港湾高层在接受《中国企业家》采访时痛陈。“成也萧何，败也萧何”，一位基金（风险投资公司）经理用了这样一个词来形容李一男。李一男是一个技术天才，但不是一个称职的企业领导；作为技术天才，人们佩服他、服从他，风险投资机构选择了他，而作为不称职的领导，他则将港湾带入死地。

“公司始终没有形成一个核心的价值观，也没有一个明确的方向感，投机气氛很浓厚，经不起一点波折。”一个港湾研发人员无奈告诉记者。

“由于管理层，尤其是我本人在知识和能力方面的欠缺，导致在公司战略的制定和内部的管理上都存在很多不足，错失了企业发展的机遇，辜负了大家对我的期望，对此也感到深深的自责。”李一男说。

资料来源：徐俊祥. 大学生创业基础知能训练教程. 现代教育出版社，2014

5.1　新建企业法律形式选择

在创建新企业前，创业者应该事先确定企业的法律组织形式。这个决策主要取决于创业者和公司投资者的目标，并考虑纳税地位、承担的法律责任及在企业经营和融资活动中的灵活性。目前，我国企业主要有三种基本的组织形式：个人独资企业、合伙企业和公司制企业（主要包括有限责任公司和股份有限公司）。

5.1.1　个人独资企业

个人独资企业是最古老也最常见的一种企业法律组织形式。个人独资企业又称个人业主制企业，是指依法设立，由一个自然人投资并承担无限连带责任，财产为投资者个人所有的经营实体。当个人独资企业财产不足以清偿债务时，选择这种企业形式的创业者须依法以其个人其他财产予以清偿。其典型特征是个人出资、个人经营、个人自负盈亏和自担风险。

1. 设立条件

个人独资企业设立条件包括以下几个。

（1）投资者为一个自然人。

（2）有合法的企业名称。

（3）有投资者申报的出资。

（4）有固定的生产经营场所和必要的生产经营条件。

（5）有必要的从业人员。

2. 设立应提交的材料

个人独资企业的设立、变更、注销，应当依照《中华人民共和国个人独资企业法》和《个人独资企业登记管理办法》的规定，在所在地的工商行政管理部门办理企业登记。个人独资企业经登记机关核准登记，领取营业执照后，方可从事经营活动。

大学生创业登记应提交的材料有以下几项。

（1）大学生本人签署的个人独资企业或个体工商户设立申请书。

（2）大学生身份证明，即大学生本人的身份证和学生证。

（3）企业住所证明。大学生创业多以租房为主，如果租房，那么注册登记时需向工商部门出示租房合同、房主身份证、房主房产证。

（4）国家工商行政管理总局规定提交的其他文件。

如果初创企业从事法律、行政法规规定须报经有关部门审批业务的，应当提交有关部门的批准文件。例如，烟酒经营、书报刊经营等业务是我国法律、行政法规规定须报经有关部门审批的，应提交有关部门的批准文件，即“前置审批”。

5.1.2 合伙企业

合伙企业是指依法设立的，由两个或两个以上合伙人订立合伙协议，共同出资、合伙经营、共享收益、共担风险，并且对合伙企业债务承担无限连带责任的营利性组织。合伙企业必须有两个以上具有完全民事行为能力的合伙人，并且都是依法承担无限责任者。我国法律、法规禁止从事营利性活动的人（如国家公务员等），不能作为合伙企业的合伙人。

合伙企业包括普通合伙企业和有限合伙企业两种形式。有限合伙企业有两种不同的所有者：普通合伙人对合伙企业的债务和义务负责；而有限合伙人仅以投资额为限承担有限责任，但后者一般不享有对组织的控制权。另外，普通合伙企业合伙人可以用货币、事物、知识、产权、土地使用权或其他财产权利出资，也可以用劳务出资。但有限合伙企业的有限合伙人不得以劳务出资。有限合伙企业实现了企业管理权和出资权的分离，可以结合企业管理方和资金方的优势，因而是国外私募基金的主要组织形式，如黑石今天、红杉资本都是合伙企业。

1. 普通合伙企业的设立条件

普通合伙企业的设立条件包括以下几个。

（1）有两个以上合伙人，并且都是依法承担无限责任者。

（2）有书面合伙协议。

（3）有各合伙人实际缴付的出资。

（4）有合伙企业的名称。

（5）有经营场所和从事合伙企业的必要条件。

2. 有限合伙企业的设立条件

有限合伙企业的设立条件包括以下几个。

（1）有限合伙企业由两个以上 50 个以下合伙人设立，但是法律另有规定的除外。

（2）有限合伙企业至少应当有一个普通合伙人。

（3）有限合伙企业名称中应当标明“有限合伙”字样。

（4）有限合伙企业可以用货币、实物、知识产权、土地使用权或者其他财产权利作价出资。

（5）有限合伙人不得以劳务出资。

（6）有限合伙人应当按照合伙协议的约定，按期足额缴纳出资；未按期足额缴纳的，应当承担补缴义务，并对其他合伙人承担违约责任。

（7）有限合伙企业登记事项中应当载明有限合伙人的姓名或者名称及认缴的出资金额。

（8）有限合伙企业由普通合伙人执行合伙事务。执行事务合伙人可以要求在合伙协议中确定执行事务的报酬及报酬提取方式。

（9）有限合伙人不执行合伙事务，不得对外代表有限合伙企业。

5.1.3 公司制企业

公司是现代社会中最主要的企业形式。它是以盈利为目的，由股东出资形成，拥有独立的财产，享有法人财产权，独立从事生产经营活动，依法享有民事权利，承担民事责任，并以其全部财产对公司的债务承担责任的企业法人。所有权和经营权分离，是公司制的重要产权基础。创业者选择公司制企业作为企业组织形式的一个最大特点是仅以其所持股份或出资额为限对公司承担有限责任；另一个特点是存在双重纳税问题，即公司盈利要上缴公司所得税，创业者作为股东还要上缴企业投资所得税或个人所得税。根据我国现行《公司法》，我国的公司分为有限责任公司和股份有限公司。

1. 有限责任公司的设立条件

有限责任公司的股东以其认缴的出资额为限对公司承担责任，公司以其全部资产对公司的债务承担责任。创业者设立有限公司，除了要有固定的生产经营场所和必要的生产经营条件外，还应具备以下条件。

（1）股东符合法定人数。

（2）有符合公司章程规定的全体股东认缴的出资额。

（3）股东共同制定公司章程。

（4）有公司名称，建立符合有限责任公司要求的组织机构。

（5）有公司住所。

2. 股份有限公司的设立条件

股份有限公司的全部资本分为等额股份，股东以其认购的股份对公司承担责任，公司以其全部资产对公司的债务承担责任。设立股份有限公司要建立符合股份有限公司要求的组织结构，要有固定的生产经营场所以及必要的生产经营条件，股份发行、筹办事项要符合法律规定。除此之外，根据我国《公司法》规定，还应具备以下条件。

（1）公司名称和住所。

（2）公司经营范围。

（3）公司设立方式。

（4）公司股份总数、每股金额和注册资本。

（5）发起人的姓名或名称、认购的股份数、出资方式和出资时间。

（6）董事会的组成、职权和议事规则。

（7）公司法定代表人。

（8）监事会的组成、职权和议事规则。

（9）公司利润分配办法。

（10）公司的解散事由与清算办法。

（11）公司的通知和公告办法。

（12）股东大会会议认为需要规定的其他事项。

5.1.4 几种企业组织形式的比较

不同企业组织形式对于创业者而言各有优势与劣势。在实际创业中，创业者应根据自身资源与能力条件及市场状况做出适当选择。几种企业组织形式的优势和劣势比较如表 5-1 所示。

表 5-1 几种企业组织形式的优势和劣势比较

企业组织形式	优势	劣势
个人独资企业	● 手续非常简便，费用低； ● 所有者拥有企业控制权； ● 可以迅速对市场变化做出反应； ● 只需缴纳个人所得税，无须双重交税； ● 在技术和经营方面易于保密	● 承担无限责任； ● 企业成功过多依赖创业者个人能力； ● 筹资困难； ● 企业随着创业者退出而消亡，寿命有限； ● 投资流动性低
合伙企业	● 手续比较简单，费用低； ● 经营上比较灵活； ● 企业拥有更多人的技能和能力； ● 资金来源较广，信用度较高	● 承担无限责任； ● 企业绩效依赖合伙人能力，企业规模受限； ● 企业往往因关键合伙人死亡或退出而解散； ● 投资流动性低，产权转让困难
有限责任公司	● 创业股东只承担有限责任，风险小； ● 公司具有独立寿命，易于存续； ● 可以吸纳多个投资人，促进资本集中； ● 多元化产权结构有利于决策科学化	● 创立的程序比较复杂，创立费用较高； ● 存在双重纳税问题，税收负担较重； ● 不能公开发行股票，筹集资金的规模受限； ● 产权不能充分流动，资产运作受限
股份有限公司	● 创业股东只承担有限责任，风险小； ● 筹资能力强； ● 公司具有独立寿命，易于存续； ● 职业经理人进行管理，管理水平较高； ● 产权可以股票形式充分流动	● 创业的程序复杂，创立费用高； ● 存在双重纳税问题，税收负担较重； ● 股份有限公司要定期报告公司的财务状况、公开自己的财务数据，不便严格保密； ● 政府限制较多，法规的要求比较严格

5.2 企业注册流程

5.2.1 企业注册的一般流程

按照现行法律法规，创业者注册新公司需要遵循一定的流程，并需要到相应的政府部门登记审批。

2015 年 10 月 1 日起，“三证合一、一照一码”登记制度改革开始在全国推行。企业登记注册时原本需要分头在工商、质监、税务部门办理的营业执照、组织机构代码证和税务登记证，如今只需在一个窗口办理并实现“三证合一”；“一照一码”是在此基础更进一步，通过“一口受理、并联审批、信息共享、结果互认”，实现由一个部门核发加载统一社会信用代码的营业执照。

“三证合一”登记制度改革是指按照“一窗受理、互联互通、信息共享”模式，将原来企业、农民专业合作社（以下统称“企业”）登记时依次申请，分别由工商行政管理部门核发工商营业执照、质量技术监督部门核发组织机构代码证、税务部门核发税务登记证，改为一次申请、由工商行政管理部门核发一个加载统一社会信用代码（以下简称“统一代码”）的营业执照的登记制度。

相关链接

“统一代码”是什么

统一代码全称为统一社会信用代码，是每一个法人和其他组织在全国范围内唯一的、终身不变的法定身份识别码。

统一社会信用代码由国家标准委依据《国务院关于批转发展改革委等部门法人和其他组织统一社会信用代码制度建设总体方案的通知》（国发〔2015〕33 号）文件规定，依据《法人和其他组织统一社会信用代码编码规则》（GB 32100—2015）赋予的法人和其他组织的身份识别码，共 18 位，由五部分构成，其中：登记管理部门代码 1 位，其中工商部门的代码标示为 9；机构类别代码 1 位，其中企业的代码标示为 1，个体工商户的代码标示为 2，农民专业合作社的代码标示为 3；登记管理机关行政区划码 6 位；主体标识码 9 位；校验码 1 位。

代码序号	1	2	3	4	5	6	7	8	9	10	11	12	13	14	15	16	17	18
代码	×	×	×	×	×	×	×	×	×	×	×	×	×	×	×	×	×	×
说明	登记管理部门代码 1 位	机构类别代码 1 位	登记管理机关行政区划码 6 位						主体标识码 9 位									校验码 1 位

公司“三证合一”后申请公司注册登记的整个流程是：公司取名核名—前置审批—工商在线网申提报—书面材料提交工商、登记受理—领取营业执照—篆刻公章—税务报到—银行开户。

1. 取名核名

（1）按照公司名称结构规定给公司取名，最少取 5 个以上的名称，名称结构包含这几部分：行政区划、字号、行业、组织形式。

（2）咨询后领取并填写名称（变更）预先核准申请书、授权委托意见，同时准备相关材料。

（3）递交名称（变更）预先核准申请书、投资人身份证、备用名称若干及相关材料，等待名称核准结果。

（4）领取企业名称预先核准通知书。

相关链接

企业命名的原则

（1）应符合企业理念、服务宗旨，这样有助于企业形象的塑造。

（2）应简短明快。名称字数少、笔画少，易于和消费者进行信息交流，便于消费者记忆，同时还能引起大众的联想，寓意更加丰富。

（3）应具备自己的独特性。具有个性的企业名称可避免与其他企业名称雷同，以防大众记忆混淆，并可加深大众对企业的印象。

（4）应具有冲击力和气魄，给人以震撼。

（5）企业名称要响亮，易于上口，易于记忆和传播。

（6）企业名称要符合区域文化，富有吉祥色彩。

（7）企业名称要富有时代感。富有时代感的名称具有鲜明性，符合时代潮流，并能迅速为大众所接受。

（8）企业名称要考虑世界各地的通用性。

相关链接

企业命名的方法

（1）人名地名命名法。以人名和地名命名的企业名称，朴素简洁、响亮大方、寓意丰富。如“长江集团”“青岛啤酒”“茅台”“王麻子”等。

（2）寓意起名法。核心是关注企业名称的寓意，大多运用寓意美好的字词。如“全聚德”烤鸭、“老凤祥”银楼、“同仁堂”药店等。

（3）别名俗语命名法。很多企业在长期的经营过程中，虽然没有正式明确的商标和品牌的标识，但是拥有较强的社会影响力，潜移默化地形成了各自的品牌。这些品牌多是口语俗语，贴近生活、亲切自然，传播速度快、范围广，社会影响力大，生命力强，如“狗不理”包子、“老孙家”泡馍、“老干妈”辣椒酱等。

（4）功能特点命名法。根据企业或者产品的特点来对企业或产品进行命名的方法。这种方法直接明了，让人一眼就能了解企业或者产品的功能和特点，简单明确、易读易记，容易打造优秀品牌，如“感冒通”“肠炎宁”等。

（5）原料命名法。这是一种特殊的命名方法，特点是个性独特、引人注目。最具有代表性的就是“五粮液”。“五粮液”是我国著名白酒品牌，是由高粱、玉米、小麦、大米、糯米五种粮食酿制而成，故而名为“五粮液”。

（6）商标命名法。这是根据商品来命名原来的企业的方法。这类命名法多是由于商品的品牌知名度和社会影响力大大超越企业本身。为了企业更好地发展，用商标名称逐步取代原来的公司名称，如“乐百氏”。

（7）音韵命名法。这种方法会根据发音来评判企业名称的好坏，而不太考虑其他方面的因素。最著名的例子是“CocaCola”（可口可乐）。“CocaCola”本身并没有什么含义，但是它的字母结构很有意思，好拼好念好记。

2. 注册准备材料清单

注册准备材料清单包括以下几个方面。

（1）企业设立登记申请书［内含企业设立登记申请表、单位投资者（单位股东、发起人）名、自然人股东（发起人）、个人独资企业投资人、合伙企业合伙人名录、投资者注册资本（注册资金、出资额）缴付情况、法定代表人登记表、董事会成员、经理、监事任职证明、企业住所证明等表格］。

（2）公司章程（提交打印件一份，请全体股东亲笔签字；有法人股东的，要加盖该法人单位公章）。

（3）企业名称预先核准通知书及预核准名称投资人名录表。

（4）股东资格证明。

（5）指定（委托）书。

（6）经营范围涉及前置许可项目的，应提交有关审批部门的批准文件。

3. 网上提交申请

网上提交申请包括以下几个方面。

（1）登录工商局网站。

（2）找到在线办事，注册账号并登录。

（3）选择企业登记的选项，按要求填写，上传 PDF 材料，完成提交。

材料提交后，工商局会在 5 个工作日内进行审核，如果有问题会另行通知修正继续提交，网审通过后，需要跟工商预约提交书面材料的时间。

4. 书面材料提交工商、登记受理

预约工商之后，按照预约的时间带着书面材料去提交。基本是当时提交当时受理登记。约 7 个工作日左右工商会电话告知领证。

5. 篆刻公章

凭营业执照，到公安局指定的刻章社，去刻公章、合同章、财务章。刻章的芯片在公安局备案。

6. 税务登记

携带所在公司房屋租赁合同并加盖公章、带上营业执照及全部公章，领取材料并填写。

7. 银行开户

带上营业执照正本、五章（公司公章、财务章、合同章、法人代表章、发票章）、法人的身份证原件、房屋租赁合同一份并加盖公章。

5.2.2 企业注册新政

为进一步深化行政审批制度改革，提高市场准入便利化程度，大幅压缩行政审批权，让老百姓有充分的创新和自治空间。我国自 2013 年以来，陆续推出企业注册登记制度改革新政。主要目的和意义在于：第一，鼓励投资创业，带动劳动就业，促进经济发展；第二，放松政府管制，强化当事人自治；第三，简政放权，将公司的行政管理从严进宽出改为宽进严出。

企业注册新政主要内容有以下几点。

1. 废除最低法定资本制度

除法律、行政法规以及国务院决定对特定行业注册资本最低限额另有规定的外，取消有限责任公司最低注册资本 3 万元、一人有限责任公司最低注册资本 10 万元、股份有限公司最低注册资本 500 万元的限制。

2. 注册资本改为认缴登记制

公司股东认缴的出资总额或者发起人认购的股本总额（公司注册资本）应当在工商行政管理机关登记。公司股东（发起人）应当对其认缴出资额、出资方式、出资期限等自主约定，并记载于公司章程。有限责任公司的股东以其认缴的出资额为限对公司承担责任，股份有限公司的股东以其认购的股份为限对公司承担责任。公司应当将股东认缴出资额或者发起人认购股份、出资方式、出资期限、缴纳情况通过市场主体信用信息公示系统向社会公示。公司股东（发起人）对缴纳出资情况的真实性、合法性负责。

3. 取消资本注册结构当中货币出资不低于 30%的规定

不再限制公司设立时全体股东（发起人）的首次出资比例，不再限制公司全体股东（发起人）的货币出资金额占注册资本的比例，不再规定公司股东（发起人）缴足出资的期限。公司实收资本不再作为工商登记事项。公司登记时，无须提交验资报告。

4. 简化住所登记要求

申请人提交场所合法使用证明即可予以登记。对市场主体住所（经营场所）的条件，各省、自治区、直辖市人民政府根据法律法规的规定和本地区管理的实际需要，按照既方便市场主体准入，又有效保障经济社会秩序的原则，可以自行或者授权下级人民政府做出具体规定。

5. 进一步建立了电子营业执照制度

建立适应互联网环境的工商登记数字证书管理系统，积极推行全国统一标准规范的电子营业执照，为电子政务和电子商务提供身份认证与电子签名服务保障。电子营业执照载有工商登记信息，与纸质营业执照具有同等法律效力。大力推进以电子营业执照为支撑的网上申请、网上受理、网上审核、网上公示、网上发照等全程电子化登记管理方式，提高市场主体登记管理的信息化、便利化、规范化水平。

6. 取消了年检制度，建立了年报制度

将企业年度检验制度改为企业年度报告公示制度。企业应当按年度在规定的期限内，通过市场主体信用信息公示系统向工商行政管理机关报送年度报告，并向社会公示，任何单位和个人均可查询。企业年度报告的主要内容应包括公司股东（发起人）缴纳出资情况、资产状况等，企业对年度报告的真实性、合法性负责，工商行政管理机关可以对企业年度报告公示内容进行抽查。经检查发现企业年度报告隐瞒真实情况、弄虚作假的，工商行政管理机关依法予以处罚，并将企业法定代表人、负责人等信息通报公安、财政、海关、税务等有关部门。对未按规定期限公示年度报告的企业，工商行政管理机关在市场主体信用信息公示系统上将其载入经营异常名录，提醒其履行年度报告公示义务。企业在 3 年内履行年度报告公示义务的，可以向工商行政管理机关申请恢复正常记载状态；超过 3 年未履行的，工商行政管理机关将其永久载入经营异常名录，不得恢复正常记载状态，并列入严重违法企业名单（“黑名单”）。

改革个体工商户验照制度，建立符合个体工商户特点的年度报告制度。

探索实施农民专业合作社年度报告制度。

7. 由过去的先证后照改为先照后证

先证后照：从事前置许可经营项目的市场主体，需要先到许可审批部门办理有关许可证明文件后，再到工商部门申请办理营业执照。

先照后证：从事后置许可经营项目的市场主体，先向工商部门申请办理营业执照，再到许可审批部门办理许可审批手续。

根据《国务院关于取消和调整一批行政审批项目等事项的决定》(国发〔2014〕27号)，公共场所卫生许可、娱乐场所设立、互联网上网服务等 31 项前置许可审批改为后置许可审批，各地工商部门一律不再将其作为登记前置，申请人可以直接申请相关经营范围登记，办理营业执照，取得营业执照后再到相关审批部门办理许可手续。

8. 建立了全国企业信用信息查询系统

完善市场主体信用信息公示制度。以企业法人国家信息资源库为基础构建市场主体信用信息公示系统，支撑社会信用体系建设。在市场主体信用信息公示系统上，工商行政管理机关公示市场主体登记、备案、监管等信息；企业按照规定报送、公示年度报告和获得资质资格的许可信息；个体工商户、农民专业合作社的年度报告和获得资质资格的许可信息可以按照规定在系统上公示。公示内容作为相关部门实施行政许可、监督管理的重要依据。加强公示系统管理，建立服务保障机制，为相关单位和社会公众提供方便快捷服务。

9. 建立宽进严管的机制

建立经营异常名录制度，将未按规定期限公示年度报告、通过登记的住所（经营场所）无法取得联系等的市场主体载入经营异常名录，并在市场主体信用信息公示系统上向社会公示。进一步推进“黑名单”管理应用，完善以企业法人法定代表人、负责人任职限制为主要内容的失信惩戒机制。建立联动响应机制，对被载入经营异常名录或“黑名单”、有其他违法记录的市场主体及其相关责任人，各有关部门要采取有针对性的信用约束措施，形成“一处违法，处处受限”的局面。建立健全境外追偿保障机制，将违反认缴义务、有欺诈和违规行为的境外投资者及其实际控制人列入“重点监控名单”，并严格审查或限制其未来可能采取的各种方式的对华投资。

10. 建立了社会协同共治的新体制

通过强化司法救济和刑事惩治、发挥社会组织的监督自律作用、强化企业自我管理、加强市场主体经营行为监管、加强市场主体住所（经营场所）管理等措施，形成社会协同共治的新体制。

5.3 创建企业相关法律和伦理问题

创建新企业必然受到当地法律的影响，创业者必须了解并处理好一些重要的法律和伦理问题，以免由于早期的法律和伦理失误而给新企业带来沉重的代价，甚至使其夭折。

在企业的创建阶段，创业者面临的法律问题包括：确定企业的形式，设立适当的税收记录，协调租赁和融资问题，起草合同，以及申请专利、商标或版权保护。在每一个创建活动中，都有特定的法律和规定决定创业者能做什么与不能做什么。一名创业者必须熟悉相关法律法规。当新企业创建起来并开始运营后，仍然有与经营相关的法律问题。例如，人力资源或劳动法规可能影响员工的雇用、报酬以及工作评定的确定；安全法规可能会影响产品的设计和包装、工作场所和机器设备的设计与使用，环境污染的控制，以及物种的保护。尽管许多法规可能在某一企业达到一定规模时才适用，但事实是，新企业都追求发展，这意味着创业者很快就会面临这些法律问题。

知识产权是人们对自己通过智力活动创造的成果所依法享有的权利。知识产权包括专利、商标、版权等，是企业的重要资产。知识产权可通过许可证经营或出售，带来许可经营收入。实际上，几乎所有的企业（包括新企业）都拥有一些对其成功起关键作用的知识、信息和创意（表 5-2）。对于创业者来说，为了有效保护自己的知识产权，也为了避免无意中违法侵犯他人的知识产权，了解相关法律非常重要。

表 5-2　企业各部门中典型的知识产权

部门	典型的知识产权形式	常用保护方法
营销部门	名称、标语、标识、广告语、广告、手册、非正式出版物、未完成的广告副本、顾客名单、潜在顾客名单及类似信息	商标、版权、商业秘密
管理部门	招聘手册、员工手册、招聘人员在选择和聘用候选人时使用的表格和清单、书面的培训材料和企业的时事通讯	版权、商业秘密
财务部门	各类描述企业财务绩效的合同、幻灯片，解释企业如何管理财务的书面材料，员工薪酬记录	版权、商业秘密
管理信息系统部门	网站设计、互联网域名、公司特有的计算机设备和软件的培训手册、计算机源代码、电子邮件名单	版权、商业秘密、注册互联网域名
研究开发部门	新的和有用的发明与商业流程、现有发明和流程的改进、记录发明日期和不同项目进展计划的实验室备忘录	专利、商业秘密

5.3.1　专利与专利法

专利制度是为了解决发明创造的权利归属与发明创造的利用问题。专利制度旨在保护技术能够享受到独占性、排他性的权利，权利人之外的任何主体使用专利，都必须通过专利权人的授权许可才能获得使用权。随着法律制度的不断完善，专利的使用呈现出多样化趋势，专利无效、专利撤销、过期专利等一一被列入专利法律范畴。只有充分地认识诸如此类的法律制度，才能充分地利用专利资源，为企业实现更多的经济价值。

专利是受法律规范保护的发明创造，它是指一项发明创造向国家审批机关提出专利申请，经依法审查合格后向专利申请人授予的在规定的时间内对该项发明创造享有的专有权。

专利法可以有效保护专利拥有者的合法权益。创业者对其个人或企业的发明创造应及时申请专利，以寻求法律保护，使自己的利益不受侵犯，或者在受到侵犯时，有法律依据提出诉讼，要求侵害方予以赔偿。另外，创业者为避免对现有专利造成侵权，可以按照如下的步骤进行，如图 5-1 所示。

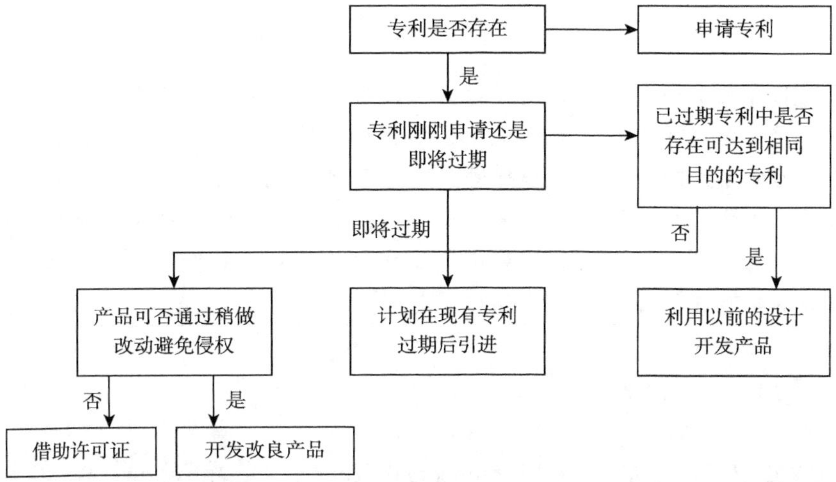

图 5-1　避免侵权的选择

《中华人民共和国专利法》规定，发明专利权的期限为20年，实用新型和外观设计专利权的期限为10年，都自申请日起计算。

相关链接

专利的授予条件

各国专利法规定不同，中国和多数国家都要求被授予专利权的发明应具备新颖性、先进性和工业实用性。

新颖性指在提出专利申请之日或优先权日，该项发明是现有技术中所未有的，即未被公知或公用的。凡以书面、磁带、唱片、照相、口头或公然使用等方式已经公开的发明，即丧失其新颖性。有些国家采用世界新颖性，有些国家采用国内新颖性，也有些国家公知以世界范围为标准，公用以本国范围为标准。新颖性的丧失有其例外，如在一些知名的国际展会上首次披露发明的，不一定丧失其新颖性，法律允许发明人在展会后一定期间内提出专利申请。

先进性也称创造性，指发明在申请专利时比现有技术先进，其程度对所属技术领域的普通专业人员不是显而易见的。虽然与现有技术相比有所改良，但对于该技术领域的普通专业人员而言属于显而易见范畴的，则不能授予专利权。

工业实用性指发明能够在产业上制造和使用，并且能够产生有意义的效果。例如，任何声称可以制造出永动机的发明，因其不可能具有实用性而无法在多数国家得到专利授权。

上面所称的现有技术，在中国专利法中，指申请日以前在国内外为公众所知的技术。

相关链接

专利侵权

对于创业者来说，弄清自己是否对他人的专利造成侵权很明智也很重要。其他人已经拥有专利的事实并不意味着终止你创建新公司的想法。许多企业、发明或创新都是现有产品的提高或改良。模仿和改进已有产品可能完全合法（没有侵权），也可能是很好的商业战略。对于模仿和改进现有产品，避免专利侵权是十分重要的，创业者可以尝试从专利持有者那里获取许可证。如果对是否侵权有疑问，可以雇用专利法律师，以确保不会有任何侵权的可能性。

5.3.2 商标与商标法

根据世界知识产权组织（World Intellectual Property Organization，WIPO）的界定，

商标是将某商品或服务标明是某具体个人或企业所生产或提供的商品或服务的显著标志。根据《中华人民共和国商标法》(2013 年修正),商标是商品的生产者、经营者在其生产、制造、加工、拣选或者经销的商品上或者服务的提供者在其提供的服务上采用的,用于区别商品或服务来源的,包括文字、图形、字母、数字、三维标志、颜色组合和声音等,以及上述要素的组合,具有显著特征的标志,是现代经济的产物。

商标是企业的一种无形资产,具有很高的价值。这种价值体现在独特性和所产生的经济利益上。商标通过确保商标注册人享有用以标明商品或服务,或者许可他人使用以获取报酬的专用权,而使商标注册人受到保护。《中华人民共和国商标法》(以下简称《商标法》)规定,经商标局核准注册的商标,包括商品商标、服务商标和集体商标、证明商标,商标注册人享有商标专用权,受法律保护,如果是驰名商标,将会获得跨类别的商标专用权法律保护。

《商标法》于 1982 年 8 月 23 日颁布,经过 1993 年、2001 年和 2013 年三次修正。

《商标法》规定,注册商标的有效期为 10 年,自核准注册之日起计算。注册商标有效期满,需要继续使用的,商标注册人应当在期满前 12 个月内按照规定办理续展手续;在此期间未能办理的,可以给予 6 个月的宽展期。每次续展注册的有效期为 10 年,自该商标上一届有效期满次日起计算。期满未办理续展手续的,注销其注册商标。

5.3.3 著作权与著作权法

著作权也称版权,是指佐证对其创作的文学艺术和科学作品依法享有的权利。著作权包括发表权、署名权、修改权、保护作品完整权、复制权、发行权、出租权、展览权、表演权、放映权、广播权、信息网络传播权、摄制权、改编权、翻译权、汇编权以及应当由著作权人享有的其他权利 17 项。

相关链接

著作权人及其权利

著作权人包括以下类型。

(一)作者。

(二)其他依照本法享有著作权的公民、法人或者其他组织。

著作权包括下列人身权和财产权。

(一)发表权,即决定作品是否公之于众的权利。

(二)署名权,即表明作者身份,在作品上署名的权利。

(三)修改权,即修改或者授权他人修改作品的权利。

(四)保护作品完整权,即保护作品不受歪曲、篡改的权利。

(五)复制权,即以印刷、复印、拓印、录音、录像、翻录、翻拍等方式将作品制作一份或者多份的权利。

（六）发行权，即以出售或者赠与方式向公众提供作品的原件或者复制件的权利。

（七）出租权，即有偿许可他人临时使用电影作品和以类似摄制电影的方法创作的作品、计算机软件的权利，计算机软件不是出租的主要标的的除外。

（八）展览权，即公开陈列美术作品、摄影作品的原件或者复制件的权利。

（九）表演权，即公开表演作品，以及用各种手段公开播送作品的表演的权利。

（十）放映权，即通过放映机、幻灯机等技术设备公开再现美术、摄影、电影和以类似摄制电影的方法创作的作品等的权利。

（十一）广播权，即以无线方式公开广播或者传播作品，以有线传播或者转播的方式向公众传播广播的作品，以及通过扩音器或者其他传送符号、声音、图像的类似工具向公众传播广播的作品的权利。

（十二）信息网络传播权，即以有线或者无线方式向公众提供作品，使公众可以在其个人选定的时间和地点获得作品的权利。

（十三）摄制权，即以摄制电影或者以类似摄制电影的方法将作品固定在载体上的权利。

（十四）改编权，即改变作品，创作出具有独创性的新作品的权利。

（十五）翻译权，即将作品从一种语言文字转换成另一种语言文字的权利。

（十六）汇编权，即将作品或者作品的片段通过选择或者编排，汇集成新作品的权利。

（十七）应当由著作权人享有的其他权利。

著作权人可以许可他人行使前款第（五）项至第（十七）项规定的权利，并依照约定或者本法有关规定获得报酬。

著作权人可以全部或者部分转让本条第一款第（五）项至第（十七）项规定的权利，并依照约定或者本法有关规定获得报酬。

《中华人民共和国著作权法》（以下简称《著作权法》）于 1990 年 9 月 7 日颁布，经过 2001 年和 2010 年两次修正。

《著作权法》规定，作者的署名权、修改权、保护作品完整权的保护期不受限制。

公民的作品，其发表权、著作权中第（五）项至第（十七）项规定的权利的保护期为作者终生及其死亡后 50 年，截止于作者死亡后第五十年的 12 月 31 日；如果是合作作品，截止于最后死亡的作者死亡后第五十年的 12 月 31 日。

法人或者其他组织的作品、著作权（署名权除外）由法人或者其他组织享有的职务作品，其发表权、著作权中第（五）项至第（十七）项规定的权利的保护期为 50 年，截止于作品首次发表后第五十年的 12 月 31 日。但作品自创作完成后 50 年内未发表的，本法不再保护。

电影作品和以类似摄制电影的方法创作的作品、摄影作品，其发表权、著作权中第（五）项至第（十七）项规定的权利的保护期为 50 年，截止于作品首次发表后第五十年的 12 月 31 日。但作品自创作完成后 50 年内未发表的，本法不再保护。

5.3.4 相关伦理问题

创业伦理是创业者在开拓市场、资本积累、互惠互利、协同合作、个人品德、后天修养等方面的一些行为规范与准则。当一个创业者成长为一个企业家时，他会越来越重视自己在社会中的形象，并开始重视自身的伦理和自己企业的伦理建设。毕竟，没有哪个企业愿意和一个臭名在外、不讲诚信的企业合作。

创业者的任务是创造财富。创业者在创业过程中一定要遵守伦理道德，这是创业能够成功并持续发展的关键。创业者作为创新实践者，通过创造新产品或服务和提供就业机会，极大地推动了社会进步与发展；然而，创业者又常常被批评片面追求商业成功，甚至在必要时牺牲道德价值观。例如，有些创业者延迟偿付厂商和其他债权人的账款，有时候对雇员也采取同样的方法，延迟工资的发放。有些创业者在未经他人允许或同意的情况下，使用他人的资源来弥补自身资源的不足，这些行为会因为违背相关法律规定和市场经济原则而受到惩罚。创业者使用这种方法，有的是因为确实陷入困境，有的则不是。如果创业者有意这样做，则是不道德的，也有悖商业伦理。长此以往，人们会对创业者的诚信度产生怀疑。

1. 创业者与原雇主之间的伦理问题

在辞职进行创业后，一些创业者出乎意料地发现，自己已置身于与前雇主公司敌对的境地。以下是辞职时必须遵循的两个重要原则。

1）职业化行事

职业化行事包括以下几个方面。

（1）雇员恰当地表露离职意图十分重要，同时，在离职当天，雇员应处理完先前分配的所有工作。

（2）如果雇员打算离职后在同一产业内创业，至关重要的是，他不能带走属于当前雇主的资料信息。雇主有权利防止商业机密失窃（如客户清单、营销计划、产品原型和并购战略等），或阻止商业机密从办公室向雇员家里的非正当转移。

（3）关键雇员（如高级职员、董事和经理）和技术型雇员（如软件工程师、会计和营销专家）负有对雇主忠诚的特殊责任。

（4）在职期间，雇员可以利用下班时间策划如何与雇主竞争，但绝不允许窃取雇主机会；只有当雇佣关系终止后，雇员才能说服其他同事到新企业工作，或真正开创一家与雇主竞争的企业。

2）尊重所有雇佣协议

在一般情况下，关键雇员都签署了保密协议和非竞争协议。保密协议是雇员或其他当事人（如供应商）所做的不泄露企业商业机密的承诺，这要求雇员在职期间甚至离开公司以后，都必须严格遵守该协议。非竞争协议规定了在特定时段内，个人禁止与前雇主相竞争。如果签署了非竞争协议，要合理地离开公司，雇员就必须遵守相关协议。

2. 创业团队成员之间的伦理问题

创业者之间就新企业的利益分配以及对新企业未来的信心达成一致非常重要。创业者协议（股东协议）是处理企业创业者间相对的权益分割、创业者个人如何因投入企业"血汗股权"或现金而获得补偿、创业者必须持有企业股份多长时间才能被完全授予等事务的书面文件。

创业者协议所包含的主要内容有：未来业务的实质；简要的商业计划；创业者的身份和职位头衔；企业所有权的法律形式；股份分配（所有权分割）方案；各创业者持有股份或所有权的支付方式；明确创业者签署确认归企业所有的任何知识产权；初始运营资本描述；回购协议，明确当某位创业者因逝世、退出出售股份时的处理方案。

3. 创业者和其他利益相关者之间的伦理问题

创业者和其他利益相关者之间的伦理问题主要涉及人事伦理问题、利益冲突和顾客欺诈。

（1）人事伦理问题。这些问题与公正公平对待现有员工和未来员工有关。不符合伦理的行为范围非常广泛，从招聘面试中询问不恰当问题到不公平对待员工的方方面面，其根源可能是因为他们在性别、肤色、道德背景、宗教等方面有所不同。

（2）利益冲突。这些问题与那些挑战雇员忠诚的情景相关。例如，如果公司员工出于私人关系以非正当商业理由将合同交给其朋友或家庭成员，那么这就是不恰当的行动。

（3）顾客欺诈。这个领域的问题通常出现在公司忽视尊重顾客或公众安全的时候。例如，做误导性广告、销售明知不安全的产品等。

5.4 新企业进入市场模式选择

建立一个全新的企业是创业者进入市场时最常用的方式。创业者还可以通过收购现有企业和特许经营两种模式进入市场。

5.4.1 收购现有企业

当创业者已看好并确定要进入某一市场，在有资金无技术或者有资金有技术但无市场渠道时，通过收购一家运营中的公司，以其为创业平台，借助其在市场、技术、产品管理及企业文化等方面的特长，快速实现个人的创业梦想也是一种常见的市场进入模式。

收购是指买方从卖方企业购入资产或股票以获得对卖方企业的控制权，该公司的法人地位并不消失。收购是企业资本运营的一种形式，既有经济意义，又有法律意义。收购的经济意义是指一家企业的经营控制权易手，原来的投资者丧失了对该企业的经营控制权，实质是取得控制权。从法律意义上讲，《中华人民共和国证券法》规定，收购是指持有一家上市公司发行在外的股份的 30%时发出要约收购该公司股票的行为，其实质是购买被收购企业的股权。收购的方式主要包括吸收式收购、控股式收购、购买式收购、公开收购、杠杆收购等。

如果按照支付方式，可将收购分为资产收购（asset acquisition）和股份收购（stock acquisition）。按照收购双方行业关联性，可将收购分为横向收购、纵向收购和混合收购。按照持股对象是否确定，可将收购分为要约收购和协议收购。按收购者预定收购目标公司股份的数量，可将收购分为部分收购和全面收购。按目标公司董事会是否抵制，可将收购分为善意收购和恶意收购。

1. 收购的优点

收购一家在市场上崭露头角的企业而非创业者白手起家新建一家企业作为创业的平台具有一定的普遍性。收购现有企业较建立新企业的好处体现在以下几个方面。

（1）通过收购一家理想企业可以帮助创业者快速获取被收购企业的市场经营优势。这些优势条件既包括原来公司在技术、市场、专利、产品管理等方面的特长，也包括其中较为优秀的运作能力及组织能力等。

（2）通过收购一家理想企业可以实现合理避税的目的。企业可以利用税法中亏损递延条款来达到避税目的，以减少纳税义务。

（3）通过收购一家理想企业可以减少企业发展的投资风险和成本，缩短投入产出时间，可以通过利用原有企业的原料来源、生产能力、销售渠道和已占领的市场，大幅度地降低发展过程中的不确定性，降低投资风险和成本，同时也大大缩短了投入产出的时间差。

（4）通过收购一家理想企业可以有效地降低进入新行业的障碍。

（5）通过收购一家理想企业可以充分利用学习曲线效应。

2. 收购的风险

在创业者收购另一家企业的过程中及过程后，主要会面临以下几类风险。

（1）经营风险。经营风险是指被收购企业在收购后业绩并没有预期的那么好。

（2）多付风险。多付风险是指尽管被收购企业运作很好，但高收购价格使买主企业无法获得一个满意的投资回报。这些情况既会影响投资者、债权人及分析师对新企业的评价，也会限制企业将来的运作。

（3）财务风险。财务风险是指通过借债为收购融资，制约了买主为经营融资并同时还债的能力。在短期，这种风险将使企业由于缺乏足够的资金而痛失好的投资机会。长期来看，将对企业长远规划的实现造成威胁。

3. 收购的标准和程序

收购虽然是创业的一种理想方式，但创业者实现收购策略的前提必须是已经物色到了一家理想的目标公司。

（1）如果目标公司管理层的管理效率低下，表现在公司的盈利能力、运营能力、真实绩效、增长能力等方面较差，在这种情况下收购者比较容易得到公司股东的支持。

（2）如果目标公司的财务资源有限，流动性差、财务杠杆水平比非目标公司高，资本扩张能力弱，这说明目标公司的反收购能力比较差，增加了创业者收购成功的可能性。

（3）如果目标公司的资产规模相对较小，其要求的收购资金自然较少，这在期初融资问题上可以给创业者提供很大的缓冲。

（4）如果目标公司的股权较分散，最大股东持股比率不高；股权流动性较好，表现在国家股的比例较小，法人股的比例较大。只有在这种情况下才有可能实现"牵一发而动全身"，使创业者能够借助小部分股权控制整个企业。

（5）反映市场对目标公司价值评估的市净率往往对非目标公司的价值评估高出很多。高的市净率是市场对目标公司潜力的一种肯定。

按照以上标准并参考专业咨询机构的意见选定目标公司后，便可进行收购活动。收购公司的运作流程如图 5-2 所示。

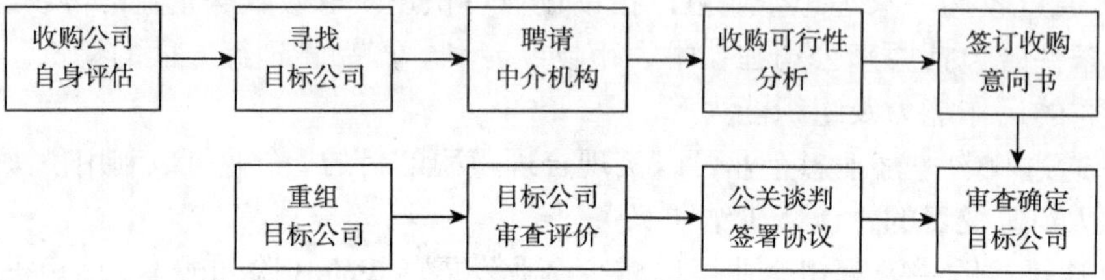

图 5-2 收购公司的运作流程

5.4.2 特许经营

特许经营这种商业模式，在全世界历经几百年的发展，已成功地为可口可乐、麦当劳、柯达、福特汽车、沃尔玛、7-11 便利店、希尔顿酒店、迪士尼乐园、21 世纪房地产、NAPA、ET 教育等全世界各行各业的品牌巨人所实践，并为全球中小企业的成长和个人创业提供了最成功的捷径。目前，特许经营被世界各国认为是 21 世纪最成功的商业模式。美国商业部认为，特许经营是全球新经济的主要力量，其他发达国家也把特许经营作为知识经济的核心商业形态，新加坡甚至把发展特许经营作为其核心的国家战略。

特许经营是指特许经营权拥有者以合同约定的形式，允许被特许经营者使用其名称、商标、专有技术、产品及运作管理经验等从事经营活动，并由此换取加盟费和特许权使用费的商业经营模式。相对于建立新企业和收购而言，取得某种商品或在某个市场进行经营的特许经营权是创业者进入市场的风险最小的一种方式。

根据我国《商业特许经营管理办法》，商业特许经营是指通过签订合同，特许人将有权授予他人使用的商标、商号、经营模式等经营资源，授予被特许人使用，被特许人按照合同约定在统一经营体系下从事经营活动，并向特许人支付经营费。

特许经营由三个要素组成：一是特许总部，二是特许分店，三是规定了转让包含全套经营方式、管理技巧、无形资产在内的协议。

1. 特许经营的特点

特许经营是以特许经营权的转让为核心的一种经营方式。归纳起来，具有如下特点。

（1）特许经营的主体。特许经营可由一个特许人和多个受许人组成。各受许人彼此之间没有横向联系，只与特许人保持纵向联系；特许人与受许人之间既非隶属关系、控股公司与子公司关系，也非代理关系、合伙人关系，而是一个商标、服务标志、经营管理和技术诀窍等知识产权所有人与希望在经营中使用这种产权的个人或企业之间的一种法律和商业关系，一种互利合作、共求发展的关系。在法律地位上，它们是平等的、自负盈亏的民事主体。

（2）特许经营的基础。特许经营的基础是特许人与受许人之间建立在互惠互利基础上的契约关系。特许经营体系是通过特许人与受许人一对一地签订特许合同而形成的，双方的权利、义务在合同条款中有着明确的规定。例如，各受许人拥有财产所有权、享有人身和财务自主管理权，在经营业务上接受特许人的督导，并负有向特许人支付特许使用费、指导费的义务等。

（3）特许经营的核心。特许经营的核心是特许人向受许人出售的技术专长、管理经验和经营之道。特许人为受许人提供全方位的服务，包括选址、培训、帮助融资和提供产品及营销计划。但特许公司拥有商标、服务标志、独特概念、专利、商业秘密、经营诀窍等有形与无形资产的产权，并将部分产权（如使用权）转让给受许公司以换取一定的收入。

（4）特许经营是特许人和受许人通过协议组成的分工合作体系。作为竞争核心的经营管理体系是一个有机的系统，它以特许经营理念为核心，包括一系列要素（如商标、商号、知识产权、营业场所和区域等）和过程（如采购、广告、定价）。

2. 特许经营的分类

按照不同的划分标准，特许经营有很多类型，不同的类型往往意味着双方当事人不同的权利和义务（表 5-3）。

表 5-3 特许经营类型

分类方式	类型	特点
按特许人与受许人身份分类	制造商和批发商	制造商指定受许人按要求分销最终产品
	制造商和零售商	制造商为解决销售问题而建立特许经销网
	批发商和零售商	与上一类相似，制造商转换成了批发商
	零售商之间	业务模式特许经营
按特许权授予方式分类	一般特许经营	常见类型：总部授予特许权、受许人交费使用
	委托特许经营	总部授予代理人特许权，由代理人负责某地区的特许权授予
	发展特许经营	加盟者在购买特许经营权时也购买了在一定区域内再建分部的特许权
	复合特许经营	加盟者取得一定区域内的独占特许权授予权

续表

分类方式	类型	特点
按特许内容分类	生产特许	受许人投资建厂，或通过OEM（定点生产）的方式，使用特许人的商标或标识、专利、技术、设计和生产标准来加工或制造取得特许权的产品，然后经过经销商或零售商出售，受许人不与最终用户直接交易
	商品、商标型特许经营	大制造商为名牌化产品寻找销路，授予加盟者艰辛商业开发的权利
	经营模式特许经营	加盟者要按总部的全套经营模式进行经营
按业务内容分类	产品特许经营	受许人保持原有商号，单一销售或在销售其他商品时推销特许人所有的产品
	整体业务模式特许经营（“公司特许经营”或“交钥匙特许经营”）	受许人有权使用特许人的商标、商号等，受许人完全以特许人公司在公众中的形象出现
	制造加工业特许经营	受许人自己投资建厂，加工或制造从特许人那里取得特许权的产品，不与消费者直接联系

3. 特许经营的优缺点

特许经营已有100多年的发展历史，所取得的成功为世人瞩目。这一分销方式之所以长盛不衰，有其经营优势。

1）对特许人的优点

对特许人的优点包括以下几个方面。

（1）通过特许经营费积累资金。

（2）通过内部积累实现增长。

（3）通过大规模采购节约采购成本。特许权授予人还可以通过自己生产并向特许权持有人提供零部件、附件、外包装及原材料等节约成本。

（4）采用新的经营方法时风险较小，因为可以先在一个特许经营企业试行。

（5）不需要庞大的公司管理机构。

（6）通过特许权持有人租赁房地产、设备等赚取资金。

（7）成功的特许权授予人的特征是：高水平的管理能力；对市场有广泛、深入的理解；对成本、质量控制极其敏感和熟练；激励特许权持有人的能力。

2）对受许人的优点

对受许人来说，特许经营通常是回避风险的一个创业机会。利用这种方式开始创业，具有以下优点。

（1）他所经营的业务已经拥有一个市场和消费者接受与认同的商标和品牌形象。受许人不必再耗资去建立该业务的信誉，因为多年的授权经营已经为该业务建立了足够的信誉。

（2）可以得到特许人的经营培训以及其他支持，包括财务会计、技术、人员管理、营销等。这些培训与支持是选择特许人的重要标准。

（3）特许人提供的在质量、成本、服务等方面的标准化管理有利于规范企业的管理。

（4）特许人提供的地区市场调查与分析，统计、商业条件、竞争环境等。

（5）只需要少量的资金作为启动费用。

（6）不需要特别丰富的经验和雄厚的资金，特别适合于初次创业者。

（7）共享广告的效应。

（8）失败率低，风险小。

有关的研究表明，最受特许人欢迎的受许人具有以下特征：一定的资金实力；较高的受教育水平；经营任何企业的经验。而个人要具备乐观精神、独立思考能力、沟通能力，先前的产品、设备等方面的知识并不是特别重要。如果一个创业者具备这些特征，则特许经营是其开始创业生涯的选择之一，它比从零开始安全，比收购一个企业节省费用。

3）特许经营的劣势

特许经营的劣势有以下几个方面。

（1）虽然加盟商得到了一套完善的、严谨的经营体系。但是，加盟商很难改变这种经营模式来适应市场、政策的各种变化。

（2）由于各个地区消费者的需求不同，特许经营很难在任何地方都能保持持续的优势。

（3）对消费者来说，加盟商的频繁变动给他们带来的是疑惑，造成了特许人、现任加盟商和以往加盟商之间的责任不清，相互推诿。

（4）特许经营只能专注于某一个领域，很难在各个市场都取得战略性的胜利。

❑本章小结

本章重点介绍了创建企业的法律形式选择和企业注册流程；介绍了在创建企业时应考虑的相关法律和伦理问题，重点介绍了专利与专利法、商标与商标法、著作权与著作权法；介绍了新企业可以通过收购现有企业和特许经营两种方式迅速进入市场。

❑关键术语

个人独资企业，合伙企业，公司制企业，专利，商标，著作权，收购，特许经营。

❑阅读指南与课外学习

1. 阅读指南：李维华，李松. 特许经营与连锁经营手册编制大全. 北京：经济管理出版社，2017.

2. 网络资源：登录 http://www.gov.cn/flfg/index.htm（中国政府网——法律法规），在“企业栏目”了解相关法律法规。

❑复习思考题

1. 个人独资企业设立条件有哪些？

2. 合伙企业设立条件有哪些？
3. 公司制企业设立条件有哪些？
4. 公司注册流程是什么？三证合一后，注册流程有哪些新的变化？
5. 专利制度的主要内容有哪些？创业者应如何避免专利侵权？
6. 创建新企业需要了解哪些法律法规？它们对新企业有哪些影响？
7. 如何理解新建企业的伦理问题？如何有效应对可能面临的伦理问题？
8. 收购需要遵循哪些标准？如何规避可能面临的收购风险？
9. 特许经营的类型、优势和劣势分别是什么？

❑案例分析　麦当劳的特许加盟和连锁经营制度

麦当劳公司成立于1955年，它的前身是麦当劳兄弟1937年在美国的加利福尼亚州开设的一家汽车餐厅。1948年，兄弟俩对餐厅业务进行了大胆的改革，压缩了食品的品种，引进了自助式服务方式，把厨房操作改为流水线作业，加快了食品的产出速度，适应了人们生活节奏加快的需要，顾客对此很满意。

为了使生意做得更大，麦当劳兄弟产生了以特许加盟的方式经营连锁店的想法，并做出了尝试。1953年，一个名叫尼尔·福克斯的人向麦当劳兄弟付了1000美元，取得了特许经营权，接着又先后批准了十几家特许加盟店。这些特许加盟店没有义务遵循麦当劳的经营管理制度，结果使麦当劳的形象和声誉受到损害。

1954年，雷·克罗克看到了麦当劳特许加盟和连锁经营的发展前景，经过一番努力，他得到麦当劳兄弟的授权，处理麦当劳特许经营权的转让事宜。1961年，雷·克罗克买下了麦当劳公司的所有权，并且大刀阔斧地改进了特许加盟和连锁经营制度，使麦当劳得到迅速发展。在雷·克罗克的领导下，麦当劳的特许加盟和连锁经营制度具有以下特点。

1. 严格挑选加盟商

一个商家要加盟麦当劳，首先必须向麦当劳总部提出申请，总部对其资信状况、经营管理能力、资金能力审查合格后，双方协商一致，才能签订加盟合同。由于麦当劳这一国际名牌意味着不尽的财源，很多商家提出加盟申请，但实际上总是失望者众多，麦当劳苛刻的加盟条件使许多人难以望其项背。在部分国家，申请人需要具备在麦当劳工作10年以上的经历，才有资格申请加盟。1999年，麦当劳在台湾地区上万个申请人中，只选择了3人加盟。麦当劳之所以如此严格地挑选加盟商，主要是因为任何一家加盟商的经营失败，都会影响到麦当劳整个的企业形象。

2. 统一加盟条件

麦当劳规定，加盟商要拥有自有资金10万～17.5万美元，一旦与公司签订合同，必须先付首期特许费4.5万美元，此后每月交一笔特许权使用费和房产租金，前者约为月销售额的4%，后者约为8.5%。

麦当劳每开一家分店，总部都要派员选择地址，组织建筑和内外装潢。麦当劳公司通常拥有加盟店房产的所有权或使用权，然后转租给加盟商，收取房产租金，房租在麦当劳的收入中占有很大比例。

麦当劳与加盟商签订的合同有效期为 20 年，公司对加盟商负有以下责任：将麦当劳的企业名称和商标使用权、产品制造技术、经营管理诀窍等，授予加盟商在规定的时间和规定的地区内使用；在公司的“汉堡包大学”为加盟店培训员工；提供管理咨询，负责广告宣传，向加盟店供货时提供优惠。但是，麦当劳公司不是直接向特许加盟店提供餐具、食品和原料，而是与专业供应商签订合同，再由专业供应商向各个加盟店供货。

麦当劳要求加盟店必须严格遵守公司制定的管理制度，接受公司的指导和监督。总部每月都要派督察团到各地加盟店巡视，并把督察结果向总部汇报，对不合标准的加盟店，强制其改变经营面貌。

3. 统一企业名称、标识

所有的加盟店都以“麦当劳”命名，企业的标志是“金色拱门”，它是一个弧形的“M”字母，以黄色为标准色。这种特有的金黄色双拱门商标在大街上非常引人注目，使人产生走进店内看一看的渴望。

每一家快餐店的门口都有一个象征性的人物偶像——“麦当劳叔叔”，它是传统马戏小丑的打扮，是风趣、友谊、祥和的象征。在美国，“麦当劳叔叔”在儿童中的认知度达到了 96%，仅次于圣诞老人。麦当劳统一、独特的企业标志，不但增强了产品的吸引力，而且节省了促销费用，提升了企业形象。

4. 统一广告宣传

在麦当劳创立初期，广告宣传是由各加盟店自己进行的。随着企业的成长，有必要进行统一的广告宣传，才能把巨额的广告成本分摊到众多的商店和巨大的销售量上。1967 年，麦当劳的加盟商设立了全国广告基金，作为全国性广告宣传费用。1968 年，这个基金收到了 300 万美元并用于电视广告，1985 年则收到了 1.8 亿美元。现在麦当劳的年度广告支出达到 10 亿美元，但分摊到 28 000 多家分店和 400 多亿美元的销售额上，广告费用的负担并不重。

5. 统一产品质量

麦当劳对食品质量要求极高，并且要求做到标准化。面包不圆或切口不平都不能销售；奶浆接货温度要在 4℃以下，高 1℃就退货；用机器切的牛肉饼每个重 47.32 克，直径 98.5 毫米，厚度为 5.65 毫米，肉中不能掺进任何一点心、肺等下水料，脂肪不能超过 11%，并要经过 40 多项质量控制检查；任何原料都有保存期，生菜从冷藏库拿到配料台上只有 2 个小时的保鲜期，过时就报废。生产过程采用电脑控制和标准操作，制作好的成品和时间牌一起放到成品保温槽中；炸薯条超过 7 分钟、汉堡包超过 10 分钟就扔掉，用这些硬性的操作规范来保证产品的质量，正因为如此，麦当劳才赢得了众多的消费者和回头客。

6. 统一服务规范

麦当劳的服务包括餐厅建筑的快适感、营业时间的方便性和销售人员的服务态度等。

顾客走进任何地方任何一家麦当劳餐厅，都会感到这里的建筑外观、内部陈设、食品规格、服务员的言谈举止和衣着服饰等诸多方面惊人的相似，都能给顾客以同样标准的享受。

微笑是麦当劳的特色，所有的店员都面露微笑，活泼开朗地与顾客交谈、做事。全体员工实行快捷、准确、友善的服务，排队不超过 2 分钟，顾客点完所要食品后，服务员要在 1 分钟内将食品送到顾客手中。

麦当劳的员工不允许与顾客发生口角，否则不论情节轻重和是非曲直，一律辞退。后堂和前店的职工在穿着打扮上有严格要求，男的不允许留长发，女的要戴发网，不准浓妆艳抹。为了保证店堂清洁，公司总裁甚至身体力行，亲自去餐厅做清洁。在麦当劳的员工规范中，有一项条文是“与其靠墙休息，不如起身打扫”。所有的餐盘、机器在打烊后必须彻底清洗、消毒，地板要刷洗干净，餐厅门前也要保持清洁。在这样的餐厅进餐，客人享受到的不仅仅是高质量的食品和服务，还有干净清新的环境，心情自然愉快。留下好印象后，不但自己会常去，还会介绍亲朋好友、熟人同事前往，促进了销售额的不断增长。

7. 统一作业程序

麦当劳的员工“小到洗手有程序，大到管理有手册”。员工上岗操作前必须严格用杀菌洗手液消毒，规定两手揉搓至少 20 秒钟再冲洗，然后用烘干机将手烘干；如果接触了头发、衣服等东西，就要重新洗手消毒。

麦当劳的营运手册详细说明了餐厅各项工作的操作程序和方法，并且在实践中不断丰富和完善。营运手册把餐厅工作分为 20 多个段，详细说明各工作段事先应准备的项目、操作步骤、岗位职责。员工进入麦当劳后将逐步学习各工作段，表现突出的员工会晋升为训练员，训练员表现好可以进入管理组。所有的经理都是从员工做起，必须高标准地掌握基本岗位操作并通过岗位工作检查。

8. 统一员工培训

麦当劳总部开办了“汉堡包大学”，专门培训各分店经理和专业技术人员。学习内容包括食品烹调、机械维修、原料配备、质量管理、存货控制、会计、广告、公共关系、人事管理等各个方面。“汉堡包大学”目前已培养出几万名毕业生，他们已成为麦当劳各加盟店的管理人员或业务骨干。另外在实际工作中，高一级的经理还要对下一级的经理或员工实行一对一的训练，训练合格后，才有可能获得晋升。

思考题：

1. 麦当劳采取了哪种类型的特许经营？
2. 特许经营与连锁经营、商业代理等商业形式之间有何联系和区别？
3. 从特许人和受许人两个角度，该如何做好特许经营？

第 6 章

企业运营管理

【学习目标】

了解运营管理的对象、内容、目标；掌握运营系统设计包含的内容和基本方法；了解企业生产组织中的物资采购和计划管理；了解几种典型先进制造模式，懂得该如何去选择。

❑引导案例 华为大部队搬走怪不怪深圳

2016 年 5 月 23 日一篇《别让华为跑了》的文章出现在网络中，让华为大部队搬迁重新进入公众视野。早在 2013 年和 2014 年已有部分生产供应链部门在慢慢迁移。关于东莞松山湖华为终端总部选址规划研究及生态线调证批前公示早在 2012 年就公开过。最晚迁移的部门为软件研发部门，将于 2018 年全部迁移完毕。“深圳这边以后主要就是行政接待展示功能。”华为相关人士表示。华为的外迁可能真让深圳感到疼了，龙岗区在一份官方报告中表示：哥不能没有华为，并喊出了“服务华为，马上就办!”的口号。

多年来任正非走访不少欧洲小城镇建设，包括德国、卢森堡、比利时等国家的小城镇建设的规划和布局。松山湖的山湖景资源正好满足这一切规划，于是将松山湖规划为一个建筑风格各异，彼此独立又相互联通的欧洲城镇，于 2005 年开始正式步入实施阶段。

坂田总部含华为培训中心（亦是华为大学）、研发中心、中试中心、行政中心、生产中心、数据中心、机加中心等，从 2013 年开始搬迁。据透露，预计最后一拨搬迁的软件研发中心将于 2018 年底完成搬迁工作。

房地产圈内资深人士认为，华为与深圳的矛盾，并不是华为不高端，也不是深圳不想满足，而是华为需要的土地太多。

实际上龙岗给予所谓的国际大学城规划用地总规模远远超过华为松山湖的规划用地

面积。龙岗大学城规划总用地面积 266.24 公顷，其中香港中文大学（深圳）和深圳信息职业技术学院用地总计约 192.6 公顷，拟建设的深圳北理莫斯科大学、深圳吉大昆士兰大学、科研共享中心和“院士村”等项目用地总计约 73.64 公顷。

2012 年，华为终端总部选址规划批前公示，规划用地规模 126.66 公顷（1900 亩）分为四个地块，面积分别为 6.05 公顷、38.39 公顷、21.88 公顷和 60.34 公顷。

对一些非国际顶级大学都能给出这么多地，为什么对一个税收大户却不能给予充足的土地？华为的离开显然不是因为深圳没地可满足需求。

从细的方面来讲，把华为周边比喻为“非洲”未尝不可。温姑娘去过华为好多次，在华为附近生活真的非常不方便，买菜做饭，购买生活用品得到附近的马蹄山村商贩才多些，村里小摊小贩的环境卫生十分不理想，更别提绿化、路灯、垃圾分类等问题多年来未得到有效解决，请个朋友吃顿饭都必须打车出行。

正如资深业内人士李宗苗感慨：“华为要的是土地吗？不是！任正非要的是环境！什么环境呢？硬环境方面，企业发展用地，产业配套，物流通路，等等，这些都好说，但是在软环境方面，华为员工所需要的教育、医疗、治安、卫生、公共管理等，都是令人挠头但却是至关重要的因素。”

道理其实简明易懂。土地、环境、配套，需要政府在企业发展诉求与城市规划中做好平衡。毕竟，留住一个属于世界的华为，不仅需要土地，更需要勇气与魄力。

资料来源：http://www.360doc.com/content/16/0529/17/22551567_563296989.shtml

企业存在的价值就在于为社会提供有用的产品或服务。本章的内容将围绕产品的生产或服务的提供过程来展开，内容包括一个新创企业运营系统的设计、企业正常投产后的运行管理及运营模式的创新。

6.1 概述

6.1.1 运营管理的对象

自从企业在人类社会出现以来，生产运营就一直是企业存续的立命之本。随着时代的发展，人类社会生产活动的内容、形式不断发生变化，传统的“生产管理”也正在被“生产运作管理”或“运营管理”所取代。“生产”过去仅指在一个制造型企业中实物产品的制造活动，即称为 production。既包括化工、面粉类产品流程型的生产，也包括机床、家具等产品的加工装配型生产。服务业的兴起使生产的概念得到延伸和发展。在服务型企业中，提供劳务的活动则称为 operations，即运作。

制造业与服务业的区别如表 6-1 所示。

表 6-1　制造业与服务业的区别

区别	制造业	服务业
1	产品有形、耐久	产品无形、不可触、不耐久
2	产出可储存	产出不可储存
3	顾客与生产系统极少接触	顾客与服务系统接触频繁
4	响应顾客需求周期较长	响应顾客需求周期很短
5	服务范围广泛	服务范围有限
6	质量易于度量	质量不易度量

服务业与制造业不同的特点决定了在运营管理方面的差异。

随着社会经济的发展，提供纯劳务的服务越来越少，生产与服务融合的趋势越来越明显。

相关链接

服务型制造

服务型制造是制造与服务相融合的创新的一种制造模式。它是基于制造的服务，是为服务的制造。新产业形态，是新的先进制造模式。服务型制造是为了实现制造价值链中各利益相关者的价值增值，通过产品和服务的融合、顾客全程参与、企业相互提供生产性服务和服务性生产，实现分散化制造资源的整合和各自核心竞争力的高度协同，达到高效创新的一种制造模式。

孙希有博士认为，服务型制造业是指今天的制造业在其发展过程中出现的如下三种情况。

第一种情况：一个产品参与的制造主体越来越多，由于主体的增多而带来了主体与主体之间流程衔接的增多，由此必然带来服务行为的增多。

第二种情况：制造行为当中服务性收益占比愈益增大。

第三种情况：出现了没有工厂的制造企业和没有制造行为的工厂。

《中国制造 2025》提出的九大战略任务和重点中，“积极发展服务型制造和生产性服务业”是其中之一。

运营管理就是对实物产品的生产过程或服务提供过程的管理，因此，运营管理的对象实质上就是将各种投入变为有用产出的转换过程。在一个企业中，运营过程可用图 6-1 表示。

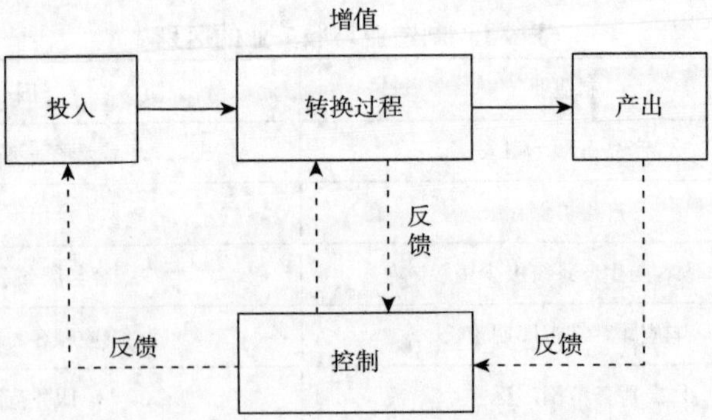

图 6-1　运营过程

一般意义上说，投入包括人、财、物、信息、时间等要素，产出包括实物产品和（或）服务。对不同类型的企业，投入与产出不尽相同，转换过程更是千差万别。对典型的机械制造企业而言，其主要输入是原材料，经过加工制造得到有新的使用价值的产品，对于医院而言，主要输入是病人，经过医院的诊断和治疗得到恢复健康的人。

这一转换过程的实现需要企业的运营系统来完成。运营系统的构成包括结构化要素和非结构化要素。结构化要素与计算机系统的硬件相类似，包括设备、设施，非结构化要素与计算机系统的软件相类似，包括人力资源及组织策略、生产计划策略、库存策略以及质量策略。

运营管理就是对运营过程所实施的计划、组织与控制。

6.1.2　运营管理的内容

运营管理的内容可分为运营系统的设计管理、运行管理、维护与创新管理三大部分。每部分的具体内容如图 6-2 所示。

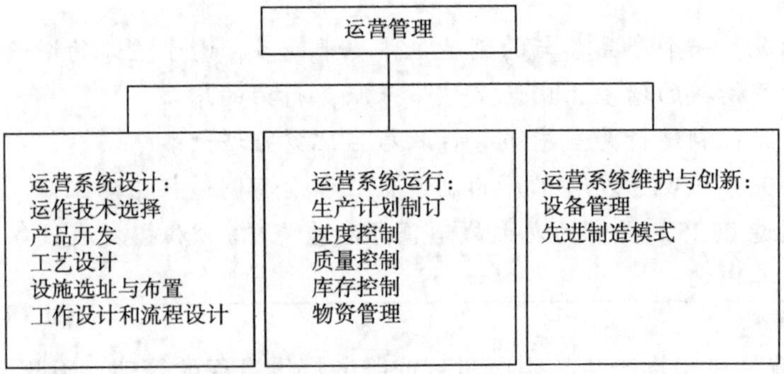

图 6-2　运营管理的内容

运营系统的设计管理是根据生产战略关于生产系统的定位，具体进行生产系统的设计，包括运营技术选择、产品开发、工艺设计、设施选址与布置、工作设计和流程设计等。生产系统的不同设计决定了生产系统不同的运行方式。传统的生产系统设计只是考虑生产系统能完成已确定好的产品的生产，在当今环境下，生产系统的设计也需要考虑生产系统的柔性，即生产系统能适应产品品种、产量的变化，以提高对市场需求变化的反应速度。

相关链接

什么是柔性生产系统

柔性生产系统是指能够很好适应外部环境和内部环境变化的生产系统。柔性主要包括以下几种。

●机器柔性：当要求生产一系列不同类型的产品时，机器随产品变化而加工不同零件的难易程度。

●工艺柔性：一是工艺流程不变时自身适应产品或原材料变化的能力；二是制造系统内为适应产品或原材料变化而改变相应工艺的难易程度。

●产品柔性：一是产品更新或完全转向后，系统能够非常经济和迅速地生产出新产品的能力；二是产品更新后，对老产品有用特性的继承能力和兼容能力。

●维护柔性：采用多种方式查询、处理故障，保障生产正常进行的能力。

●生产能力柔性：当生产量改变、系统也能经济地运行的能力。对于根据订货而组织生产的制造系统，这一点尤为重要。

●扩展柔性：当生产需要的时候，可以很容易地扩展系统结构，增加模块，构成一个更大系统的能力。

●运行柔性：利用不同的机器、材料、工艺流程来生产一系列产品的能力和同样的产品，换用不同工序加工的能力。

需要说明的是，上述有关运营系统设计的内容只是提供一个整体的考虑，并不意味着企业在运营系统的所有构成要素上都进行投资。例如，苹果公司销售 iPhone 手机，但其并没有自己的工厂，手机的所有加工装配都是交由其他企业来做，自己只做研发和销售。苹果公司是一个特殊的例子，更多企业的做法是根据战略定位，结合自身实力，将部分业务外包或外协。

生产系统的运行管理就是在设计好的生产系统框架下，不断地进行综合平衡，合理分配人、财、物等各种资源，科学安排生产系统各环节、各阶段的生产任务，协调各方面的关系，对生产系统进行有效控制，确保生产系统的正常运行。具体涉及生产计划、组织与控制三个方面。

计划方面解决生产什么、生产多少和何时出产的问题，包括预测对本企业产品的需求，确定产品的品种与产量，设置产品交货期，编制运营计划，做好人员班次安排，统计生产进展情况等。

组织方面解决如何合理组织生产要素，使有限的资源得到充分而合理的利用的问题。生产要素包括劳动者（工人、技术人员、管理人员和服务人员）、劳动资料（设施、机器、装备、工具、能源）、劳动对象（原材料、毛坯、在制品、零部件和产品）和信息（技术资料、图纸、技术文件、市场信息、计划、统计资料、工作指令）等。

控制方面解决如何保证按计划完成任务的问题，主要包括接受订货控制、投料控制、生产进度控制、质量控制和成本控制等。

生产系统的维护与创新管理指维护现有生产系统的功能和提升现有生产系统的水平。具体包括设备管理、生产运行机制的变化和先进生产模式的应用等。

对于新创企业而言，运营管理的内容主要体现在运营系统的设计上，对于一个既有企业，运营管理的内容主要体现在日常的运行管理中，而对于一个有若干年历史的企业，运营管理的内容除了体现在日常的运行管理外，更多的是要考虑创新管理。

6.1.3 运营管理的任务与目标

生产管理的任务是通过合理组织生产过程，有效利用生产资源，适时、适量、适价、清洁、安全地生产出社会所需要的产品。从上述对运营管理任务的描述看，企业运营管理的目标包括以下三个方面。

（1）来自顾客的目标。来自顾客的目标即企业要围绕顾客所需要的产品数量、质量、交货期等目标，合理组织生产过程。在以上三个目标中，产品数量和质量属于生产计划的范畴，而交货期就成为生产组织的关键目标。为实现准时交货，企业应尽可能满足生产过程连续性的要求，即物料应处于不停的运动之中，没有或很少有不必要的停顿与等待现象。实现生产过程的连续性除了和生产系统空间上布局有关外，也与具体生产方式的选择有关，如准时化生产（just in time，JIT）就是一种能很好地实现生产连续性的生产方式。

（2）来自企业自身的目标。来自企业自身的目标包括效率、生产成本和安全。在当前竞争日益激烈的环境下，绝大多数的产品价格是由市场决定的，企业若想在市场竞争中获得优势，只能通过提高生产效率、降低产品生产成本来实现。生产事故的出现不仅会造成生命财产的损失，也会给企业带来极大的负面影响，因此，许多企业都将安全生产作为企业的重要生产目标。

（3）来自社会的目标。来自社会的目标主要指清洁，即生产过程应减少对环境的负面影响。企业的逐利性决定了企业很难自觉地将清洁作为自己的生产目标，但面对日益严重的生态环境，《中国制造 2025》将绿色制造作为一项重要的任务，政府对企业节能减排的管控将进一步严格，任何一个企业都不可能再忽视清洁这一目标。

在生产管理的众多目标中，有些目标是冲突的，如质量与成本、清洁与成本。企业需要对这些目标进行权衡。

6.2 企业选址决策

选址决策不是新建企业的专利，对一个既有的企业，当其发展遇到“瓶颈”或规模扩张时也会面临选址问题。

不同的选址不仅会影响初期的投资，而且会影响后续的经营成本和经营效果，关系到能否吸引优秀人才。对制造企业而言，选址建厂是一项巨大的永久性投资，一旦工厂建成，如发现厂址选择错误，要想改变将非常困难。

6.2.1　选址决策应考虑的因素

选址决策应考虑以下因素。

（1）成本。成本主要包括初期投资、运输条件和费用、劳动力费用、能源及水资源可获性与费用。

初期投资。对于需要建厂房的生产企业，需要考虑征地费用。相比较而言，经济发达地区征地费用高于其他地区，城市高于郊区，郊区高于农村。近年来一些产业园区、大学科技园纷纷出台优惠政策，将厂址选在这些地方也是不错的选择。

运输条件和费用。企业一切生产经营活动都离不开交通运输。在运输工具中，水运运载量大，运费较低；铁路运输次之；公路运输运载量较小，运费较高，但最具有灵活性，能实现门到门运输；空运运载量小，运费最高，但速度最快。在选址时，要考虑是接近原材料供应地，还是接近消费市场。

下述情况的企业应该接近原料或材料产地：原料笨重而价格低廉的企业，如砖瓦厂、水泥厂、玻璃厂、钢铁冶炼厂和木材厂等。原料易变质的企业，如水果、蔬菜罐头厂。原料笨重，产品由原料中的一小部分提炼而成，如金属选矿和制糖。原料运输不便，如屠宰厂。

下述情况的企业应该接近消费市场：产品运输不便，如家具厂、预制板厂。产品易变化和变质，如制冰厂、食品厂。

劳动力费用。对于劳动密集型企业，必须考虑劳动力的成本。设厂在劳动力资源丰富、工资低廉的地区，可以降低人工成本。对于大量需要具有专门技术员工的企业，人工成本占制造成本的比例很大，而且员工的技术水平和业务能力，又直接影响产品的质量和产量，劳动力资源的可获性和成本就成为选址的重要条件。

能源及水资源可获性与费用。没有燃料（煤、油、天然气）和动力（电），企业就不能运转。对于耗能大的企业，如钢铁、炼铝、火力发电厂，其厂址应该靠近燃料、动力供应地。水资源缺乏问题日益严重，但工业耗水万元产值耗水近 200 立方米，发达国家为 20～30 立方米，水的重复利用率仅为 50%，发达国家为 80%。

（2）用户市场。对于大多数服务业，由于其通常服务于有限的市场，而且用户也通常会选择就近的服务商，因此，其选址应尽可能靠近用户，如书店、复印店选择在学校附近。对生产型企业，用户若对产品售后服务有更高的要求，则也应尽量靠近用户。

那些需要与顾客直接接触的服务型企业服务质量的提高有赖于对最终市场的接近程度，设施必须靠近顾客群，因此，大部分服务业，由于需要与顾客接触都是面向市场选址。例如，一个理发店或一个超级市场，影响其经营收入的因素有多种，但其设施位置是否靠近顾客群对其有举足轻重的作用，如设施周围的人口密度、收入水平、交通条件等，将在很大程度上决定这种企业的经营收入。对于一个仓储或配送中心来说，运输费用是要考虑的一个因素，但快速接近市场可以缩短交货时间可能对其更重要。其他服务业如咨询、银行、房地产、维修、旅店、保健、教育、公用事业、政府等也都有不同程度地接近顾客与市场的要求。

（3）对员工的吸引力。选择交通相对便利、地理位置合适的地方。有些人在初次创业时会选择成本较低的地点，但这些地点往往相对偏远一些。虽然相对偏远的地方的确省钱（相当便宜），但是对于团队成员往往并不方便，特别是新加入的成员，意味着要搬离原有的地方，适应新的环境，无形中为公司的招聘增加了难度。

（4）接近竞争者。对于制造业的工厂选址来说，与竞争对手的相对位置有时并不重要，而对服务业，可能是一个非常重要的因素。服务型企业在进行设施选址时不仅必须考虑竞争者的现有位置，还需估计他们对新选址的反应。在有些情况下，选址时应该避开竞争对手，但对于商店、小吃店等，在竞争者附近设址却有更多的好处。在这种情况下，可能会有一种“聚集效应”，即受聚集于某地的众多设施吸引而来的顾客总数，大于分散在不同地方的这些设施的顾客总数，这就是形成某种特色商业一条街的成因，如建材城、汽配城、批发市场、小吃一条街等。

（5）地区的专业化、协作化水平。对于生产制造企业，考虑到制造成本和质量等情况，通常不会选择所有的零件和所有的工序都由自己来完成，在这种情况下选址时就应该考虑该地区的专业化与协作化水平，即需要外协的加工任务在该地区是否有合适的厂家可以承接。例如，某零件需要精密加工，如果需要送到外地的协作厂家来完成，成本就会增加很多。

（6）相关政策。近年来，各地纷纷设立创业园区，对于在该园区内创业的企业在税收等方面给予了很大的优惠政策。例如，苏州工商局于 2016 年 6 月 18 日出台了《发挥工商职能，支持扶持大学生创业就业的意见》（以下简称《意见》），要求全市工商系统创新思路和方法，为本管辖区内大学生创业就业创优环境，提供支撑。据了解，《意见》共分 8 条，主要涉及注册登记和营造良好创业就业环境两大部分。

如针对过去大学生创业中经常遇到的一些新兴行业、领域准入问题，注册资本按时到位及出资形式问题等，苏州工商局要求各基层工商分局（所）设立大学生创业注册登记专用窗口，安排专人负责其创业注册登记事项，并通过提前介入、延伸服务，辅导帮助大学生顺利创业。此外，对大学生自主创业成立的企业或个体工商户，要求除法律、法规另有规定外，一律实行“非禁即入”政策，全部给予放行。

同时，对其申办的个体工商户、个人独资或合伙企业，将不设注册资本限制，并在出资方式上，鼓励大学生以知识产权、科技成果等可评估资产作价出资。针对大学生创业初期可能遇到的融资难问题，还将允许其以股权出质融资。在大学生创业中，找不到合适的经营场所是个老难题，对此，《意见》推出了一系列扶持政策。

如将允许大学生租用、使用高校范围内的相应场地作为经营场所进行注册登记；在高新园区内成立企业的，提交设立申请时还可简化住所证明材料；将加大对各区域内大学生创业孵化基地和大学生创业园区扶持力度，对入驻基地（园区）内大学生创业企业的登记注册、品牌培育等，实行上门服务。

初创团队可以选择各种孵化器。很多城市现在都有各种各样的孵化器，这些孵化器本身往往能够拿到政府补贴，位置、提供的服务都不错，成本很低。如果能够入选，前几个月还会免费，之后可能要搬走，或者继续留着但交一定费用。这样的好处是能够享受到各种各样便利的服务，还有很多人可以交流，有创业氛围。但坏处是很多团队在一起办公，有时难免浮躁，不容易静下来按照自己的节奏走。所以初期比较建议去孵化器，而之后建议搬出来租自己独立的办公室。

尽量入驻创业孵化园创业。一则可以降低各种启动资金和经营费用，二则可以获取政府部门在政策和资金方面的扶持，三则可以得到资深创业专家的指导。

6.2.2　选址的方法

选址的方法包括因素评分法、重心法和计算机辅助选址。

1. 因素评分法

选址涉及众多因素，有些因素是难以量化的，有些甚至是矛盾的，全面比较不同选址方案，是一个多目标决策问题。

因素评分法的步骤如下。

（1）列出相关因素。

（2）对每个因素赋予一个权重。由于不同的目标对选址决策的重要程度不同，就要对不同的目标分配不同的权重，权重之和一般为 1.00。

（3）给所有的因素确定一个统一的数值范围（如 1～100），并在这个范围内对每个备选方案的所有因素进行打分。

（4）将每个因素的得分与它的权重相乘，再把每个方案各因素的乘积相加，得到各备选方案的总分。

（5）比较各方案的总分，选择分数最高的地点。

例如，有 3 个候选厂址，通过专家估计得到每个方案在各因素方面的得分，如表 6-2 所示。

表 6-2　因素评分法举例

选址因素	权重	候选厂址得分（0～100）		
		A	B	C
未来燃料可获性	0.20	100	70	80
水源供应的充足程度	0.15	80	80	100
劳动力供应情况	0.10	50	90	70
生活条件	0.10	40	80	60
运输的便利性	0.25	90	60	80
税收政策	0.20	80	90	40
合计	1.00	79.50	76.00	72.00

可见，候选厂址A的总分高于候选厂址B和C，如果不再考虑其他因素，按照因素评分法，应选择候选厂址A。

2. 重心法

当选址时考虑的因素只有物流强度时（此处的物流强度是广义的，也包含人的流动强度），重心法是常用的一种选址方法。例如，欲在某地区建一体检中心，则只需考虑该地区附近几个居民区的人口数。某连锁超市若建一配送中心，只需考虑各门店的货物销量。

在一个坐标系中，假设各点的坐标为（x_i, y_i），物（人）流量为m_i，则重心C的坐标可用以下公式计算：

$$\begin{cases} C_x = \dfrac{\sum m_i x_i}{\sum m_i} \\ C_y = \dfrac{\sum m_i y_i}{\sum m_i} \end{cases}$$

用此公式求出的重心点C只是选址的一个参考点，最终选址点的确定还要综合考虑C点周边的具体情况。

3. 计算机辅助选址

因素评分法和重心法是选址所用方法中比较简单的两种，近年来随着科学技术的发展，选址决策也融入了更多新的元素，如北京某公司将地理信息系统（geographic information system，GIS）与遥感影像技术（remote sensing，RS）用于ATM（automatic teller machine，自动柜员机）选址。地理信息系统提供了一整套空间操作规范来支持具有空间分布特性的ATM网点选址的应用模型，可以反映模型研究对象的分布、动态变化及相互作用。遥感影像则能及时地反映区域空间信息的变化，并且以更加直观的方式反映区域空间信息，从而使ATM网点选址决策更直观、实用和高效。基于地理信息系统与遥感影像技术建立ATM网点选址的数据仓库不仅可以很好地管理与选址有关的属性数据，而且能和地理位置很好地融合起来分析，进而为选址应用模型提供优质的样品数据，为科学的选址分析和推理打下基础。

6.3 企业设备/设施布置决策

选址工作完成后要做的就是将完成产品生产或服务提供所需要的设备/设施在有限的区域内进行布置，而进行设备/设施布置又与企业内部生产/服务单位的构成有关。

6.3.1　企业业务单位构成决策

1. 产品的结构与工艺特点

对于制造企业，应根据产品的结构和工艺特点设置相应的车间。例如，汽车制造厂，需要设置机械加工、热处理、锻造或铸造车间，而服装制造厂则需要设置裁剪、缝制、整理车间。即使对同一种产品，如果加工工艺不同，生产单位的构成也不同。例如，轮毂制造厂的毛坯，如果是铸造而成，则需要铸造车间；如果是锻造而成，则需要锻造车间。

对于服务企业，如果服务流程较长，也会相应地设置不同的业务单位，但更多的是按职能设置若干管理部门。

2. 企业的专业化与协作化水平

企业的专业化是以生产的产品品种多少和工艺类型与方法的单一化程度来衡量的。专业化程度高的企业，生产单位的任务比较单一，一般只设有相应工艺阶段的车间。对于初创企业，如果设厂地区的企业专业化、协作化程度较高，则不需要按完整的加工过程设置所有的车间，一些零件或加工工艺可由本地其他厂家外协来完成。

3. 企业的规模

企业规模的大小决定了企业业务单位的多少。企业初创时，一般规模都不大，业务单位少，业务范围较大，如个人投资办一个诊所，刚开始可能只有一个房间，也没有科室之分，但当它变得越来越大时，分工将越来越细，会设置内科、外科等科室，甚至内科又细分为呼吸内科、消化内科、神经内科等多个科室。

6.3.2　制造企业设施布置决策

制造企业设施布置决策包括厂区平面布置决策和车间内设备布置决策。

1. 厂区平面布置决策

工厂总体布置设计需要解决工厂的各个组成部分，包括生产车间、辅助车间、仓库、动力站、办公室、露天作业场地等各种作业单位和运输线路、管线、绿化及美化设施的相互位置，同时要解决物料的流向和流程、厂内外运输的连接及运输方式。

厂区平面布置应遵循如下原则。

（1）厂房的布置满足生产过程的要求，以避免互相交叉和迂回运输，缩短生产周期，节省生产费用。

（2）生产联系和协作联系密切的单位应相互靠近布置。

（3）充分利用现有运输条件。

（4）按照生产性质、防火和环保要求，合理划分厂区。

（5）在考虑防火和卫生条件下，总平面布置应力求占地面积最小。

（6）工厂布置应考虑有扩建的余地。

厂区平面布置可采用作业相关图法。

作业相关图法由穆德提出，它是根据企业各个部门之间的活动关系密切程度布置其相互位置。

首先将密切程度划分为A、E、I、O、U、X六个等级，各等级的含义如表6-3所示。根据该资料，将待布置的部门一一确定出相互关系，根据相互关系的重要程度，按重要等级高的部门相邻布置的原则，安排出最合理的布置方案。

表6-3 关系密切程度分类

代号	密切程度
A	绝对重要
E	特别重要
I	重要
O	一般
U	不重要
X	不予考虑

作业相关图法最初只用于各业务单位间存在非物流相关的场合，若各业务单位间的相关关系除了非物流关系还有物流关系，则需按二者的重要程度通过设计权重将其进行综合。

例如，一个快餐店欲布置其生产与服务设施。该快餐店共分成6个部门，计划布置在一个2×3的区域内。已知这6个部门间的作业关系密切程度，如图6-3所示，请做出合理布置。

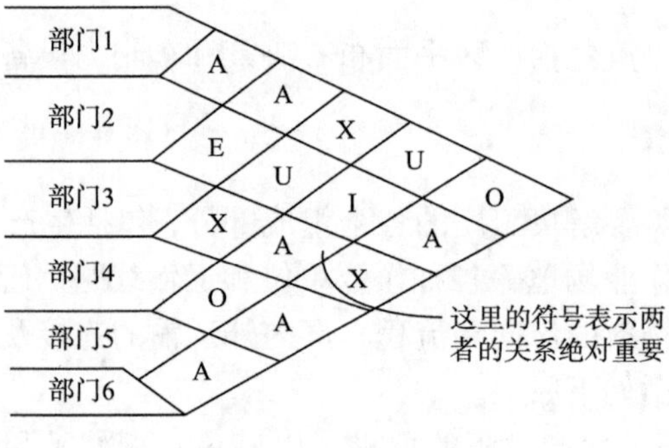

图6-3 作业相关图示例

解：第一步，列出关系密切程度分类表（只考虑A和X）

A	X
1-2	1-4
1-3	3-6
2-6	3-4
3-5	0
4-6	0
5-6	0

第二步，根据列表编制主联系簇，如图 6-4 所示。原则是，从关系“A”出现最多的部门开始，如本例的部门 6 出现 3 次，首先确定部门 6，然后将与部门 6 的关系密切程度为 A 的一一联系在一起。

第三步，考虑其他“A”关系部门，如能加在主联系簇上就尽量加上去，否则画出了分离的子联系簇。本例中，所有的部门都能加到主联系簇上去，如图 6-5 所示。

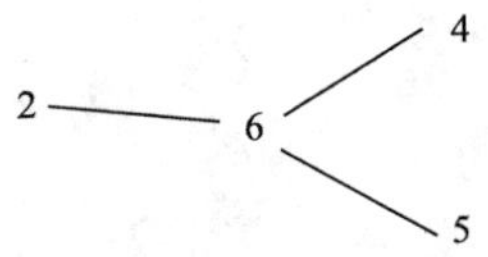

图 6-4　主联系簇

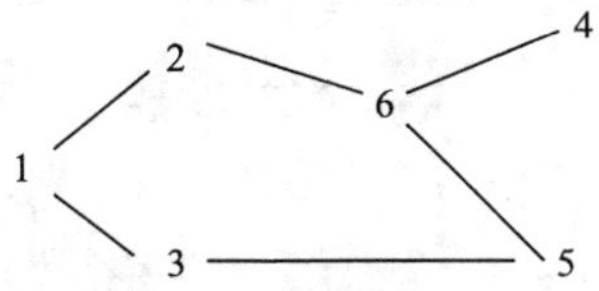

图 6-5　联系簇

第四步，画出“X”关系联系簇，如图 6-6 所示。

第五步，根据联系簇图和可供使用的区域，用实验法安置所有部门，如图 6-7 所示。

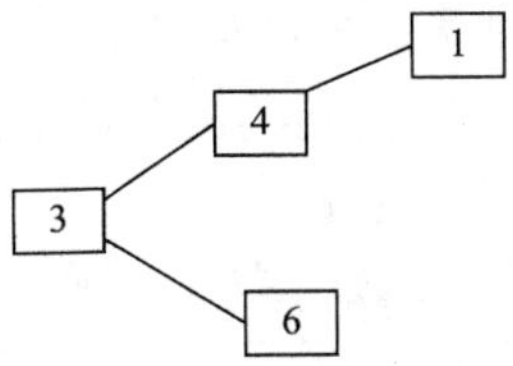

图 6-6　X 关系联系簇

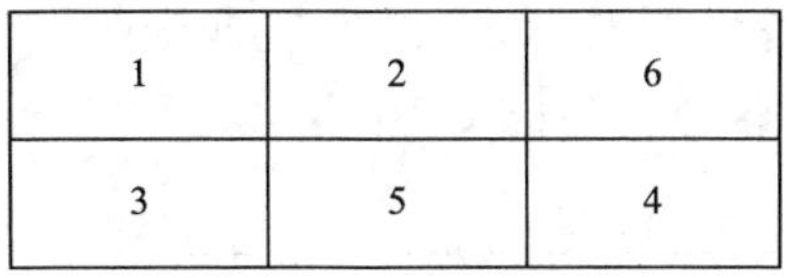

图 6-7　最后结果

2. 车间内设备布置决策

车间内平面布置包括对设备、仓库、道路、办公室、工人休息区等要素的布置，布置原则同厂区平面布置。本节主要介绍其中最重要的几种设备布置方式。

（1）固定式布置。固定式布置指加工对象位置固定，生产工人和设备都随加工产品所在的某一位置而转移。一些重型制造企业，如飞机制造企业（图 6-8）、造船厂等，加工的产品体积庞大，常采用这种布置方式。

（2）生产线布置。生产线布置也称流水线布置，指按加工对象的加工工艺流程布置相应的设备，常见的如流水生产线或产品装配线，如图 6-9 所示。

图 6-8 飞机制造企业

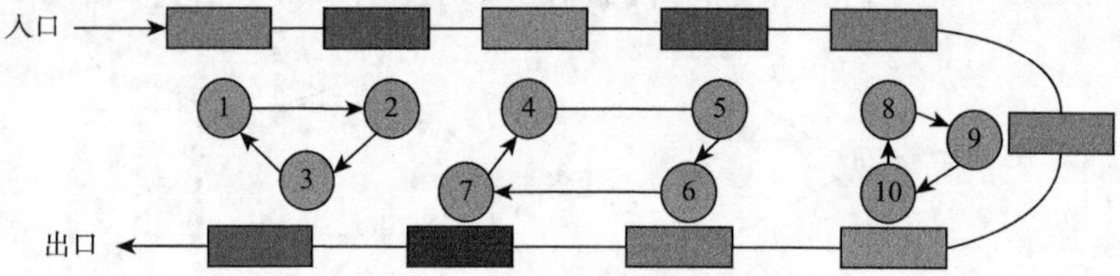

图 6-9 生产线布置示意图

图 6-9 中矩形方块表示完成产品加工的机器设备。

生产线布置最大的优点是生产过程在空间上紧密衔接，运输距离短，在制品少，易于管理，缺点是对品种变换的适应能力差。它适合大批量、连续生产。

（3）设备组布置。设备组布置即按照工艺专业化原则将同类机器集中在一起，完成相同工艺加工任务，如图 6-10 所示。

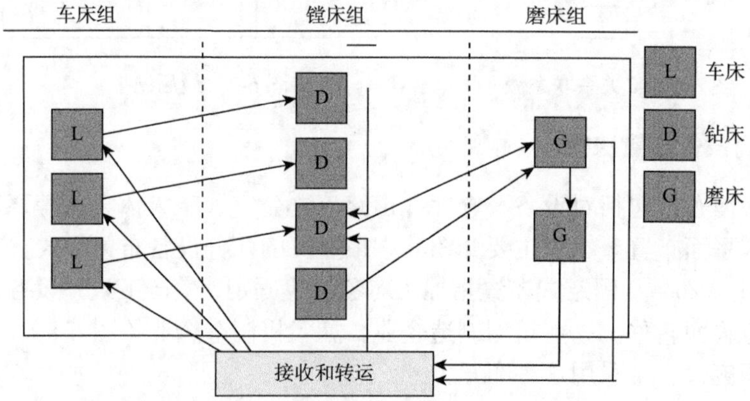

图 6-10 设备组布置示意图

设备组布置方法对产品品种变换的适应能力强，设备的利用率高；但产品的物流比较复杂，生产过程连续性差，在制品库存量也较高，整个生产周期较长。它适合多品种小批量生产。

（4）按成组制造单元布置。按成组制造单元布置的基本原理是，首先按照一定的标准将结构和工艺相似的零件组成一个零件组，确定出零件组的典型工艺流程，再根据典型工艺流程的加工内容选择设备和工人，由这些设备和工人组成一个生产单元，如图 6-11 所示。

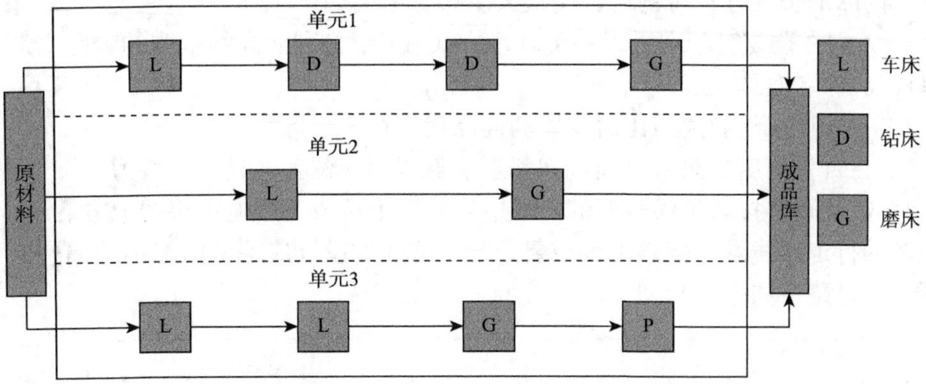

图 6-11　按成组制造单元布置示意图

成组制造单元布置具有流水线和设备组布置的优点，适合多品种中小批量生产。

6.3.3　服务业设施布置决策

服务业设施布置与制造业设施布置有较大的不同。本节只介绍办公室布置和零售业布置。

1. 办公室布置

办公室与生产制造系统相比，有许多明显不同的特点。

（1）生产制造系统加工处理的对象是有形物品，而办公室的处理对象则是信息及组织内外的来访者。

（2）办公室的工作效率往往取决于人的工作速度，而生产制造系统与设备速度有相当大的关系。

（3）办公室布置中，同一类工作任务可选用的办公室布置有多种。

（4）组织结构、各个部门的配置方式、部门之间的相互关系和相对位置的要求对办公室布置有更重要的影响。

办公室布置的方式有封闭式布置、开放式布置和半封闭式布置。

（1）封闭式布置。封闭式布置即设置单独的办公室，常见于中高层管理者的办公室，具有较强的私密性。

（2）开放式布置。开放式布置即若干人集中在一个大的办公室，彼此之间无遮挡，常见于普通员工的办公室。该种布置方式的优点是员工间便于交流和相互监督，缺点是私密性差。

（3）半封闭式布置。半封闭式布置即若干人集中在一个大的办公室，但彼此之间有隔断遮挡，同样用于普通员工的办公室。该种布置方式既便于员工间的交流，同时也具有一定的私密性，应用极为普遍。

2. 零售业布置

零售业布置中需要对办公室、仓库、货架、指示标牌等要素在有限的区域内进行合理安排，商品的摆放方式对销售影响很大。布置原则如下。

（1）人们在购物时倾向于以一种环形方式进行，将利润高的常购的物品沿墙四周摆放可以提高购买的可能性。

（2）在过道末端的商品比通道里的商品卖得快。

（3）在百货商店，离入口最近和邻近前窗展台的位置最具销售潜力。

（4）需要顾客排队等候服务的区域应安排在上层或不影响销售的地方。

顾客的行走路线设计同样也很重要。行走路线的设计应保证顾客不遗漏任何一个货架，不走重复路，如图 6-12 所示。

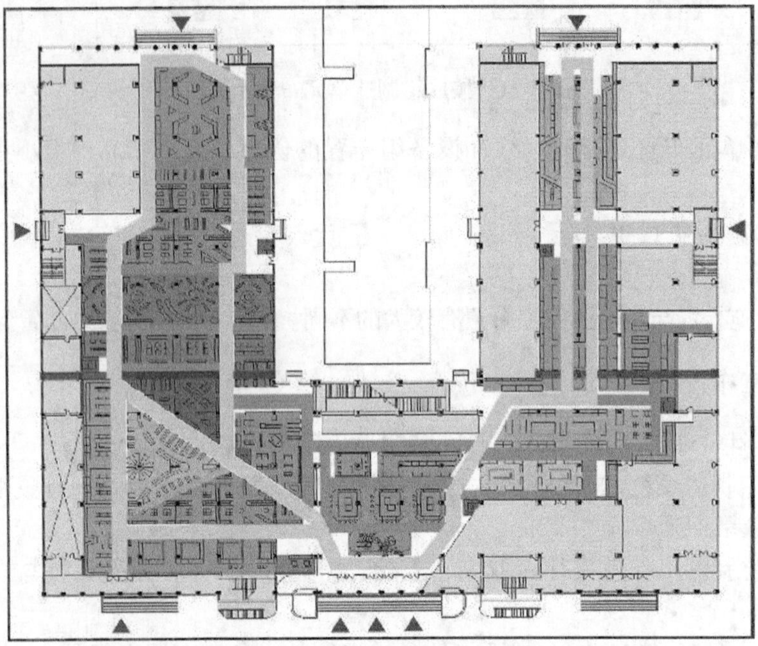

图 6-12 顾客行走路线的设计

6.4 服务运作流程设计

1. 服务产品的构成要素

在 ISO 9000 系列标准中，对服务所做的定义是：服务是为满足顾客的需要，在同顾客的接触中，供方的活动和供方活动的结果。服务产品的构成要素包括以下几项。

（1）“显性服务”要素：服务的主体、固有特征，服务的基本内容。

（2）“隐性服务”要素：服务的从属、补充特征，服务的非定量因素。

（3）“物品”要素：服务对象要购买、使用、消费的物品和服务对象提供的物品。

（4）“环境”要素：提供服务的支持性设施和设备，存在于服务提供地点的物质形态的资源。

表 6-4 所示为几种典型行业服务产品的构成要素。

表 6-4　几种典型行业服务产品的构成要素

行业	环境要素	物品要素	显性服务要素	隐性服务要素
餐饮业	餐馆、烹调设备、装修、布置、氛围	食品、饮料、餐具、包装物	充饥、解渴	整洁、明快、卫生、可口、快捷、方便
酒店业	酒店及相关设施	提供给顾客的日用品、食物、卧具等	休息、住宿	安全感、愉悦感、舒适感、服务态度等
航空业	机场设施、飞机	为旅客提供的食品、用具等	到达目的地	准时、安全、快捷、舒适、服务态度
零售业	店铺、货架、布置、氛围	商品、购物车、购物袋	购买所需商品	便利、优惠、服务态度、结账速度

2. 服务设计的工具

Shostack 在 1984 年首次提出服务蓝图技术，并指出服务蓝图是一种准确地描述服务体系的工具，它借助于流程图，通过持续地描述服务提供过程、服务遭遇、员工和顾客的角色以及服务的有形证据来直观地展示服务，如图 6-13 所示。

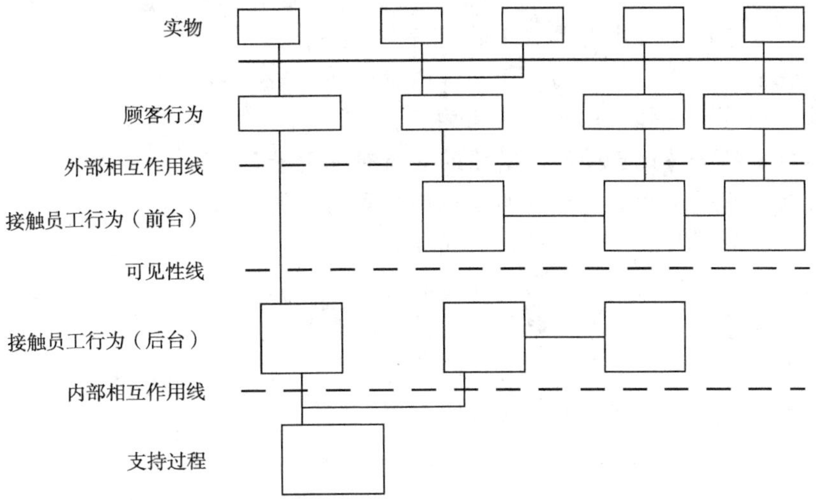

图 6-13　服务蓝图

（1）顾客行为，这部分主要围绕着顾客在采购、消费和评价服务过程中所采取的一系列步骤、所做的一系列选择、所表现的一系列行为以及它们之间的相互作用来展开。

（2）前台员工行为的接触，主要就是在接触人员的行为和步骤中，顾客看得见的部分。

（3）后台员工行为的接触，主要是指那些顾客看不见的、支持前台活动的行为。

（4）服务的支持过程，这一部分主要包括传递服务过程中的各种内部服务过程及其步骤和它们之间的相互作用。

3. 服务设计的步骤

服务设计包括以下四个基本步骤。

（1）明确服务过程：确定服务的输入、流程与输出，描绘蓝图，划分步骤。

（2）识别容易失误的环节：找出服务过程中可能由于人员、设备以及其他特有原因容易出现失误的环节，以便进行有针对性的监测、控制和修正。

（3）建立时间框架：按照顾客所能接受的标准确定每个环节的时间标准。

（4）分析成本收益：对每一环节以及整个服务系统的成本与收益进行分析，并加以改进，以提高效益。

服务设计的直接成果是一个科学的服务流程，该流程可以保证在自身能力有限的前提下，使顾客等待时间最短、服务体验最佳。如果顾客等待不可避免，就应该根据顾客等待心理学原理，采取必要的措施让顾客的等待不再是急不可待。

相关链接

顾客等待心理学

- 无所事事的等待比有事可干的等待感觉要长。
- 过程前、过程后等待的时间比过程中等待的时间感觉要长。
- 焦虑使等待看起来比实际时间更长。
- 不确定的等待比已知的、有限的等待时间更长。
- 没有说明理由的等待比说明了理由的等待时间更长。
- 不公平的等待比平等的等待时间要长。
- 服务的价值越高，人们愿意等待的时间就越长。
- 单个人等待比许多人一起等待感觉时间要长。
- 令人身体不舒适的等待比舒适的等待感觉时间要长。
- 不熟悉的等待比熟悉的等待时间要长。

6.5 企业物资采购管理

企业建设阶段，需要采购生产设备和办公设备，企业建成后，要组织生产，采购原材料、辅助材料、劳保用品和办公用品，有些企业甚至需要采购软件，所有这些我们统称为物资采购。由于篇幅所限，本节只对企业运行过程中的物资采购做一简单概述。

6.5.1　采购过程与采购管理的概念

采购是企业中最常见的一种经济行为。企业采购是指企业根据生产经营活动的需要，通过信息收集、整理和评价，寻找、选择合适的供应商，并就价格和服务等相关条款进行谈判，达成协议，以确保需求得到满足的活动过程。采购除了以购买的方式占有物品之外，还包括以租赁、借贷、交换的方式取得物品的使用权。

采购管理是指为保障企业物资供应而对企业的整个采购过程进行计划、组织、指挥、协调和控制的活动。

6.5.2　采购的分类

按不同的标准分类，得到不同的分类结果，如表 6-5 所示。

表 6-5　采购分类一览表

分类标准	内容
采购的主体	集中采购、分散采购
采购的范围	国内采购、国外采购
采购的时间	长期合同采购、短期合同采购、现场采购
采购的方法	JIT 采购、MRP 采购、供应链采购、电子商务采购
采购的方式	招标采购、议价采购、比价采购

按采购主体进行的分类主要是针对规模较大的企业，集中采购是指企业的所有采购活动由专门的业务单位统一来进行，而分散采购是指各业务单位自行采购所需要的物资。

6.5.3　采购过程

采购过程大体分为九步，如图 6-14 所示。

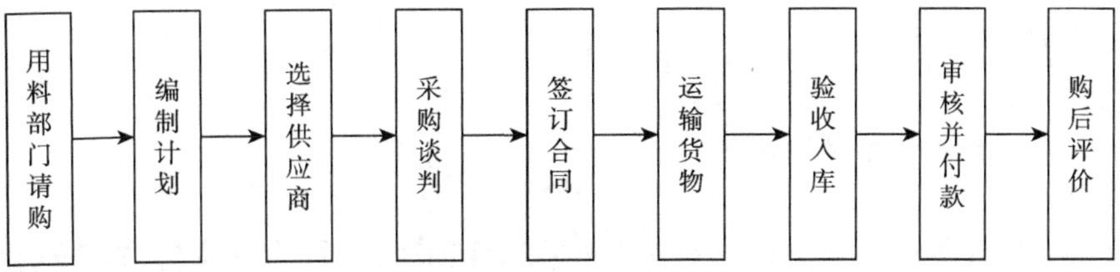

图 6-14　采购过程

（1）用料部门请购。请购单须有用料的详细说明，如物料的名称、规格、型号、数量、交货日期及其他特殊要求。

（2）编制计划。采购部门对申报采购的物料，根据需要与可能，汇总平衡后，做出采购决策，包括品种决策，即物料的品种、规格、型号及功能等；数量决策，即计划期内应当采购的数量；批量决策，即每次进货的批量是多少；时间决策，即每批物料进货的时间；采购方式决策，即采用何种方式采购，是集中采购还是分散采购，是传统采购方式采购还是现代采购方式采购，是国内采购还是国外采购，最后形成采购计划。

（3）选择供应商。选择供应商是采购的基本环节，优秀的供应商群体，是采购目标实现的基础。要通过供应商的调查、供应商的审核认证、供应商的考核，选择优秀的供应商作为合作伙伴。选择供应商时，一般会综合考虑供货的质量、价格、供应商的交货能力、服务、柔性、位置、信誉等各种因素。

（4）采购谈判。无论采取何种采购方式，都离不开与供应商的谈判。谈判要坚持正确的原则，要讲究谈判策略，大宗货物的采购谈判要由有经验的谈判者承担。谈判关乎采购的全局，不可有任何闪失。

（5）签订合同。谈判的成果、供需双方的权利义务及所达成的其他共识，要通过合同的形式确立下来，以提供法律上的保障。

（6）运输货物。货物的运输通常由供应商组织，有时由采购方自行组织。在采购方自行组织的情况下，有多种运输方式可供选择，如公路运输、铁路运输、水路运输、航空运输、联合运输等。究竟选择何种运输方式，要依据货物的性质、运费的高低、时间的急缓、货损的大小、运输的安全等进行综合考虑，做出正确决策。

（7）验收入库。货物验收入库是采购业务操作的最后一个环节，也是一个关键性环节。验收包括品种、规格、质量、数量等方面的内容。对验收过程中发现的问题要依照规定妥善处理。不合格品不得入库，更不能进入生产过程。否则，不仅造成人力、财力资源的巨大浪费，而且一旦生产成品进入市场，还会损害消费者的利益，有损企业的形象，不利于企业的长远发展。

（8）审核并付款。货物检查合格入库后，必须按合同的规定及时支付货款。货款结算的方式有支票、汇票、本票、异地托收承付、委托银行收款和信用卡支付等多种。市场经济要讲究诚信，不讲诚信的企业，必将被市场淘汰。

（9）购后评价。购后评价有两方面内容：一方面是对采购绩效做总结，发扬优点，克服不足，进一步提高采购质量；另一方面是对采购人员的表现做总结，表扬先进，找出差距，做好今后工作。

6.5.4 物品分类采购策略

采购的物品有各种分类方法，根据年购买量和采购产品的风险与采购机会将采购物品分为常规物品、瓶颈物品、关键物品和杠杆物品四类。

1. 常规物品采购策略

常规物品是指采购风险小、企业每年的采购量也很小的产品。常规物品通常有很多的供应商和种类，而且产品都已标准化，采购风险低。企业每年采购常规物品的数量和金额很小，每个企业每年的购买额只占供应商销售额的很小比例。

常规物品有很多的供应商可供选择，其产品标准化程度高，而企业每年的购买量很小，所采购物品对采购商风险低，且企业每年的购买额只占供应商销售额的很小比例。据此常规物品的采购对策如下。

简化采购过程，达到管理成本以及与供应商的交流的最小化。常规物品不需要选择多家供应商提供，只需选择一个优先供应商，并与其签订长期、无定额或永久性的合同，在增加对供应商的吸引力的同时提高议价能力。

常规物品理想的供应商应该能够长期提供多品种的低值易耗商品。理想的供应商应当不仅供给流程简单、持续可靠而且负责高效。最好能够提供一个月度或更长时间的整合单据以便采购商进行检查，且愿意安排专门的客户经理来处理与采购商的相关事宜。

在采购常规物品时，应了解采购的工作流程并制定简化流程的办法。常规物品由于风险低金额少，因此初级采购员即可胜任采购工作。在签订无定额合同时，则需要高级采购员来与供应商进行谈判。

2. 瓶颈物品采购策略

瓶颈物品是指采购风险大，而企业每年需求量不大，但又不可或缺的产品。能供给瓶颈物品的供应商数量较少，产品多是非标准化的，因此采购风险很高。而企业每年采购瓶颈物品的数量和金额很小。

瓶颈物品对采购方风险高，但是由于瓶颈物品是非标准化产品，所以供应商数量较少。企业每年的采购额较小，因此企业对供应商几乎没有什么吸引力。瓶颈物品的采购对策如下。

首先应注重如何降低风险，其次才考虑价格与采购成本。此外，企业应尽量从一个供应商处采购以提高议价能力；如有需要，也可确定两个供应商，一旦供应链出现问题，则有后备供应商可用。与供应商建立紧密的长期合作关系或者与供应商商定一个固定量的供应量以降低风险，并与供应商签订长期合同。

理想的瓶颈物品供应商应当是可靠的，且不会滥用其强势的议价能力。理想供应商不但要具备长期供应所需产品的意愿和能力，而且当上游供应链出现问题时，供应商有明确战略来应对这种风险。

企业的采购部门需要培养良好的团队精神，与公司其他部门合作以降低公司风险。在采购时应给供应商留下好印象，并应努力成为一个优秀的关系管理者，以维持和供应商的业务关系，而不是做一个难缠的谈判者。

3. 关键物品采购策略

关键物品是指采购风险较大，企业采购量很大的产品。这种产品一般是非标准化的，只有很少的供应商可供选择，较难找到替代产品或供应商，因此对企业的风险很高，而每年采购数量和金额很大。

关键物品大多都是非标准化产品，企业可供转换的供应商数目有限，且每年的采购量很大，关键物品对采购商的风险很高。但是由于采购量大，企业对供应商的吸引力也较大。关键物品的采购对策如下。

在采购关键物品时，企业应从一个供应商处购买，最好能与供应商发展合作伙伴关系，并采用长期“合作伙伴关系”合同，以降低风险并锁定将来的成本。

在中长期内，理想的供应商应当拥有成本和技术优势，并能够降低任何来自上游供应商的风险。供应商应当愿意与企业之间建立合作伙伴关系，与采购商持有相互兼容的商业战略，不滥用议价能力且不能和采购商竞争对手建立相似的合作关系。

企业必须具有创造性，且应积极主动地建立和推动与供应商的合作伙伴关系。企业的谈判者在谈判时应从战略全局出发，不能破坏与供应商的合作关系。由于关键物品对采购商来说十分重要，因此任何有关关键物品的采购决策都应该由最高管理层做出。

4. 杠杆物品采购策略

杠杆物品是指采购风险小、但企业每年的采购量都很大的产品。杠杆物品通常有很多可供选择的供应商，产品也已标准化，采购风险低。企业每年的采购数量和金额很大，这种大额采购增加了企业对供应商的吸引力。

杠杆物品采购风险小，但企业每年的采购量很大，因此采购商的议价能力很强，价格变化对采购方的影响很大，当价格差异大于转换成本时，企业会考虑更换供应商。

转换成本（switching cost）包括：合同谈判时设计的费用，员工重新培训的花费，流程与设计改变的成本，废弃已有库存的成本，终止原有合同的违约金，新合同起步阶段的低效率，等等。同时，供应商的一些行为也会增加转换成本，如提供优惠和折扣以保持顾客忠诚度，与采购方高层或技术人员保持密切联系，提供免费培训或其他服务等。

因此，杠杆物品的采购战略取决于：供应商之间的价格差异水平，以及转换成本的水平。较大的价格差异使得企业在多个供应商之间选择，而较高的转换成本导致企业只能专注于一个供应商，使得总成本最小。

若企业采用现货购买方式时，理想的杠杆物品供应商应拥有基本的供货能力；若采用期限合同采购方式，理想的供应商应当是在短期和中期都有成本优势的供应商；而如果采用长期合同，理想的供应商应当是在与采购商确定了采购合同后，不会滥用其议价能力的供应商。

采购商应成为在正常交易关系谈判中强有力的谈判者，并充分利用其强势的议价能力，以获取最大的利益。若转换成本较高，那么管理人员还需擅长确立和维持与供应商的合作关系。

6.5.5 降低采购成本的方法

降低采购成本有以下几种方法。

1. 利用电子采购

电子采购是指通过在互联网上发布求购信息，吸引更多供应商供货的一种采购方式。这种采购方式可以让全球的供应商报价与竞价，从而选择综合成本最低的供应商。同时，这种采购方式可以节省大量人力和物力，减少采购的管理成本，提高采购效率。

2. 集中采购

对于规模较大的公司，可以将采购业务集中，由专门的部门负责整个公司的物品采购，从而可以较大批量采购，享受批量采购的价格折扣，降低采购成本。

3. 外包采购

对于一些小企业，由于它们的采购数量小，采购价格优势不明显，因而把自己的采购业务外包给那些采购能力强的中间商或企业机构，自己则把主要精力放在生产经营上。这也能大幅度地控制采购成本。

4. 把握价格变动时机

物品的价格一般都会随着供求格局的变化而上下浮动，企业如果能比较准确地把握物品价格的周期波动规律，在物品价格接近谷底时购进，也可避免在未来价格高时购进而多支付货款。当然这一方法的应用要考虑提早购进所带来的库存成本的增加。

5. 向制造商直接采购或结成同盟联合订购

向制造商直接采购，可以减少中间环节，降低采购成本，同时制造商的技术服务、售后服务会更好。另外，有条件的几个同类厂家可以结成同盟联合订购，以克服单个厂家订购数量小而得不到优惠的限制。

6.6 生产计划管理

6.6.1 企业生产计划体系

生产计划是企业计划体系中的重要组成部分。按照时间不同，企业生产计划分为年度生产计划、产品出产进度计划和生产作业计划三个层次，如图 6-15 所示。

企业根据战略计划的目标要求，结合市场需求情况，制订销售计划；生产部门根据销售计划来制订年度生产计划（企业也称“生产大纲”），再按照一定的原则将年度生产

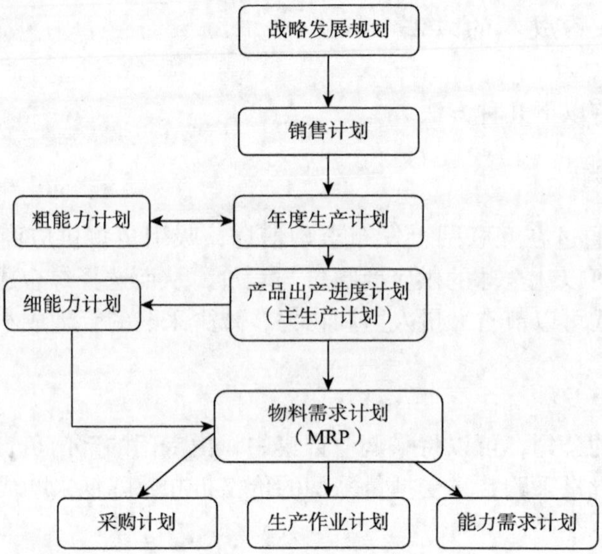

图 6-15 企业生产计划体系

计划细分为具体到每个月的产品出产进度计划（实施 ERP 的企业称为“主生产计划”），出产进度计划再具体到每天、每个车间机台就形成了生产作业计划。

企业年度生产计划是资源性的，是企业资源综合平衡的结果；产品出产进度计划是指导性的；生产作业计划是指令性的。

对于一个初创企业，生产计划的编制往往需要手工来完成，应更多地注意各环节的平衡。目前越来越多的企业应用 ERP（enterprise resources planning，企业资源计划）系统进行生产计划的编制，ERP 系统完成生产计划管理模糊了不同层次的生产计划，下面主要介绍 ERP 系统。

6.6.2 企业生产计划的编制工具——ERP

1. ERP 的发展历程

20 世纪 60 年代中期，美国 IBM 公司的管理专家及其合作者奥利弗提出了独立需求和相关需求的概念，并在此基础上提出了 MRP（material requirement planning，物料需求计划）理论。MRP 理论最初是用于企业库存管理，随后开始扩展到生产计划的制订，并从最初的 MRP 发展为闭环 MRP、MRPⅡ（manufacturing resources planning，制造资源计划）、ERP，目前有专家提出 MRP 已从 ERP 发展到 ERPⅡ。各阶段系统功能的扩展如图 6-16 所示。

2. MRP 的基本原理

MRP 是物料需求计算器，它是由产品的需求量推导出零件与材料的需求量；由产品的交货期展开成零部件的生产进度日程和原材料、外购件的需求日期。MRP 系统的组成如图 6-17 所示。

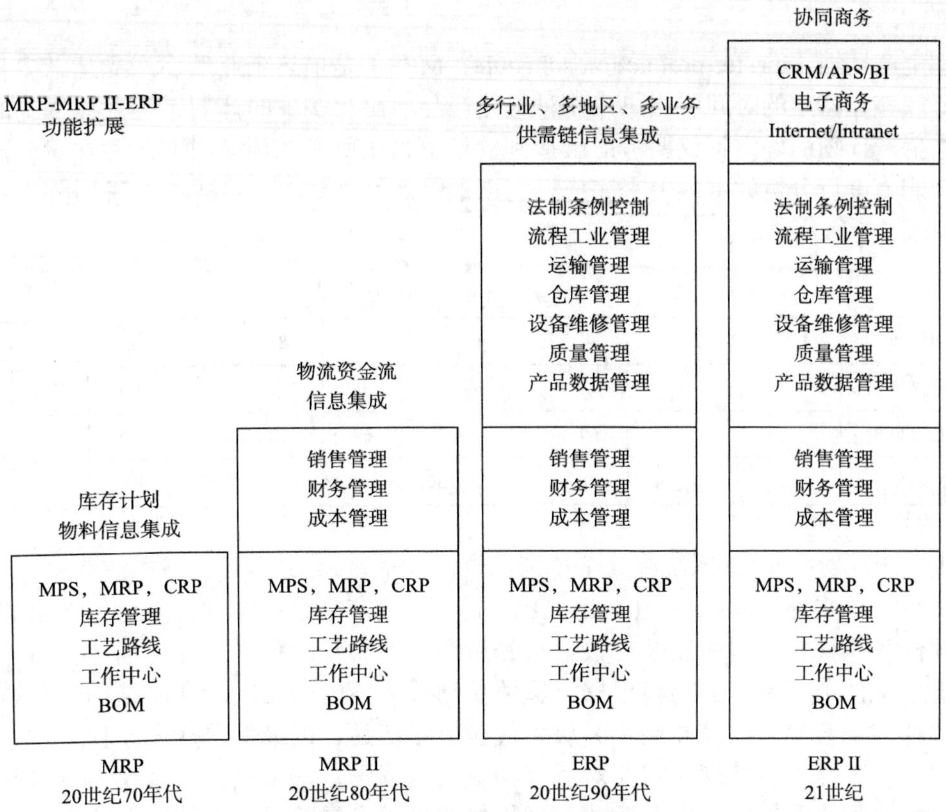

图 6-16　MRP 各阶段系统功能的扩展

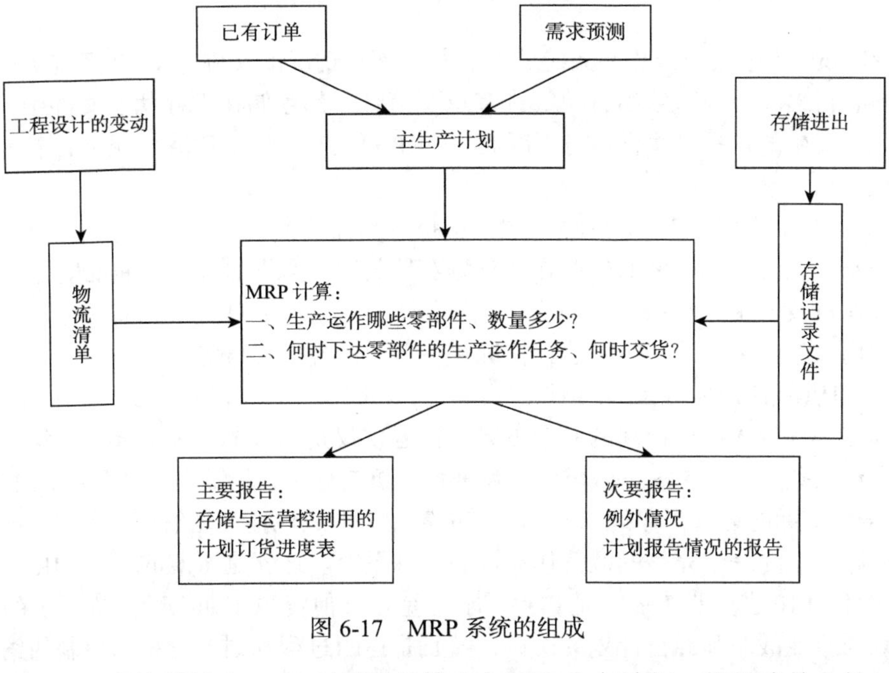

图 6-17　MRP 系统的组成

（1）MRP 系统的输入。MRP 系统的输入包括主生产计划、物料清单文件、库存状态文件。

主生产计划（master production schedule，MPS）是描述企业最终产品运营安排的计划，即回答在特定的时间应当出产哪种最终产品、出产多少的计划，一般以周为时间单位。主生产计划的确定不仅要考虑已接到的订单，还要考虑预测因素，并在对所需的关键运营能力进行分析的基础上来完成，它以最终产品为对象，可通过二维矩阵形式来表示，如表 6-6 所示。

表 6-6 主生产计划表

周	1	2	3	4	5	6	7	8	9	10	11	12
三抽屉文件柜							100			120		150
四抽屉文件柜				60			60	120		60		
办公桌						150	150		90			

主生产计划在 MRP 系统中处于特别地位，是驱动 MRP 运行的基本信息。

物料清单文件（bill of materials，BOM），又称产品结构文件，是对一个最终产品的零部件和原材料的构成以及在数量与先后顺序上相互间关系的完整描述。可见，在物料清单文件中，不同的物料根据隶属关系划分为不同的层次。产品结构越复杂，层次数就越多。通常，以最高层（0 层）代表最终产品，以最低层代表原材料或外购零部件。为便于计算机处理，需要对所有物料进行编码，它不仅可以替代物料名称，而且还能指出物料所处的层次，反映各种物料的母子隶属关系。必须注意的是，当相同的物料出现在不同层次上时，应取其最低层进行编码，而且每种物料的编码应该是唯一的。

库存状况文件是记录 MRP 系统的所有物料库存情况的文件。MRP 系统关于应当订什么物料、订多少、何时发出订单等许多重要信息，都存储在库存状态文件中。由于要及时登记所发生的每一笔库存业务，因此，MRP 每运行一次，库存状况文件就发生一次大的变化。

（2）MRP 的输出。MRP 的输出包括主报告和辅助报告。主报告面向库存和运营的计划与控制，主要包括零件的生产作业计划和原材料的采购计划。辅助报告的作用在于分析、控制和支持 MRP 系统的运行。其内容较广泛，包括对未来各需求方案的效果进行模拟的仿真报告、对计划实际执行情况存在差异的分析报告等。

MRP 提供的各种物料在未来不同时间的需要量的信息，实际上给出了外购件、原材料采购和零部件投入出产计划的一个方案，但这仅仅是初步的方案，还必须结合企业的运营能力约束条件，对方案是否切合实际进行分析与评价，并做出适当调整。只有这样，MRP 才符合实际的运营作业计划管理工作的需要，形成包括计划编制、实施和控制功能的环形回路，成为一个完整的运营作业计划管理系统。这就是所谓的闭环 MRP。

对闭环 MRP 进一步扩展，把物料需求与企业其他资源（如人力、资金）的平衡、运营计划与企业战略和经营计划的协调，特别是运营过程和财务分析与控制的结合等有关内容包括进来，而且企业其他部门要根据 MRP 提供的信息编制和协调各自的计划，

MRP 系统发展成为 MRPⅡ。

MRPⅡ的基本思想是，应用系统论的观点，把企业作为一个有机整体，从整体最优的角度出发，科学、有效地计划、组织、控制和协调企业的人、财、物的资源和产供销活动，以充分利用企业的各项资源，保证各项活动协调发展，进而提高企业的管理水平和经济效益。

MRPⅡ系统实现了物料流和资金流及其管理的集成统一。在 MRPⅡ系统中，所有物料同时被赋予货币属性，由物料采购计划可以直接导出采购预算，由运营计划可以导出运营成本计划以及库存资金占用计划，由销售计划可以导出销售收入和利润计划。这意味着可以将企业的运营活动和财务活动结合起来，把运营活动纳入提高企业经济效益这一根本目标的控制之下。

MRPⅡ系统实现了企业各部门活动的集成统一。在 MRPⅡ系统出现之前，企业的运营、财务、销售、供应、设备、技术、人事等子系统都是各自独立运行的，缺乏协调，常常发生互相扯皮、互相埋怨的现象。直到 MRPⅡ系统的出现，企业才可以给出一个合理可行且完整详细的计划，为各部门开展工作建立了一个共同的平台，为密切各部门的联系、统一各部门的活动提供了科学的基础。

MRPⅡ解决了企业内部的物流问题，当越来越多的企业应用 MRPⅡ后，人们发现可以把不同企业的 MRPⅡ系统集成起来，形成从原材料起点到最终用户的一个供应链。沿着这个方向发展 MRPⅡ的新一代应用系统，即 ERP。

最近几年，随着互联网和电子商务的发展，协同商务正成为新的商业模式，以企业为中心、以内部资源和效率的优化为使命的传统 ERP 已经受到质疑，ERPⅡ已经开始萌芽。

ERPⅡ是指通过支持、整合和优化针对具体行业的公司内部和公司之间的合作、运作和财务过程来创造顾客与股东价值的一种商务发展战略和一套软件应用系统。它强调未来的企业注重深度行业专业分工和企业之间的交流，而不仅仅是企业业务过程管理。

ERPⅡ系统具有六个基本特征，分别从业务、应用和技术方面定义了其战略取向。

（1）ERPⅡ的作用：从传统 ERP 的资源优化和业务处理扩展到利用企业间协作运营的资源信息，并且不仅仅是电子商务模式的销售和采购。

（2）领域：ERPⅡ的领域已经扩展到非制造业。

（3）功能性：超越传统通用的制造、分销和财务部分，而扩展到那些针对特定行业或行业段业务。

（4）业务处理：从注重企业内部流程管理发展到外部联结。

（5）系统结构：不同于单调的 ERP 系统结构，ERPⅡ系统结构是面向 Web 和面向集成设计的，同时是开放的、组件化的。

（6）数据处理方式：不同于 ERP 系统企图存储所有数据在企业内部，ERPⅡ面向分布在整个商业社区的业务数据进行处理。

3. ERP 系统成功实施的条件

随着越来越多的企业实施ERP，人们也发现并非所有实施ERP的企业都取得了成功，实践证明，要成功实施ERP，必须具备一些基本条件。

客观需要是实施的基本条件。实施ERP不是赶时髦，只有当企业真正感觉到有必要应用ERP系统时（通常是多品种生产、零件及原材料种类多的企业），ERP的实施才能真正发挥其功效。

组成以企业主管领导为首的决策机构，是实施成功的重要条件。

完整和准确的数据是ERP实施的基础。美国生产管理专家菲利普·奎克利在美国工业工程杂志上提出检验数据正确性的三个抽样检查测试。

（1）将已装箱和准备发货的最终产品拆散，并将之与BOM（bill of materials，物料清单）相核对，必须100%的准确。

（2）从库中取出三种样本零件，将其实际库存量与库存记录相对照，应在1%～2%的误差范围内。

（3）从不同部门取得的信息误差应在允许范围之内。

教育培训提高职工队伍素质，是实施ERP的重要保证。ERP系统在企业的实施要求企业必须对现有的业务流程按供应链管理的思想进行优化，业务流程的优化势必改变员工业已熟悉的工作习惯和工作方式，因此，教育培训工作必不可少。

4. ERP 系统软件的选择

ERP系统软件的选择涉及两个问题：一是自行开发还是引进？二是若引进，是用国外产品还是国内产品？不同的选择利弊不同。

（1）自行开发。自行开发的益处是：多方组成的软件开发人员参与业务流程优化与重组，有利于业务流程优化与重组具体软件实现；可以只进行必要功能模块的开发，使新系统更有针对性；系统出现问题或需改进，企业内部人员能够进行快速的自我支持与维护；可减少年维护费用的投入；为企业IT部门锻炼了一支队伍。自行开发的弊端是：可能得不到领导层的一贯全力支持；项目开发人员协调不善，开发进程受挫，甚至导致项目流产；项目组人员变更影响到项目进度；软件每年的升级问题，都会牵涉多方面的工作。

（2）购买国外软件。购买国外软件的益处是：国外软件本身蕴含了许多管理的先进思想和手段，为企业流程优化与重组提供了可借鉴的“参考模型”，能够较显著地提高流程优化与重组的效率；一般全面集成性、技术稳定性、功能灵活性、系统开放性较强，为企业的不断发展与改变留有较大的空间；比较重视售后服务，在问题响应等方面比较规范；在升级维护方面的支持比较及时，有利于企业信息系统的更新；国外ERP软件厂商的咨询合作伙伴较多，有助于企业找到合适的管理咨询伙伴；国外ERP软件开发公司的发展较稳健，对选用其产品的企业来讲，是比较理想的长期合作伙伴。购买国外软件的弊端是：软件购置费用与年维护费用较高；企业的管理基础水平不能适应软件的需要；用户化与二次开发的工作量太大，延误项目进程；软件文档或资料没有汉化，企业人员学习与掌握起来难度大。

(3) 购买国内软件。购买国内软件的益处是：支持网点多，企业可以得到比较方便的当地响应，也可节省费用；复杂程度低，更符合中国人的思维习惯，易学易用；文档资料不存在汉化的工作，可以直接应用；对企业管理基础水平以及人员素质等要求较低，更适合基础相对薄弱的企业；在适合我国企业的管理规范与处理惯例方面有较多的考虑，从而在这些方面的用户化工作比较少；在购置与维护方面的价位一般比较低，企业的资金投入压力小。购买国内软件的弊端是：软件功能的全面集成性、稳定性不能满足某些企业需要；某些国内 ERP 厂商发展不是十分稳健，长期合作存在隐患；当企业经过一段时间的发展之后，要考虑 ERP 的换代问题。

6.6.3　处理非均匀需求的策略

无论是制造业还是服务业，都可能面临需求非均匀的情况，服务业比制造业更明显。当需求非均匀的时候，企业往往会非常头痛能力与需求的矛盾处理问题。在实践中，有两种策略：一是改变需求，二是调整能力。

1. 改变需求的策略

维持一个固定的服务时刻表，如客运中飞机航班、火车时刻表等。

采用预约制度。常见于律师、医生的服务。

推迟交付。常见于居民的服务业中，如电器维修。

在非需求高峰时提供经济优惠。通过价格差别使高峰需求转移到低峰时期，如在旅游淡季机票打折、白天打保龄球费用低等。该策略在服务业用得多，对需求价格弹性大的服务最有效。

2. 调整能力的策略

改变劳动力数量。任务重时多雇工，任务轻时少雇工。对于服务业，由于对劳动者的技能要求不是太高，因此经常采用该策略。对于制造业，尤其是一些需要有高技能的工作，该策略不适用，因为人员的高流动性很容易造成高技能工人的流失。

忙时加班加点，闲时培训。企业保持适当数量的员工队伍，当任务重时就加班加点，当任务轻时可抽调部分员工进行培训，以提高他们的工作技能。相对于上一种调整能力策略，该策略更受企业的青睐。

顾客自助。在服务流程的个别环节通过顾客自助也可以提升企业的服务能力，如在餐厅中顾客自己点菜、加油站顾客自助加油等。

利用外部能力。例如，制造业的零件或部件的外包，或个别工序的外协。随着互联网的普及应用，“众包”也成为利用外部资源的一种新方式。

相关链接

什么是众包

众包指的是一个公司或机构把过去由员工执行的工作任务，以自由自愿的形式外包给非特定的（而且通常是大型的）大众网络的做法。（就是通过网络做产品的开发需求调研，以用户的真实使用感受为出发点。）众包的任务通常是由个人来承担，但如果涉及需要多人协作完成的任务，也有可能以依靠开源的个体生产的形式出现。在美国《连线》杂志2006年的6月刊上，该杂志的记者Jeff Howe首次推出了众包的概念。

众包能帮企业节约大把大把的金钱。随着网络的大潮成长起来的公司，从一开始就在战略设计上融入充分利用网络资源的思路，而越来越多的传统商业也开始为网络的群体力量所吸引。以往架设在业余爱好者和专业人士之间的成本藩篱也由此被打破。市场的大门在一瞬间突然为爱好者、兼职者和发烧友打开，精明的公司也纷纷找到在人群中发现人才的捷径。这样的人力并不完全是免费的，但是比起传统的雇员，成本显然不值一提。在一个名为“创新中心”（InnoCentive）的网站上，聚集了9万多名科研人才，他们共同的名字是“解决者”（solver）。与此对应的是“寻求者”（seeker），成员包括波音、杜邦和宝洁等世界著名的跨国公司，它们把各自最头疼的研发难题抛到“创新中心”上，等待隐藏在网络背后的高手来破解。

6.6.4 供应链环境下的企业生产计划管理

传统企业的生产运营计划模型偏重于对内部生产和物料需求的编制与实行，较少考虑外部供应链的系统性和缩短外部关联企业的响应周期，已不能满足日益加剧的市场竞争的要求。在此背景下，企业亟须用一种快捷有效地满足顾客需求的生产运营模式来满足市场竞争的需要，供应链生产运营计划由此应运而生。

供应链生产运营计划是指以顾客为中心，贯穿核心企业链，通过对商流、信息流、物流、资金流的一体化控制，以合理的成本通过供应商、制造商、外包商、物流配送商、分销商、零售商，让合格的产品按时输送到终端用户，并进行业务协同和合作控制，形成一个准时有序且相互紧密关联的、信息高效传递的动态网络系统。供应链生产运营计划是供应链系统中最核心的环节，是基于对系统整体流程的优化与资源的充分利用、计划与控制，形成可调控链条，从而能够对顾客的需求做出快速响应，达到在正确的时间、地点，向正确的内外部顾客交付正确产品的事前系统计划。

供应链环境下的企业生产计划管理主要体现在协同生产信息交互机制建立、协同生产计划制订及协同生产调度三个主要内容。

1. 协同生产信息交互机制建立

信息协同是供应链管理成功与否的关键因素之一。供应链企业协同生产的一个重要目的是通过参与，协同各成员企业间进行生产信息的实时共享，实现其透明化管理，并借助于这些相关信息来有效地监控各成员企业生产计划的执行情况，及时进行有效的协同调度。高质量的信息协同交互不仅使虚拟企业各成员企业扩充了自身的生产决策信息，能够对环境状态和问题形式做出更为快速、准确的评估和判断，从而采取更佳的行动，同时也能有效实现资源的优化配置，提高虚拟企业协同生产计划和调度的决策质量与生产效率。

2. 协同生产计划制订

供应链计划可以分为集中式计划和分布式计划。在分布式决策供应链中追求各自利益最大化是成员的首要目标，同时为了提高供应链整体乃至个体的利益，成员之间又存在密切的合作。分布式供应链计划的协调一般采用如下模式：每个决策实体首先根据局部信息进行独立决策，优化自身目标，然后与相关的上游、下游实体进行信息交互，获取到新的信息后再重新计算，直至达成有效的供应链计划。

供需链中的合作企业之间是一种合作式的供需关系。它除了要求企业集中巩固和发展自己的核心能力与业务以外，还特别强调企业将自身的业务与合作伙伴集成在一起。供需链管理的最终目的是使供需双方在一定时期内共担风险、共同获利，最终达到“双赢”的目标。

上下游关系在供需链的管理中非常典型。从物流和供需链的角度来看，上游工厂相对于下游起到供应商的作用，下游工厂则是上游的主要买方，二者关联紧密。特别是在一个企业集团内部，上下游体现了一种主要合作伙伴关系。但是，过分地依赖某一个合作伙伴可能在合作伙伴不能满足其期望要求时造成惨重的损失。同时，企业可能因为对战略合作关系的失控，过于自信或合作伙伴的过于专业化等原因导致竞争力下降。目前，企业直接面向市场，为了适应外界环境的变化，须按照市场需求结合自身能力，灵活地调整自身的经营方针、计划。因此，一个处于供需链中的企业在做计划时，应既保证企业自身利益，又兼顾共同的经济利益。

在上游工厂向下游工厂提供产品的同时，也向市场提供产品，存在多种选择。下游工厂在采购过程中存在同样的问题，双方都有多种策略可供挑选。企业如何既考虑盟友利益又顾及市场因素，最终获取最大利润，已成为企业管理者所面临的迫切任务之一。

3. 协同生产调度

传统的生产调度主要集中在企业内部，由于着眼点在企业内部，只强调企业内部生产效率的提高和生产成本的降低，而将企业外部影响视为企业不能改变的已知条件，所以在供应链中生产企业是以自身利益最大化或成本最小化为导向的，这样的生产调度获得的只能是局部最优方案，而且调度方案的柔性较差，很难快速响应外部环境的变化。供应链环境下的协同生产调度，是从单一生产企业的生产调度扩展到整个供应链上所有生产企业之间的协调生产调度，其视角是从一个企业拓展到多个企业，将整个供应链看作是一个更大的产品或服务的供给系统。

现有的大部分生产管理系统，如 MRP Ⅱ、ERP 系统等更多地着重于企业内部的生产过程，无法从根本上解决生产中的随机性、不确定性问题，不能有效地实现企业间生产计划的协同和调度优化。而协同生产计划调度系统在运作时则对整个联盟和单个盟员企业的需求与利益进行了统筹考虑，其主要功能是制订动态联盟运作过程的协同生产计划，并对计划的执行进行跟踪、反馈和动态调整，能随时响应计划执行过程中的变化，对任务计划重新展开调度，以确保计划目标的按时完成。此外，动态联盟协同生产计划调度在具体制定执行时，要遵循一定的原则，如生产计划的编制和调度的执行应该由盟主企业与盟员企业协商进行；制定生产计划调度时须考虑到整体和局部的生产能力、生产进度等约束条件以及生产过程中的不确定情况；在调度的过程中选择合适的调度优化算法等，使整个供应链企业协同生产过程中避免发生相冲突、不相容的现象。

6.7 面向《中国制造 2025》的企业制造模式选择

2013 年，德国政府提出了“工业 4.0”这样一个高科技战略计划，该项目由德国联邦教育局及研究部和联邦经济技术部联合资助，投资预计达 2 亿欧元。旨在提升制造业的智能化水平，建立具有适应性、资源效率及人因工程学的智慧工厂，在商业流程及价值流程中整合客户及商业伙伴，其技术基础是网络实体系统及物联网。

与德国工业 4.0 相对应，我国政府在 2015 年提出了《中国制造 2025》这一实施制造强国战略第一个十年的行动纲领。

《中国制造 2025》提出，坚持“创新驱动、质量为先、绿色发展、结构优化、人才为本”的基本方针，坚持“市场主导、政府引导，立足当前、着眼长远，整体推进、重点突破，自主发展、开放合作”的基本原则。围绕实现制造强国的战略目标，《中国制造 2025》明确了九项战略任务和重点，提出了八个方面的战略支撑和保障。

无论是新创企业还是既有企业，都应以《中国制造 2025》为导向，对未来的制造模式做出科学选择。

模式是指某种事物的标准形式或使人可以照着做的标准样式，是一类具有共同特点的方式方法的总称。

制造模式是指企业体制、经营、管理、生产组织和技术系统的形态与运作的模式。从更广义的角度看，制造模式就是一种有关制造过程和制造系统建立与运行的哲理和指导思想。

制造模式众多，这里只介绍与《中国制造 2025》密切相关的几种，包括准时制与精益生产（lean production，LP）、大规模定制、绿色制造（green manufacturing，GM）、智能制造等。

6.7.1 准时制与精益生产

1. 精益化的来源

精益生产方式来源于日本的丰田生产方式（准时化，JIT），是在日本经济高速增长时期形成的，但这种方式在日本的传播却是在经济低速增长的情况下展开的。1973 年以前，日本经济一直保持着高速度增长，所以大家对丰田生产方式并不感兴趣。1973 年秋发生石油危机后，日本经济下降到负增长的状态，但丰田公司不仅获得了高于其他公司的盈利，而且与年俱增，拉大了同其他公司的距离。于是，丰田生产方式开始受到重视，在日本得到了普及推广。丰田生产方式的成功推广，使日本进入世界汽车大国的行列。为了进一步揭开日本汽车工业成功之谜，1985 年美国麻省理工学院筹资 500 万美元，在丹尼尔·鲁斯教授的领导下，组织了 53 名专家、学者，用了 5 年时间对 14 个国家的近 90 个汽车装配厂进行了实地考察，并将西方的大量生产方式与日本的丰田生产方式进行了对比分析，最后于 1990 年写出了《改变世界的机器》一书，第一次将丰田生产方式定名为 lean production，即精益生产方式。

相关链接

一汽集团的精益生产

第一汽车集团公司（以下简称“一汽”）是我国第一个生产汽车的企业，也是我国第一家推行精益生产方式的企业。早在 1978 年，一汽就派出以厂长为首的专家小组去日本考察汽车工业的管理经验。1981 年，丰田生产方式的创始人大野耐一先生，应邀到一汽传授经验。20 世纪 80 年代初期，一汽先后在不同部门开展了看板管理、标准化混流生产、数理统计、QC 活动、设备点检、滚动计划、网络技术、目标成本、价值工程等现代化管理方法的应用，使一汽开始跳出了 50 年代建厂以来形成的管理工作的老框框。1983 年 7 月，一汽开始了以换型改造为内容的规模宏大的第二次创业。1987 年，第二次创业刚刚结束，一汽就不失时机地开展了以调整产品、产品结构，上轻轿为主要内容的第三次创业。为了使一汽的管理工作适应轿车生产的需要，在引进德国奥迪中高级轿车产品技术和制造技术的同时，又引进先进的奥迪的质量评审方法，并在轿车生产试行成功的基础上，移植到了卡车生产过程。为了使引进先进技术的潜能得到充分的释放，在引进日本日野公司带有同步器变速箱产品和制造技术的同时，引入了先进的“准时化”生产方式，建立了一汽第一个全面推行精益生产方式的样板厂。在变速箱厂经验的启示下，涌现出一批不同类型的积极推行精益生产方式的专业厂和车间。

精益生产的指导思想：不断消除浪费，进行永无休止的优化改进。

浪费：凡是超过生产产品所绝对必要的最少量的设备、材料、零件和工作时间的部分，都是浪费。不增加价值的活动，是浪费；尽管是增加价值的活动，所用的资源超过了“绝对最少”的界限，也是浪费。

浪费的七种表现是：过量生产造成的浪费，等待时间造成的浪费，搬运造成的浪费，工艺流程造成的浪费，库存造成的浪费，动作造成的浪费，产品缺陷造成的浪费。

2. 精益生产方式的基本内容

1）生产制造领域的准时化生产

精益生产方式在生产领域的推广应用，主要是组织“拉动式”生产，改善劳动组织和现场管理，彻底消除生产制造过程中的无效劳动和浪费。这是精益生产方式的重要组成部分。

“拉动式”生产是相对于“推动式”生产而言的。二者的区别如图 6-18 所示。

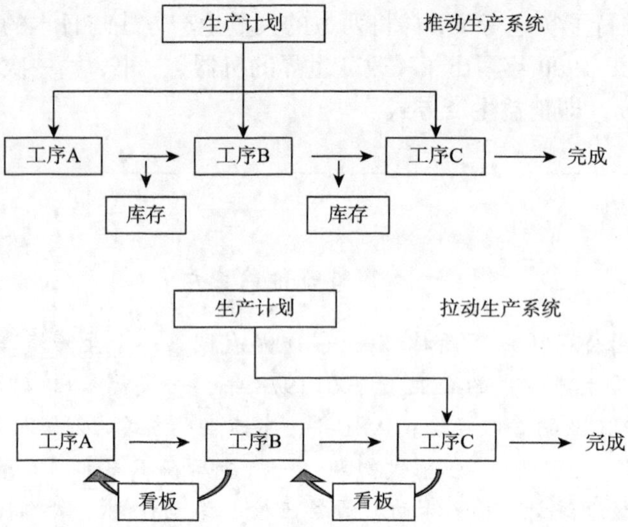

图 6-18　“推动式”生产与“拉动式”生产的区别

“推动式”生产是将制订好的生产计划直接下发到各个生产环节，每个生产环节只考虑自己完成任务即可，很容易出现各环节的脱节。而实施“拉动式”生产时，只需将最终的装配计划下发到最终环节，最终环节是生产的指令来源，后道工序向前道工序发出指令，前道工序严格按后道工序的指令生产相应的零部件，用最后的装配工序来调整平衡全部生产，宁可中断生产，绝不积压储备。

为保证“拉动式”生产的实现，要采取以下三个措施。

（1）生产线内部“一个流”。所谓“一个流”是指生产线内部相邻上下道工序之间流动的在制品的数量，任何时候都不超过紧前道工序的装夹数量，在运动状态上不间断、不超越、不落地的运动过程，它是精益生产的核心内容。

（2）生产线之间采用“库存补充”方式。“库存补充”是指规定一定的成品库存量，使仓库或存放点的成品数量始终介于最高储备数量与最低储备数量之间。当达到最高储备数量时就立即停止生产或运输；当低于最低储备数量时就立即组织生产进行补充，直到在要求的时间达到最高储备数量与最低储备数量之间。

（3）实施看板管理。看板管理又称“目视管理”，是以流水线作业为基础，以看板为工具，从生产过程的最后一道工序开始，按反工艺流程逐序取料，用既定的期量标准控制生产过程的在制品流转。看板包括生产工序用的生产看板、工序与工序之间用的领取看板、主机厂家与配套厂家之间用的送货看板。

在劳动组织上，精益生产采用“多机床操作，多工序管理”。它是指一个工人同时看管多台不同类型的设备，完成多个工序的加工操作的一种劳动组织形式。为使多工序管理、多机床操作顺利实施，首先，流水线应采取“U”形布置，用垫墩找平使各机床的加工中心在同一高度上，以便将操作者的行走距离缩短到最短程度。其次，在做好思想政治工作、使工人了解多机床操作的目的、意义的同时，做好工人的业务素质培训，使其能从事多机床操作。最后，制定配套的工资分配制度，使工资分配向多机操作者倾斜。

2）精益化质量管理

随着现代各种各样的先进管理思想的发展和应用，精益思想也在质量管理方面获得了发展，并逐渐形成了精益质量管理。精益质量管理是综合了精益思想、全面质量管理、ISO 9000 质量管理体系及六西格玛管理等优秀管理理念而形成的，其内涵包括以下几个方面。

（1）流程标准化。标准化的工作流程是企业实施精益质量管理的基础，一切工作都应按照流程标准来完成，不清晰的流程更容易导致问题的出现，只有在任何情况下都坚持流程的标准化操作，才能更好地提高企业的效率，增强质量管理能力。

（2）生产系统化。精益质量管理很重视生产系统的管理，从产品的生产过程中发现并解决影响产品质量的问题。精益质量管理利用精益生产中的 6S 管理、目视化等工具保证生产系统有条不紊地运作，并通过利用各种方法对产品质量信息的分析，找到并解决影响产品质量的各种因素。

（3）产品质量零缺陷化。精益质量管理借鉴了精益生产中对产品质量零缺陷的要求，这就要求全体员工始终将“零缺陷”作为工作的标准，对任何一道工序都精益求精，在第一次操作的时候就将事情做好，不放过任何一点儿小问题，保证产品品质的零缺陷。

（4）质量改进持续化。持续的质量改进是 ISO 9000：2000 版标准给出的八项质量管理基本原则之一，也是精益思想、全面质量管理及六西格玛重点关注的管理原则。精益质量管理中的质量改进持续化强调以客户的需求为中心、全员参与，并结合全面质量管理的理念，对生产过程中的质量进行持续改进。

3）精益化产品开发

（1）产品开发的组织形式。在产品开发的组织形式上，精益生产方式采用“主查制”。主查，是日本的提法，实际上就是项目负责人，他与大量生产方式开发小组的项目经理相比，具有更大的实权。例如，对产品开发的一切资源条件（包括人力、物力、财力）的支配权；对产品的设计方向及开发计划的进度有决定权和指挥权；对小组成员在工作中的表现有评价权、推荐权，这种评价直接影响到小组成员的职务晋升及工资增长。

（2）产品开发工作程序。精益生产方式企业的产品开发，采用并联式工作程序，又称之为“并行工程”（simultaneous engineering）。产品开发从一开始，设计、工艺、质量、成本、销售等部门就联手参加有关工作。产品设计人员和生产准备人员之间不是简单的协作，而是不讲条件地对即将开发的新产品取得共同的认识，采取一致的行动，以便开发出更好的产品。并行工程改变了以往接力棒式的由前向后传递推动工作的做法，从确定产品最终目标开始，由后向前提出各种各样的要求，在产品设计过程中就要确定制造工艺，用工艺保证达到质量标准、生产效率、目标成本等各项指标。

（3）协作厂的参与开发。在典型的大量生产方式企业中，主机厂一般是不要协作厂参与产品设计的，协作厂只需按产品图样进行加工生产就可以了。精益生产方式企业把所有协作配套件都从主机厂分离出去，充分利用零部件协作厂的力量，进行产品开发，因而能充分缩短开发周期，减少不必要的资源浪费。

（4）产品开发人员的使用和培养。大量生产方式企业用精通某一狭隘领域的专业人员设计产品，专业分工越来越细。例如，诸多工程师中划分为设计工程师、设备工程师、工艺工程师等。而设计工程师又按产品结构进一步细分。这种做法虽然能使设计人员成为精通某一专业的专家，但也限制了设计人员知识的全面发展，造成协调工作的困难。

从20世纪80年代开始，精益生产的管理技术在制造型企业得到广泛应用，随着经济的发展，精益思想逐渐渗透到社会的各个层面，受到人们的普遍关注。近年来，有关精益管理在服务业特别是传统服务业（运输、银行、餐饮、医院等）中如何运用的话题越来越多。精益服务就是精益生产的思路在服务业中的运用。

“精益服务”是通过系统结构、人员组织、运行方式和市场供求等方面的变革，使服务系统能很快适应用户需求的不断变化，并能使服务过程中的一切无用、多余的东西被精减，最终达到包括市场营销在内的服务的各个方面最好的结果。精益思想的核心就是以越来越少的投入——较少的人力、较少的设备、较短的时间和较小的场地创造出尽可能多的价值；同时也越来越接近用户，提供他们确实想要的东西。

服务业的精益管理更多的是继承精益生产管理的理念，而非精益生产管理模式。换句话说，精益服务管理是以用尽可能少的投入来获取尽可能多的产出，最大限度地满足顾客需求为基本目标的一种管理方法。因而，准确地说，“精益服务管理”应该被称为“精细化服务管理”。

虽然到目前为止在服务业精益管理尚无统一的管理模式可循，但本着精益管理（精细化管理）的基本理念，在服务业开展精益管理应该遵循以下原则。

（1）为顾客准备好想要的东西。设计符合顾客需要的服务产品，是一切服务活动开展的前提。因为只有符合顾客需要的服务，才是有价值的服务。在各行业竞争越发激烈的今天，想要明确顾客的需要，在把握宏观市场局势的基础上，对顾客历史数据的系统分析也是必不可少的。在服务产品的设计完成后，接下来要考虑的就是如何保证整个服务过程的质量，于是，自然而然地，我们就会联想到怎样在服务业中推行全面质量管理。

（2）在顾客需要的时间和地点提供价值。由于每位顾客想要的东西不同，即他们所关注的服务的重心不同，因而对于服务的时间和地点的要求也可能不同。例如，某家餐馆通过数据分析了解到在自己的潜在顾客中有一部分只愿意以一定的折扣价接受服务，但并不在意接受服务的时间；另外一部分非常在意进餐的时间而对价格敏感性较低。显然，餐馆座位是有限的，因此为了尽可能满足大多数顾客的需求，餐馆可以考虑通过对菜品打折的方式将一部分高峰期的潜在低价顾客吸引到其他时间就餐，从而为高峰期的高价值顾客保留足够的座位。然而，在具体操作中，餐馆到底该在非高峰期对菜品打多少折、到底该为高价值顾客保留多少座位，从而最大限度地满足顾客的需要，却是一个很困难的决策。而收益管理正是解决这一系列问题的最好工具，简单地说，收益管理就是通过应用信息系统和定价策略以实现在适当的时间与地点将适当的产能提供给适当的顾客。

（3）不浪费顾客的时间。不浪费顾客的时间，也就是尽可能地减少顾客的等待时间，尽可能地缩短顾客排队的长度。例如，在医院，如何安排各类手术进行的时间和地点，而尽可能地减少患者的等待时间；在银行，如何安排工作人员的工作时间，而把排队时间和排队长度缩短到顾客可以接受的程度。在资源有限的情况下，排班系统是合理安排员工工作和休息时间，解决上述问题的一个很好的途径。

成本是每个企业不能忽视的问题。在遵循以上原则、保证服务质量的条件下，我们还必须通过改善整个服务流程以最大限度地缩减服务成本。这里要用到的，便是针对服务业的一系列工业工程（industrial engineering，IE）手法。此外，由于服务业所提供产品的灵活性高、针对性强、质量不易度量，因此对于员工进行相应的知识管理和培训也是十分重要的。

6.7.2　大规模定制

1. 大规模定制的产生

1970 年，阿尔文·托夫勒（Alvin Toffler，1928—2016）在其《Future Shock》（未来的冲击）一书中曾经预言：未来的社会将要提供的并不是有限的、标准化的商品，而是有史以来最大多样化、非标准化的商品和服务。1987 年，斯坦·达维斯（Stan Davis）在《Future Perfect》（未来的理想生产方式）一书中首次称这种生产方式为“mass customization”，即大规模定制，简称 MC。

图 6-19 为生产芭比娃娃的 Mattel 公司的定制网站首页，从 1998 年开始，顾客登录到 barbie.com，就可以按自己的喜好来设计玩具娃娃的式样。在设计时，有 4 种肤色、3 种眼睛颜色、3 种嘴唇颜色、4 种发型、6 种头发颜色、19 种服装样式、8 套小物品、6 种个性特征可以选择，可以组合出 78 万多种不同的定制产品品种，而零部件却只有 53 种。

2. 大规模定制的概念及分类

大规模定制是一种集企业、顾客、供应商和环境于一体，在系统思想指导下，充分利用企业已有的各种资源，在标准化技术、现代设计方法学、信息技术和先进制造技术等的支持下，根据顾客的个性化需求，以大批量生产的低成本、高质量和高效率提供定制产品与服务的生产方式。

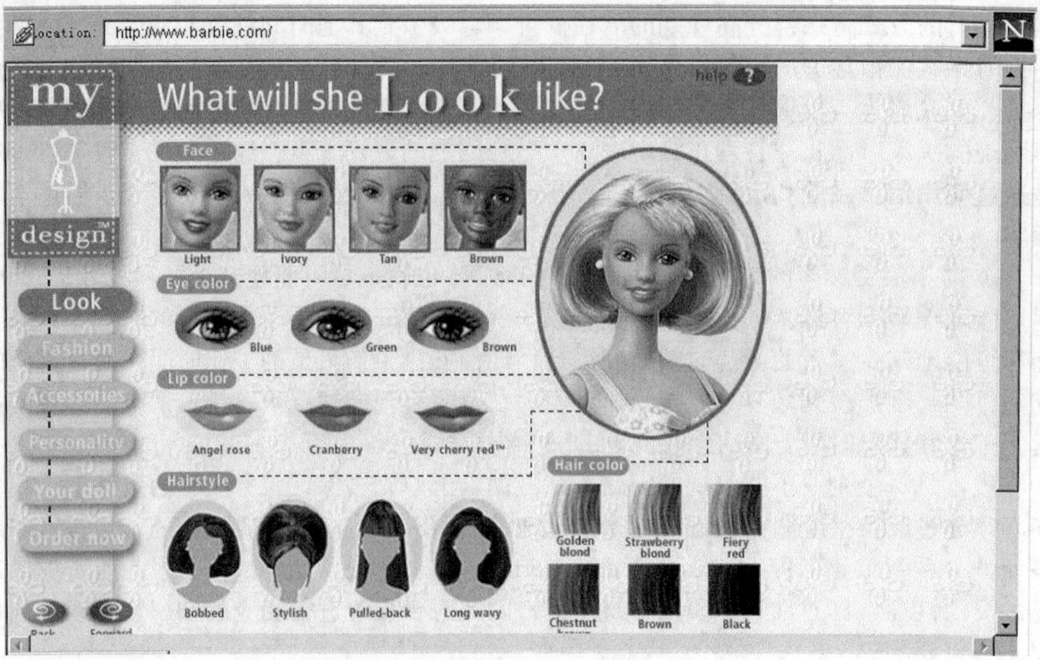

图 6-19 Mattel 公司的定制网站首页

大规模定制可分别从生产和营销角度进行分类。从生产角度来分类主要体现在定制点的不同，分类结果如图 6-20 所示。

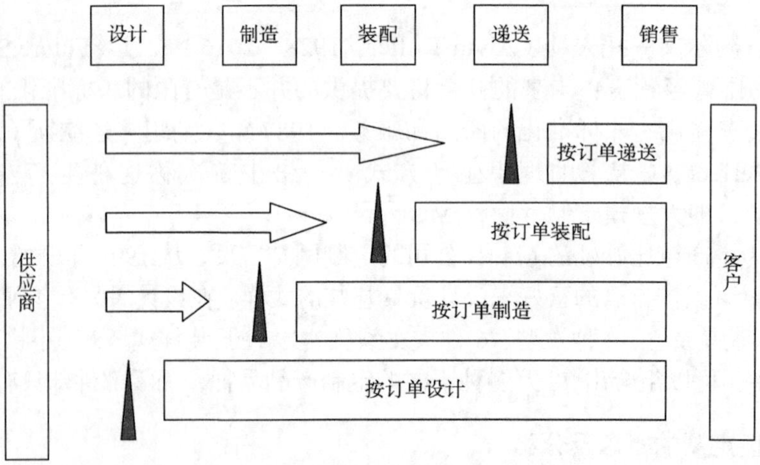

图 6-20 大规模定制从生产角度的分类

从图 6-20 中可以看出：顾客的定制点可以是在设计、制造、装配、递送等不同环节，定制点越靠前（设计环节方向），对企业的柔性生产能力要求越高，越不容易实现零部件的批量化生产，因此在现阶段，更多的企业仍属于按订单装配的定制生产方式。

从营销角度来分类，大规模定制可分为如下几种类型。

（1）合作定制。即顾客的产品由顾客设计。合作定制又可分为选择型合作定制和描述型合作定制。受限于技术条件，目前大多数实施定制生产的企业还停留在选择型合作定制上，随着企业生产柔性的提高和诸如虚拟现实等技术的应用，将会有越来越多的企业实现描述型合作定制。

（2）适应定制。适应定制指将顾客在不同场合需要的不同用途集成在一个产品中，允许顾客在使用时通过选择产品提供的定制功能获得定制效果。

（3）透明定制。透明定制指将定制的产品或服务提供给各个顾客，但并不让他们明显地知道这些产品和服务是为他们定制的。

6.7.3　绿色制造

1. 绿色制造产生的背景

回顾 20 世纪发展历程，可以看到，世界上发生了三种影响深远的变化：一是科学技术突飞猛进，社会生产力极大提高和经济规模空前扩大，经济增加了几十倍；二是人口爆炸性增长，20 世纪世界人口翻了两番，并仍以每年 8000 万以上的速度继续增长；三是由于自然资源的过度开采与消耗、污染物质的大量排放，导致全球性的资源短缺、环境污染和生态破坏。

在经历了一系列全球性生态环境问题对经济发展所带来的影响和痛苦中，人类不得不反思传统经济发展模式不可克服的矛盾，重新审视自己的社会经济行为，探索新的发展战略。现在越来越多的人认识到发展实际上是一个人口、资源和环境的综合性问题。

1992 年，联合国环境与发展会议确立了可持续发展道路。可持续发展有两个鲜明特征：一是发展的可持续性，即发展应能满足现代人和未来人的需要；二是发展的协调性，即经济和社会发展必须充分考虑资源与环境的承载能力，追求社会、经济与资源、环境的协调发展。

国外研究表明，工业、能源、交通、农业及旅游业对环境产生的影响巨大，并对实现可持续发展起关键作用，尤其是量大面广的制造业。造成环境污染的排放物 70%以上来自制造业，它们每年约产生 55 亿吨无害废物和 7 亿吨有害废物。传统的治理方法是末端治理，不能从根本上实现对环境的保护，必须从源头上进行治理。

> 作为世界上规模最大、最重要的工业技术展览会，德国的汉诺威工博会被誉为“世界工业发展的晴雨表”，2012 年的会议主题为“绿色、智能”，参展企业不管同能源沾不沾边，都在积极往环保上靠，其主张是：提高能源效率就是绿色。正如汉诺威展览公司董事局主席冯睿实所说，只有将高效率的工艺、环境可承受的材料与可持续发展的产品巧妙结合，工业企业才能在充满活力的国际市场中保持竞争力。

绿色制造就是在这样一个大的背景下提出的。

国外不少国家的政府部门已推出了以保护环境为主题的“绿色计划”。1991 年日本推出了“绿色行业计划”，加拿大政府已开始实施环境保护“绿色计划”。美国、英国、德国也推出类似计划。目前，在一些发达国家，除政府采取一系列环境保护措施外，广大消费者也热衷于购买环境无害产品的绿色消费的新动向，促进了绿色制造的发展。产品的绿色标志制度相继建立，凡产品标有“绿色标志”图形的，表明该产品从生产到使用以及回收的整个过程都符合环境保护的要求，对生态环境无害或危害极少，并利于资源的再生和回收，这为企业打开销路、参与国际市场竞争提供了条件。例如，德国水溶油漆自 1981 年开始被授予环境标志（绿色标志）以来，其贸易额已增加 20%。

近年来，我国在绿色制造及其相关问题方面也进行了大量的研究，国家自然科学基金和国家 863/CIMS（computer integrated making system，计算机集成制造系统）主题支持了绿色制造方面的研究课题，已取得了一定的研究成果。国家 863/CIMS 主题还在中国现代集成制造系统网络（CIMS-Net）上开辟了绿色制造专题，对国内外绿色制造研究情况进行综合介绍。

国家科学技术部于 2012 年 4 月组织编制了《绿色制造科技发展“十二五”专项规划》（以下简称《专项规划》)。《专项规划》以“十二五”时期的需求为重点，兼顾我国中长期制造业可持续发展的需求，明确突破绿色设计、节能减排工艺、绿色回收资源化与再制造、绿色制造技术标准等关键共性技术，推动技术、标准、产业协同发展。选择典型示范意义的行业或区域，开展绿色制造技术、工艺装备和产品的推广应用，推动传统制造业绿色化改造，发展资源节约和节能环保的战略性新兴产业，提高我国制造企业竞争力。《专项规划》明确了组织实施发展绿色制造的指导思想和发展目标，确定了重点内容和实施方案，提出了保障措施和技术路线图。《专项规划》是“十二五”时期开展绿色制造工作的重要依据。

国务院 2015 年颁布了《中国制造 2025》这一战略规划，全面推进绿色制造是其中的战略任务和重点之一。

2. 绿色制造的概念

Alting 提出将产品的生命周期划分为六个阶段：需求识别、设计开发、制造、运输、使用以及处置或回收。基于产品生命周期的概念，绿色制造可定义为：在满足产品功能、质量和成本等要求的前提下，系统考虑产品开发制造及其活动对环境的影响，使产品在整个生命周期中对环境的负面影响最小，资源利用率最高。这种综合考虑产品制造特性和环境特性的先进制造模式称为绿色制造。

从上述定义中可以看出，绿色制造的目标包括：工厂环境更趋于安全、清洁，工人健康得到保护，减少后续处置费用，产品质量提高以及良好的公众形象。

3. 绿色制造涉及的环节

绿色制造涉及的环节有绿色设计技术、绿色材料技术、绿色包装技术等。下面就这几方面的内容进行简要的介绍。

1）绿色设计

绿色设计是获得绿色产品的基础。它是指在产品生命周期的全过程中，充分考虑对资源和环境的影响，在考虑产品的功能、质量、开发周期和成本的同时，优化有关设计因素，使得产品及其制造过程对环境的影响和资源的消耗达到最小。

（1）绿色设计的方法。绿色设计涉及机械制造学科、材料学科、管理学科、社会学科、环境学科等诸多学科的内容，具有较强的多学科交叉特性。因此，仅用某一种设计方法是难以满足绿色设计要求的。绿色设计是设计方法集成和设计过程集成，是一种综合了面向对象技术、并行工程、生命周期设计的发展中的系统设计方法，是集产品的质量、功能、寿命和环境于一体的设计系统。

（2）绿色设计的关键技术。面向拆卸的设计（design for disassemb1y，DFD）也称拆卸设计，就是在设计过程中，将可拆卸性作为设计目标之一，使产品的结构不仅便于制造并具有良好的经济性，而且便于装配、拆卸、维修和回收。可拆卸性是产品的固有属性，单靠计算和分析是设计不出好的可拆卸性能，需要根据设计和使用、回收中的经验，拟定准则，用以指导设计。

面向回收的设计（design for recycling，DFR）也称回收设计。这里所说的“回收”是区别于通常意义上的废旧产品回收的一种广义回收。它有如下几种方式：①重用。重用即将回收的零部件直接用于另一种用途。②再加工。再加工指回收的零部件在经过简单的修理或检修后应用在相同或不同的场合。③高级回收。高级回收指经过重新处理的零件材料被应用在另一更高价值的产品中。④次级回收。次级回收指将回收的零部件用于低价值产品中，如计算机的电路板用于玩具上。⑤三级回收。三级回收指将回收的零部件的聚合物通过化学方式分解为基本元素或单元体，用于生产新材料，也可用于生产其他产品，如石油、沥青等。⑥四级回收。四级回收也称燃烧回收，即将燃烧回收的材料用以生产或发电。⑦处理。处理主要指填埋。

绿色设计的数据库。绿色设计涉及产品生命周期全过程，因而需要产品生命周期过程中的所有数据。例如，材料数据、不同材料的环境负荷值，制造、装配、销售及使用过程中产生的废弃物数量及能耗等。

绿色设计的工具及其开发。绿色设计涉及很多学科领域的知识，利用常规的分析计算方法和设计工具，是无法满足绿色设计要求的。因此，绿色设计必须有相应的工具支持。绿色产品的计算机辅助设计（garment computer aided design，GCAD），是目前绿色设计研究的热点之一。

2）绿色材料

绿色材料（green materia1，GM）又称环境协调材料（environmental conscious material，ECM），是指具有良好使用性能，并对资源和能源消耗少，对生态与环境污染小，有利于人类健康，再生利用率高或可降解循环利用，在制备、使用、废弃直至再生循环利用的整个过程中，都与环境协调共存的一大类材料。

绿色材料具体表现在两个方面：第一，在其生命周期全程具有很低的环境负荷值。环境负荷值是评价一种材料对生态和环境的污染程度及再生利用率高低的综合指标。具有高的再生利用率并对生态和环境的污染小的材料具有低的环境负荷值。该值常有标准设定值，标准设定值可作为评判标准。第二，具有很高的循环再生率。这本身就可以节约资源、能源，减少原材料生产制造过程中的污染。

绿色工艺规划技术。大量的研究和实践表明，产品制造过程的工艺方案不一样，物料和能源的消耗将不一样，对环境的影响也将不一样。绿色工艺规划就是根据制造系统的实况，尽量采用物料和能源消耗少、废弃物少、对环境污染小的工艺路线。

机械加工中的绿色制造工艺主要包括干式切削、干式磨削和少屑或无屑加工。少屑或无屑加工是利用精密铸造工艺，使工件一次成型，减少切削加工量；干式加工就是在加工过程中不用切削液的加工法。

3）绿色包装

绿色包装是指采用对环境和人体无污染、可回收重用或可再生的包装材料及其制品进行包装。绿色包装必须符合“3R1D”原则，即 reduce——减少包装材料消耗；reuse 或 refill——包装容器的再填充使用；recycle——包装材料的循环再利用；degradable——包装材料具有可降解性。绿色包装技术研究的内容大致可以分为包装材料、包装结构和包装废弃物回收处理三个方面。

4. 绿色制造过程的环境管理

绿色制造过程的环境管理，也就是目前广泛探讨并实施的国际环境管理标准 ISO 14000。ISO 14000 系列标准是一整套国际环境管理标准，完全不同于以往的水、气、声、渣的质量和排放标准，体现着国际标准的通用性和公平性。ISO 14000 的主要内容有环境管理体系、环境审核、环境标志、环境行为评价、生命周期评定、术语和定义等。其基本框架如下。

ISO 14001～ISO 14009——环境管理体系标准。

ISO 14010～ISO 14019——环境审核和环境监测标准。

ISO 14020～ISO 14029——环境标志标准。

ISO 14030～ISO 14039——环境行为评价标准。

ISO 14040～ISO 14049——产品生命周期评价标准。

虽然 ISO 14000 不具有法律上的约束力，但它可用来向消费者推荐有利于保护生态环境的产品，以形成强大的市场和社会压力，因而引起世界各国的高度重视，被誉为企业“通向世界市场的绿色通行证”。我国国家环保局于 1996 年 1 月批准成立了国家环保总局华夏环境管理体系审核中心，专门负责 ISO 14000 系列标准在我国的实施、培训工作以及同国际有关机构的交流，并建立了专门的网站——中国环境管理体系认证信息网。ISO 14000 环境管理体系标准引起了我国众多企业的重视。

6.7.4 智能制造

国际上智能制造的研究始于 20 世纪七八十年代，21 世纪以来进入如火如荼的时代。美国的“先进制造伙伴计划”“工业互联网”，德国的“工业 4.0”无一不包含智能制造。在我国，“智能制造”的研究问题于 1988 年首次在国家自然科学基金委员会提出，并于 1993 年设立“智能制造系统关键技术”研究项目。2015 年，国务院正式发布《中国制造 2025》，在“战略任务和重点”一节中，明确指出“加快推动新一代信息技术与制造技术融合发展，把智能制造作为两化深度融合的主攻方向”。同年，工信部批准了 46 个智能制造试点示范项目和 94 个智能制造专项，发布了国家智能制造标准体系建设指南

（2015 年版），很多企业跃跃欲试，希望通过推进智能制造实现“少人化”，降低成本，灵活应对市场变化，更好地满足客户需求。

有关智能制造的概念非常多，本书引入《2015 年智能制造试点示范专项行动实施方案》中的定义。智能制造是基于新一代信息技术，贯穿设计、生产、管理、服务等制造活动各个环节，具有信息深度自感知、智慧化自决策、精确控制自执行等功能的先进制造过程、系统与模式的总称。

从以上定义中可以看出，智能制造是以新一代信息技术为基础（包括物联网、大数据、云计算等），以智能制造系统为载体，生产智能产品，实现决策智能化。

智能制造包括开发智能产品；应用智能装备；自底向上建立智能产线，构建智能车间，打造智能工厂；践行智能研发；形成智能物流和供应链体系；开展智能管理；推进智能服务；最终实现智能决策。智能制造的金字塔如图 6-21 所示。

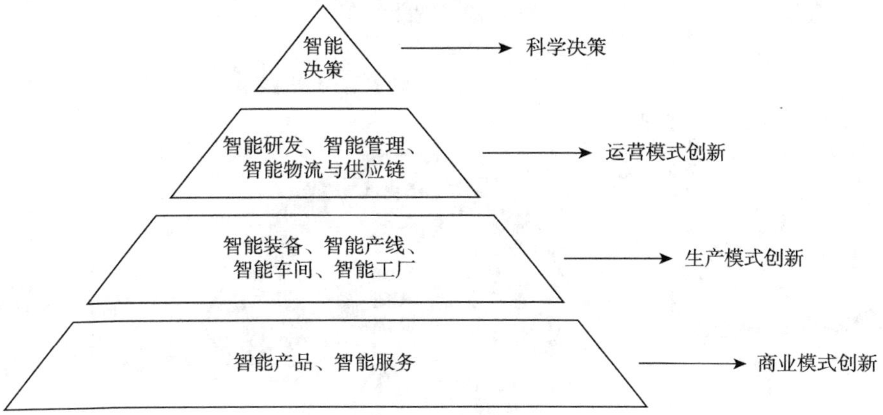

图 6-21　智能制造的金字塔

1. 智能产品

智能产品（smart products）通常包括机械、电气和嵌入式软件，具有记忆、感知、计算和传输功能。典型的智能产品包括智能手机、智能可穿戴设备、无人机、智能汽车（图 6-22）、智能家电、智能售货机很多智能硬件产品。智能装备也是一种智能产品。企业应该思考如何在产品上加入智能化的单元，提升产品的附加值。例如，在工程机械上添加传感器，可以对产品进行定位并对关键零部件的状态进行监测，为实现智能服务打下基础。

2. 智能服务

基于传感器和物联网，可以感知产品的状态，从而进行预防性维修维护，及时帮助顾客更换备品备件，甚至可以通过了解产品运行的状态，为企业带来商业机会。还可以采集产品运营的大数据，辅助企业进行市场营销的决策。此外，企业通过开发面向顾客服务的 APP，可以针对顾客购买的产品提供有针对性的服务，从而锁定顾客，开展服务营销，这也是一种智能服务（smart service）的手段。智能服务最著名的案例，莫过于美国 GE 公司将卖发动机转为卖飞行小时的服务。如图 6-23 所示。

图 6-22 智能汽车

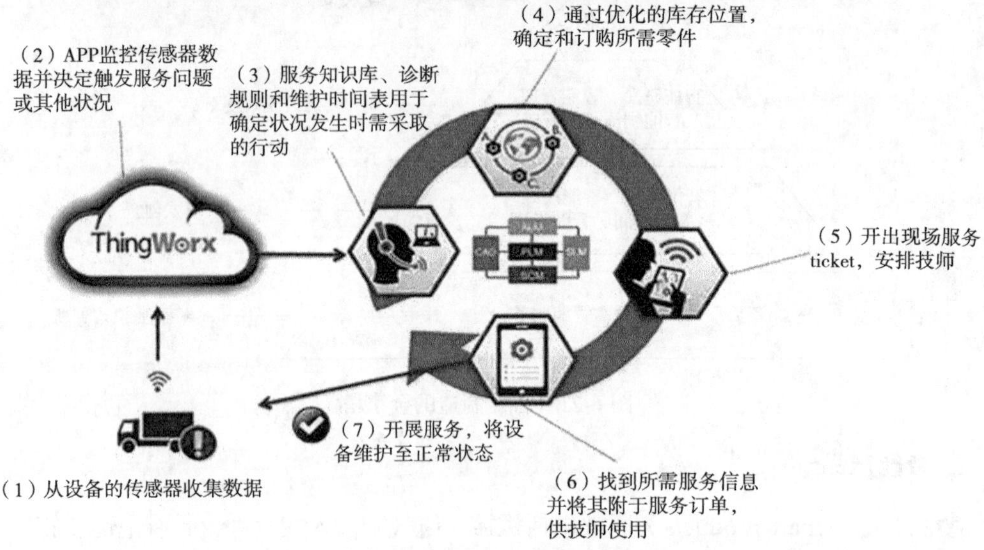

图 6-23 物联网驱动智能服务的案例

3. 智能装备

制造装备经历了机械装备到数控装备，目前正在逐步发展为智能装备（smart equipment）。智能装备具有检测功能，可以实现在机检测，从而补偿加工误差，提高加工精度，还可以对热变形进行补偿。以往一些精密装备对环境的要求很高，现在由于有了闭环的检测与补偿，可以降低对环境的要求。智能装备的一个最基本的要求，就是要提供开放的数据接口，能够支持设备联网，国外叫 M2M（machine to machine，机器与机器互联）。

日本的 Mazak 智能机床配备了针对加工热变形、切削震动、机床干涉、主轴监测、维护保养、工作台动态平衡性及语音导航等智能化功能，可以自行监控机床运动状态，并进行自主反馈，从而大幅度提高机床运行效率及安全性。典型的智能制造装备还融合了自动上下料的装备，一些装备制造企业还提供专用的 CAM 软件，如 Homag（豪迈）集团的木工加工中心。如果是单纯按照固定指令执行喷涂、搬运、焊接等工艺的工业机器人，还不能称为智能装备。但是如果工业机器人具有了机器视角，能够准确识别工件，或者具有自主进行装配，自动避让工人等功能，甚至可以实现人机协作，就属于智能装备。

4. 智能产线

目前，智能产线（smart production line）在我国制造企业的应用还处于起步阶段，但其必然是发展的方向。智能产线的特点是：在生产和装配的过程中，能够通过传感器或 RFID（radio frequency identification，射频识别）自动进行数据采集，并通过电子看板显示实时的生产状态；能够通过机器视觉和多种传感器进行质量检测，自动剔除不合格品，并对采集的质量数据进行 SPC（statistical process control，统计过程控制）分析，找出质量问题的成因；能够支持多种相似产品的混线生产和装配，灵活调整工艺，适应小批量、多品种的生产模式；具有柔性，如果生产线上有设备出现故障，能够调整到其他设备生产；针对人工操作的工位，能够给予智能的提示，如图 6-24 所示。

图 6-24　西门子成都电子工厂的智能总装线

5. 智能车间

一个车间通常有多条生产线，这些生产线要么生产相似零件或产品，要么有上下游的装配关系。要实现车间的智能化，需要对生产状况、设备状态、能源消耗、生产质量、物料消耗等信息进行实时采集和分析，进行高效排产和合理排班。因此，无论什么制造行业，MES（manufacturing execution system，制造执行系统）都成为企业的必然选择。

目前，中国的 MES 市场非常热门，国际大牌的自动化厂商西门子、罗克韦尔、GE、施耐德电气有 MES 软件平台，管理软件巨头 SAP、Oracle、Epicor 为我国提供 MES 软件，德国的 MPDV、PSI，国内的浙大中控、和利时、易往、明基逐鹿等厂商也非常活跃。此外，先进生产排程（advanced planning and scheduling，APS）系统也已经进入制造企业选型的视野。

通过一项新兴技术可以将 MES 采集到的数据在虚拟的三维车间模型中实时地展现出来，不仅提供车间的虚拟现实环境，而且还可以显示设备的实际状态，实现虚实融合。此外，智能车间（smart workshop）还有一个典型应用，就是视频监控系统不仅记录视频，还可以对车间的环境、人员行为进行监控、识别与报警。例如，有工人没有戴安全帽，进入了不允许进入的区域，或者倒地，都可以自动报警。这方面，三星已经有了成功的实践，如图 6-25 所示。

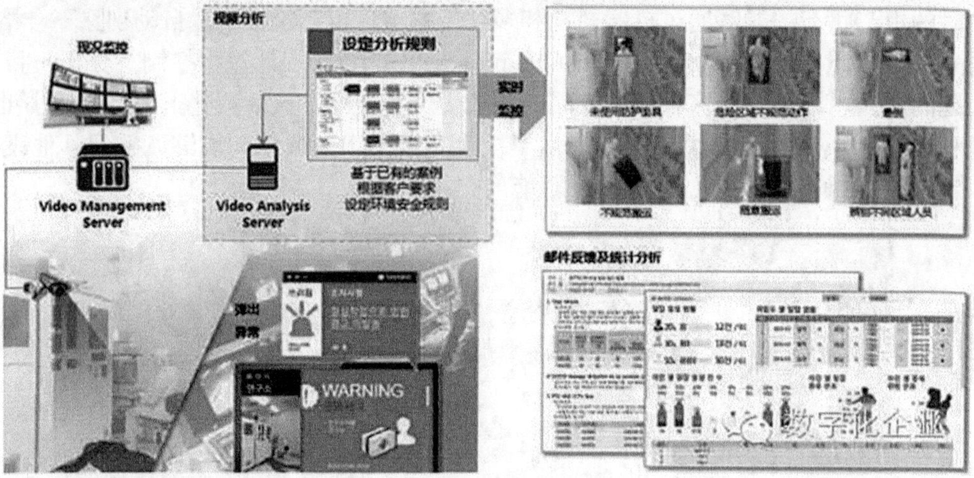

图 6-25　三星的智能车间

6. 智能工厂

作为智能工厂（smart factory），不仅生产过程应实现自动化、透明化、可视化、精益化，同时，产品检测、质量检测和分析、生产物流也应当与生产过程实现闭环集成。一个工厂的多个车间之间要实现信息共享、准时配送、协同作业。智能工厂必须依赖无缝集成的信息系统支撑，主要包括 PLM（product lifecycle management，产品生命周期管理）、EPM、CRM（customer relationship management，客户关系管理）、SCM（supply chain management，供应链管理）和 MES 五大核心系统。大型企业的智能工厂需要应用 ERP 系统制订多个车间的生产计划，并由 MES 根据各个车间的生产计划进行详细排产，MES 排产的粒度是天、小时，甚至是分钟。

三星开展了移动工厂的实践，如图 6-26 所示。工人可以通过智能手机查询工单，可以开视频会议，维修人员碰到疑难问题，可以通过手机视频寻求专家解答，并且智能手机还配备了 RFID 和条码扫描的接口。

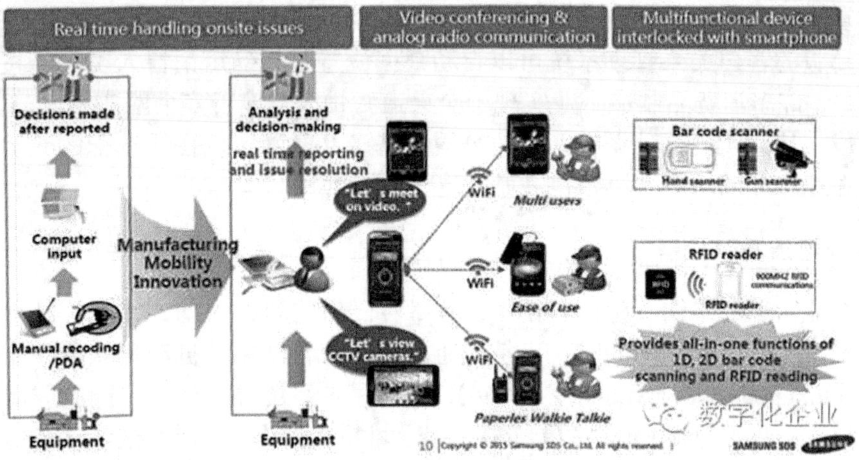

图 6-26　三星的移动工厂实践

7. 智能研发（smart R&D）

离散制造企业在产品研发方面，已经应用了 CAD/CAM/VAE/CAPP/EDA 等工具软件和 PDM/PLM 系统，但是 e-works 在为制造企业提供咨询服务的过程中发现，很多企业应用这些软件的水平并不高。例如，很多企业还处于二维 CAD 和三维 CAD 软件混用阶段，存档依然是二维，没有实现全三维设计；应用仿真技术仍然处于事后验证，没有实现仿真驱动设计；虽然应用了 PDM 系统，但还没有建立企业内部的通用件库存，重用率不高，对工程/制造/服务 BOM 的管理还不到位；等等。企业要开发智能产品，需要机电软多学科的协同配合，要缩短产品开发周期，需要深入应用仿真技术，建立虚拟数字化样机，实现多学科仿真，通过仿真减少实物试验；需要贯彻标准化、系列化、模块化的思想，以支持大批量客户定制或产品个性化定制；需要将仿真技术与试验管理结合起来，以提高仿真结果的置信度。流程制造企业已经开始应用 PLM 系统实现工艺管理和配方管理，LIMS（laboratory information management system，实验室信息管理系统）比较广泛。

8. 智能管理

虽然在 2003 年国内就曾经出现 ERP 过时的说法，但时至今日，ERP 仍然是制造企业实现现代化管理的基石。制造企业核心的运营管理系统还包括人力资本管理（human capital management，HCM）系统、客户关系管理（customer relationship management，CRM）系统、企业资产管理（enterprise asset management，EAM）系统、能源管理系统（energy management system，EMS）、供应商关系管理（supplie relationship management，SRM）系统、企业门户（enterprise portal，EP）、业务流程管理（business process management，BPM）系统等，国内企业也把办公自动化（office automation，OA）作为一个核心信息系统。为了统一管理企业的核心主数据，近年来，主数据管理（master data management，MDM）也在大型企业开始部署应用。实现智能管理和智能决策，最重要的条件是基础数据准确和主要信息系统无缝集成。

智能管理（smart management）主要体现在与移动应用、云计算和电子商务的结合。例如，移动版的客户关系管理系统可以自动根据位置服务确定销售人员是否按计划拜访了特定客户；许多消费品制造企业实现了全渠道营销，实现了多个网店系统与ERP系统的无缝集成，从而实现自动派单。戴尔公司是基于互联网实现在线选配的先驱，宝马汽车也提供在线选配的功能，海尔也开始了这方面的实践。

9. 智能物流与供应链

制造企业内部的采购、生产、销售流程都伴随着物料的流动，因此，越来越多的制造企业在重视生产自动化的同时，也越来越重视物流自动化，自动化立体仓库、无人引导小车（automated guided vehicle，AGV）、智能吊挂系统都得到了广泛的应用；而在制造企业和物流企业的物流中心，智能分拣系统、堆垛机器人、自动辊道系统的应用日趋普及。仓储管理系统（wavehouse management system，WMS）和运输管理系统（transportation management system，TMS）也受到制造企业和物流企业的普遍关注。其中，TMS涉及GPS（global positioning system，全球定位系统）和GIS的集成，可以实现供应商、客户和物流企业三方的信息共享。

实现智能物流与供应链（smart logistics and SCM）的关键技术包括自动识别技术，如RFID或条码、GIS/GPS定位、电子商务、电子数据交换（electronic data interchange，EDI），以及供应链协同计划与优化技术。其中，EDI技术是实现企业间信息集成的必备手段。

10. 智能决策

企业在运营过程中，产生了大量的数据。一方面来自各个业务部门和业务系统产生的核心业务数据，如与合同、回款、费用、库存、现金、产品、客户、投资、设备、产量、交货期等数据一般是结构化的数据，可以进行多维度的分析和预测，这就是业务智能（business intelligence，BI）技术的范畴，也被称为管理驾驶舱或决策支持系统。另一方面企业可以应用这些数据提炼出企业的KPI（key performance indicator，关键绩效指标），并与预设的目标进行对比，同时，对KPI进行层层分解，来对员工进行考核，这就是企业绩效管理（enterprise performance management，EPM）的范畴。从技术角度来讲，内存计算是业务智能的重要支撑。Saphana和Qlik View软件在这方面已经先行一步。业务智能软件的另一个趋势是移动业务智能，支持在智能手机和PAD上进行分析和应用，而要提升移动业务智能的应用效果，基于云服务无疑是必由之路。Power BI软件界面如图6-27所示。

而今，企业在运营当中，已经产生了诸多的大数据，包括生产现场采集的实时生产数据、设备运行的大数据、质量的大数据、产品运营的大数据、电子商务带来的营销大数据、来自社交网络的与公司有关的大数据等，这些大数据统称为工业大数据。对这些工业大数据的分析，需要引入新的分析。因为大数据具有4V的特点，即体量大（volume）、价值密度低（value）、种类多（variety）和速度快（velocity）。目前，IBM、SAP、Oracle、微软等国际大公司在大数据分析工具方面激战正酣，而IBM推出的认知计算代表了智能决策（smart decision making）的前沿方向。

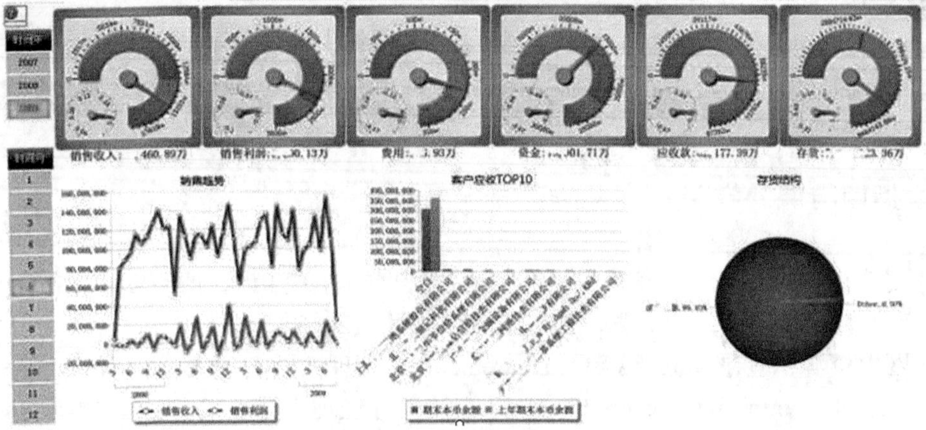

图 6-27　Power BI 软件界面

制造的服务化、基于知识的创新能力，以及对各类制造资源的聚合与协同能力、对环境的友好性已成为当前企业竞争力的关键要素和制造业信息化发展的趋势。我国制造业正处于从生产型向服务型、从价值链的低端向中高端，从制造大国向制造强国、从中国制造向中国创造转变的关键历史时期。如何培育新型制造服务模式，满足制造企业最短的上市速度（time）、最好的质量（quality）、最低的成本（cost）、最优的服务（service）、最清洁的环境（environment）和基于知识（knowledge）的创新，即 TQCSEK 的需求，支撑绿色和低碳制造，实现中国创造，进而推动经济增长方式的转变，是未来 5～10 年我国制造业发展需要解决的重大问题。

面对各种眼花缭乱的先进制造模式，该如何选择？下面几个依据可以作为参考。

（1）业务类型。制造业与服务业的选择是不同的。从理论上讲，制造业可以考虑全部先进制造模式，而服务业更多的是借鉴其中的思想，如精益化管理、绿色服务、定制化服务、快速响应等。

（2）企业战略。企业所采取的竞争战略不同，其先进制造模式的选择也会不同。成本导向会关注精益管理的应用，而追求差异性、快捷性及灵活性则会更加注重柔性制造、定制生产、网络制造等先进制造模式。

（3）自身能力。有些先进制造模式对企业的软硬件要求很高，如智能制造、定制生产；有些比较低，如精益生产。企业需要根据自身的能力来选择适合自己的先进制造模式。

❑本章小结

本章在对生产与运作管理的对象、内容和目标进行简要介绍的基础上，重点介绍了企业选址和生产设施布置的方法；介绍了组织生产中两项重要的工作：物资采购和生产计划管理的基本内容；对比介绍了精益生产、绿色制造、智能制造、大规模定制等几种主要先进制造模式。

❑关键术语

运营管理，选址，设施布置，企业资源计划（ERP），精益生产，绿色制造，定制生产，智能制造。

❑阅读指南与课外学习

1. 阅读指南：要了解更多有关生产与运作管理的有关知识，请阅读《生产运作管理（第4版）》（陈荣秋，马士华，机械工业出版社，2015）。

2. 网上资源：登录 http://www.manaren.com（管理人网）、http://www.zh09.com（中华管理学习网）、http://www.ceconlinebbs.com（世界经理人论坛），浏览与本课程相关的知识。登录 http://www.cppc.gov.cn（中国生产力促进中心），了解国家对企业生产力促进的有关政策与企业案例。

❑复习思考题

1. 生产管理包括哪些内容？
2. 生产管理的任务与目标是什么？
3. 制造业选址与服务业选址考虑的因素有何不同？
4. 制造业设备布置有哪些方式？各有何特点？
5. 企业采购的物品是如何分类的？相应的采购策略有何不同？
6. MRP 包括哪些输入和输出？MRPⅡ、ERP、ERPⅡ在功能上有何扩展？
7. 处理非均匀需求的策略有哪些？
8. 精益生产方式包括哪些基本内容？
9. 什么是绿色制造？其研究内容包括哪些？
10. 什么是智能制造？它具有哪些特点？
11. 什么是大规模定制？如何对其进行分类？

❑案例分析　开密室逃脱店怎么样

3 名大学生投资 20 万元开店，一天只收入了 60 元。

前天上午第一、二节没课，早上 8 点半，当室友还在睡懒觉时，重庆城市管理职业学校大二学生洪紫瀚已等候在了学校大门旁的公交站台边。吃着油条，刷 2 元钱的公交卡，他坐上了驶往大学城熙街的 273 路公交车。

“除了上课，大学里有大把大把的空闲时间，男生无非是上网、K 歌、打球。”洪紫瀚说，经过 3 个月的筹备，今年 10 月 3 日，自己与科技学院的任超、重庆师范大学的张秀渝合开的 BOX 真人密室俱乐部在大学城熙街开张营业。

9 点抵达密室俱乐部后，洪紫瀚第一件事就是打开电脑、点开微博私信。和前几天一样，并无顾客预约密室游戏。洪紫瀚说，虽然俱乐部开业不足 10 天，但三个合伙人已经深切体会到，创业不简单。

生意不景气

一天只收入了 60 元

整理密室道具、打扫清洁，忙碌 1 个小时后，洪紫瀚又回到了吧台上的电脑前，刷微博、看新闻，有点儿无聊。不久后，任超、张秀渝赶到。

“今天有订单吗？”刚走进店内，任超就迫不及待地问。见洪紫瀚摇了摇头，任超把头一埋，拿出手机，窝在了沙发上。见状，张秀渝也拿出 iPad mini，随意翻阅着网页。

“你们这里的密室逃脱有哪些主题可以耍哟？”上午 11 点，3 名学生出现在了俱乐部门前。见有顾客询问，洪紫瀚、张秀渝顿时从座位上弹了起来。任超则表现得较为稳重，他一边往大门走，一边介绍，“我们这里可以耍越狱、盗墓主题，上午是优惠价，每人只需 20 元，共 1 个小时。”

顾客来了，俱乐部内瞬间有了生气。“我们是路过这里时恰巧看到的，价格相对便宜，但密室内的障碍线索太多，有点儿难过关。”1 小时后，其中一名玩家、重庆大学的周剑锋说。对于玩家的建议，洪紫瀚挨个进行了详细记录。

中午 12 点 10 分，张秀渝打开放在电脑桌面上的账本，记录道：上午 11 点至 12 点，3 个人，单价 20 元，合计 60 元。这 60 元，也是当天的唯一一笔收入。

说服家长投资

带妈妈到俱乐部考察

今年以来，真人密室逃脱游戏在重庆大热。洪紫瀚、任超和张秀渝三人都是密室逃脱的忠实粉丝，决定合伙创业时，三人一致选定密室逃脱。

选地、租房、装修……事事都离不开钱，融资是三人首先需要解决的问题。“我们都是在校大学生，平时也没存款，所以想来想去，也只能向父母伸手。”任超今年上大四，23 岁，是三人中年龄最大的。今年 7 月，当他将自己的想法告知父母时，父母并不理解，“他们说我就快毕业了，当务之急是物色一份好工作，而不是创业。”相对任超，其他两人的父母则颇为冷静，但也不支持。

为了让父母了解密室逃脱游戏为何物，三人花了一周的时间，带妈妈们走访了江北、九龙坡的 5 家密室逃脱俱乐部。在江北一家密室逃脱俱乐部，任凭三个儿子如何卖力地寻找线索，试图闯关，妈妈们却站在一旁摆龙门阵，出来后，异口同声地说了一句：“没意思，不要钱都不得来耍!”

但三人没有放弃，赶紧又带妈妈们来到了另外一家大型密室逃脱俱乐部，看着眼前穿梭来往的年轻顾客，这才改变了她们的主意。

决定开办密室逃脱俱乐部后，8 月，三家人开始选店铺地址。“如果是在主城，不是租金高，就是位置偏。”任超说，权衡后，大家一致商定将地址定在大学城熙街。核算下来，前期各项投入共需 20 万元，每人投资 6 万多元。

开业两天生意好

随后生意惨淡降价求人气

10 月 3 日，家长们选了个吉日，BOX 真人密室俱乐部在大学城熙街开张营业。相对主城同类型的店，价格较便宜，1 小时/次，49 元/人。

开业前两天，生意还不错，俱乐部共接了 10 多张订单，收入近 2000 元。从 5 日开始，俱乐部里的生意逐渐惨淡，每天仅能接两三批顾客，5 日到 10 日大约收入 1000 元。“虽然密室逃脱近段时间很火，据我们后来调查，其实耍得来的大学生并不多，还是比较小众，如有七八个人一起来耍，最多只有两三个人之前耍过。”张秀渝说。

眼看生意逐渐走下坡，三人决定实施优惠策略。“上午 20 元/人，下午 35 元/人，如果是老顾客带来的客人还可以优惠。”此外，三人还打印了 5000 多张宣传单，一有时间，就轮流到熙街的人流聚集处发传单。

“虽然目前生意不景气，但我们还是对自己有信心。”任超说，目前，已经有朋友计划来大学城开驾校，自己打算将俱乐部伙同驾校一起推广，加强宣传。

最早的真人密室逃脱，起源于美国，在 2011 年杭州出现了第一家真人密室逃脱俱乐部。由于新颖的游戏内容，全新的游戏理念，迅速被玩家接受。由此而引起的真人密室逃脱热浪一波高过一波，上海、北京、重庆也相继开出了真人密室。重庆密室逃脱从去年底今年初才出现，一经入市便获得各界好评，最近几个月得到空前发展，从最初的两三家变成了现在的数十家。观音桥、沙坪坝、杨家坪等高校或商圈周围，都有密室逃脱的场地。由此可见，在这一行业，竞争还是很激烈的。

资料来源：518 创业致富网 http://518wr.com/news/1962.html

思考题：

你认为 3 名同学在创业过程中有哪些环节存在问题?

第7章

创业企业营销管理

【学习目标】

掌握创业营销的内涵，了解创业营销与传统营销的区别；掌握创业企业营销战略制定的基本方法，能够用STP理论制定创业企业战略；了解创业企业营销策略组合的理念，掌握创业企业的产品、价格、渠道、促销理论，并能够运用相关决策工具制定创业企业策略；了解新形势下的营销策略。

❑引导案例　腾讯QQ创业成功靠什么

1993年，马化腾毕业于深圳大学电子系计算机专业；1998年11月，他创立了腾讯公司；1999年2月正式推出第一个即时通信软件“腾讯QQ”。目前，其注册用户超过10亿，活跃用户超过7亿，2012年第一季度总收入为96 479亿元，比上一季度增长21.8%，比上年周期增长52.2%，营业额首超百度，广告收入首超新浪。

腾讯公司刚成立时，主要业务是开发和销售“BP机寻呼系统”，后来发现市场饱和，转到互联网寻呼系统，但一直到1999年的夏天，该业务就只赔不赚。出于兴趣爱好，1999年2月马化腾顶着其他股东的压力，执意开发OICQ，当时的原话是“大不了回去做程序员”。

随着OICQ用户不断增加，公司的经费却逐日减少。到1999年11月，公司账上只有1万多元。大家不得不跑到香港去买便宜的笔记本电脑，然后高价卖给内地人。1999年10月，公司运营1年，腾讯开始正式融资。马化腾之前也接触过一些风险投资（venture capital，VC），甚至想过卖公司、卖OICQ。经过长达7个月的努力，终于在2000年4月融资到位。

融资的唯一理由就是“用户”。当时OICQ用户已经是百万级了，没有任何收入。VC问马化腾，你觉得你的核心价值是什么？马化腾说：“以色列的ICQ卖了几千万美元，它有多少用户？我有多少用户，所以我就值这么多钱。”IDC（International Data Corporation，国际数据公司）林栋梁几年后亲口说，他就是因为这句话投资腾讯的。

公司账上没钱时，没有人垂头丧气，这是真的。在融资的7个月里，大家都很关心融资（因为发不出工资）。但从没有人耽误工作，也没有人问。马化腾在融资过程中，做了两次腰椎手术。第二次手术后，他平躺在床上，还坚持高举着Notebook办公。

当时国内的即时通信有ICQ、Yahoo mesenger、MSN等十余家。OICQ是最穷、最小、最没钱的。ICQ是几个以色列人写的，用来在网上相互联络，一经推出，即刻风靡世界。最终以近3亿美元的价格卖给美国在线。但真正像腾讯做得这么成功的公司寥寥无几。这是为什么呢?

资料来源：姚飞. 创业营销理论与案例. 北京：经济科学出版社，2013

7.1 创业营销的本质

美国沃顿商学院创业营销教授Leonard M. Lodish说："多数情况下，一个新企业成功或失败的原因是营销而非技术。"根据企业发展的"坎理论"，企业发展要经历六道坎：技术坎、营销坎、管理坎、战略坎、观念坎和文化坎。一个创业企业一般是首先已经拥有了某项技术或者某种产品，然后需要建立企业把这种产品转变成现金。也就是说，一个创业企业一般在成立的时候就已经迈过了第一道坎，这个企业建立之后能不能持续经营下去，不取决于它的技术，而是取决于它能不能成功地迈过第二道坎，即营销坎。如果这个企业能够成功地把它的技术或者产品推向市场，那么它也就在市场中站稳了脚跟，具备了持续经营的基础。只有当营销为这个企业建立了生存的基础后才谈得上靠管理来增添效益、靠战略来扩张企业、靠文化来维系百年基业等。Leonard M. Lodish的这句话，的确是一个真理。

7.1.1 营销

市场营销（marketing），简称"营销"，包括两种含义：一种是动词理解，指企业的具体活动或行为，这时称之为市场营销或市场经营；另一种是名词理解，指研究企业的市场营销活动或行为的学科，这时称之为市场营销学、营销学或市场学等。

对于营销含义的界定有多种。美国市场营销学者麦卡锡（E. J. Mccarthy）于1960年对微观市场营销下了定义：市场营销是企业经营活动的职责，它将产品及劳务从生产者直接引向消费者或使用者，以便满足顾客需求及实现公司利润，同时营销也是一种社会经济活动过程，其目的在于满足社会或人类需要，实现社会目标（《基础市场学》1960年版）。美国市场营销协会（American Marketing Association，AMA）下的定义为：市场营销是创造、沟通与传送价值给顾客，经营顾客关系以便让组织和其利益关系人受益的一种组织功能与程序。菲利普·科特勒（Philip Kotler）下的定义强调了营销的价值导向：市场营销是个人和集体通过创造并同他人交换产品与价值以满足需求和欲望的一种社会管理过程。

随着对营销研究的日益深入，对营销的认识也更深刻、更广泛。综合以往学者对营销的认识和界定，我们把营销的含义归纳为：营销是一种创造性地满足顾客需求的活动；是一种信息传递运动；是一种对顾客的思想教育运动；是一种形象与品牌的塑造运动；是一种高品质的沟通方式；是一种高品质的生活方式。

7.1.2 创业营销

关于创业营销的含义，目前学术界还没有确切的界定，不同的学者根据自身的理解和认识有不同的看法。李蔚和牛永革在他们的《创业市场营销》（2005 年版）中认为，所谓创业营销，是指一个新创业企业或第二次创业企业把自己的新产品推向新市场的营销。在这个概念里，包含几个子概念：营销主体、营销客体和营销对象。

创业营销主体是指创业型企业，包括新创业企业和第二次创业企业。创业营销客体是指新产品，一般企业营销虽然包括新产品营销，但更多的是老产品的营销，可口可乐的营销做了 100 多年，但销的仍然是可口可乐，它的全面营销策略仅仅在于市场占有率的巩固和扩展，所以它属于巩固型营销和扩张型营销。而创业营销的产品一定是全新的产品，它的营销既不是市场巩固，也不是市场扩张，而是市场进入，它属于市场导入型营销，它所要做的核心工作是让市场认识、喜爱、接受和消费自己的新产品。所以创业营销一定是新产品营销。创业营销对象是新市场。

有学者认为，创业营销就是创业者为了创建新企业而开展的系列营销活动的总和，如创业项目选择、创业计划策划、创业资金融通、创业团队组建等活动中所开展的所有营销活动。还有学者认为，创业营销就是创业企业家凭借创业精神、创业团队、创业计划和创新成果，获取企业生存发展所必需的各种资源的过程，它实际上是一种崭新的创业模式。目前，对于大多数年轻的创业者来说，既缺乏资金和社会关系，又缺乏商业经验，所拥有的只是创业激情和某种新产品的原始构思或某种新技术的初步设想。要获得成功，除了勇气、勤奋和毅力外，还必须依赖有效的创业营销来获得创业所需的各种资源。

我们认为，所谓创业营销，就是创业企业家凭借创业精神、创业团队、创业计划和创新成果，获取企业生存发展所必需的各种资源的过程，它实际上是一种崭新的创业模式。

相关案例

坐困愁城的发明家

能源危机催生了各种各样严肃而又有趣的发明，这些发明都是为了节省矿物燃料或开辟新的能源。例如，用廉价原料玉米制成液化气、利用太阳能和水能，或采用可使用多种能源的机器以提高原料的利用率等。

有位发明家研制了一种同时兼备上述三种特点的小汽车，他将汽油箱改为一个高效能的快速甲烷发生器，该发生器可把有机物如杂草等随时转化为燃料。汽车棚顶上装有太阳能电池板，当甲烷用完时可由电池驱动，而在平时，电池板给蓄电池充电。另外，车上还装有一对风翼，以便在风向和风速适宜的条件下使用。这种汽车采用最先进的设计、材料和工艺技术，不仅重量轻，而且装有十分理想的气动装置。

这位发明家认定这是一个成功的创造，因此便回到老家——墨西哥的一处深山里。他自信世界上所有的厂商都会蜂拥而至，坐等在家也会有人踏出一条通向他家的路来，可最后什么人也没等到，那项杰出的发明放在那里生了锈，布满了尘埃。

为什么没人来买这位发明家的小汽车呢？就是因为没有进行营销，他没让需要购买汽车的顾客知道他的产品，也没有把这种汽车的优点和情况告诉顾客，即使有人远道而来购买汽车，恐怕这位发明家也不知道给汽车定多高的价格。

这位发明家没有对其产品进行分销，没有进行广告宣传和定位，最糟的是他没有考虑市场，更没有考虑到影响市场的环境。首先，由于那些年墨西哥发现了大量的油田和天然气，不存在能源危机问题，以致对他那种汽车的需求量不大；其次，这种车最多只能乘坐4个人，而墨西哥人的家庭往往人口较多；最后，他也没有考虑到环境保护者的干预，因为甲烷发生器会产生污染。他认为这种汽车在美国会有可观的市场，因为那里汽油短缺且价格高，可他没料到墨西哥政府和某些官员会反对向美国出口这种汽车，因为向美国出口这种汽车，会减少美国对墨西哥石油的潜在需求量。

这样，由于没做任何营销方面的工作，没有国内市场，又遇到环境困难，发明家这种“奇妙”的小汽车没能给他带来一个比索。

7.1.3 创业营销的阶段

一般而言，成功的创业营销需要经历四个阶段：创意营销阶段、商业计划营销阶段、产品潜力营销阶段和企业潜力营销阶段。

1. 创意营销阶段

创业者萌发了一种创业冲动或创业构想，但这种冲动或构想还停留在大脑中，创业者必须将其转变为一个清晰的概念或开发出某种产品原型或技术路线，才能与其他人进行沟通交流。这些工作完成以后，他最需要的是寻找志同道合者组成创业团队。

因为一个人很难精通创业过程中需要的所有技能，也不一定拥有创业所需的关键资源。优秀的团队是成功创业的关键因素，团队成员最好在信念、价值观和目标等方面基本一致，又具有献身共同事业的强烈愿望，而且在资源、技能、经验、个性和思维模式等方面具有互补性。

2. 商业计划营销阶段

创业团队形成之后，就要着手撰写详尽的商业计划。通过商业计划吸引投资者尤其是风险投资家的注意并获取风险投资。成功的商业计划除了要有概念上的创新外，更重要的是进行现实的、严谨的市场调研和分析。如果商业计划营销获得成功，创业团队获得了风险资金，就可以正式建立创业企业，进行商业化的新产品开发。在这一阶段，表面上营销的是创业企业的商业计划，实际上也是对新产品和创业团队的全面检验。

3. 产品潜力营销阶段

商业化的新产品开发出来之后，创业企业就需要大量的投资来进行产品的批量生产和大规模销售。而创业企业一般难以获得银行贷款或供应商的支持，而且也缺乏丰富的商业关系和经验，因此它需要再次从外部投资者那里获得支持。这时，外部投资者最好是企业的战略投资者，他们不仅可以带来资金，更重要的是还能带来管理经验和商业关系，为将来的公开上市做准备。战略投资者看重的是产品的市场潜力、企业的技术能力以及营销能力。创业企业如果能够吸引战略合作伙伴加入，就可以利用新资金将新产品大规模推向市场。

4. 企业潜力营销阶段

在许多情况下，新产品上市以后并不能迅速盈利，但产品和企业的市场前景已经相当明朗。这时，创业企业可以通过公开上市，以获得快速扩张所急需的资金，同时也使风险投资家得以顺利退出。公开上市可以打通创业企业从资本市场获取资金的渠道，它是创业阶段的结束，也是规范经营阶段的开始。

7.1.4 创业营销与传统营销的区别

创业营销的理论及方法大多源自传统营销理论，但不可否认，创业企业营销同传统营销也存在很多不同，具体表现如下。

1. 创业营销解决的是企业创业期的营销问题

按照生命周期理论，企业分为创业期、成长期、成熟期和衰退期四个阶段。不同的阶段，应该采取不同的营销策略，创业期采取市场进入策略，成长期采取市场扩张策略，成熟期采取市场巩固策略，衰退期采取市场转型策略。一般营销研究的是企业发展各个阶段的普适性规律，是带有普遍性的理论，适用于企业发展的各个阶段的营销。创业营销只研究企业创业期的营销规律，探讨的是处于创业阶段或者再创业阶段企业的营销问题，它是带有特殊性的营销理论，不具普适性，它只解决企业发展过程中创业阶段的营销问题，不解决所有的问题。

2. 创业营销解决的是新产品的入市营销问题

从产品的生命周期理论来看，产品生命周期分为引入期、成长期、成熟期和衰退期四个阶段。一般营销研究的是产品各个阶段都适用的普遍营销规律，具有普适性。创业营销只研究产品引入期的营销规律，只解决产品引入期的营销问题，也就是只解决新产品的营销问题。引入期的产品，对整个市场而言，可能不是新产品，而是成熟期产品，但对创业企业而言，它是地地道道的新产品，因此，它的营销也只能按照新产品的营销方式进行，也就是只能按照产品引入期的方式进行。所以，创业营销本质上是新产品的入市营销。

3. 创业营销解决的是资源严重不足状态下的营销问题

根据经营的资源理论，一个企业可供支配的主要经营资源只有十余种，非常成功的企业一般拥有其中的绝大部分资源，一般企业经常只能拥有其中的 50%～60%的资源，而创业型企业经常只有极其有限的三四种资源，甚至更少。成功企业的营销是在资源充足背景下的营销，一般企业的营销是在资源比较充足状态下的营销，而创业企业的营销则是在资源严重不足状态下的营销。因此创业企业的营销远远比成功企业和一般企业的营销难度大得多，属于高难度营销范畴。因此创业营销解决的是企业发展过程中最为艰苦的高难度营销问题，解决的是资源严重不足背景下的营销问题。

7.2 创业企业 STP 战略

创业企业的营销活动有很多不规则和不系统的行为。这是因为创业企业在市场上成长的时间比较短，企业营销人员的市场经验和体会市场的时间有限，只能用一个阶段的经验去诠释市场营销的全部含义。因此，对创业企业进行营销战略设计十分必要。

创业者发现并选择了有吸引力的市场机会之后，还要进一步展开市场细分和目标市场选择与市场定位，即实施创业企业的 STP（segmenting、targeting、positioning）战略。第一步，市场细分（market segmentation）。具体包括：确定市场细分依据；勾勒细分的轮廓。第二步，选择目标市场（target market）。具体包括：评估每个细分市场的吸引力；评选目标细分市场。第三步，市场定位。具体包括：为每个目标细分市场确定可能的定位概念（market positioning）；选择、发展和传播所挑选的定位观念。

相关案例

蒙牛在创业过程中如何找准市场

内蒙古蒙牛乳业公司始建于 1999 年 8 月，由其创始人牛根生带领先后从伊利出走的 9 个人创建。2010 年销售收入 30 265 亿元。2011 年 7 月中粮集团成为蒙牛乳业股份第一大股东。截止到 2012 年 7 月 31 日，创办蒙牛的牛根生等 10 位元老无一例外全部出局。

蒙牛在创业之初，力量非常弱小，资金只有 1000 万元，这在乳品行业实在是微不足道。同时，蒙牛的生存环境却非常恶劣。为此，蒙牛放低姿态、避免和伊利直接冲突，宣称要做“内蒙古第二品牌”。当时内蒙古乳品市场的第一品牌是伊利，而蒙牛名不见经传，连前五名也进不去。但是蒙牛的聪明也就表现在这里，蒙牛通过把标杆定为伊利，使消费者通过伊利知道了蒙牛，而且对蒙牛似乎也有很深的印象。2000 年，蒙牛用 300 万元的低价格买下了当时在呼和浩特还很少有人重视的户外广告牌。一夜之间，呼和浩特市区道路两旁冒出一排排的红色路牌广告，上面写着："蒙牛乳业，创内蒙古乳业第二品牌"，"向伊利学习，为民族工业争气，争创内蒙古乳业第二品牌！"这让很多人记住了蒙牛，记住了蒙牛是内蒙古乳业的第二品牌。

蒙牛的目标顾客主要为家庭收入较高的城市居民，创业之初蒙牛集中开发一级城市的目标顾客，现在逐渐扩张渗透到二、三级城市。不过，为了更好地满足目标顾客的需求，蒙牛还利用更细化的市场细分变量对目标顾客再次进行细分，如蒙牛选择年龄作为市场细分变量，把目标顾客区分为老年、成年、青少年和儿童四种不同的消费群体，如面向青少年的酸酸乳，为儿童开发的"未来星"成长奶；以牛奶食用时间为细分变量，把市场划分为早餐、晚餐、休闲和正餐四个细分市场；以产品口味差别为细分变量，按消费者偏好的不同，开发出草莓、香橙、葡萄、水蜜桃等多口味产品。此外，还开发出满足白领阶层需求的特仑苏牛奶和具有美容效果的晚上好美容牛奶。蒙牛的长期发展目标是要把产品系列建设得更加完整、覆盖面更广，从而最大限度地满足各类消费者不同的消费需求。

7.2.1　创业企业市场细分

市场细分是企业根据消费者需求的不同，把整个市场划分成不同的消费者群的过程。其客观基础是：消费者需求的异质性。进行市场细分的主要依据是异质市场中需求一致的消费者群，实质就是在异质市场中求同质。因此，完全可以说市场细分的目标不是为了分解，而是为了聚合，即在需求不同的市场中把需求相同的消费者聚合到一起。当然，细分市场并不是企业的目的，不能为了细分而细分，市场也不是划分得越细越好。

1. 市场细分的优势

市场上存在成千上万的消费者并分散于不同的地区，他们的需求及欲望是千差万别的。面对消费者完全不同的需求，由于人力、物力及财力的限制，企业不可能生产各种不同的产品来满足所有消费者的需求，也不可能满足消费者的所有需求。为了提高企业的经济效益，有必要对市场进行细分。只要存在两个以上的消费者，便可根据其需求、态度和购买行为的不同，来细分市场。对企业来说，细分市场有下列好处。

（1）有利于发掘市场机会，开拓新市场。通过市场细分，企业对每个细分市场的情况有了更清楚的认识，掌握不同细分市场中消费者的需求，发现消费者未满足的需求。根据这些情况，结合不同细分市场的竞争状况，企业可以发现有利的市场营销时机，开拓新市场。

（2）有利于企业合理配置资源。任何企业的资源能力都是有限的，通过市场细分，选择符合自己经营目标的细分市场，集中有限的资源能力，可以获得局部市场上的相对优势。特别是对那些资源贫乏的小企业，细分市场往往能带来意想不到的效果。

（3）有利于企业调整市场营销策略组合，开展有针对性的营销活动。不同细分市场的消费者的需求也不一样，一旦选定了目标市场，企业就应该制定相应的营销策略组合，满足其中消费者的需求。这样，企业可以根据各细分市场需求的变化，迅速而准确地反馈市场的信息，使企业有比较灵活的应变能力。

（4）有利于企业合理地进行市场营销预算。通过了解不同细分市场的消费者对市场营销措施反应的差异，以及对产品的需求状况，有利于企业对不同细分市场进行营销预算的分配。把资源用于适当的地方，避免企业资源浪费，以提高营销活动效益。

2. 创业企业细分市场的依据

有效的细分市场，不是随便根据什么标准都可以划分出来的，同时也不可能按影响购买者需求的所有变量来进行划分，因此在实际工作中，往往把它们归纳为几个基本要素，然后将其进行或粗或细的划分。在消费者市场方面，用以细分的变量，通常可归纳为地理、人口、心理和利益追求等基本要素。

1）按地理状况的市场细分

地理状况这一细分变量，主要包括消费者所居住的地区，如东北、华北、西南、华南或山区、平原、内陆、沿海，以及这些地区的自然特点，如人口密度、气候、城市规模等。企业可以分别利用各个地理变量或其组合来进行市场细分。

（1）按地理位置细分。地理位置不同，首先反映为文化和社会价值观的差异。例如，某一地区可能会比别的地区更保守，这会对促销造成影响。例如，有的城市有自己的地方电视台，有的城市则没有。

（2）按人口多寡及密度细分。人口多寡和密度意味着该地区是否有足够的居民以产生相当的销售额，以及开展一项营销活动的代价有多大。尤其是以人口密度不同细分出的城市、郊区、乡村市场，其现实意义更大，如家用电器在城市和农村的需求量就存在较大差别。

（3）按气候细分。地区气候不同会影响一系列商品的消费，如东北地区对服装的需求与华南有较大区别。

2）按人口统计的市场细分

按人口统计的市场细分是以描述人口一般性特征的人口统计变量，如年龄、性别、收入、职业或民族等为标准，将市场划分为不同群体。由于以人口统计变量来细分市场比其他变量更容易衡量，且适应范围比较广泛，许多消费者市场都可按这一方法进行细分。

（1）按年龄细分。人们在不同年龄阶段，由于生理、性格、爱好的不同，对消费品的需求往往有很大的差别。

（2）按性别细分。不少商品在用途上具有明显的性别特征，如男装与女装，男表与女表，而且在购买行为、购买动机方面，两性之间也有很大差别。

（3）按收入细分。人们收入水平的不同，不仅决定了其购买商品的性质，而且还将影响其购买行为和购买习惯。

（4）按民族细分。世界上大部分国家都拥有多个民族。我国更是多民族的国家，这些民族都各有自己的传统习俗、生活方式，过着不同的社会经济生活，从而呈现出各种不同的商品需求。

（5）按职业及教育状况细分。从事不同职业的人其消费需求是有很大区别的。这主要是由于从事不同职业的人所获得的收入不同，而且各种职业的不同特点，也会引起许多需求上的差异。受教育状况的不同会引起不同的需求是显而易见的。因为受教育程度不同的人，在兴趣、生活方式、文化素养、价值观念等方面都会有所不同，这会影响到他们的购买种类、购买行为和购买习惯。

3）按心理的市场细分

按心理的市场细分是指将购买者按其生活方式、态度等细分成不同的群体。

（1）按生活方式细分。生活方式是人们生活和花费时间及金钱的模式。可根据消费者的不同生活方式划分出各种明显的细分市场。例如，深居简出者，他们大都在家里度过闲暇时间，是以家庭为中心的人；时髦人物则大都热衷于社交活动；事业心重的人则将大部分闲暇时间用在工作上。

（2）按态度细分。按态度细分是指根据消费者对公司及其商品的态度进行分类并采取相应的营销措施。例如，对持中间态度的消费者，应大力开展资料丰富的、有说服力的促销活动；对抱积极态度的消费者应利用接连发出的广告，以及与消费者签订合同的办法加以巩固；对待消极态度的消费者，要改变其态度是较困难的，应在广告宣传上具体化，并改进产品质量，提高公司形象。一般说来，公司放弃这一细分市场是合适的，因为公司进行市场细分，并不是要公司利用一种营销努力来满足所有消费者群体的要求。

4）按利益追求的市场细分

按利益追求的市场细分是指按照消费者购买或使用某种商品的时间、购买数量、购买频率和购买习惯等变量来细分市场。

（1）购买时间。许多产品的消费具有时间性，如烟花爆竹的消费主要在春节期间，月饼的消费主要在中秋节以前，旅游景点在旅游旺季生意最兴隆。因此，企业可以根据消费者产生需要、购买或使用产品的时间进行市场细分，如航空公司、旅行社在寒暑假期间大做广告，实行优惠票价，以吸引师生乘坐飞机外出旅游；商家在酷热的夏季大做空调广告，以有效增加销量；双休日商店的营业额大增，而在元旦、春节期间，营业额则更大等。因此，企业可根据购买时间进行细分，在适当的时候加大促销力度，以促进产品的销售。

（2）购买数量。据此可将消费者划分为大量用户、中量用户和少量用户。大量用户人数不一定多，但消费量大，许多企业以此为目标，反其道而行之也可取得成功。例如，文化用品大量使用者是知识分子和学生，化妆品大量使用者是青年妇女，等等。

（3）购买频率。据此可将消费者划分为经常购买、一般购买、不常购买（潜在购买者）。例如，铅笔：小学生经常购买，高年级学生按正常方式购买，而工人、农民则不常买。

（4）购买习惯（品牌忠诚度）。据此可将消费者划分为坚定品牌忠诚者、多品牌忠诚者、转移的忠诚者、无品牌忠诚者等。例如，有的消费者忠诚于某些产品，如 iPhone、海尔电器、中华牙膏等；有的消费者忠诚于某些服务，如东方航空公司、某某酒店或饭店等，或忠诚于某一个机构、某一项事业等。为此，企业必须辨别它的忠诚顾客及特征，以便更好地满足他们的需求，必要时给忠诚顾客以某种形式的回报或鼓励，如给予一定的折扣。

7.2.2 创业企业的目标市场选择

创业企业目标市场的选择包括确定最有吸引力的细分市场、根据创业企业实力选择适合的目标市场和选择相应的目标市场战略几个方面。

1. 确定最有吸引力的细分市场

确定最有吸引力的细分市场，就是为了让创业企业能够用最少的成本换来最大的收益，因为创业企业无论是资金、人才还是其他资源，都非常有限；而在确定最合适的细分市场的决策中，目标营销战略的实施是一个至关重要的环节。创业企业应根据外在环境和自身的资源状况及竞争优势，确定在所有的细分市场中，哪个细分市场不仅能为企业带来最大化利润，而且还能实现良好的社会效益。

2. 根据创业企业实力选择适合的目标市场

在现代经济生活中，由于生产力的高速发展，生产的社会化、专业化水平不断提高，人们的收入普遍增加，因而消费者的需求显现出多层次、多样性、多变性的特征。在这种市场环境下，创业企业为了充分利用自身有限的资金和资源，生产最能发挥自身优势、满足消费者某种特定需求的产品，会选择与本企业营销宗旨最相适应、销售潜力最大、获利最高的细分市场作为营销的目标，然后采取相应的营销战略和手段打入或占领这个市场。

在进行目标市场的选择过程中，我们必须考虑回报率的问题，也就是我们通常所说的实效性，实效性是指目标市场的容量及获利性值得企业进行开发的程度。一个细分市场是否大到可以实现具有经济效益的营销目标，以及适合什么样的企业进入，既取决于这个市场的人数和购买力，也取决于企业自身的能力，这种能力包括人力、物力、管理能力等。对市场的划分必须合理，细分市场的销售量应考虑是否值得企业分别开展不同的营销活动。因此，细分市场应是适合设计一套独立营销计划的组合方案。

3. 选择相应的目标市场战略

目标市场确定之后，接下来需要确定在目标市场上应采取何种营销战略，一般而言，有三种战略可供企业选择，分别是无差异性营销战略、差异性营销战略和集中性营销战略。

（1）无差异性营销战略。无差异性营销战略是创业企业针对购买集团中大多数消费者的共同需求而采用单一的营销组合策略。该策略认为，企业面对的是一个同质市场，即消费者的需求是无差别的，或者说，消费者的需求即使存在差异，但是其共性大于其特性，这就是企业选择无差异性策略的前提。

自从大规模生产开始应用，无差异性营销策略就受到了企业的欢迎，如最初福特公司只以合理的价格向人们提供一种标准的汽车：T 型车，该汽车甚至只有一种颜色——黑色。但是，近几十年来，应用无差异性策略的企业正在大幅度减少。其原因是随着竞争的加剧，在竞争对手的努力下，越来越多的消费者被吸引到特定的子市场，此时，企业如果再实施无差异性策略则很可能发现其向目标市场提供的产品要么价格过高，要么为消费者提供的利益过少（问题主要还是出在产品所能提供的顾客价值过少）。

企业在考虑采取无差异性策略的时候，一定要充分把握无差异性策略的特点。无差异性策略的最大优点就是能够有效地降低成本、节约费用。当然，这一优点是建立在企业的大规模、标准化作业的基础之上，企业的营销努力就是使其销售最大化，故企业的资源必须能够满足大规模生产、大规模销售和大规模促销的需要。

与企业的大规模、标准化作业相联系，无差异性营销策略表现出如下一些明显的缺点：事实上减少了市场竞争的维度，即当竞争对手采取同样的策略时，会使竞争更加激烈；单一的产品形式不可能满足市场上所有消费者的需求；适应性及扩展性差。

（2）差异性营销战略。差异性营销策略是指创业企业在市场细分的基础上，选择两个或两个以上的细分市场作为目标市场针对不同目标市场上消费者的需求，设计不同的产品和实施不同的营销组合方案，以满足消费者需求，如企业决定同时为几个子市场服务，设计不同的产品，并在渠道、促销和定价方面都加以相应的改变，以适应各子市场的需要。

差异性营销战略对于小批量、多品种的生产公司较适用。日用消费品绝大部分商品均可采用这种战略选择目标市场。在消费需求变化迅速、竞争激烈的当代，大多数公司都积极推行这种战略。其优点是：有利于满足不同消费者的需求；有利于公司开拓市场，扩大销售，提高市场占有率和经济效益；有利于提高市场应变能力。

差异性营销在创造较高销售额的同时，也增加了营销成本，如生产成本、管理成本、库存成本、产品改良成本、促销成本，使产品价格提高，失去竞争优势。因此，企业特别是创业企业在采用此战略时，要认真权衡利弊。

（3）集中性营销战略。与无差异性营销战略企图满足所有细分市场中所有消费者的需要不同，集中性营销战略主要是将企业的力量、资源集中于一个小的、特定的子市场，并以自己特定的营销策略组合来满足该子市场的需要。

集中性营销战略一经提出就受到了企业的欢迎，特别是小企业。因为该策略并不要求进行大规模的生产、大规模的销售、大规模的促销活动，利用其有限的资源和能力，通过自身的集中努力，小企业也可能获得成功。

要保证集中性战略的成功，企业必须充分认识到消费者需求的异质性，这是进行集中性目标市场策略的前提条件。同时，企业应该把自身的努力从销售最大化转变为追求效率上来，即集中有限的资源、耗费最低的成本，仅生产一种或少数几种产品满足一个特定子市场中大多数消费者的需要。

资源的集中也给企业带来一定的风险，即所谓的“把鸡蛋放在同一篮子里面”。当企业对于市场的选择出现失误，或者在同一子市场上遇到更为强大的竞争对手（为企业从该细分子市场中所获取的丰厚利润所吸引），或者该细分子市场中消费者需求发生转移时，都可能给企业带来巨大的损失。

7.2.3 创业企业的市场定位

创业企业的市场定位正确与否，直接关系到创业企业整体经营与运作的成败，因此，创业企业的定位至关重要。创业企业基本的市场定位途径有两种，即产品差异化和服务差异化，但在创业企业定位的过程中，还要避免几种常见的错误。

1. 产品差异化

差异化（differentiation）是指为使企业的产品与竞争者产品相区分，而设计一系列有意义的差异的行动。根据迈克·波特的理论，企业的竞争优势来源于两个主要方面：成本领先和差异化。实际上，为了向消费者提供更多的价值，企业产品定位就是从差异化开始的。

（1）形式差异，即产品在外观设计、尺寸、形状、结构等方面的新颖别致。例如，对闹钟的外形进行不同的卡通形象设计。

（2）特色，即对产品基本功能的某些增补，率先推出某些有价值的新特色无疑是最有效的竞争手段之一。例如，为汽车增加“自动驾驶”功能、为某种食品增加防潮包装、为牙刷增加更换提示功能、为台灯增加护眼功能等。企业往往要在用高成本为消费者定制特色组合，还是使产品更加标准化而降低成本之间进行决策。

（3）性能质量，即产品的主要特点，在运用中可分为低、平均、高和超级等不同的水平。

（4）一致性，即产品的设计和使用与预定标准的吻合程度的高低。一致性越高，则意味着消费者越有可能实现预定的性能指标。

（5）耐用性，即产品在自然或苛刻的条件下预期的使用寿命。对于技术更新不快的产品，耐用性高，无疑增加了产品的价值。

（6）可靠性，即在一段时间内产品保持良好状态的可能性。许多企业通过降低产品缺陷来提高可靠性。

（7）可维修性，即产品一旦出现故障就进行维修的容易程度。标准化的零部件、一定的维修支持等都会使产品更受欢迎。

（8）风格，即产品给予消费者的视觉和感觉效果。独特的风格往往使产品引人注目，有别于乏味、平淡的产品。

综合以上各个要素，企业应从消费者的要求出发，确定影响产品外观和性能的全部特征的组合，提供一种最强有力的设计使产品（服务）差异化和准确定位。

2. 服务差异化

竞争的激烈和技术的进步，使在实体产品上建立和维持差异化越来越困难，于是竞争的关键点逐渐向增值服务上转移。服务差异化日益重要，主要体现在订货方便、交货及时和安全、安装、客户培训与咨询、维修养护等方面。例如，通用电气公司不仅向医院出售昂贵的 X 光设备并负责安装，还对设备的使用者进行认真培训，并提供长期服务支持。

（1）人员差异化。培养训练有素的人员，是一些企业尤其是服务性行业中的企业取得强大竞争优势的关键。例如，迪士尼乐园的雇员都精神饱满、麦当劳的人员都彬彬有礼、IBM 的员工给人以专家形象。

（2）渠道差异化。通过设计分销渠道的覆盖面、建立分销专长和提高效率，企业可以取得渠道差异化优势。例如，戴尔电脑、雅芳化妆品等就是通过开发和管理高质量的直接营销渠道而获得差异化的。

（3）形象差异化。形象是公众对企业及其产品的认识与看法。企业或品牌形象可以对目标消费者产生强大的吸引力和感染力，促使其形成独特的感受。有效的形象差异化需要做到：建立一种产品的特点和价值方案；并通过一种与众不同的途径传递这一特点；借助可以利用的一切传播手段和品牌接触（如标志、文字、媒体、气氛、事件和员工行为等），传达触动消费者内心感受的信息。例如，耐克因其卓越的形象，在变幻莫测的青年市场上始终保持着吸引力。

3. 创业企业在定位时应注意的问题

创业企业在定位时应注意的问题包括定位不足、定位过分和定位模糊。

（1）定位不足。定位不足是指企业差异化设计与沟通不足，消费者对企业产品难以形成清晰的印象和独特的感受，认为它与其他产品相比没有什么独到之处，甚至不容易被消费者识别和记住。

（2）定位过分。定位过分是指企业的产品定位过于狭窄，不能使消费者全面地认识自己的产品。例如，一家同时生产高、低价位产品的企业使消费者误以为只提供高档产品。定位过分限制了消费者对企业及其产品的了解，不利于企业实现营销目标。

（3）定位模糊。定位模糊是指由于企业设计和宣传的差异化主题太多，或定位变换太频繁，致使消费者对产品的印象模糊不清。混乱的定位无法在消费者心中确立产品鲜明、稳定的位置，必定失败。

相关案例

海底捞的“变态式服务”

海底捞餐饮股份有限公司成立于 1994 年，是一家以经营川味火锅为主、融会各地火锅特色为一体的大型跨省直营餐饮品牌火锅店。在餐饮行业激烈的市场竞争中，海底捞火锅通过打造“西式化”“时尚化”的优雅环境并提供差异化的服务，成功成为火锅行业的“领头羊”。

“变态式服务”是消费者给予海底捞服务的最高评价。不同于以往对火锅店的认知，海底捞的环境因素作为顾客消费体验中最重要的一部分，将其他同类火锅店存在的问题通过服务的方式予以很好的解决。例如，在就餐高峰的时候，为等候的客人提供一些温馨服务，如免费的小吃、饮料，顾客在等待的时候还可以免费上网、下棋，女士甚至可以免费修理指甲。此外，海底捞还首创“HI 捞送”的火锅外卖业务，菜品、底料、蘸料、电磁炉、围裙、餐布都会送到顾客家中，甚至有专门的服务员上门抻面条。虽然海底捞为此付出了高昂的配送和人力成本，但是通过这样差异化的服务，其品牌价值得到了消费者充分的认可，市场份额也随之扩大。

资料来源：吴建安，等. 市场营销学. 5 版. 北京：高等教育出版社，2014

7.3 创业企业产品策略

产品是市场营销组合中最重要也是最基本的因素。企业制定营销组合策略，首先必须决定发展什么样的产品满足目标市场需求。产品策略还直接或间接影响到其他营销组合因素的管理。从这个意义上说，产品策略是整个营销组合策略的基石。

创业企业在制定产品策略时，首先要正确理解整体产品的概念；其次要合理使用品牌策略；再次还要善于使用包装策略；最后作为创业企业，把握产品生命周期，针对生命周期不同阶段的特点制定相应策略的能力也是必不可少的。

7.3.1 正确理解整体产品的概念

创业企业首先要正确地理解产品的内涵，人们通常理解的产品是指具有某种特定物质形状和用途的物品，是看得见、摸得着的东西，这是一种狭义的定义。而市场营销学认为，广义的产品是指人们通过购买而获得的能够满足某种需求和欲望的物品的总和，它既包括具有物质形态的产品实体（有形产品），又包括非物质形态的利益（无形产品，或称服务），这就是“产品的整体概念”。营销中产品具体可以划分为五个层次：核心产品、形体产品、期望产品、延伸产品和潜在产品。

1. 核心产品

核心产品（core product）是指向购买者提供的基本效用或利益。消费者购买商品并不是为了获得产品本身，而是为了获得能够满足某种需求的使用价值。例如，消费者购买洗衣机，并不是为了拥有这种机器本身，而是为了获得清洗、洁净衣物和安全的效用。核心产品是消费者追求的最基本内容，也是他们所真正要购买的东西。因此，企业在设计、开发产品时，必须首先界定产品能够提供给消费者的核心利益，以此作为立足点。

2. 形体产品

形体产品（形式产品）（actual product）是核心产品所展示的全部外部特征，即呈现在市场上的产品的具体形态或产品核心功能、效用借以实现的外在形式，主要包括品牌商标、包装、款式、颜色、特色、质量等。即使是纯粹的服务产品，也具有相类似的形体上的特点。产品的基本效用必须通过特定形式才能实现，市场营销人员应该努力寻求更加完善的外在形式来满足顾客的需要。

3. 期望产品

期望产品（expected product）是指顾客在购买该产品时期望得到的与产品密切相关的一系列属性和条件。例如，旅馆的旅客期望得到整洁的床位、洗浴香波、浴巾、衣帽间的服务等。由于大多数旅馆都能满足旅客的一般期望，因此，旅客在选择档次条件大致相同的旅馆时，通常不是选择哪家旅馆能够提供所期望的产品，而是根据哪家旅馆就近和方便而定。

4. 延伸产品

延伸产品（augmented product）是指消费者在取得产品或使用产品过程中，所能获得的除产品基本效用和功能之外的一切服务与利益的总和，主要包括运送、安装、调试、维修、产品保证、零配件供应、技术人员与操作人员的培训等，它能给消费者带来更多的利益和更大的满足。延伸产品所提供的附加价值的大小在市场营销中的重要性越来越突出，已经成为企业差异化策略赢得竞争优势的关键因素。

5. 潜在产品

潜在产品（potential product）是指产品最终会实现的全部附加价值和新转换价值，是附加产品服务和利益的进一步延伸，指明了产品可能的演变给顾客带来的价值。潜在产品是吸引顾客购买非必需品、非渴求品最重要的因素。例如，人们购买保险产品，在购买当时并未得到可即刻实现的利益，而是得到一种承诺，即未来可以实现的理赔收益。

7.3.2　合理实施品牌决策

品牌是用以识别某个销售者或某群销售者的产品或服务，并使之与竞争对手的产品或服务区别开来。品牌是一个包括许多名词的总名词，具有广泛的意义，它包括品牌名称、品牌标志、商标等内容。

（1）品牌名称。品牌名称是指品牌中可以用语言称呼的部分，如“蒙牛”“春兰”“福特”等，这些都是一些知名的品牌名称。

（2）品牌标志。品牌标志是指品牌中可以被识别或认知，但难以用语言称呼的部分。品牌标志常常为某种符号、象征、图案、设计、颜色或印字。例如，奥迪轿车的四环标志、美国米高梅电影公司的狮子形象等。

（3）商标。商标是指用文字、图形、符号或其他组合来标明一种商品或用来区别其他商品的独特标志或记号。商标经工商部门登记注册之后，受到法律的保护，称为“注册商标”。例如，麦当劳的黄色 M，IBM 的蓝色字母，小天鹅公司的天鹅图案，等等。商标是品牌很重要的组成部分。

企业营销者的成功源泉就是拥有建立、维持、提高及保护品牌的能力。伴随着品牌资产在营销活动中的重要性日益突出，为了攻占顾客心智，迎接众多竞争品牌的挑战，营销者必须谨慎审视企业的品牌战略，分层次、分步骤地进行品牌决策。

1. 品牌化决策

营销者首先要回答的品牌决策问题是：企业是否应当为自己的产品建立品牌？对这个问题的回答即为品牌化决策。品牌发展到今天，已经几乎没有哪种产品没有使用品牌了，包括食盐、大米、水果，甚至生鲜食品。尽管需要承担品牌化的费用，但企业仍然愿意为自己的产品建立品牌。毕竟，品牌化可以为企业创造许多好处。

因此，到目前为止，不建立品牌的产品也只剩有限的几类：未加工原料，如原棉、谷物、矿砂、石油等；不会因制造者不同而产生差异者，如生铁、有色金属（金、铜锭、铝排、镍等），对这些产品，标明生产厂家就足够了；习惯于无品牌者，如面粉、大米、水果等。但事实上，这几类产品的品牌化走势也非常明显。

2. 品牌归属决策

品牌归属决策指的是品牌归谁所有，有三种不同的选择。

（1）制造商品牌。制造商品牌是一种最主要的品牌归属决策，指品牌的所有权归制造者所有。大多数著名品牌的所有者都是制造商，如解放、长虹、海尔、小天鹅、美的、森达、娃哈哈、IBM、微软、思科、GE、宝洁、可口可乐、万宝路等。

（2）渠道品牌。渠道品牌也称零售商品牌或分销商品牌，是指品牌所有权归中间商所有。由于渠道品牌的产品销售一般仅局限于所有者的销售范围，所以通常只有规模巨大、市场面广、知名度高的零售商才使用该品牌策略，如家乐福、联华、屈臣氏等。零售商通过签订生产合同，让一些制造商为自己生产品牌产品。

一般来说，渠道品牌也只是局限于食糖、卷纸等无差异的快速消费品。渠道品牌的迅速发展，一方面，由于社会分工的深化，企业平均规模缩小，许多中小企业无力以自己的品牌进入市场，通过为分销商贴牌生产、以渠道品牌进入市场就显得更为有利；另一方面，连锁业的发展和完善产生了一些巨型零售企业，形成了庞大和完善的销售体系，因为有自己企业的信誉做担保，委托制造企业生产的自有品牌产品，因无须做任何广告，从而拥有了较强的价格优势。

（3）两种品牌同时共存。一部分产品用制造商品牌，一部分商品用中间商品牌。

相关案例

渠道品牌的力量

沃尔玛拥有众多的自有品牌，涉及食品、服装、玩具等多个领域，如山姆精选（Sam’s Choice）、乔治服饰（George）等。在很多品类里，沃尔玛自有品牌的销售额都进入行业的前三名。但其品牌之路并非一帆风顺，其大力推出的 Sam’s Choice 可乐的销量从未达到可口可乐的10%。

沃尔玛自有品牌的成功与不成功，都可以用品牌的力量来加以解释。一般来说，渠道品牌的力量可以划分为三个层次。

第一层次是质量的保障，这意味着冠以该品牌的产品达到了某种卫生、健康、功能方面的标准。例如，超市贴牌出售的鲜鸡蛋和大米，顾客就会感觉比农贸市场上的无品牌产品要更为放心。

第二层次是特定的利益诉求。品牌所有者通过不断的广告投入，使顾客相信该品牌是特定问题的最佳解决方案。目前，大部分品牌都停留在这个水平上。

第三层次是文化层面的，代表着一种生活方式。可见，作为一个强势品牌，“沃尔玛”的自有品牌目前正处于第一层次和第二层次之间。它可以给顾客足够的质量保障和消费信心，甚至可以完全取代处于第一层次的品牌并强有力地挑战处于第二层次的品牌，但它还无力对可口可乐、耐克这样已经成为文化符号的品牌构成威胁。

也许，随着品牌之间学会通过合作来共同演绎一种生活方式的时候——而原本就应该是这样的，渠道品牌才能真正显示其威力。

3. 品牌组合决策

大多数企业的产品组合都包括多条产品线，每条产品线又包括许多产品项目，企业必须为其产品组合建立一个相适应的品牌组合策略。

（1）独立品牌策略。独立品牌策略是指企业为其产品组合建立多个相互独立的品牌，每个品牌旗下又有多个产品，并且这些产品有可能是重叠的。这些独立品牌之间、品牌与企业之间在名称上不发生联系，如瑞士制表商 SMH 公司旗下拥有欧米茄、浪琴、雷达、天梭、斯沃琪、色提那等手表品牌。SMH 不为这些品牌之间建立名称上（或市场上）的关联，也不建立与 SMH 公司之间在名称上（或市场上）的关联。

独立品牌策略的优势在于可以将企业的声誉和个别品牌的成败分开，品牌相互之间的影响也较小，存在隔离效应，即使某个品牌失败了，也不会影响企业及其他品牌的声誉。更为重要的是，企业就不同目标市场使用不同的品牌名称，既提高了针对性，特色效应明显，又可以全面锁定顾客，为其成功产品设置了外延防御阵线。SMH 公司就通过这种设置，成功保护了其高档表的利润空间，阻止了竞争者的进入。

独立品牌策略的劣势在于为了推广众多品牌，企业将不得不增加品牌费用。一般情况下，除非产品性质互相冲突，否则较少采用独立品牌策略。

（2）统一品牌策略。统一品牌策略是指企业所有的产品都使用同一个品牌。例如，本田企业在汽车、摩托车、滑雪车、除草机、海用引擎和雪地车等产品大类上都使用了本田品牌，形成一个蔚为壮观的品牌大家族。采用统一品牌的优势在于不需要再费心去替新产品找名字，也不必为品牌认可和建立品牌偏好支付昂贵的推广费用，所以产品的推广成本较低。如果该品牌已有良好的声誉，那么对新产品的销售帮助更大。

统一品牌策略的缺点就是产品之间的相互影响较大，一荣俱荣，一损俱损。统一品牌策略对各个产品的品质水平要求都在一个较高的品质水准之上。

（3）分类品牌策略。分类品牌策略是指企业按产品线建立品牌，每条产品线均采用一个统一品牌。例如，安利公司营养保健品品牌是纽崔莱、美容化妆品品牌是雅姿；西尔斯公司的家用电器品牌是 Kenmore，工具产品品牌是 Craftsman，而家用装修设备的品牌则是 Homart。

当企业所经营的产品在性质、使用场合、消费行为等方面存在冲突时，统一品牌策略就难以适合，更明智的选择则是分类品牌策略。试想一下，一个既生产化妆品、又生产洗涤用品、还生产农药的化学产品制造企业若采用统一品牌，顾客对该品牌会产生一种什么样的联想?

（4）复合品牌策略。当企业既要统一品牌策略的规模效益、又要独立品牌策略的特色效应时，企业可以采取多种形式的复合品牌策略，即将上述三种策略以不同的方式组合起来。

最常见的组合有两种：一是统一品牌（通常也是企业品牌）和产品品牌组合，也称多品牌策略，如宝洁公司，“宝洁”旗下有飘柔、玉兰油等；二是品牌加别名组合，如别克—林荫大道、别克—君越、别克—君威、别克—英朗。当企业拥有复杂的产品组合，每条产品线又拥有众多产品项目时，复合品牌策略是常见的选择。

相关案例

宝洁的多品牌策略

宝洁公司是多品牌策略的倡导者和实践者，其旗下产品种类众多，品牌众多，并且同种产品也往往有多个品牌。多品牌策略的应用前提是：产品是差异性的，不同顾客有不同的偏好。企业借助不同品牌占领不同的细分市场。

多品牌策略可以保留顾客在企业品牌范围内进行品牌转换，并对零售商产生较强吸引力，但也会因品牌数量太多而稀释企业有限的传播费用，多个品牌之间还会相互吞噬，这就很有可能导致没有一个品牌能够成为市场领导者。

7.3.3 善于使用包装策略

包装（package）是商品实体的重要组成部分，通常是指产品的容器或包装物及其设计装潢。在传统经济条件下，人们对包装的认识仅限于保护商品和便于运输储存，认为产品包装就是指产品包扎或存放于包装物内或容器内。现代经济条件下，人们对包装有了系统的认识，产品包装不仅是产品的容器、包装物或外观装饰，更是整体产品的一个重要组成部分。产品包装对市场营销有着重要的影响，它既可以充当产品广告的媒体，又可以提高产品的档次和形象，增加产品的附加值；产品包装的不同档次和规格，又是产品差异化和特色的重要体现。

包装设计中包装要素的不同使用与组合，形成了不同的包装策略。归纳起来，创业企业可以灵活运用以下六种包装策略：统一包装、配套包装、再使用包装、附赠品包装、改进包装和等级包装。

1. 统一包装策略

企业对其生产的各种不同产品，在包装上采用相同的图案、色彩或其他共同特征，使顾客很容易发现是同一家企业的产品，便于顾客识别出本企业产品，特别是对于有一定知名度的企业，采用类似包装策略对产品的宣传有一定的作用，而且节省包装的设计费用，还可以消除和减少消费者对新产品的不信任感，为新产品迅速打开市场创造条件。

值得注意的是，类似包装策略只适宜于质量相同的产品，对于品种差异大、质量水平悬殊的产品则不宜采用。

2. 配套包装策略

配套包装策略即企业为了促销，按各地消费者的消费习惯，将数种有关联的产品配套包装在一起成套供应。这种包装形式，一般以一种商品为主，然后配以其他相关联的产品。例如，将旅游用的牙刷、牙膏、刮脸刀等装配在一起，强生婴儿护肤品组成系列套装等。配套包装策略便于消费者购买、使用和携带，同时还可扩大产品的销售。在配套产品中，如加进某种新产品，还可使消费者不知不觉地习惯使用新产品，有利于新产品上市和普及。

3. 再使用包装策略

再使用包装策略又称双重包装策略，即原包装的商品用完之后，空的包装容器可移作其他用途，如各种形状的香水瓶可做装饰物、精美的食品盒也可被再利用等。这种包装策略可使消费者感到一物多用而激发起其兴趣与购买欲望，而且包装物的重复使用也起到了对产品的广告宣传作用。需要说明的是，在使用这种包装策略时，要尽量谨慎，以避免因成本加大引起商品价格过高而影响产品的销售。

4. 附赠品包装策略

附赠品包装策略也称万花筒包装策略，是现代包装的重要促销策略之一。这种策略即在包装物内附有赠券、物品或用包装本身可换礼品等，借以刺激消费者的购买或重复购买，从而扩大销售，如儿童玩具、糖果中的连环画、识字卡片，食品附带的小玩具等。我国出口的“芭蕾珍珠膏”，每个包装盒都附赠珍珠别针一枚，顾客购至 50 盒即可送一条美丽的珍珠项链，这使珍珠膏在国际市场上十分畅销。

5. 改进包装策略

改进包装策略是指用改进商品包装的办法来达到扩大销售的目的。当某种商品由于包装不善影响销路，商品的装潢设计缺乏吸引力，或已显陈旧时，往往通过改换新包装来扩大销路。由于包装技术、包装材料的不断更新，消费者的偏好不断变化，采用新的包装可以弥补原包装的不足，吸引消费者购买。值得注意的是，企业在改变包装的同时必须配合好宣传工作，以消除消费者以为产品质量下降或其他的误解，可以说，这种包装上的改进也是产品改进的一个重要手段。例如，美国一种干邑白兰地酒，原来销量居世界第七位，改变产品包装后，在广为宣传的基础上，销量跃居世界第一。

6. 等级包装策略

为适应消费者不同的购买力水平和不同的购买目的，同一产品可以采用不同档次的包装，或者是将不同品质的产品分为若干等级，对高档优质产品采用优质包装，一般产品采用一般包装。例如，上海冠生园生产的大白兔奶糖，既有盒装，又有袋装，还有散装，形式多样，以满足不同顾客的需要。

总的来说，包装设计必须遵循保护商品、便于识别、便于使用、便于促销、增加利润、节省成本和维护社会公共利益等原则，选用现代化的包装材料、容器和科学的包装技术。在包装设计上体现社会性市场营销观念。不但要考虑企业利益，还要考虑社会的公共利益，如要执行有关的法规，要遵守包装道德，要保护生态平衡，等等。

相关案例

几个包装小故事

苏州生产的檀香扇，历史悠久，闻名海内外，但是因为其包装简单、貌不惊人，最好的扇子在香港的售价也不过65元。当生产者意识到包装的重要性，采用成本 5 元的锦盒包装后，售价高达165元，销售量也有大幅度增长。

贵州茅台号称国酒，可以说是白酒中的国王。茅台改进包装前，在国际市场上仅卖20美元，改进包装后，一下飙升到125美元。

7.3.4 创业企业的产品生命周期策略

创业企业制定产品策略时需高度熟悉自己的产品所在的生命周期阶段，再进一步选择与之相适应的产品策略。

1. 引入期的营销策略

引入期是产品成功的开始，但是很多新产品往往在向市场投放以后，还没有进入成长期就被淘汰了。因此，企业要针对引入期的特点，制定和选择不同的营销策略。可供企业选择的营销策略，主要有以下几种。

（1）迅速夺取策略。迅速夺取策略是指以高价格和高促销水平推出新产品的策略。采用此策略必须具备以下条件：产品鲜为人知；了解产品的人急于购买，并愿意以卖主的定价支付；企业面临潜在的竞争，必须尽快培养对本产品有“品牌偏好”的忠实顾客，如苹果 iPhone 实施高价高促销策略迅速占领高端手机市场。

（2）缓慢夺取策略。缓慢夺取策略是指以高价格和低促销水平推出新产品的策略。它适用于这样一些情况：市场规模有限；顾客已经了解该产品；顾客愿意支付高价；没有激烈的潜在竞争。

（3）迅速渗透策略。迅速渗透策略是指用低价格和高促销水平推出新产品的策略。它必须具备以下条件：市场规模大；顾客并不了解该新产品；市场对价格比较敏感；有强大的潜在竞争对手存在。该策略是创业企业使用最多最广的策略，如当年奇虎 360 推出免费杀毒软件，虽然企业前期遭受了损失，但却在短时间内获得了上亿客户，并持续增长。广大的顾客群让奇虎公司获得了巨大的其他收入，如广告收入等。

（4）缓慢渗透策略。缓慢渗透策略是指以低价格和低促销水平推出新产品的策略。它必须具备如下条件：市场规模大；市场对产品接受度高，对价格敏感；存在潜在的竞争对手；同时，创业企业不想引起市场中的强大竞争者的围攻打压。

2. 成长期的营销策略

由于成长期产品市场增长率很快，如果创业企业生产的产品处于市场中的成长期，可通过以下策略抢占市场。

（1）改进产品质量，增加花色品种，改进款式、包装，以适应市场的需要。

（2）进行新的市场细分，从而更好地适应增长趋势。

（3）开辟新的销售渠道，扩大商业网点。

（4）改变广告宣传目标，由以建立和提高知名度为中心转变为以说服消费者接受和购买产品为中心。

（5）适当降低价格，以提高竞争能力和吸引新的顾客。

3. 成熟期的营销策略

成熟产品也是许多创业企业理想的选择产品。此时该类产品市场差异度已经不大，专利技术等多数是公开的。因此，延长产品的成熟期是该阶段的主要任务。延长产品成熟期的策略可以从以下三个方面考虑。

（1）发展产品的新用途，使产品转入新的成长期。

（2）开辟新的市场，提高产品的销售量和利润率。

（3）改良产品的特性、质量和形态，以满足日新月异的消费需求。

4. 衰退期的营销策略

创业企业基本不会选择处于衰退期的产品。当然，有些行业虽然处于衰退期，但在某些区域仍能创造许多利润，如自行车在农村仍有可观市场。唐山自行车总厂在其生产的“燕山牌”加重自行车在各城市滞销后，采取撤出城市、转战农村的策略，重新找到了产品出路。

7.4　创业企业定价策略

为了有效地开展市场营销、增加销售收入和提高利润，创业企业不仅要给产品制定基本价格，而且还需对制定的基本价格适时地修改。价格是市场营销组合中十分敏感而又难以控制的因素，直接关系到市场对产品的接受程度，影响着市场需求和企业的利润，涉及生产者、经营者和消费者等多方利益。定价策略是市场营销组合策略中极其重要的组成部分。

7.4.1 影响定价的因素

影响产品定价的因素是多方面的，包括定价目标、企业成本、市场需求、竞争对手。一般来说，产品定价的上限通常取决于市场需求，下限取决于该产品的成本、费用等。在上限和下限内如何确定价格水平，则取决于一个企业的定价目标、政府的政策、法规和竞争者同类产品的价格，其中竞争因素构成了对价格上限的最基本影响，而企业定价目标则提出了最低限价的问题。

1. 定价目标

任何企业在制定价格时都必须考虑目标市场战略及市场定位。假如企业经过认真分析，决定为收入较高的消费者设计、生产高档、豪华家具，其目标市场和定位就决定了价格要高。此外，企业还要考虑一些具体的经营目标，如利润额、销售额、市场占有率等，它们都会对定价产生重要影响。企业的每一个可能的定价选择，对利润、收入、市场占有率均有不同影响。

2. 企业成本

任何企业都不能随心所欲地制定价格。从长远看，任何产品的销售价格都必须高于成本费用，这样才能以销售收入抵偿生产成本和经营费用。因此，企业在制定价格时必须估算相关成本。对于已有的产品，相关成本是指同生产、分销有关的直接成本和分配的间接成本；对于新产品，相关成本是在未来的整个生命周期里的直接成本和分配的间接成本。

3. 市场需求

市场需求受价格和收入变动的影响。因价格或收入等因素引起的需求相应的变动率叫作需求弹性。需求的价格弹性反映需求量对价格的敏感程度，以需求变动的百分比与价格变动的百分比之比值计算，即价格变动1%会使需求变动百分之几。

4. 竞争对手

企业必须采取适当方式了解竞争者的产品质量和价格，比质比价，更准确地制定自己的产品价格。如果质量大体一致，价格一般也应大体相同或略低一些，否则可能卖不出去；如果本企业产品质量较高，则价格也可定高一些；如果质量较差，则价格就应定低一些。

企业还应看到，竞争者可能针对本企业的价格策略调整其价格；也可能不调整价格，但通过调整市场营销组合的其他变量与本企业争夺顾客。对竞争者的价格变动，要及时掌握有关信息，并做出合适的反应。

7.4.2　创业企业定价的基本方法

定价方法，是指企业在特定的定价目标指导下，依据对影响价格形成各因素的具体研究，运用价格决策理论，对产品价格进行测算的具体方法。定价方法的选择和确定是否合理，关系到企业定价目标能否实现和定价决策的最终成效。

制定价格应综合考虑成本、供求和竞争三个基本因素，但在实际定价时，往往又侧重于某一因素，于是便形成了成本导向定价法、需求导向定价法和竞争导向定价法三种类型的基本方法。

1. 成本导向定价法

成本导向定价法，是以企业的生产或经营成本作为制定价格依据的一种基本定价方法。其中最常见的有完全成本定价法和目标利润定价法。

（1）完全成本定价法。完全成本定价法是指以产品的全部生产成本为基础，加上一定数额或比率的利润来制定价格的方法。生产企业的完全成本是单位产品生产成本与销售费用之和；经营企业的完全成本则是进价与流通费用之和。

完全成本定价法具有计算简便，能保证企业生产经营的产品成本得到补偿，并取得合理利润的优点。主要适用于正常生产、合理经营的企业以及供求大体平衡、成本相对稳定的产品。但这种定价方法缺乏对市场竞争和供求变化的适应能力，同时还有成本和利税重复计算，定价的主观随意性较大的缺点。

（2）目标利润定价法。目标利润定价法是指根据总成本、预计销量和所确定的目标利润来决定价格的方法。美国通用汽车公司常使用这种定价法，把汽车价格定得能使它的投资取得 15%～20%的利润。目标利润定价法还被运用于公用事业单位，它们投资大，业务具有垄断性，又和公众利益息息相关，往往受到政府部门对其价格的限制，所以只好按投资额确定一定比例的目标利润来计算收费标准。

2. 需求导向定价法

需求导向定价法，是以消费者对产品价格的接受能力和需求程度为依据制定价格的方法。它不以企业的生产成本为定价依据，而是在预计市场能够容纳目标产销量的需求价格限度内，确定消费者价格、经营者价格和生产者价格，具体可以分为以下两种。

（1）理解价值定价法。理解价值定价法即消费者对各产品价值的主观评判，它与产品的实际价值往往会发生一定的偏离。理解价值定价法，是指企业以消费者对产品价值的理解为定价依据，运用各种营销策略和手段，影响消费者对产品价值的认知，形成对企业有利的价值观念，再根据产品在消费者心目中的价值地位来制定价格的一种方法。

（2）需求差异定价法。需求差异定价法是指根据消费者对同种产品或劳务的不同需求强度，制定不同的价格和计费的方法。价格之间的差异以消费者需求差异为基础。其主要形式有：①以不同消费者群体为基础的差别定价；②以不同产品式样为基础的差别定价；③以不同地域位置为基础的差别定价；④以不同时间为基础的差别定价。

3. 竞争导向定价法

竞争导向定价法，是以市场上竞争对手的价格作为主要依据制定企业同类产品价格的方法。这种方法适宜于市场竞争激烈、供求变化不大的产品。它具有在价格上排斥对手、扩大市场占有率、迫使企业在竞争中努力推广新技术的优点，一般可分为以下两种具体方法。

（1）随行就市定价法。随行就市定价法即与本行业同类产品价格水平保持一致的定价方法。这种“随大流”的定价方法，主要适用于需求弹性较小或供求基本平衡的产品。在这种情况下，单个企业提高价格，就会失去顾客；而降低价格，需求和利润也不会增加，所以，随行就市成为一种较稳妥的定价方法。它既可避免挑起价格竞争，减少市场风险，又可补偿平均成本，相互信任而获得适度利润，而且易为消费者所接受，如果企业能降低成本，还可以获得更多的利润。因此，这是一种较为流行的定价方法，尤其为中小企业所普遍采用。

（2）投标定价法。投标定价法即在投标交易中，投标方根据招标方的规定和要求进行报价的方法，一般有密封投标和公开投标两种形式，主要适用于提供成套设备、承包建筑工程、设计工程项目、开发矿产资源或大宗商品订货等。

企业的投标价格必须是招标单位所愿意接受的价格水平。在竞争投标的条件下，投标价格的确定，首先要根据企业的主客观条件，正确地估算完成指标任务所需要的成本；其次要对竞争对手的可能报价水平进行分析预测，判断本企业中标的机会，即中标概率。企业中标的可能性或概率大小取决于参与投标竞争企业的报价状况。报价高，中标概率小；报价低，则中标概率大；报价过低，虽概率极大，但利润可能很少甚至亏损，对企业并非有利。

7.4.3 创业企业定价策略

依据成本、需求和竞争等因素决定的产品基础价格，是单位产品在生产地点或者经销地点的价格，并未考虑折扣、运费等影响。在实践中，创业企业还需考虑和利用灵活多变的定价策略，修正或调整产品价格。

1. 折扣定价策略

企业为了鼓励顾客及早付清货款、大量购买、淡季购买，可酌情降低基本价格，这种价格调整叫作价格折扣。具体的折扣定价有以下几种类型。

（1）现金折扣。现金折扣是企业给及时付清货款的顾客的一种减价。例如，顾客在30天内必须付清货款，如果10天内付清货款，则给予2%的折扣。

（2）数量折扣。数量折扣是企业给大量购买某种产品的顾客的一种减价，以鼓励大量购买。大量购买能使企业降低生产、销售、储运、记账等环节的成本费用。例如，顾客购买某商品 100 单位以下，单价 10 元；购买 100 单位以上，单价 9 元。

（3）功能折扣。功能折扣又叫贸易折扣，是制造商给批发商或零售商的一种额外折扣，促使他们执行某种营销功能（如推销、储存、服务）。

（4）季节折扣。季节折扣是企业给购买过季商品或服务的顾客的减价。例如，滑雪橇制造商在春夏季给零售商以季节折扣，以鼓励零售商提前订货；旅馆、航空公司等在旅游淡季给旅客以季节折扣。

（5）价格折让。例如，一台冰箱标价 4000 元，顾客以旧冰箱折价 500 元，购买时只需支付 3500 元，叫以旧换新折让。又如，经销商同意参加制造商的促销活动，制造商卖给经销商的物品可以打折，叫作促销折让。

2. 心理定价策略

心理定价主要出发点是把握顾客的心理需求，具体的心理定价策略有以下几种。

（1）声望定价。声望定价是指企业利用消费者仰慕名牌商品或名店的声望所产生的心理，把价格定成整数或高价。质量不易鉴别的商品定价适宜此法，因为消费者崇尚名牌，往往以价格判断质量，认为高价格代表高质量。但价格也不能离谱，使消费者不能接受。有报道称，在美国市场上手工布鞋很受欢迎，但质量好、价格低的中国货却竞争不过质量相对差、价格却高的韩国货，其原因是在美国人眼里低价就意味着低档次。

（2）尾数定价。尾数定价是利用消费者数字认知的某种心理，尽可能在价格数字上不进位、保留零头，使消费者产生价格低廉和卖主认真核算成本的感觉，使消费者对企业产品及定价产生信任感。

（3）招徕定价。招徕定价是零售商利用顾客求廉心理，将某些商品定低价以吸引顾客。一些商店随机推出降价商品，每天、每时都有一两种商品降价出售，以吸引顾客经常光顾，同时也会吸引顾客选购其他正常价格的商品。

（4）中间价格定价法。一般来讲，多数消费者倾向于选择中间价格商品，他们认为中间价格商品质量过得去且价格也合理。据美国一些饭店管理者反映，从菜单选择看，就餐者多偏好中间价格。企业可在高价与低价间取一个中间价格，以适应多数消费者的心理倾向。

（5）习惯定价法。习惯定价法即按消费者的习惯心理制定价格。消费者在长期的购买实践中，对一些经常购买的商品，心目中已形成习惯性的价格标准，不符合其标准的价格易引起疑虑，影响购买。

7.5 创业企业分销渠道策略

在市场经济条件下，生产者与消费者之间存在时间、地点、数量、品种、信息、产品估价和所有权等多方面的差异与矛盾。创业企业生产的产品只有通过一定的分销渠道，才能在适当的时间、地点，以适当的价格和方式供应给消费者或用户，从而克服生产者与消费者之间的矛盾，实现企业的市场营销目标。

7.5.1 分销渠道的内涵

在市场营销理论中，有两个与渠道有关的术语经常不加区分地交替使用，这就是市场营销渠道和分销渠道。

所谓市场营销渠道，就是指配合起来生产、分销和消费某一生产者的产品和服务的所有企业与个人。也就是说，市场营销渠道包括参与某种产品供产销过程的所有有关企业和个人，如供应商、生产者、商人中间商、代理中间商、辅助商（如支持分销活动的仓储、运输、金融、广告代理等机构）以及最终消费者或用户等。

所谓分销渠道，通常指促使某种产品和服务能顺利地经由市场交换过程，转移给消费者（用户）消费使用的一整套相互依存的组织。其成员包括产品（服务）从生产者向消费者转移过程中，取得这种产品和服务的所有权或帮助所有权转移的所有企业与个人。因此，分销渠道包括商人中间商（因为他们取得所有权）和代理中间商（因为他们帮助转移所有权），还包括处于渠道起点和终点的生产者、中间商和最终消费者或用户，但不包括供应商和辅助商。

7.5.2 分销渠道的类型

按照不同的分类标准，分销渠道可以分成很多种不同的类型，其中按照渠道的长度和宽度分类是最常见的分类方式，同时，这两种不同的分类方式也为分销渠道的设计决策提供了理论上的依据。

1. 按分销渠道的长度分类

分销渠道的长短一般是按通过流通环节的多少来划分的，具体包括以下四层，如图 7-1 所示。

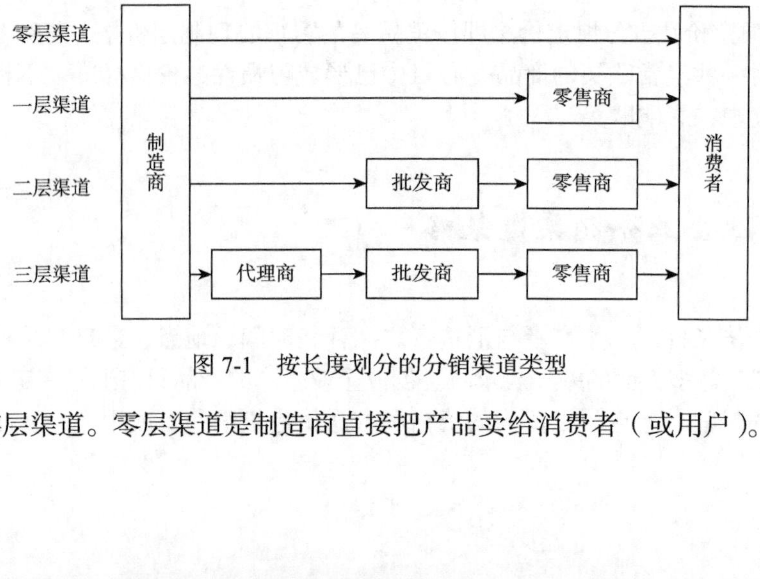

图 7-1 按长度划分的分销渠道类型

（1）零层渠道。零层渠道是制造商直接把产品卖给消费者（或用户）。其主要方式有：派推销员上门推销，邮寄销售，开设自销门市部，通过订货会或展销会与用户直接签约供货，等等。

（2）一层渠道。一层渠道是制造商和消费者（或用户）之间，只通过一层中间环节，这层中间环节在消费者市场是零售商，在生产者市场通常是代理商（或经纪人）。

（3）二层渠道。二层渠道是制造商和消费者（或用户）之间经过两层中间环节，一般而言，消费者市场由批发商和零售商组成，生产者市场由代理商和中间商组成。

（4）三层渠道。三层渠道是在大批发商和零售商之间，再加上两道批发商，因为小零售商一般不可能直接向大批发商进货，一般而言，三层渠道在生产者市场就比较少见了。此外，即便在消费者市场，虽然也有层次更多的渠道，但同样也较少见。

以上四种模式，是就分销渠道的长度不同而言的，也可概括为直接渠道和间接渠道（后三种）两大类。直接渠道也称零渠道，即产品从生产者流向最终消费者或用户的过程中不经过任何中间环节；间接渠道则是在产品从生产者流向最终消费者或用户的过程中经过一层或一层以上的中间环节，消费者市场多数采用这种间接渠道。

2. 按分销渠道的宽度分类

分销渠道的宽窄取决于渠道的每个环节中使用同类型中间商数目的多少。企业使用的同类中间商多，产品在市场上的营销面广，称为宽渠道。反之，企业使用的同类中间商少，分销渠道窄，称为窄渠道，它一般适用于专业性强的产品，或贵重耐用的消费品，通常由一家中间商统包，几家经销，它使生产企业容易控制营销，但市场营销面受到限制。企业在制定渠道宽度策略时面临着以下三种选择。

（1）独家分销。独家分销是指在一定地区、一定时间内只选择一家中间商经销或代理，授予对方独家经营权。这是最窄的一种分销渠道形式。生产和经营名牌，高档消费品和技术性强、价格较高的工业用品的企业多采用这一形式。

独家性分销渠道的优点是：中间商能获得企业给定的产品的优惠价格，不能再代销其他竞争性的相关产品。对于独家经销商而言，经营有名气的企业产品，可凭名牌产品树立自己在市场上的声望和地位，同时可获得制造商广泛的支持，所以能增强中间商的积极性。对于企业而言，易于控制产品的零售价格，易取得独家经销商的合作。其缺点则有：因缺乏竞争，顾客的满意度可能会受到影响，经销商对制造商的反控力较强。

独家分销适用于技术含量较高、需要售后服务的专用产品的营销，如机械产品、耐用消费品、特殊商品等。具体而言，如新型汽车、大型家电、某种品牌的时装等。

（2）密集分销。密集分销是指在同一层次上使用较多的中间商，即凡符合厂家最低要求的中间商均可参与分销渠道。一般来说，产品的营销密度越大，销售的潜力也就越大。价格低、购买频率高的日用消费品，工业用品中的标准件、通用小工具等，多采用此种分销方式。

密集性分销渠道的优点是：市场覆盖率高、便利顾客。其缺点则是：市场竞争激烈，价格竞争激烈，导致市场混乱，有时会破坏厂家的营销意图；渠道的管理成本（包括经销商的培训、营销系统支持、交易沟通网络的建设等费用）很高。

（3）选择性分销。选择性分销是指制造商在同一层次上或一定区域内，精选少数符合要求的中间商，经销本企业的产品，选择分销通常由实力较强的中间商组成，能有效地维护制造商品牌信誉，建立稳定的市场和竞争优势。这是介于独家分销和密集分销之间的一种中间形式，这类渠道多为消费品中的选购品和特殊品以及工业品中的零配件等。如果中间商选择得当，则采用此种分销方式可以兼得前两种方式的优点。

选择性分销渠道的优点是：比密集分销能取得经销商更大的支持，同时又比独家分销能够给消费者购物带来更大的方便，一般来说，消费品中的选购品和特殊品适宜采用选择分销渠道。其缺点有：中间商的竞争较独家分销渠道时激烈，而且选择符合要求的中间商较困难。消费者和用户在选购商品时会进行商品的比较，所以没有密集分销渠道那么方便顾客。

7.5.3 创业企业分销渠道的设计决策

创业企业分销渠道的设计与一般企业具有相似性，一般而言，包括以下八个步骤。

第一步，审视公司渠道现状。通过对其他公司或本公司过去和现在销售渠道的分析，了解公司以往进入市场的步骤；各步骤之间的逻辑联系及后勤、销售职能；公司与外部组织之间的职能分工；现有渠道系统的经济性（成本、折扣、收益、边际利润）。

第二步，了解目前的渠道系统。即了解外界环境对公司渠道决策的影响。渠道设计和改进始终面临着复杂多变的环境挑战。渠道设计者有必要认真分析下列因素：行业集中程度、宏观经济指数、当前和未来的技术状况、经济管理体制、市场进入障碍、竞争者行为、最终用户状况（忠诚度、地理分布等）、产品所处的生命周期阶段、市场密度与市场秩序等。

第三步，收集渠道信息。对公司及竞争者的渠道环节、重要相关群体和渠道有关人员进行调查分析，获取现行渠道运作情况、存在问题及改进意见等方面的第一手资料。

第四步，分析竞争者渠道。分析主要竞争者如何维持自己的地位，如何运用营销策略刺激需求，如何运用营销手段支持渠道成员，等等。具体列出这些资料，以便了解主要竞争威胁及直接挑战竞争者所应采取的大致策略。一般采取避开竞争者的渠道较容易取得成功，但也有成功利用竞争者渠道的先例。

第五步，评估渠道的近期机会。综合第1～4步获得的资料，进一步分析环境变化，特别是竞争者的渠道策略变化带来的机会。在执行公司的渠道策略时，如发现有明显错误或显而易见的弱点，应当果断采取对策，以免错失良机。

第六步，终端用户需求定性分析。这一步的关键是了解在服务输出过程中，最终用户想要什么。一般要考察四个因素：购买数量（除购买潜在价值外，最终用户希望购买多个还是一个单位的产品），分销网点（最终用户是否要求就近购买，是否需要信息、技术支持，能否接受远程服务，等等），运输和等待时间（最终用户关心的是运输时间还是运输安全性），产品多样化或专业化（最终用户愿意选择综合性商店还是专业性商店）。

第七步，设计“理想”的渠道系统。这是关键的一步。目标是建立能最好地满足最终用户需求的“理想”分销渠道模型。为此，首先要认真评估服务产出聚类特性整合到渠道中去是否可行。这常常需要收集和充分听取熟悉分销的专家与其他人员的观点。其次要论证渠道将上述服务产出传递到相应的细分市场需要做出哪些努力，即设置哪些渠道功能才能保证满足客户的期望。最后要确认各分销功能由何种机构承担，才能带来更大的整体效益。

第八步，营销渠道的管理与评估。设计好方案后运用财务信息分析法、加权计分法等确定方案。同时设计好评价渠道成员的具体方法，通过其销售额大小、成长和盈利记录、偿付能力、平均存货水平和交货时间等内容来评估。对渠道成员的激励，可采取优先提供新产品、返利或者赊货等措施。当然，市场是处于不断变化之中的。创业企业抗风险能力更弱，更应关注市场的瞬息万变，及时做出调整，以适应新环境。

7.6 创业企业的促销策略

促销策略是指企业如何通过人员推销、广告、公共关系和营业推广等各种促销方式，向消费者或用户传递产品信息，引起他们的注意和兴趣，激发他们的购买欲望和购买行为，以达到扩大销售的目的。一个好的促销策略，往往能起到多方面的作用，如提供信息情况，及时引导采购；激发购买欲望，扩大产品需求；突出产品特点，建立产品形象；维持市场份额，巩固市场地位；等等。

7.6.1 促销的内涵

促销是促进产品销售的简称。从市场营销的角度看，促销是企业通过人员和非人员的方式，沟通企业与消费者之间的信息，引发、刺激消费者的购买欲望，使其产生购买行为的活动。从这个概念不难看出，促销具有以下几层含义。

（1）促销工作的实质与核心是沟通信息。企业与消费者之间达成交易的基本条件是信息沟通。若企业未将自己生产或经营的产品和劳务等有关信息传递给消费者，那么消费者对此将一无所知，自然谈不上认购。只有将企业提供的产品或劳务等信息传递给消费者，才能引起消费者的注意，并有可能促使其产生购买欲望。

（2）促销的目的是引发、刺激消费者产生购买欲望。在消费者可支配收入既定的条件下，消费者是否产生购买行为主要取决于消费者的购买欲望，而消费者的购买欲望又与外界的刺激、诱导密不可分。促销正是针对这一特点，通过各种传播方式把产品或劳务等有关信息传递给消费者，以激发其购买欲望，使其产生购买行为。

（3）促销的方式有人员促销和非人员促销两类。人员促销，亦称直接促销或人员推销，是企业运用推销人员向消费者推销商品或劳务的一种促销活动，它主要适合于消费者数量少、比较集中的情况。非人员促销，又称间接促销或非人员推销，是企业通过一定的媒体传递产品或劳务等有关信息，以促使消费者产生购买欲望、发生购买行为的一系列促销活动，包括广告、公共关系和营业推广等。它适合于消费者数量多、比较分散的情况。通常，企业在促销活动中会将人员促销和非人员促销结合运用。

7.6.2 创业企业的促销组合决策

1. 明确促销组合的形式

促销组合，是一种组织促销活动的策略思路，它包括广告、公共关系、营业推广和人员推销四种基本促销方式。

广告是一种以付费形式通过一定媒体对产品或企业进行宣传的促销方式，其具体手段种类繁多，常见的有电视广告、互联网广告、报纸广告、杂志广告、广播广告、产品包装、产品说明书、户外广告、海报招贴和传单、售货现场陈列、视听资料、邮寄广告、产品目录等。公共关系是以非付费方式借助大众传播媒体的新闻报道间接宣传企业及其产品的一种促销方式，其常见的具体手段或工具包括新闻发布会、公益服务活动、经过策划的公关事件或专题活动、演讲、研讨等。营业推广是通过各种具有短期刺激作用的特定活动促使潜在购买者更快地或更多地购买某一产品的一种促销方式，其具体手段中比较常见的有赠送样品、优惠券、价格折扣、有奖销售、对经销商的各种折扣或奖励等。人员推销是以推销人员直接说服顾客购买为基本内容的一种促销方式，包括上门推销、电话推销、展销会或交易会推销、零售现场推销等。常见的促销组合工具如表 7-1 所示。

表 7-1 常见的促销组合工具

广告	营业推广	公共关系	人员推销
电视广告	销售竞赛、抽奖	记者招待会	销售介绍
报纸广告	奖金和礼品	研讨会	销售会议
报纸杂志广告	样品试用试尝	慈善捐赠	电话营销
电影广告	交易会	赞助	样品试用
路牌广告	价格优惠券	社区关系	展览会
邮寄广告	附赠品积分	形象识别媒体	
海报和宣传页	以旧换新	公关广告	

2. 确定影响促销组合决策的因素

公司在设计促销组合时，应考虑以下几个因素：产品市场类型、推拉战略、购买者的购买阶段、产品生命周期和促销费用等。

（1）产品市场类型。促销工具的有效性因消费者市场和工业市场的差异而不同。经营消费品的公司一般都把大部分资金用于广告，随之是营业推广、人员推销与公共关系，而经营工业品的公司则把大部分资金用于人员推销，随之是营业推广、广告和公共关系。

（2）推拉战略。企业的促销总策略有“推动策略”和“拉引策略”之分。推动策略是企业把商品由生产者“推”到批发商，批发商再“推”到零售商，零售商再“推”到消费者。显然，企业采取推动策略，人员推销的作用最大。拉引策略是以最终消费者为主要促销对象。企业首先设法引起购买者对产品的需求和兴趣，购买者对中间商产生购买需求，中间商受利润驱动向厂商进货。可见，企业采用拉引策略，广告是最重要的促销手段。

（3）购买者的购买阶段。促销工具在不同的购买准备阶段往往有着不同的成本效益。在知晓阶段，广告和公关的作用较大；在认识和喜欢阶段，广告作用较大，其次是人员推销和公共关系；在偏好和确信阶段，人员推销和公共关系的作用较大，广告次之；在购买阶段，人员推销和营业推广的作用最大，广告和公共关系的作用相对较小。

（4）产品生命周期。产品所处的生命周期阶段不同，促销的重点不同，所采用的促销方式也就不同。一般来说，当产品处于引入期时，促销的主要目标是提高产品的知名度，因而广告和公共关系的效果最好，营业推广也可鼓励顾客试用。在成长期时，促销的任务是增进受众对产品的认识和好感，广告和公共关系需加强，营业推广可相对减少；到成熟期，企业可适度削减广告，应增加营业推广，以巩固消费者对产品的忠诚度；到衰退期，企业的促销任务是使一些老用户继续信任本企业的产品，因此，促销应以营业推广为主，辅以公共关系和人员推销。

（5）促销费用。四种促销方式的费用各不相同。总的说来，广告宣传的费用较大，人员推销次之，营业推广花费较少，公共关系的费用最少。企业在选择促销方式时，要综合考虑促销目标、各种促销方式的适应性和企业的资金状况进行合理的选择，应符合经济效益原则。

3. 制订促销组合方案的程序

促销活动是一种综合性的活动，因此，企业必须从整体上确立促销方案，以便有效实现预期的促销目标。在实施具体的促销计划时，企业必须按照以下步骤制订总体促销方案。

（1）确定目标市场。所谓确定目标市场，其实就是确定产品或服务针对的消费者。在潜在市场中，那些需要你的产品，能在使用你的产品的过程中受益的人，就是你的目标市场。只有认准了潜在顾客，才能采取最有效的促销手段，与他们进行营销沟通，并在沟通过程中传达最适合他们的营销信息。例如，全球第一大快餐品牌麦当劳，在创业之初提出了明确的目标——吸引家庭顾客，从孩子入手。家庭顾客这一群体，是单个消费者的几倍，吸引家庭顾客比让年轻人泡在餐厅里能获得更大收益。家庭顾客的光顾，要归功于家庭中的那些孩子。为了争取到这些小顾客，麦当劳配合赠送一些小礼品，服务员也被要求对小顾客格外热情周到。这一举措非常奏效，这就不难理解为什么麦当劳对“六一”格外偏爱了。

（2）确定促销目标。总的来说，企业所希望实现的促销目标就是目标市场对促销活动所做出的反应，如促使消费者获取购物优惠券并进行购物。企业希望提高销售额是十分正常的事情，但是就特定产品而言，必须确定采取哪些促销手段，才能促使目标变成现实。例如，在某些情况下，企业想方设法吸引更多顾客试用产品，从而达到扩大销售的目的。这时，企业可以采取直接营销的手段，给顾客寄去促销邮件，并为第一次购买产品的顾客提供优惠条件；或采取有奖销售的方式。诸如此类的销售方式都能有效地帮助企业实现预期的促销目标。

（3）确定促销信息。所谓促销信息，实质上就是企业在与目标市场沟通时用以吸引目标市场所采用的文字和形象设计。在与目标市场进行促销沟通时，必须在促销信息中以充足的理由向潜在的顾客表明，为什么他们应该对企业所传达的促销信息做出反应。企业所提供的产品能够给用户带来的最大益处是什么，这是促销信息中最关键的内容。像麦当劳餐厅不仅营造了家庭的温馨氛围，还有一整套儿童故事，以及卡通人物形象，如家喻户晓的麦当劳叔叔、汉堡神偷、麦克警察和奶昔小精灵等，他们都成为麦当劳广告中的主角，深受孩子们的欢迎，麦当劳的文化正是随着这些具有鲜明个性的人物在大众群体中传播开来的。

（4）选择促销手段与方法。作为信息的发送者，企业必须选择最有效的促销手段，以便准确传达促销信息。创业企业在选择促销方法时不能落入俗套，与一般企业的促销方法一样。创业企业进行促销实践活动时要勇于创新和善于创新，推出具有新意的促销手段和方法。

（5）确定促销预算。确定促销预算的惯常做法就是在估算竞争对手促销预算的基础上来确定自己的促销预算。对竞争对手的促销预算进行评估，只是为了以它为借鉴，并在此基础上根据具体情况判定适合本企业实际的促销预算方案。

另一个更为准确的方法是先将企业计划采用的促销手段列出一份清单，暂时不考虑资金的问题，然后根据各个项目的收费标准，算出清单所列促销项目所需的总金额。接下来，根据实际情况对项目进行调整，直到预算金额对企业而言是可以接受的为止。

（6）确定促销总体方案。促销总体方案就是通过对上述各步骤的整合最终形成一套完整的、综合的促销计划。促销总体方案确定以后，必须自始至终协调和整合总体方案中所采用的各种不同的促销手段，这一点对实现预期促销目标来说非常重要。制订详细的推行计划，是保证促销方案顺利实施的前提。

（7）评估促销绩效。对促销总体方案做出评估和调整，其目的是调整那些效果不佳的促销手段，同时也使以后的促销总体方案能够更有效地为实现促销目标服务。

7.7 网络时代创业企业的营销策略

网络营销就是以互联网为主要手段，为达到一定营销目的而采取的一种营销方式。网络营销产生于20世纪90年代，目前，互联网用户稳步增长，这给网络营销提供了大量的机会，同时，也衍生出了新的营销模式和营销手段。

7.7.1 网络营销模式

常见的网络营销模式有四种，即B2C、B2B、C2C和C2B，下面分别进行介绍。

1. B2C 模式

B2C（business to customer）是企业通过互联网为消费者提供一个新型的购物环境——网上商店，消费者通过网络实现网上购物、网上支付。由于这种模式节省了顾客和企业的时间与空间，大大提高了交易效率，特别是对于工作忙碌的上班族，可以为其节省宝贵的时间。比较典型的代表就是全球知名的亚马逊网上书店（http://www.amazon.com）。

2. B2B 模式

B2B（business to business）是指企业对企业之间的营销关系。它将企业内部网，通过 B2B 网站与顾客紧密结合起来，通过网络的快速反应，为顾客提供更好的服务，从而促进企业的业务发展。生产商或商业零售商可以与上游的供应商之间形成供货关系，如 Dell 电脑公司与上游的芯片和主板制造商就是通过这种方式进行合作的。生产商与下游的经销商可以形成销货关系，如 Cisco 与其分销商之间进行的交易。中间商也为企业的采购方和供应方提供了一个交易的平台，像 Alibaba、TOXUE 外贸网、环球资源网等，在网上将销售商和采购商汇集在一起，采购商可以在其网上查到销售商的有关信息和销售商品的有关信息。

3. C2C 模式

C2C（consumer to consumer）是消费者与消费者之间的电子商务，是直接为顾客间提供电子商务活动平台的网站。卖家可以在网站上登出其想出售商品的信息，买家可以从中选择并购买自己需要的物品。例如，天猫淘宝商城（http://www.taobao.com）、eBay 拍卖网站。另外，一些二手货交易网站也属于此模式。

4. C2B 模式

C2B（customer to business）也称网络代购，是通过聚合分散分布但数量庞大的用户形成一个强大的采购集团，以此来改变用户一对一出价的弱势地位，使之享受到以大批发商的价格买单件商品的利益。例如，Priceline 提出“客户自己定价格”的独特商业模式，成为连接生产者和消费者的桥梁网络中间商，帮助消费者进行购买决策并满足他们的需求，使顾客可以对旅游项目、酒店、租车甚至是家庭金融服务报出价格。同时通过向卖主（航空公司、酒店、金融服务公司）询问是否有商家接受顾客提出的报价，帮助生产者掌握产品销售状况，降低生产者为达成与消费者交易的成本费用。简言之，顾客可以通过 Priceline.com 提供他们所期望的价格和产品；卖方通过 Priceline.com 获得市场需求信息（产品需求和价格），再根据此客户的需求特征提供客户所需要的产品，实现获利。

7.7.2　网络时代创业企业营销方法

伴随着网络经济的兴起，各种与网络时代呼应的营销新手段也层出不穷，下面介绍几种常见的新兴手段。

1. 搜索引擎营销与竞价推广

SEM 是 search engine marketing 的缩写，中文意思是搜索引擎营销。SEM 是一种新的网络营销形式。SEM 所做的就是全面而有效地利用搜索引擎来进行网络营销和推广。SEM 追求最高的性价比，以最小的投入，获得最大的来自搜索引擎的访问量，并产生商业价值。

竞价推广是把企业的产品、服务等通过以关键词的形式在搜索引擎平台上做推广，它是一种按效果付费的新型而成熟的搜索引擎广告。用少量的投入就可以给企业带来大量的潜在顾客，有效提升企业销售额。竞价排名是一种按效果付费的网络推广方式，由百度在国内率先推出。企业在购买该项服务后，通过注册一定数量的关键词，其推广信息就会率先出现在网民相应的搜索结果中。

2. 网络广告、交换链接与网络营销联盟

几乎所有的网络营销活动都与品牌形象有关，在所有与品牌推广有关的网络营销手段中，网络广告的作用最为直接。标准条幅广告曾经是网上广告的主流，进入 2001 年之后，网络广告领域发起了一场轰轰烈烈的创新运动，新的广告形式不断出现，新型广告克服了标准条幅广告条承载信息量有限、交互性差等弱点，因此获得了相对比较高的点击率。

交换链接又称互换链接，是两个网站之间简单的合作方式，具有一定的互补优势。即分别在自己的网站首页或者内页放上对方网站的 LOGO 或关键词并设置对方网站的超级链接，使得用户可以从对方合作的网站中看到自己的网站，达到互相推广的目的。交换链接主要有几个作用，即可以获得访问量、增加用户浏览时的印象、在搜索引擎排名中增加优势、通过合作网站的推荐增加访问者的可信度等。更值得一提的是，交换链接的意义已经超出了是否可以增加访问量，比直接效果更重要的在于业内的认知和认可。

营销联盟目前在我国还处于萌芽阶段，在国外已经很成熟了，1996 年亚马逊通过这种新方式取得了成功，联盟包括三要素：广告主、网站主和广告联盟平台。广告主按照网络广告的实际效果（如销售额、引导数等）向网站主支付合理的广告费用，节约营销开支，提高企业知名度，扩大企业产品的影响，提高网络营销质量。

3. 博客营销、微博营销与论坛营销

博客营销是通过博客网站或博客论坛接触博客作者和浏览者，利用博客作者个人的知识、兴趣和生活体验等传播商品信息的营销活动。博客营销不直接推销产品，而是通过影响消费者的思想来影响其购买行为。例如，某相机厂商赞助某知名摄影博客，并向其灌输自己相关产品的内容，而后这些产品由该博客为源头传播开来，影响其他摄影爱好者和相机用户。专业博客往往是那个圈子中的意见领袖，他们的一举一动往往被其他人模仿和追逐。

微博是一个基于用户关系的信息分享、传播以及获取平台，用户可以通过 WEB、

WAP 以及各种客户端组建个人社区，以 140 个左右的文字更新信息，并实现即时分享。据最新数据统计显示，新浪微博的注册用户已经超过了 2.5 亿，每天产生的微博内容接近 1 亿条。在微博的火热中，微博营销成了现在网络营销的主流，许多企业纷纷试水微博营销，希望通过这个高人气的平台来推广自己的服务或产品。

论坛营销就是企业利用论坛这种网络交流的平台，通过文字、图片、视频等方式发布企业的产品和服务的信息，从而让目标顾客更加深刻了解企业的产品和服务，最终达到宣传企业的品牌、加深市场认知度的网络营销活动。

4. 网上商店

网上商店建立在第三方提供的电子商务平台上、由商家自行经营，如同在大型商场中租用场地开设商家的专卖店一样，是一种比较简单的电子商务形式。网上商店除了通过网络直接销售产品这一基本功能之外，还是一种有效的网络营销手段。从企业整体营销策略和顾客的角度考虑，网上商店的作用主要表现在两个方面：一方面，网上商店为企业扩展网上销售渠道提供了便利的条件；另一方面，建立在知名电子商务平台上的网上商店增加了顾客的信任度。从功能上来说，对不具备电子商务功能的企业网站也是一种有效的补充，对提升企业形象并直接增加销售具有良好的效果，尤其是将企业网站与网上商店相结合，效果更为明显。

5. 病毒性营销与 WIKI 营销

病毒性营销并非真的以传播病毒的方式开展营销，而是通过用户的口碑宣传网络，信息像病毒一样传播和扩散，利用快速复制的方式传向数以千计、数以百万计的受众。现在几乎所有的免费电子邮件提供商都采取类似的推广方法。

WIKI 营销是一种建立在 WIKI 这种多人写作工具上的一种新型营销手段。它以关键字为主，将关键字作为入口，建立产品或公司品牌的相关链接。由于 WIKI 营销是针对关键字来进行的，所以面向的人群更加精确，对于广告主来说，WIKI 营销可以提供很好的广告环境。互联网上的奇迹很多是由广大用户创造的。现在，网民使用互联网搜索其实就是想一步到位找到内容，基于 WIKI 理念的百科提供了非常好的平台。到互动百科搜索一下就会发现，WIKI 平台上全是知识型的百科词条，而且全部由用户自己贡献。在 WIKI 平台上，每个人都是编辑者，同时也都是信息受益者。

6. 网络视频营销与电子书营销

通过数码技术将产品营销现场实时视频图像信号和企业形象视频信号传输至 Internet 网上。顾客只需上网登录公司网站就能看到对公司产品和企业形象进行展示的电视现场直播。在这以前，所有的网站建设和网站推广方式所能起到的作用只是让网民从浩如瀚海的互联网世界找到你；而“网络电视营销”使找到你的网民相信你！

从理论上讲，电子书 eBook 广告应用起来很简单：在制作电子书时，将广告信息合理地安排到电子书中，如书的首页、内容中的页眉或者页脚，或者在正文中的合适位置插入一定量的广告信息，让读者在阅读免费电子书的同时，接收到一定量的广告信息，

eBook 广告可以拥有网络广告的所有优点。例如，可以准确地测量每本书下载的次数，并可记录下载者来自哪个 IP 地址，同时比一般的网络广告具有更多的优势，如下载后可以通过各种阅读设备离线浏览，而一本好书往往会得到读者的重复阅读，并可能在多人之间传播，这样，同样数量的点击（对于 eBook 点击的表现形式为下载），明显会比普通的在线广告有更多的浏览数，读者对广告的印象自然也会加深。

7. IM 工具营销

IM 工具营销一般是指通过 QQ、MSN、阿里旺旺等即时通信软件来实现营销的目的，常用方法一般为群发消息、内嵌广告与弹出信息窗口。企业在网络营销实践中，需整合上述各种营销方法，才能提高网络营销的效果。

❑本章小结

本章首先介绍了创业营销的基本内涵，明确了创业营销与传统营销的差别；介绍了创业企业制定营销战略的步骤，即市场细分、目标市场选择和市场定位；介绍了创业企业营销策略的核心内容，即创业企业产品策略、定价策略、分销渠道策略和促销策略；最后，简单介绍了网络时代创业企业市场营销的主要模式及新兴手段。

❑关键术语

创业营销，市场细分，目标市场选择，市场定位，无差异化营销战略，差异化营销战略，集中性营销战略，产品策略，价格策略，渠道策略，促销策略，网络营销。

❑阅读指南与课外学习

1. 阅读指南：要了解更多创业市场营销的有关知识，请阅读《创业营销》（李建军、陆淳鸿，厦门大学出版社，2012），《创业营销理论与案例》（姚飞，经济科学出版社，2013）。

2. 网上资源：登录 https://www.ama.org/Pages/default.aspx（美国市场营销协会官方网站）、http://www.emkt.com.cn/（中国营销传播网）、http://www.globrand.com/（全球品牌网），浏览有关与本课程相关的知识。

❑复习思考题

1. 创业营销的内涵是什么？
2. 创业营销和传统营销的区别有哪些？
3. 创业企业市场细分的依据有哪些？
4. 创业企业如何选择目标市场？
5. 差异化战略的优点和缺点分别是什么？创业企业如何实施差异化战略？

6. 创业企业市场定位的方式有哪些？
7. 如何理解整体产品的概念？
8. 创业企业品牌决策包括哪些内容？
9. 影响企业定价的因素有哪些？
10. 创业企业的定价策略有哪些？
11. 按照分销渠道的长度，创业企业有哪些渠道可以选择？
12. 按照分销渠道的宽度，创业企业有哪些渠道可以选择？
13. 促销组合的方式包括哪些？
14. 影响促销组合决策的因素有哪些？
15. 网络时代企业的营销模式有哪些？

第8章

企业投资项目财务评价与财务报表分析

【学习目标】

了解企业投资项目财务评价的内涵；掌握企业投资项目财务评价的方法；了解财务报表，懂得分析财务报表。

❑引导案例　迅速拓店计划下的“单店盈利”宣言

西少爷肉夹馍创立于2014年，2016年末，西少爷B轮融资1150万美元，创下年内餐饮业融资额之最。西少爷品牌受众定位于中高收入年轻一代群体，在北京、深圳开设近40家直营餐厅，并将持续拓展国内市场以及海外市场。西少爷曾在多个场合引用“单店盈利”的概念。所谓“单店盈利”实则很可能是一个话术游戏，刨去总公司的管理、运营成本，每家单店的财务报表看起来，确实有可能“盈利”的。

餐饮业的复制是永恒的难题。规模的成本优势、品牌溢价，都淹没在迅速上升的管理费用中。否则，一直被业界歌颂的麦肯模式的成功就太廉价了。业界人士常说“规模优势在餐饮业就是个罗生门”“规模越大利越薄”，原因不外乎以下两点。

（1）餐厅管理者的角色非常复杂，需要极强的责任心和多种专业的能力才能胜任，很多时候非老板自己不可，这就导致餐厅的“代理成本”极高。

所谓代理成本，是指委托人为防止代理人损害自己的利益，需要通过严密的契约关系和对代理人的严格监督来限制其行为，而这需要付出代价。

（2）一旦开店数量较多，就必须得配置科层制的管理结构，衍生出供应链、财务等职能部门，同时还要配制行政管理团队（区域经理、培训经理和督导），整体的监督和行政管理成本极高。

尤其在许下5年内开10 000家店的宏愿的背景下，西少爷品牌整体实现盈利，本就显得不切实际。“单店盈利”的说法，更像是一种折中、稳妥的语言游戏。

但餐饮是要赚钱的，即使实现所谓的“单店盈利”，不能赚到钱依然毫无意义。

无论是新企业的创建，还是创建之后的持续经营，都离不开财务管理。对于一个创业项目而言，除了产品（或服务）在技术上可以实现、有足够的市场需求外，还要保证能给投资人带来利润。当企业正常经营后，还要时刻关注企业资金的变化，善于通过相关财务数据透视背后的经营问题。本章将主要介绍投资项目财务评价及财务报表阅读的相关内容。

8.1　企业投资项目财务评价

投资是企业发展生产和经营的必要手段，是提升企业核心价值和自主创新的必经之路，但投资风险必然存在。因此，企业进行投资项目时能否将资金投资到收益高、见效快、风险小的项目上，对企业的生存和发展至关重要。

8.1.1　企业投资项目财务评价的内涵

企业投资项目财务评价是指在项目财务预测的基础上，根据国家现行财税制度和现行价格，从企业的角度分析测算项目的效益和费用，考察项目的获利能力、偿债能力及外汇效果等财务状况，以判断项目财务上是否可行的经济评价方法。

对企业投资项目进行财务评价，有以下几点重要意义。

首先，资本总是有限的。很多时候从技术角度看能够实施的项目需要的资本远远超过所拥有的资本。因此，决策者必须在竞争有限资本的各种项目间进行选择。决策者总是按利益必须大于或等于费用的原则筛选出经济上可行的项目或投资，并参考获取的其他信息，按照可能得到的纯收益来和相对贡献大小等对项目或投资进行比较与排序。

其次，许多项目是相互排斥的。这就意味着，实施一个项目，就不能实施另一个项目。例如，修建一个发电量为 50 兆瓦的水库大坝，将淹没一片林地，在同一块土地上就不能再营造高产林。在一块土地上营造一片柚木人工林，就不能再去进行农作物种植。因此，必须对各个方案进行经济效益评价，以确定哪种方案能带来最大的纯收益。

最后，绝大多数政府的财政部门、私人经济组织及国际援助的发起者都要在项目评价的基础上做出资助决策，因而需要将项目的经济效益评价作为项目建议书的组成部分。

企业投资项目财务评价就是在投资决策之前，对拟建项目进行盈利能力、偿债能力及风险分析，并试图从经济上对其做出可行或不可行评价的一种方法。投资项目财务评价是筹资、贷款、签订合同以及环保部门、政府部门、规划部门审查的依据。

8.1.2 企业投资项目财务评价的方法

企业投资项目财务评价的方法包括投资回收期法、净现值法、内部收益率法和盈亏平衡分析。

1. 投资回收期法

投资回收期法（payback period method）又称“投资返本年限法”。是计算项目投产后在正常生产经营条件下的收益额和计提的折旧额、无形资产摊销额用来收回项目总投资所需的时间，与行业基准投资回收期对比来分析项目投资财务效益的一种静态分析法。

投资回收期指标所衡量的是收回初始投资的速度的快慢，其基本的选择标准是：在只有一个项目可供选择时，该项目的投资回收期要小于决策者规定的最高标准；如果有多个项目可供选择，在项目的投资回收期小于决策者要求的最高标准的前提下，还要从中选择回收期最短的项目。

投资回收期的计算相当简单，其计算公式如下：

$$\sum_{t=1}^{r} C_t - C_0 = 0$$

式中：t 为投资回收期；C_t 为 t 时期的净现金流入量；C_0 为初始投资额。

在投资项目各期净现金流入量相等的情况下，只要用投资的初始投资额除以一期的净现金流入量即可。其公式为

投资回收期=初始投资额/一期净现金流入量

如果投资项目投产后每年产生的净现金流入量不等（绝大多数情况下是这样），则需逐年累加，最后计算出投资回收期。

也可以表示为

投资回收期=项目总投资/（年收益额＋年计提折旧额＋年无形资产摊销额）

式中：项目总投资为包括项目建设期间借款利息的总投资。年收益额和年计提折旧额、年无形资产摊销额是项目投产后达到设计年产量后第一个年度所获得收益额和计提的折旧额、无形资产摊销额。年收益额可按税前利润和税后利润计算，目前一般都按税前利润计算。在计算投资回收期时之所以在年收益额外还要加上年计提折旧额和年无形资产摊销额，是因为折旧额和摊销额是重新购置固定资产与无形资产的资金来源，它们虽不是项目的收益，但却是用以补偿固定资产和无形资产投资的，所以也应将它们与收益额一起作为收回的投资。上式算得的投资回收期是从投产之日开始计算的。如按建设期初算起，还要加上建设期。投资回收期指标的特点是计算简单，易于理解，且在一定程度上考虑了投资的风险状况（投资回收期越长，投资风险越高；反之，投资风险则减少），故在很长时间内被投资决策者广为运用，目前也仍然是一个在进行投资决策时需要参考的重要指标。

投资回收期法的优点是：易于理解，计算简单，只要算得的投资回收期短于行业基准投资回收期，就可考虑接受这个项目。

投资回收期法的缺点是：①只注意项目回收投资的年限，没有直接说明项目的获利

能力；②没有考虑项目整个寿命周期的盈利水平；③没有考虑资金的时间价值。一般只在项目初选时使用。

2. 净现值法

净现值（net present value，NPV）是一项投资所产生的未来现金流的折现值与项目投资成本之间的差值。净现值法是评价投资方案的一种方法。该方法利用净现金效益量的总现值与净现金投资量算出净现值，然后根据净现值的大小来评价投资方案。净现值为正值，投资方案是可以接受的；净现值为负值，从理论上来讲，投资方案是不可以接受的，但是从实际操纵层面来说这也许会跟公司的战略性决策有关，比如说是为了支持其他的项目，开发新的市场和产品，寻找更多的机会获得更大的利润。此外，回避税收也有可能是另外一个原因。当然净现值越大，投资方案越好。净现值法是一种比较科学也比较简便的投资方案评价方法。净现值的计算公式如下：

$$\mathrm{NPV}=\sum_{t=1}^{n}\frac{C_t}{\left(1+r\right)^t}-C_0$$

净现值=未来报酬总现值−建设投资总额

式中：NPV 为净现值；C_0 为初始投资额；C_t 为 t 年现金流量；r 为贴现率；n 为投资项目的寿命周期。

如果将初始投资额看作第 0 年的现金流量，同时考虑到 $\left(1+r\right)^0=1$，则上式可以变换为

$$\mathrm{NPV}=\sum_{t=0}^{n}\frac{C_t}{(1+r)^t}$$

净现值指标的决策标准是：如果投资项目的净现值大于零，则接受该项目；如果投资项目的净现值小于零，则放弃该项目；如果有多个互斥的投资项目相互竞争，则选取净现值最大的投资项目。

如果投资项目除初始投资额外各期现金流量均相等，则可利用年金现值系数表计算，使计算过程简化。

净现值指标考虑了投资项目资金流量的时间价值，较合理地反映了投资项目真正的经济价值，是一个比较好的投资决策指标。

净现值法所依据的原理是：假设预计的现金流入量在年末肯定可以实现，并把原始投资看成是按预定贴现率借入的，当净现值为正数时偿还本息后该项目仍有剩余的收益，当净现值为零时偿还本息后一无所获，当净现值为负数时该项目收益不足以偿还本息。

净现值法具有广泛的适用性，其应用的主要问题是如何确定贴现率，一种办法是根据资金成本来确定，另一种办法是根据企业要求的最低资金利润来确定。

净现值法的优点如下。

（1）使用现金流量。公司可以直接使用项目所获得的现金流量，相比之下，利润包含了许多人为的因素。在资本预算中利润不等于现金。

（2）净现值包括项目的全部现金流量，其他资本预算方法往往会忽略某特定时期之后的现金流量，如投资回收期法。

（3）净现值对现金流量进行了合理折现，有些方法在处理现金流量时往往忽略货币的时间价值，如投资回收期法、内部收益率法。

净现值法的缺点如下。

（1）资金成本率的确定较为困难，特别是在经济不稳定的情况下，资本市场的利率经常变化更加重了确定的难度。

（2）净现值法说明投资项目的盈亏总额，但无法说明单位投资的效益情况，即投资项目本身的实际投资报酬率。这样会造成在投资规划中着重选择投资大和收益大的项目而忽视投资小、收益小，但投资报酬率高的更佳投资方案。

在净现值法的基础上考虑风险，得到两种不确定性决策方法，即肯定当量法和风险调整贴现率法。但肯定当量法的缺陷是肯定当量系数很难确定，可操作性比较差。而风险调整贴现率法则把时间价值和风险价值混在一起，并据此对现金流量进行贴现，不尽合理。

3. 内部收益率法

内部收益率（internal rate of return，IRR）又称内部报酬率，是指能够使未来现金流入量现值等于未来现金流出量现值的折现率，或者说是使投资方案净现值为0的折现率。

内部收益率是一个相对数指标，并且因为现值指数在一定程度上反映一个投资项目投资效率高低，所以这类评价指标通常是用于独立方案决策，也就是备选方案之间是相互独立的。

内部收益率指标的特点有以下几个。

（1）内部收益率是由特定的现金流量确定的。无论实际再投资多少，内部收益率都是确定的。

（2）内部收益率的计算与基期无关。

$$\sum_{i=1}^{n}\frac{\mathrm{NCF}_t}{(1+\mathrm{IRR})^{t-i}}-\mathrm{NII}(1+\mathrm{IRR})^i=0$$

式中：n 为项目经济寿命期；r 为预定贴现率；NCF_t 为第 t 年的净现金流量；NII 为项目的净增量投资额；IRR 同时折算至第 i 年末时仍相等。

（3）内部收益率假定各个方案的所有中间投入可按各自的内部收益率进行再投资而进行增值。

内部收益率的计算，主要有以下两种方法。

一种是“逐步测试法”，它适合于各期现金流入量不相等的非年金形式。计算方法是，先估计一个贴现率，用它来计算方案的净现值；如果净现值为正数，说明方案本身的报酬率超过估计的贴现率，应提高贴现率后进一步测试；如果净现值为负数，说明方案本身的报酬率低于估计的贴现率，应降低贴现率后进一步测试。经过多次测试，找出使净现值接近于0的贴现率，即为方案本身的内部收益率。

另一种是“年金法”，它适合于各期现金流入量相等，符合年金形式，内部收益率可直接查年金现值系数表来确定，不需要进行逐步测试。

内部收益率的计算步骤有以下几个。

第一步：计算年金现值系数。

年金现值系数=初始投资额/每年净现金流量

第二步：计算出于上述年金现值系数相邻近的两个折现率（*a*%和 *b*%）。

第三步：根据上述两个邻近的折现率和已求得的年金现值系数，采用内插法计算出该投资方案的内含报酬率。

4. 盈亏平衡分析

盈亏平衡分析（break-even analysis，BEP）又称本量利分析（CVP 分析）、量本利分析（VCP 分析），是成本—产量（或销售量）—利润依存关系分析的简称，是指在变动成本计算模式的基础上，以数学化的会计模型与图文来揭示固定成本、变动成本、销售量、单价、销售额、利润等变量之间的内在规律性的联系，为会计预测决策和规划提供必要的财务信息的一种定量分析方法。

盈亏平衡分析着重研究销售数量、价格、成本和利润之间的数量关系，它所提供的原理、方法在管理会计中有着广泛的用途，同时它又是企业进行决策、计划和控制的重要工具。

盈亏平衡分析方法起源于 20 世纪初的美国，到了 20 世纪 50 年代已经非常完善，并在西方会计实践中得到了广泛应用。时至今日，该方法在世界范围内都得到了广泛的应用，对企业预测、决策、计划和控制等经营活动的有效进行提供了良好保证。

在现实经济生活中，成本、销售数量、价格和利润之间的关系非常复杂。例如，成本与业务量之间可能呈线性关系也可能呈非线性关系；销售收入与销售量之间也不一定是线性关系，因为售价可能发生变动。为了建立盈亏平衡分析理论，必须对上述复杂的关系做一些基本假设，由此来严格限定盈亏平衡分析的范围，对于不符合这些基本假设的情况，可以进行本量利扩展分析。

1）盈亏平衡分析的前提条件

（1）相关范围和线性关系假设。由于盈亏平衡分析是在成本性态分析基础上发展起来的，所以成本性态分析的基本假设也就成为盈亏平衡分析的基本假设，也就是在相关范围内，固定成本总额保持不变，变动成本总额随业务量变化成正比例变化，前者用数学模型来表示就是 $y=a$，后者用数学模型来表示就是 $y=bx$，所以，总成本与业务量呈线性关系，即 $y=a+bx$。相应地，假设售价也在相关范围内保持不变，这样，销售收入与销售量之间也呈线性关系，用数学模型来表示就是以售价为斜率的直线 $y=px$（p 为销售单价）。这样，在相关范围内，成本与销售收入均分别表现为直线，如图 8-1 所示。

由于有了相关范围和线性关系这种假设，就把在相关范围之外，成本和销售收入分别与业务量呈非线性关系的实际情况排除在外了。但在实际经济活动中，成本、销售收入和业务量之间却存在非线性关系的现象。为了解决这一问题，将在后面放宽这些假设，讨论非线性条件下的情况。

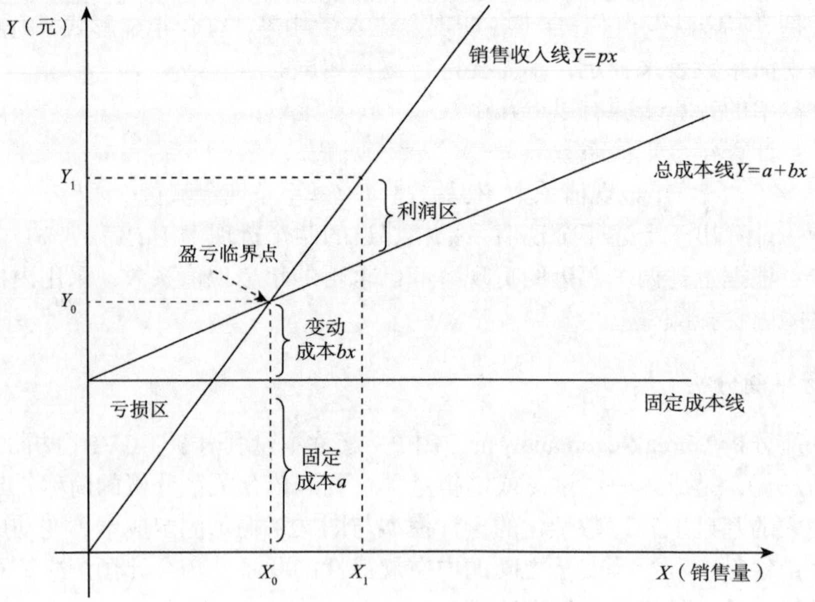

图 8-1　传统本量利关系图

（2）品种结构稳定假设。该假设是指在一个生产和销售多种产品的企业里，每种产品的销售收入占总销售收入的比重不会发生变化。但在现实经济生活中，企业很难始终按照一个固定的品种结构来销售产品，如果销售产品的品种结构发生较大变动，必然导致利润与原来品种结构不变假设下预计的利润有很大差别。有了这种假定，就可以使企业管理人员关注价格、成本和业务量对营业利润的影响。

（3）产销平衡假设。所谓产销平衡就是企业生产出来的产品总是可以销售出去，能够实现生产量等于销售量。在这一假设下，盈亏平衡分析中的量就是指销售量而不是生产量。进一步讲，在销售价格不变时，这个量就是指销售收入。但在实际经济生活中，生产量可能会不等于销售量，这时产量因素就会对本期利润产生影响。

正因为盈亏平衡分析建立在上述假设基础上，所以一般只适用于短期分析。在实际工作中应用盈亏平衡分析原理时，必须从动态的角度去分析企业生产经营条件、销售价格、品种结构和产销平衡等因素的实际变动情况，调整分析结论。积极应用动态分析和敏感性分析等技术来克服盈亏平衡分析的局限性。

2）确定盈亏临界点

确定盈亏临界点，是进行盈亏平衡分析的关键。

盈亏临界点（breakeven point）又称保本点、盈亏平衡点、损益两平点等，是指刚好使企业经营达到不盈不亏状态的销售量（额）。此时，企业的销售收入恰好弥补全部成本，企业的利润等于零。盈亏临界点分析就是根据销售收入、成本和利润等因素之间的函数关系，分析企业如何达到不盈不亏状态。也就是说，销售价格、销售量以及成本因素都会影响企业的不盈不亏状态。通过盈亏临界点分析，企业可以预测售价、成本、销售量以及利润情况，并分析这些因素之间的相互影响，从而加强经营管理。企业可以根据所销售产品的实际情况，计算盈亏临界点。

当企业只销售单一产品时，该产品的盈亏临界点计算比较简单。根据盈亏平衡分析的基本公式：

税前利润＝销售收入－总成本＝销售价格×销售量－（变动成本＋固定成本）

＝销售单价×销售量－单位变动成本×销售量－固定成本

$$P = px - bx - a = (p - b)x - a$$

企业不盈不亏时，利润为零，利润为零时的销售量就是企业的盈亏临界点销售量。

即，0=销售单价×盈亏临界点销售量−单位变动成本×盈亏临界点销售量−固定成本

盈亏临界点销售量=固定成本/（销售单价−单位变动成本）=固定成本/单位贡献毛益

$$x_0 = \frac{a}{p-b} = \frac{a}{\mathrm{UCM}}$$

相应地，盈亏临界点销售额=盈亏临界点销售量×销售单价=固定成本/贡献毛益率，即

$$px_0 = \frac{pa}{p-b} = \frac{a}{\mathrm{CMR}}$$

【例 8-1】 假设某企业只生产和销售一种产品，该产品的市场售价预计为 100 元，该产品单位变动成本为 20 元，固定成本为 32 000 元，则盈亏临界点的销售量为

$$x_0 = \frac{a}{p-b} = \frac{32\,000}{100-20} = 400\text{（件）}$$

相应地，可以算出盈亏临界点的销售额：px_0=100×400=40 000（元）

当企业生产的产品不止一种时，盈亏临界点的计算相对复杂些，可参阅章后扩展阅读。

在进行盈亏平衡分析时，应明确认识下列基本关系。

（1）在销售总成本已定的情况下，盈亏临界点的高低取决于单位售价的高低。单位售价越高，盈亏临界点越低；单位售价越低，盈亏临界点越高。

（2）在销售收入已定的情况下，盈亏临界点的高低取决于固定成本和单位变动成本的高低。固定成本越高，或单位变动成本越高，则盈亏临界点越高；反之，盈亏临界点越低。

（3）在盈亏临界点不变的前提下，销售量越大，企业实现的利润便越多（或亏损越少）；销售量越小，企业实现的利润便越少（或亏损越多）。

（4）在销售量不变的前提下，盈亏临界点越低，企业能实现的利润便越多（或亏损越少）；盈亏临界点越高，企业能实现的利润便越少（或亏损越多）。

3）实现目标利润的盈亏平衡分析

前面盈亏临界点分析是研究企业利润为零时的情况。而企业的目标是获取利润，所以，下面将分析企业实现目标利润时的情况。

（1）保利点及其计算。所谓保利点，是指企业为实现目标利润而要达到的销售量或销售额。保利点具体可用保利量和保利额两个指标表示。

根据盈亏平衡分析的基本公式：

目标利润=销售单价×保利量−单位变动成本×保利量−固定成本

可得

保利量=（固定成本＋目标利润）/（销售单价−单位变动成本）

=（固定成本＋目标利润）/（单位贡献毛益）

相应地，可得

保利额=销售单价×保利量=（固定成本＋目标利润）/贡献毛益率

=（固定成本＋目标利润）/（1−变动成本率）

这里的目标利润是指尚未扣除所得税的利润。

【例 8-2】 假设某企业只生产和销售一种产品，该产品售价为 80 元，单位变动成本为 30 元，固定成本为 30 000 元，目标利润为 20 000 元。则

保利量=（固定成本＋目标利润）/（销售单价−单位变动成本）

=（30 000＋20 000）/（80−30）=1 000（件）

保利额=（固定成本＋目标利润）/贡献毛益率=（30 000＋20 000）/62.5%=80 000（元）

（2）保净利点及其计算。由于税后利润（净利润）是影响企业生产经营现金流量的真正因素，所以，进行税后利润的规划和分析更符合企业生产经营的需要。因此，应该进行保净利点的计算。保净利点是指实现目标净利润的业务量。其中，目标净利润就是目标利润扣除所得税后的利润。保净利点可以用保净利量和保净利额两个指标表示。

由于

目标净利润=目标利润×（1−所得税税率）

所以，可以得出

目标利润=目标净利润/（1−所得税税率）

相应的保净利点公式可以写成

保净利量=［固定成本＋目标净利润/（1−所得税税率）］/（销售单价−单位变动成本）

保净利额=［固定成本＋目标净利润/（1−所得税税率）］/贡献毛益率

【例 8-3】 仍按【例 8-2】中的资料，另外，假定目标净利润为 15 000 元，所得税税率为 25%。

保净利量=[30 000＋15 000/（1−25%）]/（80−30）=1000（件）

保净利额=[30 000＋15 000/（1−25%）]/62.5%=80 000（元）

从盈亏临界点、保利点和保净利点公式可以看出，它们的共同之处在于，凡是计算销售量指标时，分母都是单位贡献毛益；凡是计算销售额指标时，分母都是贡献毛益率。它们的不同之处在于，各公式的分子项目不完全相同。

4）盈亏平衡的敏感性分析

进行盈亏平衡分析时，销售单价、固定成本、单位变动成本、目标利润都是不变的，当这些因素变动时，对盈亏临界点和保利点都会产生很大影响。

（1）销售单价单独变动对盈亏临界点和保利点的影响。从盈亏临界点和保利点的计算公式来看，销售单价提高会使单位贡献毛益和贡献毛益率上升，也就是盈亏临界点和保利点的计算公式的分母增大，因此，销售单价提高会降低盈亏临界点和保利点；销售

单价降低，则情况相反。

从图 8-1 来看，销售单价提高表明销售收入线斜率增大，而总成本线不变，所以两线交点下降，即盈亏临界点和保利点降低；销售单价降低，则情况相反。

（2）单位变动成本单独变动对盈亏临界点和保利点的影响。从盈亏临界点和保利点的计算公式来看，单位变动成本上升会使单位贡献毛益和贡献毛益率下降，也就是盈亏临界点和保利点计算公式的分母变小，因此，单位变动成本上升会提高盈亏临界点和保利点；单位变动成本下降，则情况相反。

从图 8-1 来看，单位变动成本提高表明销售成本线斜率增大，而总收入线不变，所以，两线交点上升，即盈亏临界点和保利点提高；单位变动成本降低，则情况相反。

（3）固定成本单独变动对盈亏临界点和保利点的影响。从盈亏临界点和保利点的计算公式来看，固定成本上升会使盈亏临界点和保利点的计算公式的分子增大，因此，固定成本上升会提高盈亏临界点和保利点；固定成本下降，则情况相反。

从图 8-1 来看，固定成本提高表明销售成本线截距提高，而总成本线斜率不变，总收入线也不变，所以，两线交点上升，即盈亏临界点和保利点提高；固定成本降低，则情况相反。

（4）目标利润单独变动对保利点的影响。目标利润的变动只影响到保利点而不影响盈亏临界点。企业预计达到的目标利润提高时，保利点提高，预计达到的目标利润降低时，保利点降低。

8.2　财务报表阅读

8.2.1　什么是财务报表

财务报表是指在日常会计核算资料的基础上，按照规定的格式、内容和方法定期编制的，综合反映企业某一特定日期财务状况和某一特定时期经营成果、现金流量状况的书面文件。

财务报表是财务报告的主要组成部分，它所提供的会计信息具有重要作用，主要体现在以下几个方面。

（1）全面系统地揭示企业一定时期的财务状况、经营成果和现金流量，有利于经营管理人员了解本单位各项任务指标的完成情况，评价管理人员的经营业绩，以便及时发现问题，调整经营方向，制订措施改善经营管理水平，提高经济效益，为经济预测和决策提供依据。

（2）有利于国家经济管理部门了解国民经济的运行状况。通过对各单位提供的财务报表资料进行汇总和分析，了解和掌握各行业、各地区的经济发展情况，以便宏观调控经济运行，优化资源配置，保证国民经济稳定持续发展。

（3）有利于投资者、债权人和其他有关各方掌握企业的财务状况、经营成果和现金流量情况，进而分析企业的盈利能力、偿债能力、投资收益、发展前景等，为他们投资、贷款和贸易提供决策依据。

（4）有利于满足财政、税务、工商、审计等部门监督企业经营管理。通过财务报表可以检查、监督各企业是否遵守国家的各项法律、法规和制度，有无偷税漏税的行为。

财务报表可以按照不同的标准进行分类。

（1）按服务对象不同，财务报表可以分为对外报表和内部报表。

对外报表是企业必须定期编制，定期向上级主管部门、投资者、财税部门等报送或按规定向社会公布的财务报表。这是一种主要的、定期的、规范化的财务报表。它要求有统一的报表格式、指标体系和编制时间等，资产负债表、利润表和现金流量表等均属于对外报表。

内部报表是企业根据其内部经营管理的需要而编制的，供其内部管理人员使用的财务报表。它不要求统一格式，没有统一指标体系，如成本报表属于内部报表。

（2）按所提供会计信息的重要性不同，财务报表可以分为主表和附表。

主表即主要财务报表，是指所提供的会计信息比较全面、完整，能基本满足各种信息需要者的不同要求的财务报表。现行的主表主要有三张，即资产负债表（balance sheet）、利润表（income statement）和现金流量表（cash flow statement）。

附表即从属报表，是指对主表中不能或难以详细反映的一些重要信息所做的补充说明的报表。现行的附表主要有：利润分配表和分部报表，它们是利润表的附表；应交增值税明细表和资产减值准备明细表，它们是资产负债表的附表。主表与有关附表之间存在着勾稽关系，主表反映企业的主要财务状况、经营成果和现金流量，附表则对主表进一步补充说明。

（3）按编制和报送的时间不同，财务报表可分为中期财务报表和年度财务报表。

广义的中期财务报表包括月份、季度、半年期财务报表。狭义的中期财务报表仅指半年期财务报表。年度财务报表是全面反映企业整个会计年度的经营成果、现金流量情况及年末财务状况的财务报表。企业每年底必须编制并报送年度财务报表。

（4）按编报单位不同，财务报表可分为基层财务报表和汇总财务报表。

基层财务报表由独立核算的基层单位编制，是用以反映本单位财务状况和经营成果的报表。汇总财务报表是指上级和管部门将本身的财务报表与其所属单位报送的基层报表汇总编制而成的财务报表。

（5）按编报的会计主体不同，财务报表可分为个别报表和合并报表。

个别报表是指在以母公司和子公司组成的具有控股关系的企业集团中，由母公司和子公司各自为主体分别单独编制的报表，用以分别反映母公司和子公司本身各自的财务状况与经营成果。合并报表是以母公司和子公司组成的企业集团为一会计主体，以母公司和子公司单独编制的个别财务报表为基础，由母公司编制的综合反映企业集团经营成果、财务状况及其资金变动情况的财务报表。

相关链接

财务语言

财物的所有词汇，其实归纳起来只有七个概念：资产（asset）、负债（liability）、权益（equity）、收入（revenue）、成本（cost）、利润（profit）和金钱的时间价值（time value）。

而这些概念想通了就只剩下两个概念：资产，金钱的时间价值。

对于财务报告，资产是核心中的核心。负债是资产的对立面，权益是资产减去负债的净资产。收入是使净资产增加的东西，费用是使净资产减少的东西，利润是收入减去费用的差额。商业管理的本质归根结底可以说是资产的管理。

对于投融资本来说，其核心是时间价值，就是说时间是有价值的。现在的钱比未来的钱更值钱。时间价值使传统的记账会计转变成具有现代意义的财务管理。时间价值的背后是机会成本。一百年太久，只争朝夕。时间价值是一切财物神话的秘诀。

8.2.2　财务报表全景概览

一套完整的财务报表包括资产负债表、利润表、现金流量表、所有者权益变动表（或股东权益变动表）和财务报表附注。

（1）资产负债表。它反映企业资产、负债及资本的期末状况，并能用于评价企业长期偿债能力、短期偿债能力和利润分配能力等。

（2）利润表。它反映本期企业收入、费用和应该计入当期利润的利得与损失的金额及结构情况。

（3）现金流量表。它反映企业现金流量的来龙去脉，其中分为经营活动、投资活动及筹资活动三部分。

（4）所有者权益变动表（statement of change in equity）。它反映本期企业所有者权益（股东权益）总量的增减变动情况，还包括结构变动的情况，特别是要反映直接计入所有者权益的利得和损失。

（5）财务报表附注（notes to financial statements）。财务报表附注一般包括如下项目。

①企业的基本情况。

②财务报表编制基础。

③遵循企业会计准则的声明。

④重要会计政策和会计估计。

⑤会计政策和会计估计变更及差错更正的说明。

⑥重要报表项目的说明。

⑦其他需要说明的重要事项，如或有和承诺事项、资产负债表日后非调整事项，关联方关系及其交易等。

在财务报表中，如果附有会计师事务所的审计报告，它的可信性将会更高。所以在周年股东大会上，财务报表一般要附有审计报告。

在上市公司的公司年报中，按上市规则，除了财务报表外，还有公司主席业务报告、企业管治报告等多份非会计文件。不过，股民最关心的，还是公司年报内的派息建议，以及分析财务报表上的盈利率。

8.3 财务报表分析

8.3.1 资产负债表分析

1. 资产负债表简介

资产负债表亦称财务状况表（statement of financial position）。资产负债表是反映企业在某一特定日期（如月末、季末、年末）全部资产、负债和所有者权益情况的会计报表，是企业经营活动的静态体现，根据“资产=负债＋所有者权益”这一平衡公式，依照一定的分类标准和一定的次序，将某一特定日期的资产、负债、所有者权益的具体项目予以适当的排列编制而成。它表明权益在某一特定日期所拥有或控制的经济资源、所承担的现有义务和所有者对净资产的要求权。它是一张揭示企业在一定时点财务状况的静态报表。资产负债表利用会计平衡原则，将合乎会计原则的“资产、负债、股东权益”交易科目分为“资产”和“负债及股东权益”两大区块，在经过分录、转账、分类账、试算、调整等会计程序后，以特定日期的静态企业情况为基准，浓缩成一张报表。其报表功用除了企业内部除错、经营方向、防止弊端外，也可让所有阅读者于最短时间了解企业经营状况。

资产负债表为会计上相当重要的财务报表，最重要功用在于表现企业的经营状况。

就程序而言，资产负债表为簿记记账程序的末端，是集合了登录分录、过账及试算调整后的最后结果与报表。就性质而言，资产负债表则是表现企业或公司资产、负债与股东权益的对比关系，确切反映公司营运状况。

就报表基本组成而言，资产负债表主要包含报表左边算式的资产部分，与右边算式的负债与股东权益部分。而作业前端，如果完全依照会计原则记载，并经由正确的分录或转账试算过程后，必然会使资产负债表的左右边算式的总金额完全相同。而这个算式终其言就是资产金额总计=负债金额合计＋股东权益金额合计。国际上资产负债表于2008年已改成statement of financial position（SOFP），如表8-1所示。

表 8-1　资产负债表

年　　　　　　　　　　　　　　　　　　　　　　　　　　　　会企 01 表

编制单位：　　　　　　　　　　　　　　　　　　　　　　　　单位：元

资产	年初余额	期末余额	负债和所有者权益（或股东权益）	年初余额	期末余额
流动资产：			流动负债：		
货币资金			短期借款		
交易性金融资产			交易性金融负债		
应收票据			应付票据		
应收账款			应付账款		
预付款项			预收款项		
应收利息			应付职工薪酬		
应收股利			应交税费		
其他应收款			应付利息		
存货			应付股利		
一年内到期的非流动资产			其他应付款		
其他流动资产			一年内到期的非流动负债		
			其他流动负债		
流动资产合计	—	—	流动负债合计	—	—
非流动资产：			非流动负债：		
可供出售金融资产			长期借款		
持有至到期投资			应付债券		
长期应收款			长期应付款		
长期股权投资			专项应付款		
投资性房地产			预计负债		
固定资产			递延所得税负债		
减：累计折旧			其他非流动负债		
固定资产净值	—	—	非流动负债合计	—	—
减：固定资产减值准备			负债合计	—	—
固定资产净额	—	—			
在建工程			所有者权益（或股东权益）：		
工程物资			实收资本（或股本）		
固定资产清理			资本公积		
生产性生物资产			减：库存股		
无形资产			专项储备		
开发支出			盈余公积		
商誉			未分配利润		
长期待摊费用			所有者权益（或股东权益）合计	—	—
递延所得税资产					
其他非流动资产					
非流动资产合计	—	—			
资产总计	—	—	负债和所有者权益（或股东权益）合计	—	—

2. 资产负债表分析概述

浏览资产负债表主要内容会对企业的资产、负债及股东权益的总额及其内部各项目的构成和增减变化有一个初步的认识。由于企业总资产在一定程度上反映了企业的经营规模，而它的增减变化和企业负债与股东权益的变化有极大的关系，当企业股东权益的增长幅度高于资产总额的增长时，说明企业的资金实力有了相对的提高；反之则说明企业规模扩大的主要原因是来自负债的大规模上升，进而说明企业的资金实力在相对降低、偿还债务的安全性也在下降。

对资产负债表的一些重要项目，尤其是期初与期末数据变化很大，或出现大额红字的项目进行进一步分析，如流动资产、流动负债、固定资产、有代价或有息的负债（如短期银行借款、长期银行借款、应付票据等）、应收账款、货币资金以及股东权益中的具体项目等。例如，企业应收账款占总资产的比重过高，说明该企业资金被占用的情况较为严重，而其增长速度过快，说明该企业可能因产品的市场竞争能力较弱或受经济环境的影响，企业结算工作的质量有所降低。此外，还应对报表附注说明中的应收账款账龄进行分析，应收账款的账龄越长，其收回的可能性就越小。又如，企业年初及年末的负债较多，说明企业每股的利息负担较重，但如果企业在这种情况下仍然有较好的盈利水平，说明企业产品的获利能力较佳、经营能力较强，管理者经营的风险意识较强，魄力较大。再如，在企业股东权益中，如法定的资本公积金大大超过企业的股本总额，这预示着企业将有良好的股利分配政策。但同时，如果企业没有充足的货币资金做保证，预计该企业将会选择送配股增资的分配方案而非采用发放现金股利的分配方案。另外，在对一些项目进行分析评价时，还要结合行业的特点进行。就房地产企业而言，如该企业拥有较多的存货，就意味着企业有可能存在较多的、正在开发的商品房基地和项目，一旦这些项目完工，将会给企业带来很高的经济效益。

对一些基本财务指标进行计算，计算财务指标的数据来源主要有以下几个方面：直接从资产负债表中取得，如净资产比率；直接从利润及利润分配表中取得，如销售利润率；同时来源于资产负债表、利润及利润分配表，如应收账款周转率；部分来源于企业的账簿记录，如利息支付能力。

几项主要财务指标的计算及其意义如下。

1）反映企业财务结构是否合理的指标

（1）净资产比率。净资产比率=股东权益总额/总资产。该指标主要用来反映企业的资金实力和偿债安全性。净资产比率的高低与企业资金实力成正比，但该比率过高，则说明企业财务结构不尽合理。该指标一般应在50%左右，但对于一些特大型企业而言，该指标的参照标准应有所降低。

（2）固定资产净值率。固定资产净值率=固定资产净值/固定资产原值。该指标反映的是企业固定资产的新旧程度和生产能力，一般该指标应超过75%。该指标对于工业企业生产能力的评价有着重要的意义。

（3）资本化比率。资本化比率=长期负债/（长期负债＋股东权益）。该指标主要用来反映企业需要偿还的及有息长期负债占整个长期营运资金的比重，因而该指标不宜过高，一般应在 20%以下。

2）反映企业偿还债务安全性及偿债能力的指标

反映企业偿还债务安全性及偿债能力的指标是流动比率，流动比率=流动资产/流动负债，该指标主要用来反映企业偿还债务的能力。一般而言，该指标应保持在 2∶1 的水平。过高的流动比率是反映企业财务结构不尽合理的一种信息，它有可能是以下几种。

（1）企业某些环节的管理较为薄弱，从而导致企业在应收账款或存货等方面有较高的水平。

（2）企业可能因经营意识较为保守而不愿扩大负债经营的规模。

（3）股份制企业在以发行股票、增资配股或举借长期借款、债券等方式筹得的资金后尚未充分投入营运等。但就总体而言，过高的流动比率主要反映了企业的资金没有得到充分利用，而该比率过低，则说明企业偿债的安全性较弱。速动比率=（流动资产–存货–预付费用–待摊费用）/流动负债。由于在企业流动资产中包含一部分变现能力（流动性）很弱的存货及待摊或预付费用，为了进一步反映企业偿还短期债务的能力，通常，人们都用这个比率来予以测试。在通常情况下，该比率应以 1∶1 为好，但在实际工作中，该比率（包括流动比率）的评价标准还须根据行业特点来判定，不能一概而论。

3）反映股东对企业净资产所拥有的权益的指标

反映股东对企业净资产所拥有的权益的指标主要有每股净资产，每股净资产=股东权益总额/股本总额。

该指标说明股东所持的每一份股票在企业中所具有的价值，即所代表的净资产价值。该指标可以用来判断股票市价的合理与否。一般来说，该指标越高，每一股股票所代表的价值就越高，但是这应该与企业的经营业绩相区分，因为，每股净资产比重较高可能是由于企业在股票发行时取得较高的溢价所致。

值得注意的是，由于上述这些指标是单一的、片面的，因此，就需要报表使用者能够以综合、联系的眼光进行分析和评价，因为反映企业财务结构指标的高低往往与企业的偿债能力相矛盾。如企业净资产比率很高，说明其偿还期债务的安全性较好，但同时也反映出其财务结构不尽合理。报表使用者的目的不同，对这些信息的评价亦会有所不同，如作为一个长期投资者，所关心的就是企业的财力结构是否健全合理；相反，如以债权人的身份出现，就会非常关心该企业的债务偿还能力。最后还需说明的是，由于资产负债表仅仅反映的是企业某一方面的财务信息，因此，要对企业有一个全面的认识，还必须结合财务报告中的其他内容进行分析，以得出正确的结论。

8.3.2　利润表分析

1. 利润表简介

利润表主要提供有关企业经营成果方面的信息。利润表是反映企业在一定会计期间经营成果的报表。例如，反映 1 月 1 日至 12 月 31 日经营成果的利润表，由于它反映的是某一期间的情况，所以，又称动态报表。有时，利润表也称损益表、收益表。

通过利润表，可以反映企业一定会计期间的收入实现情况，即实现的主营业务收入有多少、实现的其他业务收入有多少、实现的投资收益有多少、实现的营业外收入有多少等；可以反映一定会计期间的费用耗费情况，即耗费的主营业务成本有多少，主营业务税金有多少，营业费用、管理费用、财务费用各有多少，营业外支出有多少，等；可以反映企业生产经营活动的成果，即净利润的实现情况，据以判断资本保值、增值情况。将利润表中的信息与资产负债表中的信息相结合，还可以提供进行财务分析的基本资料，如将赊销收入净额与应收账款平均余额进行比较，计算出应收账款周转率；将销货成本与存货平均余额进行比较，计算出存货周转率；将净利润与资产总额进行比较，计算出资产收益率等，可以表现企业资金周转情况以及企业的盈利能力和水平，便于会计报表使用者判断企业未来的发展趋势，做出经济决策。利润及利润分配表如表 8-2 所示。

表 8-2 利润及利润分配表

会企 02 表

编制单位： 年 月 单位：元

项目	行次	上年同期累计	本月数	本年累计数
一、主营业务收入	1			
减：主营业务成本	4			
主营业务税金及附加	5			
二、主营业务利润（亏损以“–”号填列）	10			
加：其他业务利润（亏损以“–”号填列）	11			
减：营业费用	14			
管理费用	15			
财务费用	16			
三、营业利润（亏损以“–”号填列）	18			
加：投资收益（亏损以“–”号填列）	19			
补贴收入	22			
营业外收入	23			
减：营业外支出	25			
四、利润总额（亏损总额以“–”号填列）	27			
减：所得税	28			
五、净利润	1			

企业负责人： 主管会计： 制表： 报出日期： 年 月 日

2. 利润表的重要作用

利润表上所反映的会计信息，可以用来评价一个企业的经营效率和经营成果，评估投资的价值和报酬，进而衡量一个企业在经营管理上的成功程度。具体来说有以下几个方面的作用。

（1）利润表可作为经营成果的分配依据。利润表反映企业在一定期间的营业收入、营业成本、营业费用以及营业税金、各项期间费用和营业外收支等项目，最终计算出利润综合指标。利润表上的数据直接影响到许多相关集团的利益，如国家的税收收入、管理人员的奖金、职工的工资与其他报酬、股东的股利等。正是由于这方面的作用，利润表的地位曾经超过资产负债表，成为最重要的财务报表。

（2）利润表能综合反映生产经营活动的各个方面，有助于考核企业经营管理人员的工作业绩。企业在生产、经营、投资、筹资等各项活动中的管理效率和效益都可以从利润数额的增减变化中综合地表现出来。通过将收入、成本费用、利润与企业的生产经营计划对比，可以考核生产经营计划的完成情况，进而评价企业管理当局的经营业绩和效率。

（3）利润表可用来分析企业的获利能力、预测企业未来的现金流量。利润表揭示了经营利润、投资净收益和营业外的收支净额的详细资料，可据以分析企业的盈利水平，评估企业的获利能力。同时，报表使用者所关注的各种预期的现金来源、金额、时间和不确定性，如股利或利息、出售证券的所得及借款的清偿，都与企业的获利能力密切相关，所以，收益水平在预测未来现金流量方面具有重要作用。

8.3.3　现金流量表分析

1. 现金流量表简介

现金流量表的出现，主要用于反映资产负债表中各个项目对现金流量的影响，并根据其用途划分为经营、投资及融资三个活动分类。现金流量表可用于分析一家机构在短期内有没有足够现金去应付开销。

现金流量表是一份显示于指定时期（一般为一个月，一季度，主要是一年的年报）的现金流入和流出的财务报告。这份报告显示资产负债表及利润表如何影响现金和现金等价物，以及根据公司的经营、投资和融资角度做出分析。作为一个分析的工具，现金流量表的主要作用是反映公司短期生存能力，特别是缴付账单的能力。

现金流量表是反映一家公司在一定时期现金流入和现金流出动态状况的报表，其组成内容与资产负债表和利润表相一致。通过现金流量表，可以概括反映经营活动、投资活动和筹资活动对企业现金流入流出的影响，对于评价企业的实现利润、财务状况及财务管理，要比传统的利润表提供更好的基础。

现金流量表是原先财务状况变动表或者资金流动状况表的替代物。它详细描述了由公司的经营、投资与筹资活动所产生的现金流。这张表由财务会计标准委员会于 1987 年批准生效，因而有时被称为 FASB95 号表。

现金流量表为报表使用者提供了一家公司经营是否健康的证据。如果一家公司经营活动产生的现金流无法支付股利与保持股本的生产能力，从而要用借款的方式满足这些需要，那么这就给报表使用者一个警告，这家公司从长期来看无法维持正常情况下的支出。现金流量表通过显示经营中产生的现金流量的不足和不得不用借款来支付无法永久支撑的股利水平，从而揭示了公司内在的发展问题。现金流量表如表 8-3 所示。

表 8-3 现金流量表

会企 03 表

编制单　　　　　　　　　　　年　月　日　　　　　　　　　　　单位：元

项目	行次	金额
一、经营活动产生的现金流量:		
销售商品、提供劳务收到的现金		
收到的税费返还		
收到的其他与经营活动有关的现金		
现金流入小计		
购买商品接受劳务支付的现金		
支付给职工以及为职工支付的现金		
支付的各项税费		
支付的其他与经营活动有关的现金		
现金流出小计		—
经营活动产生的现金流量净额		—
二、投资活动产生的现金流量:		
收回投资所收到的现金		—
取得投资收益所收到的现金		—
处置固定资产、无形资产和其他长期资产所收回的现金净额		—
收到的其他与投资活动有关的现金		—
现金流入小计		—
购建固定资产、无形资产和其他长期资产所支付的现金		
投资所支付的现金		
支付的其他与投资活动有关的现金		—
现金流出小计		—
投资活动产生的现金流量净额		—
三、筹资活动产生的现金流量:		
吸收投资所收到的现金		—
取得借款所收到的现金		—
收到的其他与筹资活动有关的现金		—
现金流入小计		—
偿还债务所支付的现金		—
分配股利、利润和偿付利息所支付的现金		
支付的其他与筹资活动有关的现金		
现金流出小计		
筹资活动产生的现金流量净额		—
四、汇率变动对现金的影响		—
五、现金及现金等价物净增加额		—

2. 现金流量表分析

现金流量表是以收付实现制为编制基础，反映企业在一定时期内现金收入和现金支出情况的报表。对现金流量表的分析，既要掌握该表的结构及特点，分析其内部构成，又要结合利润表和资产负债表进行综合分析，以求全面、客观地评价企业的财务状况和经营业绩。因此，现金流量表的分析可从以下几方面着手。

1）现金流量及其结构分析

企业的现金流量由经营活动产生的现金流量、投资活动产生的现金流量和筹资活动产生的现金流量三部分构成。分析现金流量及其结构，可以了解企业现金的来龙去脉和现金收支构成，评价企业经营状况、创现能力、筹资能力和资金实力。

（1）经营活动产生的现金流量分析。将销售商品、提供劳务收到的现金与购进商品、接受劳务付出的现金进行比较。在企业经营正常、购销平衡的情况下，二者比较是有意义的。比率大，说明企业的销售利润大，销售回款良好，创现能力强。

将销售商品、提供劳务收到的现金与经营活动流入的现金总额比较，可大致说明企业产品销售现款占经营活动流入的现金的比重有多大。比重大，说明企业主营业务突出、营销状况良好。

将本期经营活动现金净流量与上期比较，增长率越高，说明企业成长性越好。

（2）投资活动产生的现金流量分析。当企业扩大规模或开发新的利润增长点时，需要大量的现金投入，投资活动产生的现金流入量补偿不了流出量，投资活动现金净流量为负数，但如果企业投资有效，将会在未来产生现金净流入用于偿还债务，创造收益，企业不会有偿债困难。因此，分析投资活动现金流量，应结合企业目前的投资项目进行，不能简单地以现金净流入还是净流出来论优劣。

（3）筹资活动产生的现金流量分析。一般来说，筹资活动产生的现金净流量越大，企业面临的偿债压力也越大，但如果现金净流入量主要来自企业吸收的权益性资本，则不仅不会面临偿债压力，资金实力反而增强。因此，在分析时，可将吸收权益性资本收到的现金与筹资活动现金总流入比较，所占比重大，说明企业资金实力较强，财务风险较低。

（4）现金流量构成分析。

首先，分别计算经营活动现金流入、投资活动现金流入和筹资活动现金流入占现金总流入的比重，了解现金的主要来源。一般来说，经营活动现金流入占现金总流入比重大的企业，其经营状况较好，财务风险较低，现金流入结构较为合理。

其次，分别计算经营活动现金支出、投资活动现金支出和筹资活动现金支出占现金总流出的比重，它能具体反映企业的现金用于哪些方面。一般来说，经营活动现金支出比重大的企业，其生产经营状况正常，现金支出结构较为合理。

2）现金流量表与利润表比较分析

利润表是反映企业一定期间经营成果的重要报表，它揭示了企业利润的计算过程和利润的形成过程。利润被看成评价企业经营业绩及盈利能力的重要指标，但却存在一定的缺陷。众所周知，利润是收入减去费用的差额，而收入费用的确认与计量是以权责发生制为基础，广泛地运用收入实现原则、费用配比原则、划分资本性支出和收益性支出原则等来进行的，其中包括太多的会计估计。尽管会计人员在进行估计时要遵循会计准则，并有一定的客观依据，但不可避免地要运用主观判断。而且，由于收入与费用是按其归属来确认的，而不管是否实际收到或付出了现金，以此计算的利润常常使一个企业的盈利水平与其真实的财务状况不符。有的企业账面利润很大，看似业绩可观，而现金却入不敷出，举步艰难；而有的企业虽然巨额亏损，但却现金充足、周转自如。所以，仅以利润来评价企业的经营业绩和获利能力有失偏颇。如能结合现金流量表所提供的现金流量信息，特别是经营活动现金净流量的信息进行分析，则较为客观、全面。其实，利润和现金净流量是两个从不同角度反映企业业绩的指标，前者可称为应计制利润，后者可称为现金制利润。二者的关系，通过现金流量表的补充资料揭示出来。具体分析时，可将现金流量表的有关指标与利润表的相关指标进行对比，以评价企业利润的质量。

（1）经营活动现金净流量与净利润比较，能在一定程度上反映企业利润的质量。也就是说，企业每实现 1 元的账面利润中，实际有多少现金支撑，比率越高，利润质量越高。但这一指标，只有在企业经营正常，既能创造利润、又能盈得现金净流量时才可比，分析这一比率也才有意义。为了与经营活动现金净流量计算口径一致，净利润指标应剔除投资收益和筹资费用。

（2）销售商品、提供劳务收到的现金与主营业务收入比较，可以大致说明企业销售回收现金的情况及企业销售的质量。收现数所占比重大，说明销售收入实现后所增加的资产转换现金速度快、质量高。

（3）分得股利或利润及取得债券利息收入所得到的现金与投资收益比较，可大致反映企业账面投资收益的质量。

3）现金流量表与资产负债表比较分析

资产负债表是反映企业期末资产和负债状况的报表，运用现金流量表的有关指标与资产负债表有关指标比较，可以更为客观地评价企业的偿债能力、盈利能力及支付能力。

（1）偿债能力分析。流动比率是流动资产与流动负债之比，而流动资产体现的是能在一年内或一个营业周期内变现的资产，包括许多流动性不强的项目，如呆滞的存货，有可能收不回的应收账款，以及本质上属于费用的待摊费用，待处理流动资产损失和预付账款等。它们虽然具有资产的性质，但事实上却不能再转变为现金，不再具有偿付债务的能力。而且，不同企业的流动资产结构差异较大，资产质量各不相同，因此，仅用流动比率等指标来分析企业的偿债能力，往往有失偏颇。可运用经营活动现金净流量与资产负债表相关指标进行对比分析，作为流动比率等指标的补充。具体内容如下。

经营活动现金净流量与流动负债之比。该比率可以反映企业经营活动获得现金偿还短期债务的能力，比率越大，说明偿债能力越强。

经营活动现金净流量与全部债务之比。该比率可以反映企业在经营活动中所获现金偿还全部债务的能力，这个比率越大，说明企业承担债务的能力越强。

现金（含现金等价物）期末余额与流动负债之比。该比率反映企业直接支付债务的能力，比率越大，说明企业偿债能力越强。但由于现金收益性差，这一比率也并非越大越好。

（2）盈利能力分析及支付能力分析。由于利润指标存在缺陷，因此，可运用现金净流量与资产负债表相关指标进行对比分析，作为每股收益、净资产收益率等盈利指标的补充。

经营活动现金净流量与总股本之比。这一比率反映每股资本获取现金净流量的能力，比率越大，说明企业支付股利的能力越强。

经营活动现金净流量与净资产之比。这一比率反映投资者投入资本创造现金的能力，比率越大，创现能力越强。

4）现金流量表中现金的含义

阅读现金流量表，首先应了解现金的概念。现金流量表中的现金是指库存现金、可以随时用于支付的存款和现金等价物。库存现金，可以随时用于支付的存款，一般就是资产负债表上“货币资金”项目的内容。准确地说，则还应剔除那些不能随时动用的存款，如保证金专项存款等。现金等价物是指在资产负债表上“短期投资”项目中符合以下条件的投资。

（1）持有的期限短。

（2）流动性强。

（3）易于转换为已知金额的现金。

（4）价值变动风险很小。

在我国，现金等价物通常是指从购入日至到期日在 3 个月或 3 个月以内能转换为已知现金金额的债券投资。例如，公司在编制 2017 年中期现金流量表时，对于 2017 年 6 月 1 日购入 2014 年 8 月 1 日发行的期限为 3 年的国债，因购买时还有两个月到期，故该项短期投资可视为现金等价物。

现金流量表主要由三部分组成，分别反映企业在经营活动、投资活动和筹资活动中产生的现金流量。每一种活动产生的现金流量又分别揭示流入、流出总额，使会计信息更具明晰性和有用性。经营活动产生的现金流量，包括购销商品、提供和接受劳务、经营性租赁、交纳税款、支付劳动报酬、支付经营费用等活动形成的现金流入和流出。

在权责发生制下，这些流入或流出的现金，其对应收入和费用的归属期不一定是本会计年度，但一定是在本会计年度收到或付出的。例如，收回以前年度销货款，预收以后年度销货款等。公司的盈利能力是其营销能力、收现能力、成本控制能力、回避风险能力等相结合的综合体。由于商业信用的大量存在，营业收入与现金流入可能存在较大差异，能否真正实现收益，还取决于公司的收现能力。了解经营活动产生的现金流量，有助于分析公司的收现能力，从而全面评价其经济活动成效。筹资活动产生的现金流量，包括吸收投资、发行股票、分配利润、发行债券、向银行贷款、偿还债务等流入和流出的现金。

其中，“偿还利息所支付的现金”项目反映公司用现金支付的全部借款利息、债券利息，而不管借款的用途如何，利息的开支渠道如何，不仅包括计入损益的利息支出，而且还包括计入在建工程的利息支出。因此该项目比损益表中的财务费用更能全面地反映公司偿付利息的负担。投资活动产生的现金流量，主要包括购建和处置固定资产、无形资产等长期资产，以及取得和收回不包括在现金等价物范围内的各种股权与债权投资等流入和流出的现金。

其中，分得股利或利润、取得债券利息收入而流入的现金，是以实际收到为准，而不是以权益归属或取得收款权为准的。这与利润表中确认投资收益的标准不同。例如，某上市公司投资的子公司本年度实现净利润500万元。该上市公司拥有其80%的股权，按权益法应确认本年度有投资收益400万元。但子公司利润不一定立即分配，而且不可能全部分完（要按规定提取盈余公积）。如果该子公司当年利润暂不分配付讫，就没有相应的现金流入该上市公司。该上市公司当然也就不能在当年的现金流量表中将此项投资收益作为投资活动现金流入反映。公司投资活动中发生的各项现金流出，往往反映了其为拓展经营所做的努力，可以从中大致了解公司的投资方向，一个公司从经营活动、筹资活动中获得现金是为今后的发展创造条件。现金不流出，是不能为公司带来经济效益的。投资活动一般较少发生一次性大量的现金流入，而发生大量现金流出，导致投资活动现金流量净额出现负数往往是正常的，这是为公司的长远利益，为以后能有较高的盈利水平和稳定的现金流入打基础的。当然错误的投资决策也会事与愿违。所以特别要求投资的项目能如期产生经济效益和现金流入。

5）现金流量表中经营活动现金流量净额与利润表的净利润相差的原因

（1）影响利润的事项不一定同时发生现金流入、流出。有些收入，增加利润但未发生现金流入。

例如，一家公司本期的营业收入有8亿多元，而本期新增应收账款却只有7亿多元，这种增加收入及利润但未发生现金流入的事项，是造成两者产生差异的原因之一。

有的上市公司对应收账款管理存在薄弱环节，未及时做好应收货款及劳务款项的催收与结算工作，也有的上市公司依靠关联方交易支撑其经营业绩，而关联方资金又迟迟不到位。这些情况造成的后果，都会在现金流量表中有所体现，甚至使公司经营活动几乎没有多少现金流入，但经营总要支付费用、购买物资、交纳税金，发生大量现金流出，从而使经营活动现金流量净额出现负数，使公司的资金周转发生困难。应收账款迟迟不能收回，在一定程度上也暴露了所确认收入的风险问题。

有些成本费用，减少利润但并未伴随现金流出。例如，固定资产折旧、无形资产摊销，只是按权责发生制、配比原则要求将这些资产的取得成本，在使用它们的受益期间合理分摊，并不需要付出现金。

（2）由于对现金流量分类的需要。净利润总括反映公司经营、投资及筹资三大活动的财务成果，而现金流量表上则需要分别反映经营、投资及筹资各项活动的现金流量。

例如，支付经营活动借款利息，既减少利润又发生现金流出，但在现金流量表中将其作为筹资活动中现金流出列示，不作为经营活动现金流出反映。又如，转让短期债券投资取得净收益，既增加利润又发生现金流入，但在现金流量表中将其作为投资活动中现金流入列示，不作为经营活动现金流入反映。

上述两点是使经营活动现金流量净额与净利润产生差异的原因，其实也是现金流量表附注中要求披露的内容。利润表列示了公司一定时期实现的净利润，但未揭示其与现金流量的关系，资产负债表提供了公司货币资金期末与期初的增减变化，但未揭示其变化的原因。现金流量表如同桥梁沟通了上述两表的会计信息，使上市公司的对外会计报表体系进一步完善，向投资者与债权人提供更全面、有用的信息。

8.3.4　所有者权益变动表分析

所有者权益变动表（股东权益变动表）是指反映构成所有者权益的各组成部分当期的增减变动情况的报表。所有者权益变动表应当全面反映一定时期所有者权益变动的情况。

所有者权益变动表解释在某一特定时间内，股东权益如何因企业经营的盈亏及现金股利的发放而发生的变化。它是说明管理阶层是否公平对待股东的最重要的信息。

1. 所有者权益变动表的内容

所有者权益变动表是指反映构成所有者权益各组成部分当期增减变动情况的报表。所有者权益变动表应当全面反映一定时期所有者权益变动的情况，不仅包括所有者权益总量的增减变动，还包括所有者权益增减变动的重要结构性信息，特别是要反映直接计入所有者权益的利得和损失，让报表使用者准确理解所有者权益增减变动的根源。

在所有者权益变动表中，至少应当单独列示反映下列信息的项目。

（1）净利润。

（2）直接计入所有者权益的利得和损失项目及其总额。

（3）会计政策变更和差错更正的累积影响金额。

（4）所有者投入资本和向所有者分配利润等。

（5）按照规定提取的盈余公积。

（6）实收资本（或股本）、资本公积、盈余公积、未分配利润的期初和期末余额及其调节情况。

2. 所有者权益变动表的结构

为了清楚地表明构成所有者权益的各组成部分当期的增减变动情况，所有者权益变动表应当以矩阵的形式列示。一方面，列示导致所有者权益变动的交易或事项，改变了以往仅仅按照所有者权益的各组成部分反映所有者权益变动情况，而是从所有者权益变动的来源对一定时期所有者权益变动情况进行全面反映；另一方面，按照所有者权益各组成部分（包括实收资本、资本公积、盈余公积、未分配利润和库存股）及其总额列示交易或事项对所有者权益的影响。此外，企业还需要提供比较所有者权益变动表，所有者权益变动表还就各项目再分为“本年金额”和“上年金额”两栏填列。所有者权益（股东权益）变动表如表 8-4 所示。

表 8-4　所有者权益（股东权益）变动表

会企 04 表

编制单位：　　　　　　　　　　　　年　　　　　　　　　　　　单位：元

项目	行次	本年金额						上年金额					
		实收资本（或股本）	资本公积	盈余公积	未分配利润	库存股（减项）	所有者权益合计	实收资本（或股本）	资本公积	盈余公积	未分配利润	库存股（减项）	所有者权益合计
一、上年年末余额													
1. 会计政策变更													
2. 前期差错更正													
二、本年年初余额													
三、本年增减变动金额（减少以“–”号填列）													
（一）本年净利润													
（二）直接计入所有者权益的利得和损失													
1. 可供出售金融资产公允价值变动净额													
2. 现金流量套期工具公允价值变动净额													
3. 与计入所有者权益项目相关的所得税影响													
4. 其他													
小计													
（三）所有者投入资本													
1. 所有者本期投入资本													
2. 本年购回库存股													
3. 股份支付计入所有者权益的金额													

续表

项目	行次	本年金额						上年金额					
		实收资本（或股本）	资本公积	盈余公积	未分配利润	库存股（减项）	所有者权益合计	实收资本（或股本）	资本公积	盈余公积	未分配利润	库存股（减项）	所有者权益合计
（四）本年利润分配													
1. 对所有者（或股东）的分配													
2. 提取盈余公积													
（五）所有者权益内部结转													
1. 资本公积转增资本													
2. 盈余公积转增资本													
3. 盈余公积弥补亏损													
四、本年年末余额													

❑本章小结

本章在对企业项目投资评价内涵、方法，财务报表阅读进行简要介绍的基础上，重点介绍了财务报表分析的方法；介绍了资产负债表、利润表、现金流量表、所有者权益变动表的分析思路。

❑关键术语

投资回收期，净现值，内部收益率，盈亏平衡分析，资产负债表，利润表，现金流量表分析，所有者权益变动表分析。

❑阅读指南与课外学习

1. 阅读指南：要了解更多有关企业项目投资评价及财务分析的有关知识，请阅读《投资项目财务分析实务（第2版）》（林万龙. 中国农业出版社，2011）。

2. 网上资源：http://mooc.guokr.com/ 搜索：清华大学《财务分析与决策》网络课程。

❑复习思考题

1. 企业投资项目评价方法有哪些？
2. 资产负债表的主要内容有哪些？
3. 利润表的重要作用是什么？
4. 现金流量表有什么意义？
5. 所有者权益变动表的结构是什么？

❑扩展阅读1　多品种的盈亏临界点

在现实经济生活中，大部分企业生产经营的产品不止一种。在这种情况下，企业的盈亏临界点就不能用实物单位表示，因为不同产品的实物计量单位是不同的，把这些计量单位不同的产品销量加在一起是没有意义的。所以，企业在产销多种产品的情况下，只能用金额来表示企业的盈亏临界点。即只能计算企业盈亏临界点的销售额。通常计算多品种企业盈亏临界点的方法有综合贡献毛益率法、联合单位法、主要品种法和分算法等，下面将逐一介绍。

（1）综合贡献毛益率法。所谓综合贡献毛益率法是指将各种产品的贡献毛益率按照其各自的销售比重这一权数进行加权平均，得出综合贡献毛益率，然后再据此计算企业的盈亏临界点销售额和每种产品的盈亏临界点的方法。具体来说，企业盈亏临界点=企业固定成本总额/综合贡献毛益率。

企业盈亏临界点的具体计算步骤如下。

①计算综合贡献毛益率。首先，计算各种产品的销售比重：

某种产品的销售比重=该种产品的销售额/全部产品的销售总额×100%

销售比重是销售额的比重而不是销售量的比重。

其次，计算综合贡献毛益率：

$$综合贡献毛益率=\sum(各种产品贡献毛益率\times该种产品的销售比重)$$

该公式也可以写为

综合贡献毛益率=各种产品贡献毛益额之和/销售收入总额

②计算企业盈亏临界点销售额。

企业盈亏临界点销售额=企业固定成本总额/综合贡献毛益率

③计算各种产品盈亏临界点销售额。

某种产品盈亏临界点销售额=企业盈亏临界点销售额×该种产品的销售比重

【例 8-4】 某企业销售甲、乙、丙三种产品，全年预计固定成本总额为 210 000 元，预计销售量分别为 8000 件、5000 台和 10 000 件，预计销售单价分别为 25 元、80 元、40 元，单位变动成本分别为 15 元、50 元、28 元，则该企业的盈亏临界点是多少？

①计算综合贡献毛益率，为此：

第一步，计算全部产品销售总额=8000×25＋5000×80＋10 000×40=1 000 000（元）

第二步，计算每种产品的销售比重：

甲产品的销售比重=8000×25÷1 000 000=20%

乙产品的销售比重=5000×80÷1 000 000=40%

丙产品的销售比重=10 000×40÷1 000 000=40%

第三步，计算综合贡献毛益率：

甲产品的贡献毛益率=（25−15）÷25=40%

乙产品的贡献毛益率=（80−50）÷80=37.5%

丙产品的贡献毛益率=（40−28）÷40=30%

综合贡献毛益率=40%×20%＋37.5%×40%＋30%×40%=35%

②计算企业盈亏临界点销售额。企业盈亏临界点销售额=企业固定成本总额/综合贡献毛益率=210 000÷35%=600 000（元）。

③将企业盈亏临界点销售额分解为各种产品盈亏临界点销售额和销售量：

甲产品盈亏临界点销售额=600 000×20%=120 000（元）

乙产品盈亏临界点销售额=600 000×40%=240 000（元）

丙产品盈亏临界点销售额=600 000×40%=240 000（元）

相应地，可以计算出每种产品盈亏临界点销售量

甲产品盈亏临界点销售量=120 000÷25=4800（件）

乙产品盈亏临界点销售量=240 000÷80=3000（台）

丙产品盈亏临界点销售量=240 000÷40=6000（件）

综合贡献毛益率的大小反映了企业全部产品的整体盈利能力高低，企业若要提高全部产品的整体盈利水平，可以调整各种产品的销售比重，或者提高各种产品自身的贡献毛益率。

（2）联合单位法。所谓联合单位法，是指企业各种产品之间存在相对稳定的产销量比例关系，这一比例关系的产品组合可以视同为一个联合单位，然后确定每一联合单位的售价和单位变动成本，以进行多品种的盈亏临界点分析。如企业 A、B、C 三种产品，其销量比为 1∶2∶3，则这三种产品的组合就构成一个联合单位。然后按照这种销量比来计算各种产品共同构成的联合单价和联合单位变动成本。即

联合销售单价=A 产品单价×1＋B 产品单价×2＋C 产品单价×3

联合单位变动成本=A 产品单位变动成本×1＋B 产品单位变动成本×2＋C 产品单位变动成本×3

然后就可以计算出联合保本量，即

联合保本量=固定成本/（联合单价−联合单位变动成本）

某产品保本量=联合保本量×该产品销量比

这种方法主要适用于有严格产出规律的联产品生产企业。

【例 8-5】 仍按【例 8-4】资料。

确定产品销量比：甲∶乙∶丙=1∶0.625∶1.25

联合单价=1×25＋0.625×80＋1.25×40=125（元/联合单位）

联合单位变动成本=1×15＋0.625×50＋1.25×28=81.25（元/联合单位）

联合保本量=210 000÷（125−81.25）=4800（联合单位）

计算各种产品保本量：

甲产品保本量=4800×1=4800（件）

甲产品保本额=4800×25=120 000（元）

乙产品保本量=4800×0.625=3000（台）

乙产品保本额=3000×80=240 000（元）

丙产品保本量=4800×1.25=6000（件）

丙产品保本额=6000×40=240 000（元）

（3）主要品种法。如果企业生产经营的多种产品中，有一种产品能够给企业提供的贡献毛益占企业全部贡献毛益总额的比重很大，而其他产品给企业提供的贡献毛益比重较小。则可以将这种产品认定为主要品种。此时，企业的固定成本几乎由主要产品来负担，所以，可以根据这种产品的贡献毛益率计算企业的盈亏临界点。当然，用这种方法计算出来的企业的盈亏临界点可能不十分准确。如果企业产品品种主次分明，则可以采用这种方法。

（4）分算法。分算法是指在一定条件下，企业可以将全部固定成本按一定标准在各种产品之间进行分配，然后再对每一个品种分别进行盈亏临界点分析的方法。全部固定成本中的专属固定成本直接划归某种产品负担，而共同固定成本则要按照一定标准（如产品重量、体积、长度、工时、销售额等）分配给各种产品。

分算法要求企业能够客观分配固定成本，如果不能做到客观，则可能使计算结果出现误差。这种方法可以给企业管理当局提供各产品计划和控制所需要的资料。

□扩展阅读 2　上市公司财务报表研读

我们在研判、分析上市公司基本面状况时，总要细心悉读上市公司各时段的财务报表，甚至还要去研读它上市前的招股说明书。并与日后的财务报表数据进行比对。不管是研读报表，还是报表数据之间的比对，关键是要从财务报表的数据中发掘该公司基本面状况的三大要素：第一，该公司的成长性如何？第二，该公司的经营能力如何？第三，该公司总体现阶段的资产质量如何？

一、公司的成长性

在研读该公司财务报表各类数据之前，首先要有明确的无形大思维意识和社会产业板块成长性机会的意识。因为大的无形要素是决定小的上市公司是否具有成长性的关键。也就是说，社会转型到某一时段，必然会引发某一两个产业板块的崛起。找到和发现这些产业板块群，再去这些产业板块群中挖掘个股，是一个发掘成长性的好办法。因为产业板块的大成长，必然决定这些产业板块中的上市公司的高成长。

宏观大思维首先确定后，如果用这种意识来研读某一个上市公司的微观财务报表数据就带有很大的前瞻性和主动性。也就是先宏观、后微观，先无形、后有形来发掘上市公司的成长性，才具有意义。研判结果的正确性、成长性的可靠程度也会大大提高。

反映上市公司的成长性财务报表数据中有以下几种。

1. 主营业务收入增长率（与同期相比，增长率越大越好）

一个成长性好的上市公司，首先应该主营业务凸出，这表明其在同行业中具有很好的核心竞争力。在这个基础上，主营业务收入稳定地增长反映出很好的成长性。具体是什么要素带来主营业务收入增长，还要研读以下数据。

（1）是不是主营产品价格的提升。

（2）是不是主营产品产能的增加。

（3）是不是主营产品毛利率的提高。

（4）还是企业管理费用支出的下降。

结论：前三个原因的提升，是对主管业务收入增长率提升十分健康有利的。三条都具备更好，说明核心竞争力很强，至于管理费用支出的下降，带来的提升是有限度的。

2. 总资产与净资产同步增长率（与同期相比，增长率越大越好）

总资产包括负债后的资产总量，净资产是除所有债务和所欠应付款后的资产总量。一个好的上市公司，它能否高速成长，一定是取决于这个上市公司在该行业中是否能够做大做强。做大做强一定是表现在财务数据上的总资产量的增大与净资产总量的同步增大。

如果总资产量增大，净资产总量没有同步增大，或者同步增长率不够。则说明企业负债率的增大，也说明企业在负债经营下没有消化好来增强自身实际资产实力。

3. 净利润增长率（与同期相比，增长率越大越好）

净利润增长率，这是一个能切实反映公司盈利能力以及成长性的指标。值得注意的是，一定要从财务报表中研读和区分出净利润增长的来源：①是不是主营收入的利润增长；②是靠什么方式增长；③后续能否还能稳定增长。具体研读细则有以下几点。

（1）净利润每年或每季度的增长率如何，是否形成增长质变的长期拐点。

（2）随着净利润的增加，每股净资产是否同步增加，最后是否导致股东权益的总量也在增大（股东权益=每股净资产×总股本）。

（3）若净利润的增长率÷现时段市盈率≥1，则该公司成长性良好（该商值越大说明成长性越好）。

4. 净资产收益率（与同期相比，该数值越大越好）

所谓净资产收益率，它来自：净利润÷股东权益。净利润是指企业扣除了所有费用后的纯利润。股东权益，顾名思义是指公司所有股东的权力与利益。股东权益总量的大小是公司全体大小股东最实在的一个指标，它的总量增减状况如何，直接表现股东的权益如何。具体细读要诀有以下几点。

（1）如果净资产收益率上升，判断是净利润上升导致还是股东权益的下降造成的。后者导致净资产收益率的上升是假的，是没有作用的。因为净资产收益率来自：净利润（被除数）和股东权益（除数），净资产收益率的——“商”的大小取决被除数与除数的大小变化。

（2）股东权益（除数）又是由两个元素组成的：每股净资产×总股本，所以，总股本的扩张，或每股净资产的增大，又会导致股东权益总量的增大。当股东权益总量的增大，如果净利润不能同步增大，定会导致净资产收益率的降低。如果是这种情况导致净资产收益率的下降，并不一定是坏事，或者只是暂时现象。只要净利润的增速跟上，净资产收益率还会同步增长起来。

（3）净资产收益率如果温和、连续几季度或几年匀速增长，无疑地表明公司具有非常良好的成长性。当然随着股东权益总量的增长，净资产收益率的增长也是显示波浪式起伏的。

5. 市盈率（现时段股价÷每股税后收益）

所谓市盈率，其本质是投资收益与风险之比。市盈率越高，理论上说明投资风险越高；市盈率越低，说明投资风险相对越低。但股市的估值主要表现为“预期”，信心驱使下的预期是动态的，所以，在运用“市盈率”来判断上市公司成长性时有以下几个特点。

（1）高成长性的公司，一般可以匹配较高的市盈率。长期处于低市盈率状态的上市公司，如果大势并不低迷，且它的交易又不活跃，一般可以定论，该公司成长性并不好，虽然现阶段业绩不坏，但至少大多数投资者不看好它的后势。

（2）周期性行业。一般低位、低股价、高市盈率恰好是公司成长的初期，到了高位、高股价、低市盈率（业绩大幅提升）恰好是公司成长的末期。

（3）用市盈率来研判公司的成长性，关键是“动态市盈率”与“静态市盈率”的对比。上市公司市盈率低与高或高与低的起伏波浪式的“走势图”，本身也是公司成长曲线图。

6. 市净率（现时段股价 ÷ 每股净资产）

所谓市净率指标，是衡量现行股价与每股净资产的倍率状况，市净率倍率数值越大，说明股价泡沫越大，投资风险越大。市净率倍率数值越小，说明股价泡沫越小，投资风险越小。

但是成熟境外股市大量股价跌破净资产也累见不鲜。在大熊市低迷时段时，我们破净资产的上市公司也很多。可见，市净率与市盈率指标一样。运用“动态”分析的方法，才是研判是否具有成长性的上策。具体研判也有以下几个特点。

（1）一般高成长性的公司，市净率与其他行业同比也要匹配较高市净率。

（2）股价上涨，市净率的倍率数也跟着放大上涨，但并非是好事，因为一个好的成长性公司，每股净资产应该随着公司的成长上涨。

（3）市净率的走势曲线图结合市盈率的曲线图，综合研判：从决定市净率和市盈率走势各因素的变化中，发掘上市公司的成长性。

二、公司的经营能力

一个公司是否具有良好的成长性，有社会的综合因素。例如，社会的市场需求状况、产品对路状况、核心技术的垄断状况等。这些都是公司财务报表状况以外的决定要素。如果具备以上的条件，就要看该公司对其成长性良好的产品的生产，即经营销售能力了。

经营能力的强弱，也是该公司最后能否高速成长的关键，是企业“内功”的第二个功法。

反映上市公司经营能力，财务报表数据中有以下几种。

1. 主营业务利润率（与同期相比，增长率越大越好）

所谓主营业务利润率，就是主营业务赚钱的能力如何。

这里有两个关键要素：第一，必须是主营业务的利润来源；第二，利润率是否增长，如果同时具备且增长，说明主营业务明确清晰，主营业务赚钱能力在增强。

2. 主营利润增长率

主营利润增长率与净利润增长率又有所不同。前一个讲的是主营业务赚钱多少的能力，后者是赚钱的能力增长情况如何。净利润包括公司所有经营项目的利润，我们把它的大幅增长放到成长性范畴研读。主营利润增长率是考核一个公司主营产品的经营赚钱的能力，当然是每季度或每年递增为优良。

3. 销售毛利率如何（与同期相比，增长率越大越好）

销售毛利率越高，说明技术含量、核心技术以及垄断技术壁垒越高，这是企业赚钱能力的体现，也是企业经营能力的体现，具体研判还应注意几点。

（1）首先要分清是主营业务产品的毛利率，还是非主营业务产品的毛利率。

（2）毛利率高的赚钱能力与总收入的比例是多少？

（3）毛利率在同行业中进行比较，也是有限度的，不可能无限膨胀。可以给毛利率变化设计一个曲线图，从中看出低谷到高峰的走势，从而动态研判毛利率变化来研判公司经营能力的兴衰过程。

4. 每股现金流量与每股收益之比如何（与同期相比，该数据倍率越大越好）

每股现金流量与每股收益两项数据，每期财务报表中都有披露，这是现成的。我们要的倍率数据是：每股现金流量 ÷ 每股收益≥1（该数值越大越好）。说明该公司经营能力强，现金流量充沛，研读过程中也要注意以下几点。

（1）该商值倍率越大，说明现金流流量越充沛，分红派现的可能就越大。该数值很小，甚至是负数，说明经营当中会带来很大困难。

（2）如果现金流量太大，也会带来使用不当的风险。

（3）如有条件密切关注大现金流量的去处，如何使用，去向何处，也是经营能力考核的一个重要内容。

三、公司现时阶段资产质量如何

所谓公司的资产如何，是考核一个公司财务状况是否有隐藏风险的一个重要指标的。它具体看以下两项。

1. 公司长期负债情况

注意：一般公司的短期债务可以忽略不计，这里主要针对长期债务，也就是：长期债务 ÷ 股东权益≤50%为好。

研判资产质量的风险，也要具体情况酌情动态分析。一般情况长期负债率超过股东权益 50%以上，越大越不好，说明财务上有隐患风险。但又要分析长期举债的用途，如果用来建设投资技术含量很高、高度垄断、成长性很好、公司经营良好的产品，即使负债率相对较高，风险也不会很大。

如果没有偿还能力，成长性、经营能力很差，资不抵债的上市公司，负债率高是一个巨大的资产质量上的财务风险。

2. 总资产债权率

所谓公司的债权率情况，是看公司的应收账款多不多，具体计算是：应收账款 ÷ 总资产≤0.18（元）为好（注意这个得数是我的个人心得体会，不代表该绝对数有什么好坏之分）。

总资产债权率如何，当然相除下来的得数越小，说明应收账款越少，为什么单不看应收账款的绝对数目而要对应总资产呢？因为公司大小规模不一样，同样 5000 万元应收账目数，对于小公司来说也许财务上会发生危机，而对于大公司而言，也许恰是正常范围。

另外应收账款太多，长期回收不力，说明公司产品市场并不热销。公司成长性经营能力，以及资产财务风险都会有问题，应该引起相应的重视。

以上为上市公司财务报表研读三要素，在具体研读执行过程中还是首先要有大思维，其次要分为类计算，运用逻辑推理思维，最后找出决定上市公司是否具有成长性，良好的经营能力，以及资产质量上是否有隐患风险的关键要素。

另外，财务报表是否有假，是否带有水分，是否在财务数据上，在合法、合理的前提下，做过技术性舍取处理，我们是无法得知的。我防范的方法是：凡是审核意见无保留的，我相信它，未审计或审计时有保留意见的，我一概排除在外。

资料来源：冯毅. http://blog.sina.com.cn/s/blog_5f26b5ed0100ldxa.html

附录 1　百年管理理论

1900～1910：秒表科学

19 世纪与 20 世纪之交，管理工作尚未得到界定。在 20 世纪的第一个 10 年里，有 3 个代表性人物对“管理”的确立有着特殊贡献。

第一个是美国人伊莱休·鲁特，他可以说是管理学历史上的一个注脚；第二个是法国人亨利·法约尔，他曾经长期被人们所忽视，但在早期管理思想家中，他的思想也许是最经得起时间考验的；第三个是美国人弗雷德里克·泰勒，他奠定了科学管理的理论基础，被称为 20 世纪最有影响力的人物之一。

19 世纪末，美国的军事机器在战争中显得老旧不堪，军中各个部门各行其道，缺乏协调。时任陆军部长的鲁特为建立军中各部门的协调机制，成立军事学院，创立参谋长联席会议。反对者认为“华盛顿和拿破仑都不需要战略委员会”，鲁特的回答异常简练干脆，“是的，他们已经逝去，我们现行的体制也应死去”。

鲁特在美国军队中发起的变革确实得到广泛的应用，彼得·杜拉克说，这些变革是“第一次有意识、有系统地应用了管理的原则”，现代管理由此开端。

当鲁特实践着我们现在所称的“管理”时，亨利·法约尔则为管理学的概念趋向实践奠定了基础。

法约尔在一家矿业公司当了 30 年的总裁。在此期间，他形成了完整的管理哲学。

首先，他认识到管理的普遍性。管理既可以应用于企业，也可以应用于其他组织。

其次，他认为管理是一门具有独立规律的学科。当时的“管理”几乎还不存在实体。法约尔创造的 14 条“一般管理原则”描绘了现代管理的“肉身”，这 14 条原则分别是：劳动分工、职权和职责、纪律、命令统一、指挥统一、个人利益服从总体利益、雇员的报酬、集中、等级系列、秩序、公平、人员保持稳定、创新意识、团结精神。

为了确保这些原则得到有效的实践，法约尔认为管理者需要行使计划、组织、指挥、协调和控制这五项职能。

法约尔考虑的是有关管理本质的理论问题，而美国人泰勒则是一个问题解决专家。他的信条是：将最先进的分析工具用于解决企业问题。这成为现代咨询业的范板。

泰勒被称为“科学管理之父”。科学管理起源于泰勒不能忍受工人们的“磨洋工”。他经常手持一个秒表，详细测量工作中每一个活动所需要的时间，通过量化确定效率，从而建立起一个能有效完成任务的最优方式。

美国沃特唐军工厂引进泰勒的思想后，将浇注一个驮鞍前桥的人工成本从 1.17 美元降至 54 美分；制造 6 英寸炮架的人工成本从 10 229 美元降至 6950 美元。

20 世纪的管理问题是追求更多的产量、更大的市场。而科学管理促进了产量的提高。泰勒的思想是属于那个时代的，也是服务那个时代的。如今的管理时尚——企业再造的基本思想就是，组织需要重新界定关键流程，尽可能使之柔性化，尽可能使之提高效率，这与泰勒思想的相似性是显而易见的。

泰勒理论中的管理者只是一个监督者、一个收集信息交给决策者的记录员和报告员，这就创造出一个全新的，致力于监督、衡量和观察的管理者类别。他们是组织阶层中一个单独的层次。我们现在把它称为中层管理。

彼得・杜拉克认为泰勒的思想是"继联邦宪法之后，美国对西方思想所做出的最持久的贡献之一"。随后亨利・福特的流水线工作方式，也不过是泰勒科学管理理论的逻辑拓展而已。

1900～1910 年标志性事件如附表 1 所示。

附表 1　1900～1910 年标志性事件

时间	事件
1900	美国人均周工资为 9.03 美元
1901	吉列安全剃须刀公司推出吉列品牌，世界上第一所工商管理研究院——达特茅斯大学阿莫斯塔商学院开始颁授学位
1902	百事可乐公司成立
1903	福特汽车公司成立
1904	罗尔斯・罗伊斯公司成立
1906	道・琼斯指数首次超过 100 点
1907	美国股市发生恐慌
1908	哈佛工商管理学院成立，通用汽车公司成立

1911～1920：福特时代

弗雷德里克・泰勒和亨利・福特是早期管理思想和实践上不可分割的一对人物，这两位人物对全世界都产生了巨大的影响。两人的观点极其相似，但却平行发展，并没有直接地相互影响。

泰勒的科学管理思想提高了单位劳动力的生产率，1907～1915 年，单位劳动力的生产率平均每年提高 33%，而 1900～1907 年，这个数字仅为 9.9%。

亨利・福特吸收转换前人的生产经验，采用装配线的形式，将福特公司的劳动生产率提高了 10 倍，从而实现了真正的大规模生产。

福特创造出一个复杂的系列生产系统，确保零件、分组合件和组合件能在适当的时间运送到装配线上。早在那个时代，福特就从某种意义上实践了现代人所称的"及时生产技术"。此外，福特对于速度产生竞争优势的理解，也契合如今的时基竞争管理理论。

更有意思的是，当福特的竞争对手还在关注产品本身的时候，福特已经看到了社会对轿车的潜在需求。于是从 1908 年福特第一辆 T 型车面世后的 19 年时间，福特公司只生产这一种车型。大规模制造伴随着成本的不断下降，T 型车几乎占据一半的世界市场。福特的天才构想，套用今天的说法，就叫远见（vision）。

为了让 T 型车成为大众买得起的轿车，福特无休止地寻求生产成本的降低。福特的想法和泰勒的想法极为相似，只是一个从成本出发，而另一个从工作任务出发。

从管理层面来说，福特在人力资源管理方面也有着贡献。1913 年，由于工作时间长和工资待遇低，福特公司的人员流动率高达 380%。1914 年，福特采取限定工作时间和有吸引力的日工资制度，用“最明智的降低成本的决策”解决了人员流动的问题。

福特管人的方式令人震惊，他一刻也不能容忍工人按他们自己的方式来干活儿。福特管理下的公司在取得了最初的巨大胜利之后，发展也是有限的。很快就被后来者所超越。

查理·卓别林的经典电影《摩登时代》是对滥用福特主义的绝妙讽刺。

在福特时代，一个日本人学习福特却没有盲从福特，他就是松下幸之助。松下的理论是：成功的产品必须比竞争对手成本低 30%，但质量却要高 30%。松下与福特的差别还在于，他认为企业应当承担强烈的道德和伦理责任，企业不是简单的生产工具，而是承载了社会和个人利益的列车。从这点上看，松下幸之助发现科学管理也有瑕疵。

1911～1920 年标志性事件如附表 2 所示。

附表 2　1911～1920 年标志性事件

时间	事件
1911	泰勒著作《科学管理原理》（第九版）发行
1912	泰勒在国会做证，管理突然成为公众关注的问题
1913	美国联邦储备局成立
1915	第 100 万辆福特汽车下线
1917	太平洋航空产品公司发展成波音公司
1918	松下公司成立
1919	希尔顿酒店公司成立
1920	美国城市人口超过农村

1921～1930：发现组织

人类进步的每一个阶段，总要考虑如何以最佳的方式将自己组织起来。但是我们的管理先驱并没有把组织作为一个严肃的、值得关注的问题来对待，所以他们不了解组织的复杂关系。

如果说亨利·福特有如何组织他的工业巨人的思路，那也完全是一维的思路。他擅长处理的是生产、成本控制和产品的机械性复杂关系，组织性的复杂关系则被粗暴地对待。

1921~1930 年标志性事件如附表 3 所示。

附表 3　1921～1930 年标志性事件

时间	事件
1921	美国失业率超过 20%，索尼创始人盛田昭夫出生
1922	哈佛商学院院长亲自负责《哈佛商业评论》的出版，美国管理协会成立
1924	案例教学法成为哈佛商学院的主要教学方法
1925	西尔斯第一家零售店开张，奠定其最大百货商基础
1929	美国股市崩盘，大萧条开始，柯达发明了彩色电影胶片
1930	美国国家失业理事会成立

泰勒对组织问题也很迟钝。他认为完善的计划可以保证完善的流程，这为企业提供了生存所需的结构。

福特和泰勒无法回答有关组织的问题，而德国社会学家马克斯・韦伯对组织的理论和实践进行了研究。

韦伯在他的著作《社会和经济组织理论》中阐述了自己的观点，他认为在新兴的工业化社会里，组织的根本形式就是官僚体制。

这种官僚体制的特点是：层级制度、非人格性、执行既定原则、工作成绩决定升迁、劳动的专业化分工以及效率的原则。

许多公司按照与韦伯的想象相似的方式组织起来。官僚体制模式的基础是无条件的忠诚、屈服和荒谬可笑的层级设置，这竟成为组织的模式。20 世纪 20 年代，福特公司就是最好的例证。

许多理论家和实践者已经在思考组织的问题。1909 年，拉塞尔・罗布就指出："所有的组织都会因目标、追求的结果和获取成果的方式的不同而有所不同。"

作为罗布的听众，实践工作者切斯特・巴纳德在自己的著作《经理的职能》中讨论的许多问题都触动了现代管理学的心弦。他是第一位将理性制定决策提升为管理的职业核心的人士。此外，他还强调沟通的必要性。他在书中写道："经理职能的关键首先是建立沟通的系统；其次是促进保证关键活动的安全；最后是构建和定义目标。"

由此，他将管理者的任务从简单的衡量、控制和监督拓展到关注更难以捉摸，更复杂的方向，诸如价值观和组织。

1920 年，通用管理层的小阿尔弗雷德・普雷查德・斯隆认识到总裁杜兰特的独裁管理风格已不能带领通用适应未来的挑战。于是他开始研究公司应该如何组织起来的问题。

1923 年，斯隆成为通用公司总裁，他在通用做出了两项成就。

第一，斯隆创造了一种新的高度职业化、不带感情色彩的聪明经理阶层，他们不再是依靠直觉，而是在可获得充分信息的基础上，去制定决策。

第二，斯隆创造了事业部制这种新的组织形式，即一种将分权与协调、集中控制相结合的组织模型。

多个事业部的组织形式意味着，总经理有更多时间集中考虑战略问题，具体的经营决策则由一线人员制定，而不是由“遥远的”总部人员制定。

这种组织模式赋予事业部前所未有的责任。斯隆管理思想的核心是，要明确每个人的责任。

多个事业部的组织形式在大型组织的推广使分权成为一种趋势。《经济学家》杂志的评论说：“亨利·福特为管理奠定了基础，而阿尔弗雷德·斯隆为此建立了向上发展的阶梯：他将管理变成可靠的、有效的、像机器一样的过程。”

斯隆的组织模式是适合那个时代的，但它的缺点也在之后逐步显露出来。这种分权机构是围绕汇报机制和委员会机制运转的，这最终使组织变得笨拙。

1931～1940：关于人的探索

美国学者玛丽·帕克·福列特女士职业生涯中大部分时间都花在社会工作中。尽管常常被人忽视，但她的思想的确领先于她所处时代几十年。她在 20 世纪的第一个 10 年就开始讨论关于团队合作和责任的问题，现在这个问题作为“授权”被重新提出来。

福列特是位开明的人文主义者，她在《动态的行政管理》一书中警告说：“我们永远不能将人与机械截然分开。企业中人际关系的研究与生产经营中的技术研究密不可分。”她的思想中最核心的一条是：“人是任何商业活动的核心，或者说，人是任何活动的核心。”事实确实如此。

福列特专门研究了冲突。她指出，处理冲突有三种方式：压制、妥协和整合。她认为，最后一种是处理冲突的唯一积极方式。当我们的思想不能挣脱非此即彼的桎梏时，我们将会鼠目寸光，左右碰壁，成功渺茫。千万不要让非此即彼埋没了我们。

与福列特同时代的澳大利亚学者艾尔顿·梅奥提出了工作场合人性化的观点，但他仍认为工人的行为受到“感情逻辑”的支配，而老板的行为则受到“成本和效率的逻辑”的支配。福列特和梅奥的观点是不一样的。

福列特对领导这个问题的看法也非常现代：“最成功的领导者能预见而不是去实现未来前景。”她认为领导者的任务就是协调、勾画组织目标和预见先机——“我们期望领导者能开拓新道路和新机会”。她建议，领导者不应该见木不见林，为一叶所障目。“领导意味着使被领导者得到自由。老师能给予学生最好的服务就是提高其获得自由的能力——自由活动、思想的范围和控制的力量。”

尽管福列特在那个时代被许多人所忽视，但在萧条与罢工冲击下的 20 世纪 30 年代，企业中人性方面的问题却是持久的。罗斯福新政把“工业民主”一词提到了工商业界议事日程的最前面。那些 20 世纪 30 年代成立的企业在商业实践中都体现出了这种新人性主义。

1931～1940 年标志性事件如附表 4 所示。

附表 4 1931～1940 年标志性事件

时间	事件
1931	《财富》报道：超过 500 万工人工作完全屈服于机器
1932	道·琼斯指数达到其历史最低点：41.22 点
1933	美国棉纺工业规定了周工作时间和男工最低工资
1934	美国证券交易委员会成立
1935	罗斯福总统签署了《社会保障法案》
1936	丰田喜一郎将家族企业易名为丰田，转产汽车亨利·福特成立了福特基金会
1937	美国规定了女工最低工资，戴尔·卡耐基的《如何赢得朋友和影响他人》出版
1938	切斯特·巴纳德的《经理的职能》出版
1940	麦当劳兄弟开了第一家餐馆
1940	通用第 2500 万辆轿车下线，美国生产管理办公室成立，电视网络首次在美国出现

1941～1950：战争的教训

战争总是能以令人惊叹的程度集中管理思想。第二次世界大战更是管理实践和理论发展历程中最重要的事件之一。它把新生的人际关系学派和此前 40 年中已经得到熟练掌握的大规模生产技术结合在一起。

但这不是一场仅仅由制造业生产能力决定的战争。战时需求也巩固了管理咨询顾问和商学院的作用，哈佛商学院在战争期间暂停了所有正常的平民项目，专为军队做战争管理培训；咨询公司布兹—艾伦的“管理工程师”帮助美国海军克服军队官僚机构中的繁文缛节，以获得快速解决方案；艾尔顿·梅奥等管理研究人员主持培训，教育领导人如何与人合作以及如何把人作为独立的个体等。

在这场战争中，增加了一个特别成分：营销。战争标志着大规模营销的到来，而且以一种不寻常的方式出现。己方士兵和盟军都被看作未来的消费者，战时生产成为公众印象中建立名声和产品印象的时代，并为未来播种希望。

战争期间，为了提高劳动生产率，沃尔特·谢沃尔德的质量控制法让整个军事工业生产变得快速可靠。他的基本观点是，追求生产中变化的最小化和人与人之间合作的最大化是向前发展最有效途径。温斯顿·丘吉尔的战时科学顾问说，谢沃尔德的质量哲学是美国对盟军战时生产工作所做的最大单项贡献。

美国人在管理方面的成就帮助战败国日本高效地进行经济重建。第二次世界大战后，美国工程师小组为日本产业界人士开展了工业管理培训，质量控制在日本得到了确立。到 1950 年统计专家爱德华兹·戴明在东京做讲座时，日本的质量控制工作又进了一步。

日本引人注目的复兴不是简单地运用质量控制实现的。其基础是坚强的企业家活力，以及融合了管理、社会及人的道德良心的企业。

日本复兴的典型是索尼和松下。索尼的才能是创造新市场，而松下注重销售对顾客有用的商品，通过优秀的售后服务获得长期客户，它管理的另一个支柱是冒险精神和家长式管理。

同时，松下提倡做有道德良心的企业。19世纪就有日本银行家将资本定义为“社会财产”，认为资本应该为公众的利益流通，而不是集聚为个人所有。

松下幸之助说，“企业的使命是克服贫穷，把整个社会从穷困中解脱出来，并给社会带来财富”。当美国人和他们的盟友沉浸在战争的胜利中时，只有日本人才有这样的情操和洞察力。

1941～1950年标志性事件如附表5所示。

附表5 1941～1950年标志性事件

时间	事件
1941	亨利·福特勉强同意在福特公司出现工会，玛丽·帕克·福列特著作《动态的行政管理》出版
1944	IBM公司生产出第一台大型计算机，世界银行成立
1945	第一家沃尔玛商店成立，高级管理人员培训项目成为哈佛商学院日常安排
1946	第一台电子管的数字计算机研制成功，井深大和盛田昭夫投资530美元创办了索尼公司
1947	美国国会通过《劳工管理关系法案》限制工会活动，马克斯·韦伯著作《社会与经济组织理论》出版
1950	彼得·杜拉克成为世界上首位管理学教授

1951～1960：在梦想中生活

IBM公司是20世纪50年代公司的典范，它发展出以服务为中心的品牌和强有力的企业文化。IBM管理者认为：任何组织应准备改变所有的一切，但已经融合在公司生命中的信念永不改变。像IBM这样有影响力的公司形成了强有力的企业文化，这在管理史上是一个重大发展，具有非凡的意义和重要性。这意味着公司对人类生活的影响已经超越了法律规定的范围。

20世纪50年代也是一个充满机会的时代，在市场的渴望中，现代营销理念诞生了。

1954年，彼得·杜拉克的著作《管理的实践》一书出版，这本“管理圣经”对管理的基本原则进行了精湛的评述。杜拉克把顾客放在前所未有的中心位置，他对企业的含义做了一针见血的解释：

“关于企业的目的，只有一个有效定义：创造消费者市场不是由上帝、自然或经济力量创造的，而是由商人创造的。他们满足的需求可能在消费者获得满足之前已经被消费者感觉到，也许事实上，人的需求支配着消费者的生活并充斥着他清醒的每时每刻。但这只是理论上的需求；只有当商人的行为使之成为有效的需求时，消费者和市场才真正存在。”

另一些学者阐明了营销的确切性质和范围的真实本质。1960年，巨杰姆罗·麦卡锡提出了非常著名的营销“4P组合”的概念。4P理论实质上是销售方的组合而不是购买方的组合，市场营销学权威菲利浦·科特勒等建议应更多关注购买者的营销组合“4C”：消费者需求、消费者的成本、方便和沟通。

1960年，特德·列维特发表了《近视营销》一文，将营销理论进一步发展。他主张，企业的核心问题应该是满足消费者而不是简单地生产商品。公司应该是市场导向而不是生产导向。

20 世纪 50 年代，当人们还沉浸在以消费者满意为导向的管理思潮时，领先的学术派开始研究和质疑的问题却是激励。这些考虑激励问题的人被称为"人际关系学派"，其中的杰出人物分别是亚伯拉罕·马斯洛、弗雷德里克·赫茨伯格和道格拉斯·麦格雷戈。

马斯洛在著作《激励与个性》中提出了需求层次论，为激励提供了理性框架，但暴露出人的本性是欲壑难填。

赫茨伯格把工作的激励因素分为两类：一类是服务于人的动物需要（保健因素），另一类是能满足人的需要（激励因素）。他的结论是：保健因素是引起工作不愉快的重要制造者，激励因素则是实现满意的途径。其代表作是《激励因素》。

麦格雷戈是人际关系学派中最有影响力、观点被引用次数最多的思想家之一，他以自己的激励模型而著称。X 理论、Y 理论是麦格雷戈经典著作《企业的人事方面》一书的核心部分。X 理论的思维方式是人要在"胡萝卜加大棒"下才会好好工作；而 Y 理论的基础是人希望并且需要工作。这两种理论可以简单地看作人力导向的宣言。

1951～1960 年标志性事件如附表 6 所示。

附表 6　1951～1960 年标志性事件

时间	事件
1951	戴明质量管理奖开始评比
1954	彼得·杜拉克著作《管理的实践》出版，亚伯拉罕·马斯洛的著作《激励与个性》出版
1955	第一家特许经营企业，麦当劳系统公司成立
1957	惠普公司提出第一套公司目标，称为"惠普之道"
1958	美国出现严重经济衰退，导致 7.7%的失业率
1959	卡内基基金会和福特基金会发表报告，批评商学院，弗雷德里克·赫茨伯格著作《激励因素》出版
1960	道格拉斯·麦格雷戈著作《企业的人事方面》出版

1961～1970：了解战略

在杜拉克两部同等重要的著作《管理的实践》和《管理：任务、责任和实践》中，他确立了管理责任的五大基础：制订目标、组织、激励和沟通、评估和开发人才。

杜拉克认为目标管理是未来管理者"七项新任务"中的首要任务。这些新任务提出了 40 多年，但其预见性却依然使人震惊。

目标管理的鼻祖是军事战略，最佳的军事战略实践常被现代管理思想家借用过来。从战略的巅峰著作《孙子兵法》，到卡尔·冯·克劳塞威茨的《战争论》、利德尔·哈特的《战略》以及宫本武藏的《五轮书》，都能探究出军事与管理的联系。

20 世纪 60 年代是研究战略的全盛时期，代表人物与著作分别有彼德·杜拉克的《结果战略》和阿尔弗雷德·钱德勒的《战略与结构》。钱德勒把战略定义为"指定企业宗旨和长期目标，为实现目标选择行动方案，调配必要资源"。他认为企业应先制定最佳可能的战略，然后选择最合适的组织结构来实现该战略。

在战略管理上，还有一个重要人物叫伊戈尔·安索夫。安索夫把决策分为“战略的”（关于产品和市场）、“行政的”（关于结构和资源调配）和“日常运作上的”（关于预算、监督和控制）。他的观点在钱德勒的战略—结构联系的观点之上，增加了系统，结果形成了可以制订战略计划的理性模型。

加拿大人亨利·明茨伯格写的《战略计划的兴衰》（1994）一书，认为战略是不能被计划的。计划关心的是分析，而战略则侧重综合。

然而，在20世纪60年代，安索夫精心设计的战略管理由谁来实现呢？谁能进行分析、做出最佳的企业决策？答案是职业经理人。当时，管理逐渐成为一种职业。新一代职业经理人的主要提供者是队伍日益壮大的商学院。

1961～1970年标志性事件如附表7所示。

附表7 1961～1970年标志性事件

时间	事件
1961	美国法定最低工资为1.25美元
1962	钱德勒著作《战略与结构》唤醒了对战略的关注，特德·列维特著作《市场营销的创新》出版
1963	小托马斯·沃森著作《一个企业和它的信念》出版
1965	伊戈尔·安索夫著作《公司战略》出版
1967	菲利浦·科特勒著作《营销管理》出版
1968	因特尔成立
1969	彼德·杜拉克在《不连贯的年代》中提出知识工作概念
1970	罗伯特·汤赛德的著作《提升组织》，以幽默的笔调叙述了公司制度所面临的严峻形势

1971～1980：组织瘫痪

20世纪70年代初期，公司化的美国正处于鼎盛之中。企业受到所有人的关注，管理者的权力不断扩大，空气中弥漫着自负的气息。

未来学家阿尔文·托夫勒没有被当时出现的过度自信所蒙骗。1970年，他在著作《未来的冲击》中指出，不断加剧的变化和不确定性将成为未来的特征。而且他认为未来将受到技术和知识的推动。托夫勒的观点很难被习惯于确定性的经理们接受，然而他是正确的。

第二个戳破管理自负泡沫的是亨利·明茨伯格。明茨伯格界定了管理者的工作角色是：人际关系方面的角色、信息方面的角色和决策方面的角色。

由20世纪50年代的公司人和60年代大公司创造的管理极乐世界在70年代发生内爆，快乐成为神话。1974年的一项研究显示，75%的工人不喜欢他们的工作。西方各国的失业率也在上升。心力交瘁且倍感痛苦的管理者开始问：还存在更好的方式吗？

年轻的管理咨询顾问汤姆·彼得斯来到了北欧，在瑞典，他参观了由技术员控制作业速度的沃尔沃汽车厂，以及采用新的社会技术设计的斯堪尼亚工厂。这些大企业与美国的大企业很不一样。

基于对英国煤矿工人的管理理论也拨动世界各地执行官的心弦。英国杰出的思想家里格·莱万斯提出了行动学习理论。他认为：一个成功团队的最终力量不在于个别成员的杰出，而在于集体能力的相得益彰。当问题暴露出来并且在“患难与共”的小团体内共同分享时，学习就产生了。而试用莱万斯方法的煤矿生产效率提高了30%。

团队工作和工业民主思想在北欧盛行，接踵而至的是许多对团队工作性质的研究。梅内迪斯·贝尔宾对团队成员的类型与团队绩效之间的影响非常感兴趣，通过研究，他界定了组成一个理想团队的九种典型人员：尖子人物，协调者，影响者，完成者，执行者，资源调查者，专家，控制者和评估者。

通用汽车公司实验了沃尔沃的团队管理方式取得了不错的成果，可惜的是通用汽车公司没有推广这种做法。

1971～1980年标志性事件如附表8所示。

附表8 1971～1980年标志性事件

时间	事件
1971	纳斯达克市场出现
1972	道·琼斯指数第一次超过1000点，但很快衰退；亨利·明茨伯格在《管理工作的本质》中描述了经理人员的实际工作
1973	家用电脑面世
1975	苹果公司推出第一种完全组装的个人电脑
1977	克里斯·阿基里斯和唐纳德·施翁合著的《组织学习》出版
1978	迈克尔·波特的著作《竞争战略》出版
1980	阿尔文·托夫勒在《第三次浪潮》中对世界的未来进行了预言

1981～1990：追求卓越的冒险

20世纪80年代，NBC（National Broadcasing Company，全国广播公司）节目组意外地发现了对日本崛起影响巨大的质量管理之父戴明隐居在华盛顿特区。对戴明的专访震撼了美国人——如果美国再不提高生产率，他们的孩子将成为第一代比父辈生活得更差的美国人。

1981年，X理论和Y理论创造者麦格雷戈的传人威廉·大内出版了《Z理论》，对日本的雇佣制度和管理实践大为推崇。理查德·帕斯卡尔和安东尼·阿索斯出版了畅销的《日本企业管理艺术》。他们确认远见是日本管理的关键组成部分之一，而这是西方特别缺乏的东西。

日本咨询顾问大前研一在著作《战略家的思想》中向西方读者揭示了日本战略制定背后的真相。日本企业在制定任何战略的时候，都必须考虑企业自身、顾客和竞争者这三个主要因素。其中顾客是日本企业制定战略过程的核心和实现企业价值的关键。

大前的论点最突出的是：按日本方式制定的战略是非理性和非线性的。因为真实世界中的现象和事件，并不总能满足线性模型。不幸的是，西方管理者对线性思维模式仍然很信任。

好在他们还有戴明，西方管理者不顾一切地抓住了“质量”，在被同胞忽视了多年后，戴明成了管理的圣人和奇迹的创造者。与戴明齐名的还有质量大师约瑟夫·朱兰，他在著作《质量控制手册》中主张，质量计划、质量控制和质量改善三位一体，并提出了实现质量管理的九步骤的“质量计划路径图”。

当一些西方企业不顾一切地接受日本企业的管理方法时，另一些企业则重新思考了更基本的问题。他们回归基本规律，主要改变集中在四个关键领域：竞争优势、顾客服务、人力资源管理和领导。

迈克尔·波特在《竞争战略》中提出了竞争的“五力框架”模型：新竞争者的进入、替代品的威胁、买方的讨价还价能力、供应商的讨价还价能力和现有竞争者之间的竞争。

波特认为，如果组织想在特定市场内形成影响力，就必须改变和挑战游戏规则。“五力框架”一度被认为可以提供所有的解决方法，但现在人们更多地把它看作一种发现问题的方法。

在回归基本规律的另一个领域，学者呼吁把人性重新注入到管理中。汤姆·彼得斯和罗伯特·沃特曼拾起了20世纪50年代的人本主义，他们在《追求卓越》中提醒管理者：成功通常来自把寻常事做得非同寻常的出色。这本书让美国人又充满了自信。

在对领导这个领域进行研究时，人们把20世纪50年代的人际关系学派和80年代的现实结合起来。华伦·贝尼斯是这个领域的学术领袖。他认为领导能力不是罕见的才能，领导者也不是天生的。

贝尼斯研究了90位美国著名领导者，他发现他们具有四种共同的能力：引导注意力的能力、把握含义的能力、赢得信任的能力和自我管理的能力。

人们这才发现，领导者采取的是人的方式，而不是什么框架或矩阵形式的方式。

1981～1990年标志性事件如附表9所示。

附表9 1981～1990年标志性事件

时间	事件
1981	理查德·帕斯卡尔和安东尼·阿索斯用《日本企业管理艺术》揭示了日本企业成功背后的秘密
1982	汤姆·彼得斯和罗伯特·沃特曼的著作《追求卓越》，使得整个市场为之狂热，大前研一1975年的作品《战略家的思想》在西方出版
1983	罗莎贝尔·坎特著作《变革大师》出版
1984	梅内迪斯·贝尔宾著作《团队管理》重新将团队工作引入管理学，埃德加·沙因著作《组织文化与领导》出版
1987	道·琼斯指数首次逼近2000点
1988	约瑟夫·朱兰完成他的质量管理福音书《质量控制手册》
1989	《非理性的时代》和《超越界限的管理》揭示了正在出现的公司的现实
1990	迈克尔·波特的《国家的竞争优势》风行全球，理查德·帕斯卡尔著作《艰难的管理》出版

1991～2000：权力的新平衡

20世纪90年代，组织问题成为最重要的问题。

20世纪90年代初期，詹姆士·钱皮和迈克尔·哈默写的《企业再造》成为最畅销的管理著作。这个理论的基本思想是：组织必须明确自己的关键生产过程，并使之尽量简捷有效，而且必须扬弃枝节（包括无足轻重的人员）。

这个概念很简单也很吸引人，但事实证明，把再造变成现实远比倡导者所想象的要难，如果企业没有处理好再造管理的问题，那么企业再造很难取得成功。只是以一种组织刚性代替另一种组织刚性。

于是，各种新组织形式被倡导。其中，汤姆·彼得斯在《管理的解放》中，构想了新型公司的结构，其关键是建立一个联系顾客、供应商以及任何能帮助企业实现目标的人的网络。

英国思想家查尔斯·汉迪也提出了几种组织类型。

第一类，“三叶草组织”——以关键管理人员和工人为核心建立起来的组织形式，其外围是外部承包商和兼职人员。

第二类，邦联式结构，中央部门行使协调、影响、指示和建议的功能，而不制定条款和短期决策。

第三类，“3I”组织，3I指信息、情报和思想。这类组织中员工被定位为个人、专家、专业人员或管理人员以及领导者。“3I”组织对人事管理提出了很高要求。

在实践中，20世纪90年代已经出现了明显的新公司类型的萌芽，典型代表包括ABB、GE、丰田和戴尔。

GE一直保持简单的管理模式，它的掌舵人都是从公司内部选拔的。GE的习惯是先评估事情的重要程度，然后采取措施，将风险减到最小，有步骤地前进。1980年杰克·韦尔奇出任CEO（Chief Executive Officer，首席执行官）后，用了接近10年，将GE的“硬件”变得更简洁、更健康。20世纪80年代末，韦尔奇开始了“软件”方面的改革。这一阶段之后，韦尔奇推行大范围的“六西格玛”质量运动。通过破坏、创造和质量三大阶段，韦尔奇重塑了GE。

丰田的骄傲是精益生产模式。20世纪70年代，当西方汽车公司还为成本居高不下、员工积极性不高且产品油耗大苦恼的时候，丰田因实施了戴明的质量管理理念而稳步前进。到80年代西方公司醒悟过来的时候，丰田已经进入精益生产的阶段。

丰田的精益生产建立在三个简单原则的基础之上：第一，及时生产；第二，每个人都对质量负责；第三，企业是一个连续的统一整体，一个包括供应商和顾客的“价值流”。

1991～2000年标志性事件如附表10所示。

附表10　1991～2000年标志性事件

时间	事件
1991	道·琼斯指数第一次逼近3000点
1992	汤姆·彼得斯著作《管理的解放》为这10年建立了一个高度灵活的基准，詹姆斯·钱皮和迈克尔·哈默著作《企业再造》出版，成为缩减企业规模的圣经

续表

时间	事件
1993	亨利·明茨伯格在《战略计划的兴衰》中宣布了传统战略的“死穴”
1994	加里·哈默尔和普拉哈拉德的著作《竞争大未来》标志战略管理新生代的产生
1995	道·琼斯指数第一次突破 4000 点
1996	道·琼斯指数突破 6000 点，道·琼斯指数突破 7000 点
1997	道·琼斯指数突破 9000 点
1998	微软以 2620 亿美元的市值成为美国最大的公司
1999	道·琼斯指数第一次突破 10 000 点大关

21 世纪管理新理论

1. 长尾理论

长尾（the long tail）这一概念是由《连线》杂志主编 Chris Anderson 在 2004 年 10 月的“长尾”一文中最早提出的，用来描述诸如亚马逊和 Netflix 之类网站的商业和经济模式。

长尾理论是网络时代兴起的一种新理论，由美国人克里斯·安德森提出。长尾理论认为，由于成本和效率的因素，当商品储存流通展示的场地和渠道足够宽广，商品生产成本急剧下降以至于个人都可以进行生产，并且商品的销售成本急剧降低时，几乎任何以前看似需求极低的产品，只要有卖，都会有人买。这些需求和销量不高的产品所占据的共同市场份额，可以和主流产品的市场份额相比，甚至更大。

2. 蓝海战略

蓝海以战略行动（strategic move）作为分析单位，战略行动包含开辟市场的主要业务项目所涉及的一整套管理动作和决定，在研究 1880～2000 年 30 多个产业 150 次战略行动的基础上，指出价值创新（value innovation）是蓝海战略的基石。价值创新挑战了基于竞争的传统教条，即价值和成本的权衡取舍关系，让企业将创新与效用、价格与成本整合一体，不是比照现有产业最佳实践去赶超对手，而是改变产业境况重新设定游戏规则；不是瞄准现有市场“高端”或“低端”顾客，而是面向潜在需求的买方大众；不是一味细分市场满足顾客偏好，而是合并细分市场整合需求。

3. 全球运筹管理

在全球经贸体系下，企业为在国际化市场生存发展，必须建构全球运筹管理（global logistics management）系统，其定义为，在全球化的环境下，企业如何把组织后勤支持活动做最佳的、适当的管理与配置。

全球运筹管理的运筹范围为全世界，企业应将组织的财务、制造、配送、行销、管理等各方面的活动，进行全球化的整合，结合现金流、信息流、商流与物流等环节，消极面上达到降低营运成本，积极面上能促进提升企业竞争力的目标。

企业导入全球运筹管理的目标，在于企业产品与服务的提供、下单、运输与销售等涉及跨国经贸的活动，都能在企业营运总部迅速、方便地运作。

例如，台湾“行政院”在 2000 年 10 月 4 日通过经建会的“全球运筹发展计划”，目的是建构台湾成为适合发展全球运筹管理的有利环境，发展台湾成为全球采购重镇，经建会预估可在五六年内，为产业节省新台币 2000 亿元的物流成本，以及争取庞大的商机。

4. 顾客关系管理

顾客关系管理是企业电子化工作中很重要的一环，其宗旨是企业以满足顾客满意为目标，始终能在市场上维持竞争力。

CRM 的定义，就是导入信息系统，以规范企业与顾客来往的一切互动行为与信息，为有效管理企业的顾客关系，应针对所有的顾客进行分层化区隔与差异化服务，并建立信息架构。企业等级的 CRM 软件，通常包括行销管理、销售管理和顾客管理三大功能。

CRM 能够有效地解决企业面对顾客的复杂烦琐事务，为企业提供迅速反映顾客需求、弹性响应市场变化、缩短顾客服务时间与流程、增加顾客服务满意度等效益。

CRM 的三大功能为：行销管理的功能，可以分析市场价格变化、预测市场趋势以及妥善规划市场活动管理。销售管理的功能，可以整合企业的行销资源，统合一切的行销信息。顾客管理的功能，可以提升顾客满意度，抓住核心顾客的需求，开发潜在顾客市场，同时提供线上平台查询接口与透过线上记录，随时响应顾客的问题和抱怨，且实时检讨服务流程和进度。

附录 2　如何编写创业计划书

从 1998 年清华园的创业启蒙开始，过去十几年中，创业计划大赛承载着众多学子的激情和梦想，在全国各大高校风行展开，省级和国家级的比赛定期化举行。创业计划书是用以向投资人介绍项目的融资文件，向投资人发出融资信息，也是企业执行该创业计划的一个指导性文件。

从以前多年指导学生创业计划大赛的经验来看，多数团队初步写作的计划书缺乏基本的管理常识，而掌握本书中各章节的企业管理知识是写好一个创业计划书的重要基础。除此之外，还需要创业团队的成员对宏观环境、市场和产品有个清晰而明确的定位，写好一个创业计划书需要创业团队对有关核心问题进行过系统的思考，按照给出的模板进行写作。

从专业评审要素来看：①报告完整全面。创业计划一般包括：执行总结、产业背景和公司概述、市场调查和分析、公司战略及总体进度安排、关键的风险、问题和假定、管理团队、企业经济状况、风险预测、假定公司能够提供的利益十个方面；②方案可行；③技术含量高或具备创新性；④效益评价好；⑤资金筹措方案合理；⑥市场前景广阔。一份成功的创业计划应该：①清楚、简洁；②展示市场调查和市场容量；③了解顾客的需要并引导顾客；④解释顾客为什么会掏钱买你的产品/服务；⑤在头脑中要有一个投资退出策略。不应该：①过分乐观；②拿出一些与产业标准相去甚远的数据；③面向产品；④忽视竞争威胁。

下面按照国内主要评审标准谈一谈对创业计划书内容的要求。

（1）概要（10%）。概要也称为执行总结，是创业计划的引信、浓缩精华。其内容包括公司简介，管理团队，未来发展目标，公司产品和经营概况，市场调查及预测（市场情况），投资数额和使用计划，竞争优势与特点，联系方式，等等。力求清晰、简洁、重点突出、具有吸引力。创业计划书中，应清晰地描述公司的战略方向与战略目标。包括企业使命与愿景是什么，你要解决什么问题，对象是谁——是实体产品还是服务，核心盈利模式是什么，最大的卖点体现在哪里，企业发展的目标是什么，你想把企业打造成什么样的公司。

（2）公司（5%）。介绍的是公司发展历史与未来。其内容包括公司基本情况，公司名称、业务性质、注册地点、经营场所、经营范围、注册资金、法定代表人；公司宗旨和目标，股东简介、成立背景、主导产品及现状、重要事件；公司发展历史与现状，公司发展展望；法律协议与诉讼，专利与商标；公司与社会关系，主要业务合作伙伴；等等。要突出公司经营的商业目的、公司性质、公司背景及现状、创业理念、全盘战略目标（近期、中期和远期）。

（3）产品/服务（10%）。产品/服务是关于产品（服务）的描述。其内容包括产品的名称、性能及特点、市场竞争力，突出产品的创新性、独特性、价格优势及对市场或行业的引导作用。应注意的事项：要站在客户的立场进行说明，主要说明产品，避免过多的技术细节，引用成功的例子来说明；介绍公司研发力量、行业技术发展趋势、现有的技术储备、新产品研究计划，研发费用预算、进度及是否与市场发展一致要对产品（服务）进行清晰的特征描述，凸显商业价值、需求和技术含量（适度介绍技术方面，注意保密），描述发展阶段和所有权状况。创业计划书中，要准确地介绍你的产品或服务。你的产品或服务是什么？你的产品或服务是生产资料还是消费品？是奢侈品还是必需品？你的产品解决了用户的什么问题？产品或服务的使用价值如何？比较而言，你的产品或服务有什么特别之处，是专利产品吗？是单一产品还是解决方案？产品线的弹性（更替能力）如何？产品或服务的特点及差异性是否明显，性价比是否具有显著优势，不可替代的优势和技术壁垒体现在哪里？你的产品或服务解决了本行业的哪些关键问题？

（4）市场及营销策略（10%）。其内容包括市场调查与分析公司所处行业及行业发展预测（要调查）；驱动因素分析和其他影响行业发展的因素（包含国家政策的影响和科技发展的影响；通过人口统计因素、地理因素、心理因素、与产品使用的相关因素、时间因素、产品应用或特殊使用目的进行市场细分与定位；细分市场要考虑差异性、可衡量性、可进入性和效益性；目标市场的确定，分析产品或服务的竞争优势；竞争对手的产品特点、市场状况及发展趋势；描述竞争对手，清楚地知道你的竞争对手的市场定位和比较优势、核心竞争能力，目前竞争阶段和竞争程度，如何抑制竞争，SWOT（strengths weakness opportunity theats）分析；等等）。主要凸显市场描述、竞争分析、市场细分和市场定位，在产品策略、定价策略、营销渠道和促销方式等也要细致刻画与描述，要有组合式的安排。在创业计划书中，对市场要有充分的认识和理解。没有调查研究就没有发言权，我们很多同学都停留在想象和假设阶段，你有必要了解：你的目标市场是一个不成熟的全新市场还是已经存在多年的成熟市场；市场特征/趋势与发展成熟度如何；这个市场容量有多大；满足的是大众需求还是小众需求；市场增长率如何；你的市场机会是什么；你是否有资本、资源和条件在未来 3～5 年内成为这个行业市场（份额）的前几位排名；你的市场发展目标及自己的发展条件与机会如何；你还要分析你的现实的客户群体和潜在的目标群体是谁，最需要本产品或服务的用户是谁；在创业计划书中，你的营销策略与销售计划很关键。你是否确定了销售业务流程或程序？回款周期有多长？销售战略与模式如何？销售网络如何铺展？构建怎样的渠道？是自建渠道还是依托代理渠道？销售的范围是面向区域市场还是全国、全球市场？现有的资源支持是否足够匹配。按照 4PS 理论，明确公司的产品策略、价格策略、渠道策略以及促销策略。分析今后市场发展或季节变化对产品或服务定价的影响。

（5）经营（10%）。经营要表述生产的安排，不同阶段的生产策略，如生产外包策略的 OEM（Original Equipment Manufacturer，原始设备制造商）贴牌生产或者租赁设备，产品生产/服务计划、生产组合、必要的量本利分析、经营难度和资源要求，合作伙伴的选择，等等。没有哪一个企业、哪一个产品是不需要起伏就能成功的。在创业计划书中，要体现你的收入模式是什么，主要收入项目是什么，主要收入是什么，需要怎样才能盈利——实现收入盈利的关键。在创业计划书中，你有什么合作伙伴？谁是你当前/未来的（销售或技术或管理）合作伙伴？——市场与技术方面的战略合作伙伴如何？这些合作伙伴的可靠程度如何？——与这些当前/未来合作伙伴的利益关系或紧密度如何？

（6）管理（10%）。管理是指由管理团队来完成执行这样的创业计划。对管理团队的要求是：有才能、有经验、有热情、有理想、互补性。要描述关键人物背景、组织结构的设计、人力需求、角色分配、实施战略能力公司管理模式；激励制度与考核。在创业计划书中，你的管理团队是核心。你的管理团队已经有谁？未来如何组建完善？分工是怎样的？介绍关键人员的经验和特长；目前管理团队的不足之处及以后的弥补办法是什么？

（7）财务分析（10%）（财务报表清晰明了；与计划实施同步：第1年月报、第2～3年季报、4～5年年报）。财务分析包括四个主要表：资产负债表（2.5%），利润表（2.5%），现金流量表（2.5%），资金需求与运用（2.5%）。一般由会计专业的高年级本科生或研究生来完成，而且每个高管人员都应清楚地理解财务报表内容。要体现融资说明、财务预测、损益预测、资产负债预测、现金流量预测、财务比率分析和盈亏平衡分析。财务分析包括产品的成本结构、市场定价、销售预测、利润预测、对资金使用的预测、投资退出方式的初步判断。要确定好何时生产，何时需要资金，何时组织生产产能阶段性目标和阶段性资金需要。合理的经营目标可以判断出团队的经验。在创业计划书中，还要体现你的融资计划是什么，目前已经得到了什么（入股）投资或贷款，未来希望得到多少投资，比例如何——还需要筹措投入的资金额度与比例是多少，资金打算用在什么地方——资金使用计划如何，需求资金可以支持多久，届时公司是否能够发展到一个重要的里程碑，除以上资金需求外，你还打算吸引多少资金，什么时候——后续再投资资金需求多少与需求时间如何。

（8）回报（10%）。以条款方式提供所需投资、利益分配方式、可能的退出战略，如公开上市、兼并收购、回购协议，IPO（Initial Public Offerings，首次公开募股）为多数风险投资者的主要退出路径。

（9）可行性评价（20%）。可行性评价主要评价产品的市场机会和竞争优势，公司管理能力和投资潜力。其中：市场机会（4%），明确的市场需求及其合适的满足方式；竞争能力（4%），在市场上独有的，具有独特的核心能力以获取持续的竞争优势；管理能力（4%），团队能够有效地发展企业，并合理规避投资风险；财务预算（4%），团队在发展业务上有明确的财务需求；投资潜力（4%），真正具有实际投资价值。

（10）简洁/清晰（5%）。计划书力求全面覆盖，重点突出，有很多比赛都限定页码为25～30页。

参 考 文 献

安贺新. 2011. 服务营销管理[M]. 北京：化学工业出版社.

安尼玛丽・卡拉西洛. 2002. 团队建设[M]. 于军，译. 上海：上海远东出版社.

布鲁斯 R. 巴林格，R. 杜安・爱尔兰. 2010. 创业管理：成功创建新企业[M]. 杨俊，等译. 北京：机械工业出版社.

陈春花，杨忠，曹洲涛. 2016. 组织行为学[M]. 北京：机械工业出版社.

陈荣秋，马士华. 2013. 生产运作管理[M]. 4 版. 北京：机械工业出版社.

陈向东. 2016. 做最好的创业团队[M]. 北京：中信出版社.

陈玉清，宋良荣，主编. 2005. 财务管理[M]. 北京：清华大学出版社.

程念. 2016. 湖北大学生创业融资案例分析——以半客商贸有限公司为例[J]. 法治与社会（1）：71-72.

戴冠宏. 2016. 打造超强创业团队[M]. 北京：中国铁道出版社.

邓白君. 2010. 浅谈新创企业的人力资源管理[J]. 经济研究导刊（21）：105-107.

菲利普・科特勒，凯文・莱思・凯勒. 2009. 营销管理[M]. 4 版. 北京：清华大学出版社.

冯琳. 2009. 大学生创业的形式和途径探讨[J]. 科技经济市场（11）：111-112.

冯银虎，符亚男. 2011. 市场营销教程[M]. 北京：机械工业出版社.

付伟. 2014. 团队建设能力培训全案[M]. 3 版. 人民邮电出版社.

高文兵，主编. 2015. 创业基础教程[M]. 北京：高等教育出版社.

龚剑. 2004. 如何进行团队建设[M]. 北京：北京大学出版社.

郭国庆. 2009. 市场营销通论[M]. 北京：中国人民大学出版社.

哈里森・斯诺. 2005. 团队建设游戏教练手册[M]. 陈飞星，译. 北京：企业管理出版社.

河北省人事厅. 关于促进全民创业的若干措施[J]. 河北省人民政府，2010.

胡玉梅. 2007. 创业期企业人力资源管理初探[J]. 知识经济（10）：98-99.

胡玉明. 2002. 公司理财[M]. 大连：东北财经大学出版社.

黄海燕. 2008. 浅析创业团队的组建[J]. 商场现代化（3）：65-66.

黄聚河，主编. 2013. 市场营销学[M]. 北京：清华大学出版社.

纪宝成. 2002. 市场营销学教程[M]. 北京：中国人民大学出版社.

加里・阿姆斯特朗，菲利普・科特勒. 2011. 市场营销学[M]. 赵占波，何志毅，译. 北京：机械工业出版社.

姜澎. 2015-06-09. 在市场“痛点”上把握创业机会[N]. 文汇报.

杰弗瑞・莱克. 2016. 丰田模式：精益制造的 14 项管理原则[M]. 北京：机械工业出版社.

郎宏文，安宁，郝婷. 2016. 创业管理——理论、方法与案例[M]. 北京：人民邮电出版社.

李家华. 2015. 创业基础[M]. 2 版. 北京：清华大学出版社.

李杰. 河南省大学生创业现状调查研究[J]. 教育与教学研究，2015（3）：88-91.

李强，白玉翠，陈伟娜，等. 2016. 创业者素质模型分析[J]. 企业技术开发（2）：136-137.
梁军，王刚. 2010. 采购管理[M]. 2 版. 北京：电子工业出版社.
廖全文. 2013. 人力资源管理[M]. 北京：高等教育出版.
刘常勇. 2002. 创业管理 12 堂课[M]. 北京：中信出版社.
刘吉. 2015. 新创企业的薪酬管理研究[J]. 商（4）：35-35.
刘建提，梁东. 2011. 市场营销原理[M]. 北京：清华大学出版社.
刘善仕，王雁飞. 2015. 人力资源管理[M]. 北京：机械工业出版社.
吕明泽. 2015. 团队建设与管理沟通[M]. 北京：北京理工大学出版社.
罗伯特·巴隆，斯科特·谢恩. 2005. 创业管理：基于过程的观点[M]. 张玉利，等译. 北京：机械工业出版社.
罗伯特 D. 赫里斯，迈克尔 P. 彼里斯. 2009. 创业管理[M]. 蔡莉，等译. 北京：机械工业出版社.
迈克尔·波特. 2005. 竞争战略[M]. 陈小悦，译. 北京：华夏出版社.
梅强. 2012. 创业基础[M]. 北京：清华大学出版社.
《全球一流商学院 EMBA 课程精华丛书》编委会编. 2003. 领导力与团队建设[M]. 北京：北京工业大学出版社.
漆江娜，黄元生，主编. 2009. 财务管理学[M]. 广州：广东人民出版社.
司春林. 2013. 商业模式创新[M]. 北京：清华大学出版社.
苏世彬，主编. 2015. 创业管理[M]. 北京：高等教育出版社.
谭蓓. 2008. 市场营销[M]. 北京：中国经济出版社.
唐乘花，王谷香，余福，等. 2016. 数字新媒体营销教程[M]. 北京：清华大学出版社.
仝新顺. 2013. 运营管理[M]. 北京：清华大学出版社.
托马斯·E. 科普兰，J. 弗莱德·威斯顿. 2003. 财务理论与公司政策[M]. 3 版. 宋献中主译. 大连：东北财经大学出版社.
汪平，主编. 2004. 中级财务管理[M]. 上海：上海财经大学出版社.
王海云，柏静，谢巍，等. 2014. 市场营销学[M]. 2 版. 北京：经济管理出版社.
王庆生，王坤. 2013. 大学生创业基础[M]. 北京：清华大学出版社.
王天力，周立华. 2013. 创业学[M]. 北京：清华大学出版社.
王学平，张杰，主编. 2013. 市场营销学[M]. 2 版. 合肥：中国科学技术大学出版社.
王艳茹. 2014. 创业资源[M]. 北京：清华大学出版社.
温卫娟，郑秀恋. 2013. 采购管理[M]. 北京：清华大学出版社.
吴健安. 2007. 市场营销学[M]. 北京：高等教育出版社.
吴余舟，主编. 2010. 大学生职业规划与就业创业指导[M]. 北京：机械工业出版社.
奚国泉. 2013. 创业基础[M]. 北京：清华大学出版社.
肖超. 2016. 大学生创业的法律风险分析及防范[J]. 法制博览（2）：262.
尤金. F. 布瑞翰，乔尔. F. 休斯顿. 2004. 财务管理基础[M]. 胡玉明，主译. 大连：东北财经大学出版社.
元文. 2007-02-09. 如何评估创业机会[N]. 中华工商时报.
约翰·阿代尔. 2006. 团队建设与激励[M]. 廖运刚，冯海燕，译. 北京：机械工业出版社.
詹姆斯·C. 范霍恩，小约翰·M. 瓦霍维奇. 2001. 财务管理基础[M]. 11 版. 郭浩，徐琳译. 北京：经济科学出版社.
张国才. 2005. 团队建设与领导[M]. 厦门：厦门大学出版社.
张静. 2015. 组织行为学[M]. 北京：机械工业出版社.
张群. 2014. 生产运作管理[M]. 3 版. 北京：机械工业出版社.
张玉华，王周伟. 2014. 创业基础[M]. 北京：清华大学出版社.
张玉利，主编. 2013. 创业管理[M]. 3 版. 北京：机械工业出版社.

张云亭. 2003. 顶级财务总监[M]. 北京：中信出版社.
周立功. 2011. 市场营销学[M]. 北京：清华大学出版社.
周玫，陆淳鸿. 2009. 营销策划[M]. 武汉：华中科技大学出版社.
周人杰. 2015-05-27. 在生活中寻找创业创新的机会[N]. 人民日报.
周三多，陈传明，贾良定. 2014. 管理学——原理与方法[M]. 6 版. 北京：复旦大学出版社.
朱恒源，余佳. 2016. 创业八讲[M]. 北京：机械工业出版社.
R. 比克·莱瑟. 2016. 智能制造[M]. 霍春辉，袁少锋，译. 北京：人民邮电出版社.
Bruce R. Barringer. Preparing Effective Business Plans An Entreprneurial Approach. Pearson Education，2009.